国之重器出版工程

制造强国建设

本书为国家重大攻关项目"中国近现代手工业史及资料整理研究"（14ZDB047）阶段性成果

工匠革命：
制造业的精神与文化变迁

严鹏 著

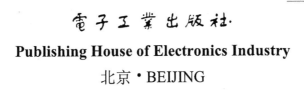

电子工业出版社
Publishing House of Electronics Industry
北京·BEIJING

内容简介

本书从人类制造业的历史演化及其文化变迁出发，对工匠精神的起源、形成与发展进行了细致梳理，提出工匠革命这一工业文化新理论，指出工匠精神具有动态演变性，分析了在世界制造业竞争的大背景下工匠精神的本质内涵与结构体系，并对培育工匠精神提出了具有创新性与前瞻性的建议。

本书认为，广义的工匠精神是一种以敬业与专注为本质的工作伦理，体现在社会各个层面，但严格意义上的工匠精神是一种在历次制造业革命中与制造方式变革紧密联系的文化，具有促进制造业发展的实际功能。培育工匠精神应区分不同场景，重视智能制造的新趋向，为制造业构筑面向未来的竞争力。

图书在版编目（CIP）数据

工匠革命：制造业的精神与文化变迁 / 严鹏著 . —北京：电子工业出版社，2020.8
ISBN 978-7-121-39252-8

Ⅰ . ①工… Ⅱ . ①严… Ⅲ . ①制造工业—职业道德—研究—中国 Ⅳ . ① F426.4

中国版本图书馆 CIP 数据核字 (2020) 第 123793 号

责任编辑：王　斌
印　　刷：固安县铭成印刷有限公司
装　　订：固安县铭成印刷有限公司
出版发行：电子工业出版社
　　　　　北京市海淀区万寿路173信箱　邮编：100036
开　　本：720×1000　1/16　印张：20.5　字数：395千字
版　　次：2020年8月第1版
印　　次：2020年8月第1次印刷
定　　价：88.00元

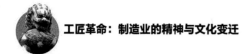

专家委员会委员（按姓氏笔画排列）：

于　全　中国工程院院士

王　越　中国科学院院士、中国工程院院士

王小谟　中国工程院院士

王少萍　"长江学者奖励计划"特聘教授

王建民　清华大学软件学院院长

王哲荣　中国工程院院士

尤肖虎　"长江学者奖励计划"特聘教授

邓玉林　国际宇航科学院院士

邓宗全　中国工程院院士

甘晓华　中国工程院院士

叶培建　人民科学家、中国科学院院士

朱英富　中国工程院院士

朵英贤　中国工程院院士

邬贺铨　中国工程院院士

刘大响　中国工程院院士

刘辛军　"长江学者奖励计划"特聘教授

刘怡昕　中国工程院院士

刘韵洁　中国工程院院士

孙逢春　中国工程院院士

苏东林　中国工程院院士

苏彦庆　"长江学者奖励计划"特聘教授

苏哲子　中国工程院院士

李寿平　国际宇航科学院院士

李伯虎	中国工程院院士
李应红	中国科学院院士
李春明	中国兵器工业集团首席专家
李莹辉	国际宇航科学院院士
李得天	国际宇航科学院院士
李新亚	国家制造强国建设战略咨询委员会委员、中国机械工业联合会副会长
杨绍卿	中国工程院院士
杨德森	中国工程院院士
吴伟仁	中国工程院院士
宋爱国	国家杰出青年科学基金获得者
张 彦	电气电子工程师学会会士、英国工程技术学会会士
张宏科	北京交通大学下一代互联网互联设备国家工程实验室主任
陆 军	中国工程院院士
陆建勋	中国工程院院士
陆燕荪	国家制造强国建设战略咨询委员会委员、原机械工业部副部长
陈 谋	国家杰出青年科学基金获得者
陈一坚	中国工程院院士
陈懋章	中国工程院院士
金东寒	中国工程院院士
周立伟	中国工程院院士

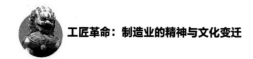

郑纬民　　中国工程院院士

郑建华　　中国科学院院士

屈贤明　　国家制造强国建设战略咨询委员会委员、工业
　　　　　和信息化部智能制造专家咨询委员会副主任

项昌乐　　中国工程院院士

赵沁平　　中国工程院院士

郝　跃　　中国科学院院士

柳百成　　中国工程院院士

段海滨　　"长江学者奖励计划"特聘教授

侯增广　　国家杰出青年科学基金获得者

闻雪友　　中国工程院院士

姜会林　　中国工程院院士

徐德民　　中国工程院院士

唐长红　　中国工程院院士

黄　维　　中国科学院院士

黄卫东　　"长江学者奖励计划"特聘教授

黄先祥　　中国工程院院士

康　锐　　"长江学者奖励计划"特聘教授

董景辰　　工业和信息化部智能制造专家咨询委员会委员

焦宗夏　　"长江学者奖励计划"特聘教授

谭春林　　航天系统开发总师

前　言

　　"工匠精神"是一个近年来在中国极为重要的关键词。一方面，弘扬工匠精神是工业经济高质量发展的重要举措；另一方面，在工业之外的领域，工匠精神也被广泛谈论着，成为一个颇为时髦的热门词语。然而，究竟什么是工匠精神？工匠精神是如何起源的？工匠精神经历了怎样的发展历程？如何弘扬工匠精神？本书拟从演化发展经济学的专业角度，回答这些问题。在展开具体论述前，兹简要交代一下本书的主旨与成书背景。

一、破除流行的迷思

　　在当下中国，工匠精神作为一个流行的词语，已经成为一种迷思（Myth）。本书的主旨在于通过对人类制造业演化的分析，破除若干迷思。

　　工匠是一个含义既简单又复杂的词语。从工业或制造业角度看，工匠应该是指从事制造活动的人。然而，在中国古代，"匠"与"工匠"皆有和今天不同的含义与用法。由于汉语构词的特殊性，不少论者容易将凡是带有"匠"字的词语都视为含义相近的"工匠"，并由此展开对于工匠精神的讨论。于是，泥瓦匠、花匠、画匠和大工厂里的八级技工在一些文献里被视为相同的人群而等量齐观。但基于常识可知，有些"匠"如花匠从事的是与工业和制造活动完全无关的工

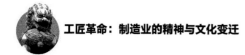
作。在这种对工匠本身界定模糊的基础上讨论工匠精神，自然是一种迷思。本书严格地将工匠限定在制造业与工业的范围内，以此为出发点探讨狭义的工匠精神与衍生的工匠精神。

无可否认，工匠与产业工人严格来说是两种不同的职业群体，在经典的马克思主义理论中，两者的差异对应的正是手工业与用机器生产的现代大工业这两种不同的生产形态。当然，词语在历史的演化中会被不断赋予新的内涵，有时缩小其含义，有时又扩大其所指范围。因此，当下中文语境里宽泛地将工匠视为工人或一切制造业劳动者代称的现象，亦无可厚非，它反映了现时代新的精神风貌。然而，工匠与传统手工业的渊源，使部分论者在讨论工匠精神时，产生了一种对手工业或手工制造的崇拜，这又是一种迷思。事实上，人类制造业的演化，就是不断用外力替代体力劳动，尽管这个替代过程在具体工艺上是不平衡的，在每个历史阶段也都面临着技术上的限制，而这为手工技艺留下了生存空间。而且，在相当长的时间里，建立在手工技艺基础上的技能仍然是制造业不可或缺的宝贵资源。然而，从长期历史来看，制造的机械化、自动化与智能化是大势所趋。本书将工匠精神的起源与发展置于真实历史的演化中考察，力图将工匠精神与制造方式的变革结合起来分析，辩证而非割裂地看待工匠精神。

从工匠精神一词流行开始，中国的互联网等舆论场域对于工匠精神的探讨，就与对德国和日本制造业的推崇紧密结合在一起，甚至演变为一种推销德日制造业产品的商业营销手段。这又形成了一种迷思。诚然，德国和日本制造业的高品质，以及制造业从业者严谨、勤奋的工作伦理，都值得借鉴与学习，但近年来德国、日本老牌制造业企业接连曝光质量欺诈丑闻，表明无须神化这两个国家的工匠精神。更何况，从历史上看，德国和日本的制造业都曾通过革除原始意义上的工匠传统而获得实质性发展。此外，德国与日本国内也不乏对其历史上的工匠生产方式的反思与批判，毕竟，工匠生产方式在产量上的限制使这两个国家在世界大战中输掉了"经济层面的战争"。在中国正走在富国强军道路上的今天，中国人讨论工匠精神时，应警惕过度推崇德国、日本传统所隐藏的风险与陷阱。本书对德国与日本的案例论述甚详，也是希望能全面地辨析工匠精神。

自然，从总体上说，本书的主旨是希望为弘扬工匠精神提供历史的经验与理论的参考，但在立论的同时，破除若干流行的迷思，也是本书重要的诉求。

二、若干概念的说明

本书既提出了"工匠革命"等新概念，又大量使用一些既存的多义性的概念，若干概念含义相近甚或相同，在展开正式论述前，兹对若干概念进行简单的说明。

工匠与工人的区别，前文中已略述及。事实上，由于近年来工匠一词在中文语境中含义的扩充，以及在讨论工匠精神时不得不从广义的角度理解工匠，故本书在一般情况下将工匠视为从事制造活动的人，但在展示历史演变的细节时，会区分传统工匠与产业工人，这一点会在行文中有所说明。

造成工匠与工人分野的历史事件是工业革命，然而，学术界对于工业革命的具体含义亦莫衷一是。大多数学者的共识是，工业革命是18世纪中叶发源于英国的制造业技术变革引起的连锁反应，其最终结果是整个世界形成了与以农业为基础的传统社会截然不同的现代社会。在这场革命里，手工生产的制造业变成了机器生产的现代工业，而现代工业是现代社会的经济基础。因此，工业革命并不是仅仅指狭义的工业经济的革命，它是一场广阔而全面的人类社会的整体变迁。但是，工业或制造业本身的变革毕竟是工业革命的原始含义，也是居于中心地位的变革。而直到20世纪初，制造业的变革都是由狭义或广义的工匠发起与推动的，这就使工业革命的核心部分可以被称为"工匠的革命"。本书所谓工匠革命，其实质意义指的是制造业或制造活动的变革，与工业革命具有重合之处。在实际行文中，为了突出工匠或工匠精神时，本书一般使用工匠革命一词，但其含义与工业革命一词的核心内涵及原始词义没有区别。

工匠精神是工业文化的一部分，但工业文化也是一个复杂的概念。这与工业本身经历了18世纪的革命有密切关系。如前所述，在工业革命以前，人类的组织化与产业化的制造活动可以称为制造业，但只有在经历了工业革命的洗礼后，制造业才能够被称为工业。换言之，制造业是一个比工业范围更广的词语，制造

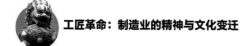

业既可以指用机器生产的工业，也可以指手工业。相应地，严格意义上的工业文化指的就是工业革命以后形成的与工业活动相关联的价值观与行为体系，而制造文化则可以涵盖所有时段的与制造活动相关联的价值观与行为体系。本书在论述过程中，一般倾向于使用制造业或制造文化这两个词，系因为本书讨论的范围涵盖了较长的历史时段。但是，这并不表明工业或工业文化一词不能被宽泛地理解与使用。从根本上说，本书所有的讨论，都属于对工业文化的研究。

三、成书背景与致谢

本书作者自2014年起即参与华中师范大学彭南生教授主持的国家重大攻关项目"中国近现代手工业史及资料整理（14ZDB047）"。本书实际上是该项目研究的阶段性成果之一。在项目开题会上，中国经济史学界名家、中南财经政法大学赵德馨教授曾提示课题组，应该总结手工业经济的规律并形成理论。本书作者承担的是1949年后中国手工业的研究任务，在研究过程中，发现大量手工业最终通过机械化转变为现代工业的案例，由此引发了对手工业及附着于手工业的原始意义上的工匠精神的深入思考。这些研究和思考，是本书的起点。

弘扬工匠精神，重在传承。传承就意味着必须学习历史。一方面，要认识到工匠精神是动态的，必须在历史的流变中理解工匠精神在不同时代的阶段性特点，避免刻舟求剑；另一方面，要通过对大量历史案例的比较分析，总结出工匠精神的一般机制，从而找到弘扬工匠精神的着力点，在传承优良传统的同时进行创新，适应新时代的新要求。2018年出版的《简明中国工业史（1815—2015）》为认识中国工业文化的发展提供了历史背景，本书则从世界工业文化的演变出发，通过探讨制造业的文化变迁，对工匠精神这一工业文化的核心内容之一予以全面的剖析，既指出不同历史背景下的特殊性，又归纳抽象理论层面的一般性。本书希望为弘扬工匠精神提供一个具有历史底蕴的理论基础。

在研究过程中，要感谢工业和信息化部领导、工业和信息化部工业文化发展中心、中信改革与发展基金会、中国机床工具协会、机械工业信息研究院以及各地相关政府部门和企业，为实地调研提供了支持。尽管本书不涉及太多当代中

国制造业的案例，但实地调研使作者更为清醒地认识到了制造业的实态与规律，这对历史分析与理论思考有着极大的促进作用。作者通过历史研究形成的若干理论，在所调研的中外制造业企业里得到了验证，而企业所提供的信息，使作者进一步完善了其理论。对制造业研究来说，生产现场是最好的学校，企业是最好的老师。

在本书相关内容的研究过程中，感谢华中师范大学历史文化学院与中国近代史研究所的同人对日常工作给予的支持。感谢陈文佳的协助，本书作者在重大项目中最初的成果即脱胎于她对福州市"二轻"工业历史所作的细致研究。感谢刘玥数年来为华中师范大学中国工业文化研究中心所做的行政工作，也感谢她为本书的写作翻译了关键性的日文文献。同样为重大项目研究从事日文文献翻译工作的还有关艺蕾。对其他学界师友尤其是中国演化经济学领域的各位同志，亦一并表示感谢。希望本书能促进各界对工匠精神的进一步探讨，为弘扬工匠精神贡献一己之力。

目　录

结论　工匠精神：一个论纲

"工匠精神"与工业革命

　　制造，是人类作为万物之灵长区别于其他生物的能力。尽管一些动物偶尔也会利用身体之外的物体来达成进食等目的，但只有人类真正拥有系统性的制造能力，并高度依赖于自己的制造物。制造活动，从人类作为物种诞生之日起，就与人类的生活伴随始终。随着时间的推移，人类依靠制造能力生产出狩猎与农耕的工具，从而一方面战胜其他物种而高居食物链顶端，一方面开始步入农业时代，创造出有城郭聚落的文明。在农业社会里，专门从事工具与器物制造的工匠作为一种职业诞生了。到了18世纪中叶，一群工匠掀起了制造活动的革命，推动人类社会进入工业时代，这场革命就是工业革命。工业革命改造了传统制造业，催生了现代工业文化。在这场大变革中，传统制造业的某些文化要素得到了延续，"工匠精神"即为其一。工匠精神是一种动态的工业文化，随着时代的变化而改变其形式与内涵，但其精益求精与恪尽职守的精神内核一直延续至今。因此，传承与发扬工匠精神，不是要墨守成规，刻板地去复原已被历史淘汰的具体的制造方式，而是要继承精益求精与恪尽职守的精神内核，并与新时代的制造活动结合起来。从历史来看，工业革命不是一次性的，而是工业发展进程中持续不断的浪潮，在这一宏大进程中，传统制造业的现代化及其文化转型，可以被称为一场工匠革命，这场革命对于制造业来说，同样是连续不间断的。

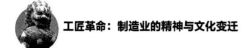

一、工业革命：断裂或延续？

革命意味着断裂。用革命一词来形容人类历史上最伟大的制造业变迁，足见这场变迁的深刻性与彻底性。一般认为，工业革命发轫于18世纪中叶的英国，当19世纪中叶英国完成其工业革命后，这场革命开始向全球扩散，并从19世纪后半叶起，不断催生出第二次、第三次乃至当下的第四次工业革命。

最早使用"革命"一词来形容英国制造业变迁的作者中包括了社会主义革命导师恩格斯。[①]1844年，在《英国状况：十八世纪》中，恩格斯写道："英国自上一世纪中叶以来经历了一次比其他任何国家经历的变革意义更重大的变革；这种变革越是不声不响地进行，它的影响也就越大；因此，这种变革很可能会比法国的政治革命或德国的哲学革命在实践上更快地达到目的。英国的革命是社会革命，因此比任何其他一种革命都更广泛，更有深远影响。"[②]这场社会革命，就是工业革命。恩格斯追溯了从1763年到1787年英国的一系列技术发明，称："这些发明使社会的运动活跃起来。它们的最直接的结果就是英国工业的兴起，首先是棉纺织业的兴起。"然后，"棉纺织业所得到的推动很快地传到其他工业部门"，导致4个纺织工业部门"都全面发生了革命。人们不是在家里工作了，他们开始在大建筑物内共同工作。手工劳动由蒸汽动力和机器作业代替。现在一个8岁的儿童在机器的帮助下，比以前20个成年男子生产得还要多。60万名工厂工人，其中一半是儿童，而且大半是女性，做着15 000万人的工作"。而"随着棉纺业的革命，必然会发生整个工业的革命"。最终，"18世纪在英国所引起的最重要的结果就是：由于工业革命，产生了无产阶级。新的工业总是需要大批常备的工人来供给无数新的劳动部门，而且需要的是以前未曾有过的工人"。[③]可见，恩格斯确实认为18世纪中叶开始发生的英国制造业变迁，是一场影响深远的革命。

恩格斯指出了英国工业革命的多重革命性。首先，这场革命起始于棉纺织业中的发明，是一场技术革命。其次，这场革命解放了社会生产力，也重构了生产组织，是一场生产革命。最后，这场革命改变了阶级结构，创造了新的社会群体，是一场社会革命。这三种革命叠加在一起，足以证明英国工业革命具有巨大而深刻的变革性。这种变革性，对历史来说，自然是一种断裂。

---

① D. C. Coleman: *Myth, History and The Industrial Revolution,* London: The Hambledon Press, 1992, p.3.

② 《马克思恩格斯文集》第 1 卷，中央编译局译，人民出版社 2009 年，第 87 页。

③ 同②，第 98、101、102、107 页。

"工业革命"这个词语起初并不广为人知，直到19世纪80年代以后才流行开来，并成为一个被社会普遍接受的专有名词。然而，进入20世纪后，一些学者开始质疑这个概念是否能成立，其中包括英国经济史学家克拉潘（J. H. Clapham）。克拉潘认为："甚至在1831年正式称为制造业的那种分散劳动的伦敦工业也不是组织成为大单位的"，而"这种小规模的、没有经过革命的工业制度在伦敦以外各地广为仿行"，尤为重要的是，"所有肯定的制造业城镇都有长长一串规模小而又没有经过革命的工业"①。克拉潘的立论基础，是19世纪30年代英国现代制造业的实际规模仍极为有限。尽管克拉潘的三卷本皇皇巨著读者不多，但他的思想在学术界具有影响力并得到传播。②在20世纪二三十年代，一批学者利用原始史料展开研究，看到了英国制造业变革中的延续性，进一步改变了传统观点。1932年，一位学者写道："一场持续了150年而且为了准备它至少另外花了150年的革命，看上去需要一个新的名称。"③这种否定英国发生过"工业革命"的观点，至今在学术界仍得到不少学者的支持。

　　客观地说，那些否定工业革命这一概念的学者，确实能从历史上找到大量论据。而且，与典型的西方政治革命不同的是，社会经济的变革不可能如同一夜之间推翻一个王朝那样迅猛而明显，不少变化都是长期积累而逐渐完成的。从这种演化的渐进性角度来说，宏观层面的经济发展很少有短期内的天翻地覆的变革。但是从结果来看，20世纪中叶与18世纪中叶的人类社会的差异性，远远大于18世纪中叶与16世纪中叶的区别，这表明"革命"是存在的，哪怕这场革命确实耗费了上百年时间。然而，即使在政治领域内，20世纪中国革命的长期性已经打破了人们对政治革命惯有的认识，那么，在经济领域内，为什么不能接受革命这一概念呢？更何况，历史是向前发展的，断裂与变革往往需要用发展的眼光去审视，而不能将某一时间节点视为历史的终结并下结论。在这一点上，恰恰是最早使用"工业革命"一词的恩格斯慧眼独具，见微知萌，洞察到了历史演化的方向与趋势，尽管他写作的那个时代，恰如克拉潘所言，经历过革命的制造业在英国的数量少之又少。风起于青萍之末，历史的前进方向以及真正具有历史重要性的事物，是不完全由数量和规模决定的。

　　不过，历史的延续性表明，即使如工业革命这样划时代的巨变，也不是凭空

---

① 克拉潘：《现代英国经济史》上卷第1分册，姚曾廙译，商务印书馆1997年，第100-102页。
② D. C. Coleman: *Myth, History and The Industrial Revolution*, p.28.
③ Pat Hudson: *The Industrial Revolution*, London: Hodder Arnold, 2005, p.13.

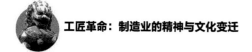

产生的，在断裂与延续之间一定存在着某种联结点，作为历史变迁的转换枢纽。毫无疑问，工匠便是一种承担制造业变革的载体。

二、工匠革命：一种工业文化理论

工匠是一种职业，也是最初专门从事制造业的人。因此，传统世界里制造业的任何发展与变化，都不可能离开工匠。而从历史进程来看，最初爆发于英国的工业革命也确实是由工匠点燃的。从某种意义上说，人类的第一次工业革命是一场工匠革命。

但是，自人类进入农业时代以后，世界各地的文明社会都存在工匠，却并非所有地区都能够产生工匠革命，工匠革命必须依托具体的历史条件。其中尤为关键的两点是，社会对于工匠的态度，以及工匠自身的素养。而这两者，无论是社会的观念与心态，还是工匠的知识与思想，都涉及文化。一些农业社会，尽管有着悠久的制造业传统，但工匠的社会地位不高，不被尊重，物质报酬也有限，这就很难激发工匠的职业热情与创新动力，自然无法诱发工匠革命。同时，尽管英国工业革命最初的发明都是由工匠在日常生产中创造的，但这并不意味着工业革命缺乏科学要素。这一点，对于蒸汽动力的应用与推广来说，尤为明显。这要求工匠必须掌握一定的物理学知识，才能够实现对蒸汽机的制造与改良，最终使工业革命获得持续扩展的动力。然而，18世纪大部分社会里的工匠显然都不具备此种素养。因此，宏观层面整个社会的文化氛围，与微观层面工匠个体的文化素质，对于工匠们掀起制造业生产力的革命，具有不可或缺的重要意义。而这两个层面的文化要素，可以统称为工业文化。

换言之，工业文化是工匠掀起的工业革命的动力机制。从工匠角度分析工业革命，可以发现，当制造业从传统社会迈向现代世界时，存在着一个文化转型过程。这种文化转型，在宏观层面上体现为国家对于制造业观念的更新与转变，在微观层面上则体现为工匠自身观念与意识的嬗变。而那些经历技术与组织变革冲击后还能够留存下来并适应现代制造业的观念与意识，就是现代社会的"工匠精神"。

人必须在一定观念的支配下展开活动，制造活动亦不例外。因此，工匠头脑中的观念，对于工匠所从事的制造活动，就有着直接的影响。然而，从基本的人性出发，工匠头脑中的观念，一定有正面的和负面的两种，只有那些正面的观念，才可以被称为"工匠精神"。当代的一些作者认为，工匠精神可以从6个维度加以界定，即"专注、标准、精准、创新、完美、人本"。他们认为："专注是工匠精神的关键，标准是工匠精神的基石，精准是工匠精神的宗旨，创新是工匠精神的灵魂，完美是工匠精神的境界，人本是工匠精神的核心。"[①]而在更为系统性的研究中，一些作者如此定义与诠释工匠精神："工匠精神是工匠对自己生产的产品精雕细琢、精益求精，追求完美和极致的精神理念。"其内涵则主要体现在：①精益求精；②严谨、一丝不苟；③耐心、专注、坚持；④专业、敬业。这些作者进一步指出，工匠精神内化于"德"，凝结于"技"，而外化为"物"。[②]这是对工匠精神基本内容的概括。然而，仍然有待解决的问题是：工匠头脑中的原初观念是中性的，这种正面的工匠精神是如何形成的？现代工业发展从本质上来说是一个急剧变革的动态过程，在这一过程中，具有静态指向性的传统工匠精神是如何保留下来的？现代工匠精神要如何与现代工业的特性相适应？

上述问题是在历史中形成的，其答案也隐藏在历史中。但这里所说的历史不是指对于过去的记录，而是指经济体系在时间流逝中的演化过程。工匠精神，其原始形态存在于农业社会的传统制造业中，并与之相适应，随着工匠们掀起制造业的革命，新形态的现代制造业随之产生。然而，经历了革命的现代制造业却大规模地淘汰了传统工匠，并对新的文化产生了需求，这就催生了现代工匠精神。这种现代工匠精神在保留传统工匠精神有益的核心要素的同时，必定具有新的内涵并呈现出新的形态。要之，作为一种工业文化，工匠精神必须与制造业保持协同演化，方能在持续不断的工业革命中维持生命力，并促进制造业的进一步发展。因此，"工匠革命"，作为一种工业文化的理论，将指向对于制造业及其文化转型的分析，并由此梳理工匠精神的源流，为更好地继承与弘扬工匠精神提供理论参考与依据。

三、工作伦理：工匠精神初论

工作对人类极为重要。社会学家指出，工作是个人在社会分层系统中所处位置的基础，是个人的生活意义、个人价值、个人尊严与个人健康的基础，也是一

---

①　中国社会科学院工业经济研究所：《中国工业发展报告（2016）》，经济管理出版社2016年，第241页。
②　王新哲、孙星、罗民：《工业文化》，电子工业出版社2016年，第245-247页。

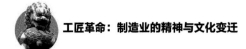

个民族或国家繁荣与延续的基础。[1]因此，对待工作的态度以及工作中的规范，是一个社会的道德伦理体系中的重要部分。工匠精神就是一种工作伦理。

原始意义上的工匠精神是手工业从业者的工作伦理，随着时代的发展，工匠精神也可以用来指称包括现代工业在内的制造业从业者尤其是劳动者的工作伦理。制造作为一种工作，包含着两种关系，一种是人与物的关系，一种是人与人的关系。制造是运用工具改变材料的形态从而使材料变成产品的过程。汉娜·阿伦特（Hannah Arendt）称："制作，即技艺人的工作，是一个物化（reification）的过程。"[2]在制造过程中，人作为工作者，要与材料、工具和产品这3种物打交道，其中最重要的物是产品，因为产品凝结了工作的价值，既是工作的目的，也包含着工作的意义。因此，工作者对待自身产品的态度，是工作中人与物的关系的核心，在很大程度上影响着工作的过程，并由此影响到工作的最终价值。工作态度是工作伦理的基础，工匠精神的核心本质就是一种积极的工作态度，它要求工作者在工作过程中妥善处理人与物的关系。

人类的制造业经历了不同形态的演变，制造者既可以独自从事制造活动，又可以与人合作进行生产。制造活动中人与人的关系，在工作中主要体现为生产组织形式。不同的生产组织形式对于产品的产量与质量有着不同的影响，由于产品凝结了工作的价值，因此，生产过程中人与人之间的组织关系，也包含着极为重要的工作伦理。工匠精神是个体制造者头脑中的观念与态度，但工作的组织形式对个体制造者的制造活动有直接影响，故生产组织形式是塑造工匠精神的重要变量。例如，在工作室里独自打磨作品，与在流水线上快速地装配零件，显然是两种完全不同的制造情境，会使人产生不同的心理反应。工匠精神实际上也是一种工作中的心理反应，自然会受到由生产组织形式决定的制造情境的影响。如此一来，工匠精神与工作规范密不可分，而规范就是一种人与人的关系。

因此，作为制造业工作伦理的工匠精神，既涉及工作过程中人与物的关系，又涉及工作过程中人与人的关系，是一种深受生产组织形式影响的工作态度。制造业的精神，不是抽象的玄学，而是依托于具体生产者的观念体系，既随着制造业的演化而变迁，又影响着制造业的变革。本书将展现工匠精神的演变历程，并分析在不断变化的世界里这种工作伦理要如何保持生命力。从历史与理论相结合的角度说，本书是以制造业的长期变迁为课题的演化经济学研究。演化经济学是

① 马立克·科尔钦斯基等主编：《工作社会学》，姚伟等译，中国人民大学出版社2012年，第1页。

② 汉娜·阿伦特：《人的境况》，王寅丽译，上海人民出版社2017年，第107页。

研究以生产为核心的资源创造的经济学，认为财富来源于文化即人类的创造力，其积累是通过创新累积性地改变人类的知识和技术存量所发生的。演化经济学分析的焦点是生产和创新，分析方法基本上是整体主义的、有机的和综合的，分析单位包括时空中的个人和他们的制度。[1]所以，演化经济学是一种适合对制造业进行分析的理论框架。演化意味着时空中的流转变迁，这使得历史方法成为演化经济学的基本方法之一，而历史方法的本质是指按照历史的实际演变过程来进行因果关系解释，故演化经济学家认为历史方法的研究并不只表现在对历史史实的研究上，也表现在通过回溯问题的缘起和展开而对现状与未来的研究上。[2]演化经济学的德国历史学派曾对资本主义精神、宗教、伦理等问题开展先驱性的研究，将这些文化现象纳入一种综合性的经济分析中。本书在继承这一学术传统的基础上，将以知识的创造为核心，回溯工匠精神的演变历史及其在不同时空中的状况，从制造活动的本质出发，分析工匠精神的起源、结构、核心与流变，并提出培育工匠精神的建议。

---

[1]　贾根良：《演化经济学导论》，中国人民大学出版社2015年，第5-6页。
[2]　同上，第36页。

第一章

传统社会的制造业与工匠

人类历史上发生过数次大的变革。从宏观角度审视人类历史，由工业革命引发的现代社会的形成，是具有最深远意义的社会变迁。世界各地的文明在大部分时间里都以农业为生，其中发展程度较高的文明的社会类型被称为"传统社会"或"传统文明"。社会学家吉登斯（Anthony Giddens）指出："即便在最为发达的传统文明中，大多数人依然从事土地耕作。"①但是，工业革命催生的工业社会"与以前任何一种社会秩序都截然不同"，因为"工业社会的一个核心特征就是，大部分被雇佣的人口都在工厂、办公室、商店和公共事业机构工作，而非从事农业生产"。②工业社会就是现代社会。以机器生产为表征的工业是现代社会的产业基础。然而，在工业革命之前，传统社会里的工匠及其从事的制造业，具有截然不同的文化特征。但是，制造活动的一些基本构成要素，从人类有制造活动之初即已存在，并一直延续。这种延续性，是作为制造者工作伦理的工匠精神传承不绝的基础。

---

① 安东尼·吉登斯、菲利普·萨顿：《社会学》，赵旭东等译，北京大学出版社 2015 年，第 112 页。
② 同上，第 112 页。

一、制造活动的构成要素

制造是能够体现人类本质属性的一种行为。与自然界的其他动物一样，生存与繁殖是人类的本能，但与其他动物不一样的是，人类通过制造工具和使用工具来实现生存与繁殖的目标。一般而言，动物只是使用自己的身体器官去获取食物，从而保障个体生存和族群繁衍。极少数动物会借助石头、树枝等工具来获取食物，但这些工具是大自然中已经存在的现成物体，动物们通常不会对这些物体进行加工和改造。只有人类不仅会使用外在于自身身体的工具，还会有意识地制造工具。制造工具是一种复杂的能力，它需要人类的大脑发展出目的感，能够去想象一种未曾存在的事物，并通过思维去计划与设计，从而将头脑中的想象之物变为现实。因此，制造活动从一开始就依赖于人类头脑中的观念。但是，光有想法是不够的。在制造活动中，头脑中的蓝图要变为现实，必须运用双手去实际地改变现实世界中的材料，而改变材料的过程比单纯将材料作为工具要困难得多。换言之，制造是一种手脑并用的行为，在思维与技能两方面体现了人类有别于动物的特性。当人类发展出制造能力以后，通过使用自己造出来的工具，能够将自己的意图自觉而有效地施加于环境，就大大提升了个体生存与族群繁衍的能力，成为地球食物链最顶端的物种。

简单地说，人类的制造活动就是通过使材料发生变化从而得到头脑中构想的新物品的过程。几千年来，制造活动的内容与形式不断变革，但其本质和构成要素却一直延续。例如，中国明代晚期的技术百科全书《天工开物》称"金木受攻而物象曲成"，介绍了钻、锯、铇、凿等金属加工技术。[①]尽管当时中国没有现代机床，但钻、锯、铇、凿等运动形式仍然是现代机床的刀具进行加工的主要运动形式，只不过，《天工开物》时代的中国人使用单个的手工工具来实现这些运动，现代机床则用更复杂的平台来实现这些运动。然而，使材料发生变化的基本运动形式没有改变，改变的只是运动形式赖以实现的工具。又如，中国古代的青花瓷器是运用钴料进行绘画装饰的釉下彩瓷器，釉下彩绘和运用钴料是其基本工艺，而使用钴作为呈色剂便属于通过材料的变化来制造新产品。元代青花瓷器使用的钴料有国产和进口两种，国产青花料含锰量高、含铁量低，进口青花料含锰量极低、含铁量较高，且含有砷。故采用进口料绘画的青花色泽浓艳，釉面有黑色斑点，而采用国产料的青花没有黑色斑疵，色调亦不浓艳。[②]不同的材料造出

---

① 宋应星：《天工开物》，潘吉星译注，上海古籍出版社 2008 年，第 174-180 页。
② 中国硅酸盐学会编：《中国陶瓷史》，文物出版社 1982 年，第 341-343 页。

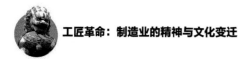

了不同的产品，材料的变化带来产品的变化，这一点在今天的制造活动中仍然如此。因此，制造活动可以视为若干长期存在的基本要素的组合，单一要素的变革或多个要素的变革是制造活动变革的基础，而要素变革的程度决定了制造活动变革的程度。图1-1展示了制造活动的构成要素。

$$\boxed{设计} \rightarrow \boxed{材料} \rightarrow \boxed{手段（工具、方法、组织）} \rightarrow \boxed{产品}$$

图1-1 制造活动的构成要素

任何制造活动都可以分解为设计、材料、手段和产品这四大要素，并存在着头脑中的设计变为实实在在的产品的过程。变化的过程就是用一定的手段改变材料的形态，而手段又包含了工具、方法和组织这三大次级要素。很显然，设计、材料与手段的变化，要么创造出新的产品，要么使既有产品用新的方式生产出来。当茹毛饮血的先民打制石器时，这些要素就已经存在，而今天的人类制造航天飞机的活动，仍然可以抽象为这些要素的组合。人类制造活动的历史，便是这些构成要素演化的历史；人类制造活动的未来，亦取决于这些构成要素的变化。

进一步说，制造是一个知识物化的过程。这里所说的知识要从宽泛的意义上来理解，包含但不限于通常所谓的科学与技术。经济学家乔尔·莫基尔（Joel Mokyr）将知识分为两类："一是关于'什么'的知识，或者是命题知识（也可以说是信念），这是关于自然现象和规律的知识。这些知识可以用来生成关于'如何'的知识，即那些指导性或是指令知识，我们也可以称之为技术。"[①]命题知识指的就是理论化的科学，指令知识则是应用性的技术。在现实世界，这两种知识有时并非泾渭分明。而不管知识是以科学还是以技术的形式存在，都是对人类有用的信息。人类在社会中的行为，从某种角度看，就是一个接收信息，对信息反馈与加工，并输出新信息的过程。当制造者确立了制造的目标后，其设计过程就包含对外部信息的摄取，以形成行动的方案。藤本隆宏即称，生产就是产品设计信息的转化，所有的产品都可以看成事先由企业的某个人设计并将之体现到某种材料里的融信息和介质为一体的东西。[②]实际上，信息的摄取与转化，不仅体现于设计环节，而且贯穿制造活动的全过程。制造者对材料的研究与选择，以及运用具体的手段处理材料，既是一个需要吸收外部信息的过程，又是一个

---

① 乔尔·莫基尔：《雅典娜的礼物：知识经济的历史起源》，段异兵等译，科学出版社2011年，第4-5页。
② 藤本隆宏：《能力构筑竞争：日本的汽车产业为何强盛》，许经明等译，中信出版社2007年，第14-15页。

将头脑中的信息通过行动转化为实际物品的过程。这一过程就和人类其他行为一样，同时包含有用的信息和无用的信息，只有那些在各个环节里发挥了实际作用的有用信息才可以被称为知识。于是，在制造活动中，知识无处不在，包括制造者传承的技能经验、用来指导制造的科学理论、对材料性质与用途的认识、具体的工艺、分工协作的有效方式，等等。换言之，制造活动从设计到手段的各个构成要素都依赖一定的知识而存在，最后的产品则是各种知识以物质形式呈现出来的凝结。由此便可推论，制造就是一个知识物化的过程。更为重要的推论则是，知识的扩展决定了制造的进步。

制造活动中所包含的知识在形式上具有多样性，而制造活动所依赖的知识的扩展也具有多种路径。从起源上看，人类制造活动中最初的知识只可能是在实践中逐渐积累的经验。经验就是一种在实践中被反复证明了的、能对实现特定目标起到作用的信息。当制造活动经由实践积累了最初的知识后，这一知识就面临着3个维度上的演化可能性。首先，制造活动的知识有可能向深度扩展，通过制造者经验的持续积累与更新，而使相关知识日益完善。制造活动知识的深度扩展是制造活动实现进步的主要机制。其次，制造活动的知识有可能横向扩散，通过交流与贸易等方式在空间上传播给其他制造者，从而使相关知识被更多制造者认识与掌握。制造活动知识的横向扩散是制造活动规模壮大的主要机制。最后，制造活动的知识有可能发生代际转移，即年轻的制造者通过各种形式的学习从年长的制造者那里获取经验，从而使相关知识不随着时间的流逝而消散，保证制造活动能够延续下去。制造活动知识的代际转移是制造活动自我维系的主要机制。制造活动的知识所具有的这3种演化路径，在实践中并非泾渭分明，而是具有多种组合模式，既可能独立存在，又可能相互渗透，融合在一起。例如，一个老铁匠在指导一个年轻学徒时，老铁匠掌握的制铁知识实现了代际转移，但在这个与生产结合在一起的学习过程中，老铁匠自身或许又有了新的心得，于是，制铁知识出现了深度扩展，而如果他的学徒在出师后搬迁到了别的地方，则老铁匠的制铁知识又实现了横向扩散。不过，必须强调的是，制造活动知识的演化只存在这3种可能性，在现实世界里，这些类型的演化既可能出现，也可能不出现。例如，一个铁匠或许一辈子墨守陈法，没有积累新的经验，则他所掌握的制铁知识就不存在深度扩展。再如，很多传统手工艺因为各种原因而找不到年轻人学艺，相关知识无法实现代际转移，知识本身就可能湮没于历史长河中。因此，在现实世界里，人类的制造活动存在着复杂的非线性的演化，既由某些必然性的经济规律主导，又被一些偶然性的历史意外所左右。

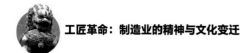

制造活动是知识物化的过程，更具体地说，是指知识的创造、积累、流动与凝结。总的来看，人类制造活动的知识缘起于实践经验，然后分化为两种大的类型。一种类型的制造活动知识仍然为实践经验，其更新、积累、扩散与传承，主要依赖制造者的身体力行与言传身教；另一种类型的制造活动知识则属于被抽象化的经验，具有逐渐脱离于实践活动而在头脑与观念中独立存在的趋向，并能够制作成文本进行呈现与保留。经验一旦被抽象化，就成为理论，理论的最高形式即为科学。理论的意义在于，一方面，经验抽象化的过程就是一个不断排除无用信息而保留有用信息的过程，能够将受到具体实践场景限制的经验提纯为在各种时空场景中普遍有效的模型，从而既使知识的适用范围更广，又有利于在核心有用信息的基础上进一步深化拓展；另一方面，提纯后的有用信息能够被文本化与符号化，使其更新、积累、扩散与传承大为便利，不必依赖某一具体制造者的言传身教，从而令知识的扩张打破了空间与时间的诸多限制。当实践经验被高度抽象化之后，经验本身可以被解析为不同要素及其构成方式，这意味着人们在脱离具体实践场景的情形下，能够通过主动改变要素及其构成方式，来创造新的知识，并由新的知识导引出新的实践活动。这个去实践场景化的过程，就是科学理论指导制造活动的过程。换言之，只要实践经验能被不断地抽象化，制造活动就能不断地科学化。不过，与理论科学的发展逻辑不同的是，制造活动的知识抽象化有其限度。这是因为在整个制造活动的构成要素中，产品作为知识的物化凝结，始终意味着非抽象的实体是制造活动的归宿，而抽象化的理论要转化为实体性的产品，需要依托具体的实践场景并利用其蕴含的无法文本化的经验。于是，在制造活动中，再实践场景化的能力与去实践场景化的能力同样重要。这也表明，只要制造活动仍然以实体性的产品为目标，则抽象化的理论与实践中形成的经验缺一不可，制造活动的形态与绩效在很大程度上取决于两种不同类型的知识的结合程度与结合方式。

作为一种人类行为，制造活动和其他行为一样，既是一种搜寻知识并利用知识的智性活动，又受到非智性因素的影响。人类的行为一般来说可以分解为动机、目标、方法与结果的组合，即人总是在一定动机的支配下去追求一定的目标，为了实现目标，人会采取一定的方法，但结果即目标能否实现则是不确定的。制造活动不就是制造者设计好目标后采用一定手段去造出产品的过程吗？如前所述，这个过程是知识物化的过程，而知识的获取、创造、应用与传播，都属于智性活动，是主要依靠智力去从事的活动。当然，制造活动的一大特殊性在于，在具体的实践场景中，制造者的智性活动往往是和体力活动密切结合的，制造者必须动手劳作才能将知识物化为产品。但除此之外，制造者在其制造活动的全部过程中，都会受到情感、态度、意志等非智性精神因素的影响，这些非智性精神因素是制造者的品格。试想，一个制造者掌握了制造活动所需的充分的知识，却因为在制造过程中遇到了挫折而放弃，整个制造活动又怎么可能完成呢？因此，制造者的品格与精神状态，与制造者处理知识的能力一样，是影响制造活动的根本性因素，对于制造活动的各构成要素，起着统领作用，并同样凝结于最终的产品中。简单地说，制造者在从事制造活动时，其头脑中同时具有知识和态度这两种思想性的存在，两者的结合构成了决定制造活动绩效的工作伦理。进一步说，如果将"工匠精神"视为制造者的工作伦理，则工匠精神势必具有知识与态度这两个方面的内涵，其发展亦将同时在这两个方向上展开。

人类的制造活动与人类历史伴随始终，其构成要素具有相当的稳定性，但要素所包含的具体内容及要素之间的组成关系，则一直随着时间的推移而变化，也由此导致了制造活动本身的变革。18世纪中叶开始的工业革命在人类制造活动的历史上具有划时代的意义，而在那道巨大的历史分水岭之前，世界各地的制造业主要是农业社会里一种不具备主导性的活动。

二、农业社会的制造业类型

人类最初的制造活动是如何组织的，只能依靠考古学去推测。进入文明时代后，制造活动留下了文字记录。很显然，人类先民的制造活动存在着不断进步的过程，能够生产出日益复杂的工具，并利用这些工具创造出日益丰富的物资。当制造活动被组织起来并具有一定规模后，制造业就产生了。尽管文明时代是从农业社会起步的，并长期停留于农业社会阶段，但农业的发展依赖于农具的制造。因此，如果说生产剩余粮食以供养非生产者的农业是文明的基础，那么，为农业提供工具的制造业就是文明不可或缺的条件。

对农业社会的制造业进行类型上的划分可以采取不同的标准。例如，依据产品来划分，可以分为农具制造业、纺织业、武器制造业、陶瓷业、酿造业，等等。我国明代科学家宋应星撰写的《天工开物》大体上就采取了这种分类标准。而从制造活动的组织方式来划分，可以分为国营制造业和民间制造业。有学者认为，在中国的夏、商、周时代，国营制造业占主导地位，其特征是由官府派官员管理，实行垄断经营，使用以奴隶为主的劳动力，进行集体生产，产品主要满足

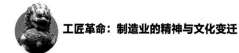

官方和各级统治者的多方面需求，并不进入商品流通领域。①实际上，由于某些制造业需要调动大量人力参与劳动，并进行细密的分工协作，在古代，也只有国家有力量进行这种动员与协调了，这是国营制造业兴盛的原因。当然，政府本身也是工具、武器、礼器等制造业产品的需求者，由政府直接出面介入生产过程，在古代社会亦合乎逻辑。据认为反映了西周时期国营制造业情况的文献《考工记》记载："审曲面埶，以饬五材，以辨民器，谓之百工。"②"百工"指的是审视与考察材料外在特征和内部特性、制备民生器具的人，既可指周代主管营建制造的职官名，又可泛指各种从事制造活动的人。这些从事制造活动的人就是工匠。称"百"，意指工匠种类繁多，显示了先秦时代中国的制造业已具有高度的部门分工。

《考工记》神圣化了制造活动的起源，称："知者创物，巧者述之，守之世，谓之工。百工之事，皆圣人之作也。烁金以为刃，凝土以为器，作车以行陆，作舟以行水，此皆圣人之所作也。"③这段话的意思是，聪明的人创造了器物，灵巧的人传承了制造方法，工匠则世代遵循其法则。工匠们制造的器物，都是圣人的发明，包括熔化金属来制作兵器，将泥土制成陶器，创造在陆地上行驶的车辆，以及创造在水中行驶的舟船。对于制造业产品的质量，《考工记》也有论述："天有时，地有气，材有美，工有巧，合此四者，然后可以为良。材美工巧，然而不良，则不时，不得地气也。"④用现代观念来解析，《考工记》提出了一个制造业产品质量受环境、材料、工匠技能等综合因素影响的理论。国营制造业因其产品直接供国家使用，受到国家的严格管控，国家对产品质量提出了严格的要求。在论述制造车轮的工匠"轮人"时，《考工记》谓："故可规、可萬、可水、可县、可量、可权也，谓之国工。"⑤这句话的意思是，那些造出的车轮形状符合规范、测量时各项指标达标的工匠，可以被称为国家级工匠。在谈到制作矛的"庐人"时，《考工记》又称："六建既备，车不反覆，谓之国工。"⑥由此可见，在先秦时代，中国已经有了评判工匠等级的标准，而工匠的等级是由其产品的质量决定的。这可以被视为最初的工匠精神的观念。

必须注意的是，在《考工记》所记载的百工中，有专门的"匠人"。但这里

---

①　陈振中：《先秦手工业史》，福建人民出版社 2009 年，第 761 页。
②　《考工记》，闻人军译注，上海古籍出版社 2008 年，第 1 页。
③　同②，第 1 页。
④　同②，第 2 页。
⑤　同②，第 23 页。
⑥　同②，第 106 页。

的"匠人"并非泛指工匠，而是指专门从事土木营造的人，故有"匠人建国"和"匠人营国"之说。①此处的"国"指城邑，"建国"与"营国"均指建城。这表明，在《考工记》的时代，"匠"是有专门所指的。而严格来说，营造城郭宫宇不属于今天意义上的制造业。由此可见，在上古时代，人们对于制造活动有更为宽泛的理解。

随着时间的推移，市场在中国古代经济中的地位越来越高，民间制造业规模随之越来越大，国营制造业渐趋萎缩。到了清代，盐、铁、有色金属矿等产业已完全放开民营，国家只保留了一小部分制造业门类直接经营，且规模有限。明朝建立的严格控制工匠的匠籍制度也在清朝初年被明令废除。明朝时，北京的内务府工匠有1.5万人之多，但到了清朝，归属于工部制造库、内务府造办处的常年工匠仅2 000人左右。②这是中国古代制造业与工匠类型的重大变化。到明朝晚期时，中国的制造业在技术与组织上均达到了颇高的程度。例如，宋应星在《天工开物》中介绍了铁锚与铁针的制造过程。铁锚属于大件铁制品，"战船、海船有重千钧者"，其制造方法为："锤法先成四爪，依次逐节接身。其三百斤以内者，用径尺阔砧安顿炉旁，当其两端皆红，掀去炉炭，铁包木棍夹持上砧。若千斤内外者，则架木为棚，多人立其上共持铁链，两接锚身，其末皆带巨铁圈链套，提起掀转，咸力锤合。合药不用黄泥，先取陈久壁土筛细，一人频撒接口之中，浑合方无微罅。盖炉锤之中，此物最巨者。"③制造铁锚时，要先锤好4个锚爪，再逐个接在锚身上。为了造千斤重的大铁锚，工匠们要先架起木棚，由许多人站在上面，握着联接锚身两端的铁链，将锚吊起来并转动，再由众人合力将锚爪与锚身锤合起来。这种大铁锚接合处的黏合料不用通常所用的黄泥，而是用筛细的旧墙土，在其他工匠锤合工件时由一人不断将土撒在接口之中，方能做到接合起来无缝隙。由此可见，明朝晚期大铁锚的制造，既需要工匠们良好的组织协作，也需要工匠掌握特殊的材料，在态度与知识两方面俱有要求。至于铁针的制造，宋应星是这样记载的："凡针先锤铁为细条，用铁尺一根锥成线眼，抽过条铁成线，逐寸剪断为针。先镈其末成颖，用小槌敲扁其本，钢锥穿鼻，复镈其外。然后入釜慢火炒熬。炒后以土末入松木火矢、豆豉三物掩盖，下用火蒸。留针二三口插于其外以试火候。其外针入手捻成粉碎，则其下针火候皆足。然后开封，入水健之。凡引线成衣与刺绣者，其质皆刚。惟马尾刺工为冠者，则用柳

---

① 《考工记》，第110、112页。
② 李绍强、徐建青：《中国手工业经济通史·明清卷》，福建人民出版社2004年，第318页。
③ 宋应星：《天工开物》，第180-181页。

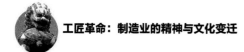

条软针。分别之妙，在于水火健法云。"①绣花针是一种非常不起眼的小物件，但为了制造绣花针等铁针，明朝晚期的工匠们发展出了复杂的工序，并必须掌握精妙的淬火知识来控制材料的质地变化。大铁锚与细铁针是大小悬殊的两种铁制品，尽管同样以铁为材料，但其制造需要不同的知识，这反映了制造业的发展是一个劳动分工的过程，也是一个知识分工的过程。

农业社会里的部分制造业除了满足人们的实用需求外，也兼具满足审美需求的功能。中国古代的器物制造很明显地体现了这一点。例如，清代中叶有关宜兴地区陶壶烧制的文献介绍称："造壶之家，各穴门外一方地，取色土筛捣，部署讫，弇窑其中，名曰'养土'。取用配合，各有心法，秘不相授。壶成幽之，以候极燥，乃以陶甍（俗谓之缸掇）度五六器，封闭不隙，始鲜欠裂射油之患。过火则老，老，不美观；欠火则稚，稚，沙土气。若窑有变相，匪夷所思，倾汤贮茶，云霞绮闪，直是神之所为，亿千或一见耳。"②这段介绍，反映了宜兴陶壶烧制的基本工艺流程，提到了工匠对火候的掌握直接决定了陶壶的外观，"过火"与"欠火"均无法制成佳品。此处的陶壶已不仅仅是满足基本饮水功能的实用器皿，而是承载了中国古代文人雅趣的奢侈玩物，所以在外观与审美上有比普通茶壶更高的要求。这也反映了制造业在历史长河中分化出了与艺术有紧密关联的工艺美术类行业。值得注意的是，清代中叶宜兴陶壶的烧制依赖工匠的技艺，产品无法标准化，但偶尔烧制出的百无一见的产品具有极高的美学价值。这一方面反映了艺术审美标准与经济实用标准是有区别的，而这种评价标准的差异意味着用户需求的不同决定了制造业类型的分化；另一方面则反映了农业社会里的制造业一般来说缺乏使产品标准化并量产化的知识，不仅不同的工匠群体"各有心法"，即使同一名工匠，也可能很难掌控其产品品质的稳定性。

在世界上其他地方，为了满足文明社会的各种需求，各种门类的制造业同样发展起来了。古希腊诗人赫西俄德（Hesiod）在诗中描写了制造农具的标准："伐木造臼要三足高、杵三肘长、车轴要七足长，这个尺寸正好，若有八足长，还能多做个木槌。大车十掌宽，轴辕就要三拃宽。"③这与《考工记》的记录异曲同工，皆属于先民对工匠制造经验的传承。不过，有学者认为，在欧洲的古希腊罗马时代，制造活动主要采取家庭生产和奴隶生产的形式，即使那些较大的公

---

① 宋应星：《天工开物》，第 182 页。
② 吴骞：《阳羡名陶录》，许之衡：《饮流斋说瓷（外一种）》，浙江人民美术出版社 2016 年，第 123 页。
③ 吴雅凌：《劳作与时日笺释》，华夏出版社 2015 年，第 17 页。

共作坊也不是专门为市场销售而生产剩余产品的。欧洲的制造业主要是在中世纪逐渐发展起来的。到10世纪和11世纪时，欧洲有两种制造业组织形式并存，一种是满足领主或农村村民需求的家庭手工业，另一种则是更加专业化的手工业。[①]到了14世纪与15世纪，欧洲部分地区发展出了繁荣的制造业。例如，15世纪德意志南部的纽伦堡兴起了玩具工业，其产品在出口中占了很大比重。[②]纺织业则在欧洲不少地区均有所发展。一位15世纪的诗人写道：

> "弗兰德斯的真正主人
>
> 不是别人，是毛纺商人
>
> 我们这些土生土长的弗兰德斯人
>
> 每月都见他们在此四处逢源
>
> 一切的弗兰德斯人，无论贵族或平民
>
> 谁不是织布者？
>
> 把我们的羊毛织成布匹
>
> 他们在此生活，受人管理
>
> 他们无法轻易离开
>
> 我们也与他们唇齿相依"[③]

弗兰德斯的布匹大量出口，其纺织业是相当市场化的。因此，与中国相似的是，欧洲的制造业也存在着一个日益市场化的演化过程。总的来说，在农业社会里，满足人类生活各种需求的制造业门类均发展起来了，而市场对于制造业的影响日益扩大。

三、物勒工名：工匠精神的发端

在制造业的早期历史上，工匠往往受产品需求者即国家的直接管控，国家对于产品质量有着严格的要求，并制定了相应的制度予以保障。正是这种管控制度激发了最初的工匠精神。

实际上，手工业时代的制造业，制造手段的落后本身就对工匠的工作态度等工作伦理提出了较高的要求，换言之，精神因素是弥补技术因素缺陷的一种

①　罗伯特·福西耶主编：《剑桥插图中世纪史》中册，李增洪等译，山东画报出版社2018年，第279-280页。

②　詹姆斯·汤普逊：《中世纪晚期欧洲经济社会史》，徐家玲等译，商务印书馆1996年，第266页。

③　艾琳·鲍尔：《中世纪人》，韩阳译，北京时代华文书局2018年，第185页。

变量。当制造活动主要靠手工劳作进行时，制造过程依赖于人的器官发挥感知与运动的功能，但人的身体既很容易面临力量上的极限，又不容易稳定如一地保持固定状态，由此给制造活动带来了极大的不确定性与不稳定性。工匠以手工劳作的方式从事制造时，为了减少不确定性，成功造出符合设计目标的品质稳定的产品，必须十分注意对身体进行操控，也就必须将精神和注意力集中于和制造活动有直接关联的身体感知与运动上。这就有了专心致志和一丝不苟等工匠劳作时的工作状态与精神风貌。可以说，专心致志和一丝不苟的工作状态是简陋的手工劳作条件下制造活动顺利进行的内在要求。人类社会里各种看似虚无缥缈的"精神"，在其产生之初，往往有着很实用的功能，工匠精神也不例外。不过，精神因素若欲真正对实际行为产生作用，相应的制度设计与制度安排是不可或缺的。精神往往由人的心理层面的内驱力维持，但内驱力具有高度不确定性，无法保障精神持续稳定地存在。制度的作用，便在于从外部施加强制力量，使精神因强力刺激而持续性地维持存在。也只有当精神因为持续性的存在而成为习惯时，精神才真正能够对行为施加强有力的影响。可以假设，在上古时代，最初的工匠为了确保产品品质而萌生了一套工作伦理，这套工作伦理主要依靠工匠个人的自律来贯彻。随着历史的发展，相关的制度出现了，强制性地要求每个工匠都要在制造活动中贯彻工作伦理，久而久之，部分工匠将这种工作伦理内化于心，即使不需要强制性的制度也能贯彻实行，工匠精神作为一种价值观就稳固了。历史假设很难验证，但中国古代的物勒工名制度与工匠精神之间的关系，是有史料能够予以支撑的。

春秋战国时代，中国分裂为众多诸侯国，地处西陲的秦国在漫长的兼并战争中不断壮大，最终一统天下。秦国的成功既归因于商鞅变法，又离不开精良兵器的供给。而秦国实行的物勒工名制度，保证了兵器制造的质量。所谓物勒工名，《吕氏春秋》在论述"孟冬之月"时曰："是月也，工师效功，陈祭器，按度程，无或作为淫巧，以荡上心，必功致为上。物勒工名，以考其诚。工有不当，必行其罪，以穷其情。"[1]学者对"物勒工名，以考其诚"注解称："物，器也。勒铭工姓名著于器，使不得诈巧，故曰以考其诚。梁玉绳曰：'后世制器镌某造，盖始于秦。'"[2]意思是，从秦国开始，中国就有了让工匠把名字刻在自己制造的产品上的制度，而这项制度便于对产品质量进行追责，令工匠不敢弄虚作假。至于"工有不当，必行其罪，以穷其情"的注解则为："不当，不功致

---

① 许维遹：《吕氏春秋集释》，中华书局 2016 年，第 187 页。
② 同上，第 187 页。

也，故行其罪，以穷断其诈巧之情。"①意思是，工匠制造的产品如果质量不好，就是工作没有尽力，要判定其有罪，用这种惩罚机制来防止工匠产生敷衍作假的念头。因此，物勒工名是一种严格甚至可以说严酷的质量保障制度。

商鞅变法以后，秦国建立了严密的法律体系，用来管控社会。物勒工名制度也是通过法律来确保其有效性的。出土简牍对于秦律的记载反映了这一点。实际上，秦国建立了一套由刑罚来维系的工匠与制造业管理制度。

首先，秦国将具有高超技艺的工匠视为一种战略资源加以保护，工匠在秦国的劳动者中具有相对特殊的地位。秦律曰："隶臣有巧可以为工者，勿以为仆、养。"②意思是，隶臣当中有具备技艺可以当工匠的，就不要让他们去当给人赶车、做饭的仆役。为了培育工匠，秦国建立了完善的工匠训练制度，并依靠法律予以保障。秦律曰："新工初工事，一岁半红，其后岁赋红与故等。工师善教之，故工一岁而成，新工二岁而成。能先期成学者谒上，上且有以赏之。盈期不成学者，籍书而上内史。"③这项规定是指，新工匠开始工作时，第一年的产出要求达到规定产量的一半，第二年开始的产量要与老工匠的数额相等。工师作为负责人，要认真教导工匠，使做过工的工匠一年学成技艺，使没有经验的新工匠两年学成技艺。能够提前学成的工匠，要向上级报告，上级会有所奖励。到期仍不能学成的工匠，则应该把名字记下来上报内史。很显然，秦国建立了奖惩并重的工匠训练制度。

其次，秦国制定了严格的生产纪律与产品规范，并通过严厉的刑罚措施来督促工匠保证产品质量。一条秦律写道："非岁红及毋命书，敢为它器，工师及丞赀各二甲。"④这条是说，如果不是当年度应生产的产品，又没有朝廷的命令，而工匠敢擅自制作其他器物的，负责管理的工师和丞都要受罚。又有一条秦律写道："为器同物者，其小大、短长、广亦必等。"⑤这规定了制造同一种器物的大小、长短和宽度必须相同。可见，秦国的制造业追求统一的产品规格。这种规范化的制造要求，依靠严厉的刑罚措施落实。在年度考评中，产品质量被评为下等的工匠及其监管者都要受到惩罚。秦律曰："省殿，赀工师一甲，丞及曹长一盾，徒络组廿给。省三岁比殿，赀工师二甲，丞、曹长一甲，徒络组五十

① 许维遹：《吕氏春秋集释》，第187-188页。
② 孙铭编著：《简牍秦律分类辑析》上卷，西北大学出版社2014年，第121页。
③ 同②，第122页。
④ 同②，第122页。
⑤ 同②，第123页。

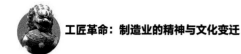

给。"①有一条秦律这么规定："工择榦，榦可用而久以为不可用，赀二甲。工久榦曰不可用，负久者，久者谒用之，而赀工曰不可者二甲。"②意思是，工匠选择夯墙用的立木时，如果立木本可以使用而标上不可使用的记号，工匠要受罚；如果工匠在立木上标记认为不可使用，以致不能满足装设者的需要，但装设者经过报批后仍然使用了，就要惩罚认为不可使用的工匠。秦法之细密可见一斑。与物勒工名制度一样，秦国主要依靠各种明确而严厉的惩罚措施来约束工匠，进而保障制造业的品质。

人性是复杂的，趋利避害与好逸恶劳是人类的自然本能。但这种自然本能有可能会导向偷工减料与弄虚作假等负面行为。文化是与自然相对的力量，具有约束和引导自然本能的作用。工匠精神不可能是人类社会凭空产生的价值观，也不是人类的自然本能，它是人类在制造活动中长期相互交往而逐渐积累的行为规范，这种行为规范投射至思想意识领域就形成了工匠精神。工匠精神萌生后，其维持和传承就需要依靠一定的社会化机制，这种机制固定下来就形成了制度。换言之，如果将工匠精神视为一种工匠们共享的遵守生产纪律与注重产品质量的文化，那么，这种文化是建立在物勒工名等具有实际约束力的制度之基础上的。正是强制性的制度，消灭了工匠在制造活动中可能出现的偷工减料等投机行为，约束了人性中负面的自然本能。随着时间的累积，当工匠在物勒工名等制度下习惯性地自觉注重产品品质后，作为文化的工匠精神就诞生了。从这个意义上说，物勒工名可谓中国工匠精神在制度层面之发端。从制造活动的构成要素看，物勒工名是基于对产品质量的严格要求而在制造手段上实现的组织创新，因此，最初的工匠精神本质上是一种保障产品质量的手段。进一步说，物勒工名制度的产生表明，中国古人已经认识到，制造业产品的质量不完全取决于技术，也会受制造者的工作态度影响。同一个工匠在一定时期内的技术与技能是相对稳定的，在此情形下，工匠的工作态度就成为决定其产品品质的关键变量了。如果将文化界定为价值观体系，③则工匠精神作为一种对待工作的价值观，就是一种文化。由此可以推论的是，工匠精神一经养成，将影响到制造活动的各个环节。从理论上说，文化因素通过渗透至制造活动的各个构成要素而发挥其影响制造业的作用。

不过，物勒工名制度并非没有内在的弱点。从制造业的组织形式上看，实施

---

① 孙铭编著：《简牍秦律分类辑析》上卷，第 123 页。

② 同上，第 123 页。

③ 塞缪尔·亨廷顿、劳伦斯·哈里森主编：《文化的重要作用：价值观如何影响人类进步》，程克雄译，新华出版社 2010 年，第 9 页。

物勒工名制度的秦国制造业是受到国家严格管控的，事实上，物勒工名本身就是管控措施的一部分。然而，在缺乏国家严格管控的制造业组织形式中，物勒工名或类似制度的实施效果必然减弱，甚至很难推行。而中国古代制造业恰恰存在着一个国家放松管控的大的历史进程。况且，物勒工名背后的保障机制，是在历史上以严厉著称的秦法，而秦法之繁苛也是后世总结秦朝灭亡的重要原因之一，这使得完全复制秦朝的各种制度面临着政治道德上的风险与成本，也阻碍了物勒工名等制度在后世的系统性的推行。因此，尽管物勒工名等制度激发了中国最初的工匠精神，但制度与精神都随着历史的发展而不断演化。

此外，尽管秦国将工匠视为重要的战略资源并悉心培育，但在商鞅为秦国规划的富国强兵大战略里，制造业并不占主导地位。托名商鞅所著的《商君书》谓："国之所以兴者，农战也。"[1]这确实反映了商鞅的农战思想，即国家的强盛只在于农耕与战争这两件大事。为农耕提供工具和为战争提供兵器的制造业，在这一大战略中只能说具有辅助性的功能。而自秦朝以降，在中国两千多年的农业帝国历史中，重本抑末即重视农业而抑制工商业一直被历代王朝奉为国策。这导致中国传统社会形成了轻视工匠与制造业的文化。在这种文化氛围里，工匠精神的缺失具有极高的可能性。

例如，建于明朝洪武初年的南京龙江船厂是一家国营造船厂，原本东西长138丈，南北长354丈，后因承平日久，造船不多，厂内空地都召集军民种地，只留下一小部分地区工作。到190多年后的嘉靖年间，南京工部主事李昭祥被派驻该厂时，见到一片残垣与"木栅之遗迹"。在洪武、永乐年间，龙江船厂征调了浙江、江西、湖广、福建等地居民400余户，来南京造船。这些老百姓被编制成世代沿袭的专业化造船工匠人家。然而随着时光流逝，"匠户皆失其故业，且消长不齐"。到了1541年，船厂只剩下245户，而每户的户丁人数也不一致，又都将职责视为负担，穷户尤其无法忍受，"流亡日甚"。结果，到了1551年，船厂只剩到200户工匠人家了。在这种形势下，工匠"不乐其业"，都想换其他工作以求解脱。[2]李昭祥在船厂履职后，发现厂内弊端丛生，工匠在造船过程中普遍偷工减料。例如，李昭祥称，造船的流程中，用油和石灰填补船缝最为重要，此即为"油舱"。如果这道工序没做好，就算船所用的木材质地好，一入水也会迅速腐朽。然而，要想干好这道工序，调制石灰者"心须宽、力须猛"，盖"心不宽"会导致加的油太多太快而使材料不纯，"力不猛"则没法把材料填牢。可

---

① 蒋礼鸿：《商君书锥指》，中华书局 1986 年，第 20 页。
② 李昭祥：《龙江船厂志》，江苏古籍出版社 1999 年，第 99-100、107、92-93 页。

是，当时船厂工匠流失严重，工作系临时雇人来干，临时工都以快速把活干完为目标，无法尽心出细活。他还提到"省艌"，指工匠对于"闷头之内"等不方便直接从外表看的地方，以及"虚稍"等波浪不触及的地方，就只填补外面而不填补里面，或干脆完全不管，以为没什么危害，却不知道假如填补不周全的话，船稍一振动，石灰就脱落，水便进入缝隙，腐蚀船体。李昭祥认为，这种偷工减料的行为，是因为船厂工匠"视船为官物，无诚心体国之义"。他不得不感慨，明朝建立之初时，战舰千艘，也没听说制造困难，而现在的修造费用，每年都极为浩繁，但即使江防用的小船，也动辄有缺乏之忧，正所谓"成之太艰，而毁之太亟也"。[1]工匠精神的缺失及其危害在龙江船厂展露无遗。然而，更令李昭祥愤愤不平的则是："近世学者崇艺文，蔑世务，勾稽磨勘，辄目为俗吏，矧工作末技乎？"[2]也就是说，在李昭祥的时代，中国的读书人都推崇古代经典与文学艺术，而蔑视解决实际问题的知识，如果一个官员花费精力于技术性的工作，会被视为庸俗小吏。这正是一种轻视工匠与技术的文化。无独有偶，晚明的宋应星在为技术百科全书《天工开物》作的自序中亦写道："丐大业文人弃掷案头，此书与功名进取毫不相关也。"[3]同样反映了一种技术在社会评价体系中无足轻重的文化。当社会的上流阶层被这种文化主导时，整个社会缺失工匠精神也就不足为奇了。

龙江船厂作为一家国营船厂，属于国家直接管控的制造业类型，然而，明朝后期船厂的弊端表明，在较长的时间段里，国家管控以及由国家管控维系的工匠精神，都存在着松弛和衰退的可能性。因此，物勒工名的严苛制度能够激发工匠精神，但在国家对制造业的直接管控不断放松的历史趋势下，工匠精神的长期维持显然需要制度与文化的更新。

无独有偶，在工业革命前的西方，15世纪的海上强国威尼斯也拥有一家规模巨大的国营造船厂——威尼斯兵工厂，随着时间流逝，它同样面临着工匠精神衰退的问题。威尼斯兵工厂规模宏大，具有高度发达的分工组织。1436年，一位游客这样描述道："一进入大门，两旁各有一条宽阔的街道，中间是海水，一侧是兵工厂厂房向外开放的窗户，另一侧也是如此。这条窄窄的水道上漂浮着一艘桨帆船，由小舟拖曳，而从各式房屋的窗户中，零部件被源源不断地分发到装配工

---

① 李昭祥：《龙江船厂志》，第129-130、134-135页。
② 同上，第36-37页。
③ 宋应星：《天工开物》，第3页。

人手里，有的是绳索，有的是武器……"①即使到17世纪威尼斯兵工厂已开始走下坡路时，外来造访者仍估计该厂每天聚集有1 500~2 000名能工巧匠，并视这些工匠为纪律与勤勉的典范。一位访客写道："威尼斯共和国的伟大的根基，或者不如说整个意大利乃至基督教世界的荣耀，正是兵工厂的厂房。"1676年的一份报告则如此宣称："兵工厂正威名日著，甚至在发展最快的国家中也是如此；它被正确地认为是奇迹的工厂，是武备的宝库，而且是用来捍卫宝贵自由的最具生气的武器。"②表1-1为威尼斯兵工厂1619—1669年轻型桨帆船的产量。

表1-1　威尼斯兵工厂的轻型桨帆船产量（1619—1669年）

起止年份	年　数	产量（艘）	年均产量（艘）
1619—1625	5	90+	—
1619—1639	20	123	6.5
1635—1639	4	24	6.0
1619—1646	27	194	7.2
1639—1646	7	71	10.1
1645—1660	16	112	7.8
1645—1669	29	149	5.1
1619—1669	50	341	6.8

说明：由于原始数据不完整，尤其是年份上缺乏连续性的记录，故表1-1数据系根据17世纪文献原貌抄录并推算。

资料来源：Robert C. Davis: *Shipbuilders of the Venetian Arsenal: Workers and Workplace in the Preindustrial City*, p.81.

由表1-1可知，在17世纪中叶，威尼斯兵工厂尚能够保障轻型桨帆船一定规模的产出，但其年均产量不高。对比之下，在一个世纪前的鼎盛时期，该厂10天之内就可以制造装配完成30艘桨帆船，当法国国王1547年到访该厂时，在国王用餐的两个小时内，一艘桨帆船就建造完毕下水试航了。③可见，威尼斯兵工厂与龙江船厂存在着相似的衰退。在生产经营衰退的同时，工匠们的道德水准同样下滑。1643年，一份报告抱怨了威尼斯兵工厂的工匠工作态度不积极，称"这些工

① 彼得·阿克罗伊德：《威尼斯：晨昏岛屿的集市》，朱天宁译，上海文艺出版社 2018 年，第185页。

② Robert C. Davis: *Shipbuilders of the Venetian Arsenal: Workers and Workplace in the Preindustrial City*, Baltimore and London: The Johns Hopkins University Press, 2007, pp..2-4.

③ 同①，第185页。

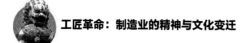

匠差不多有三分之二是没用处的，不会多干一点报酬之外的活"①。与前一世纪具有报国热忱的先辈相比，17世纪威尼斯兵工厂的绝大多数工匠完全基于私人动机来工作，年轻的学徒只在意领取薪酬，对工作与学艺不上心，会在船坞整天闲逛。很多工匠并不把自己的工具带来兵工厂做工，而是将工具变卖掉，于是来到兵工厂就无所事事，或者他们向别的工匠借工具干活，换成那些工匠无所事事。更有甚者，部分工匠对公家之物顺手牵羊。②东西方两大船厂的案例表明，工匠精神的长期维持绝非易事，人性中天然的投机性与惰性，使工匠精神必须靠一定的机制来保持。而工匠精神衰退的可能性，也反映了制造业变动不居的性质。

四、求稳：传统制造业的精神气质

在农业社会里，轻视工匠和制造业的文化并非只存在于中国。毕竟，农业才是农业社会里创造物质财富最主要的来源。古希腊人色诺芬（Xenophon）写道："学习其他技艺的人必须费很多的时间和精力，才能依靠这种工作来挣取他的生活费用，农业可不同，它是不难学的……农业似乎能使从事农业的人具有豁达的胸襟，任何其他行业都赶不上它。"③在农业社会里，制造业从属于农业。农业社会是一种相对稳定并追求稳定的社会，而农业社会里的传统制造业同样具有求稳的精神气质，并由相应的制度予以强化。

北宋被认为是中国古代经济繁荣的时代，制造业与商业均有较大发展，也产生了一系列技术进步。不过，为后世留下重要科技文献《梦溪笔谈》的沈括，对制造业的态度是以崇尚古人及不变古法为主的，具有浓厚的保守性。例如，沈括称有人曾找到古代的一枚玉钗，虽然已经残破，但"制作精巧，后人不能为也"。他又自述自己路过南京时，有人挖掘六朝时代的陵寝，获得不少古物，他看到一只玉臂钗，做工精巧："两头旋转关，可以屈伸，合之令圆，仅于无缝，为九龙绕之，功侔鬼神。"于是，沈括发了一番对比古今工匠的议论，认为古代淳朴的文化氛围使古代工匠严谨认真，产品优于当代："世多谓前古民醇，工作率多卤拙，是大不然。古物至巧，正由民醇故也。民醇则百工不苟；后世风俗虽侈，而工之致力，不及古人，故物多不精。"④沈括的议论应该是有几分道理

① Robert C. Davis: *Shipbuilders of the Venetian Arsenal: Workers and Workplace in the Preindustrial City*, p.31.
② 同上，p.32.
③ 色诺芬：《经济论·雅典的收入》，张伯健等译，商务印书馆1997年，第48页。
④ 沈括：《梦溪笔谈》，团结出版社1996年，第221页。

的，但他忽略了古代制造业往往由国家直接管控，不少工匠制造的是仅仅由上层阶级享用的数量有限的奢侈品，自然比北宋时代已经相当市场化的制造业工匠更有条件精益求精。再如，沈括介绍了古鼎与古铜香炉的机巧设计，结论是："其他古器，率有曲意，而形制文画，大概多同。盖有所传授，各守师法，后人莫敢辄改。今之众学，人人皆出己意，奇邪浅陋，弃古自用，不止器械而已。"[①]沈括感慨的是，古代工匠皆严守师傅传授的技法，不去改动物品既有设计，而他那个时代的工匠却都热衷于抛弃前人技法，按自己的意愿进行制造，结果造出些不如古人的奇怪丑陋的物品。沈括大概没有意识到，如果一味遵守古法而不变革，制造业也不会出现新的技术与工艺。但是，沈括这种崇古贬今的态度很能体现农业社会里制造业求稳重甚于创新的保守文化。

除了文化氛围外，农业社会里制造业盛行的行会制度也强化了求稳的心态。中国古代的制造业虽然存在着一个国家不断放松管控的历史进程，但民间制造业尤其是城镇中的制造业通常设有行会，而行会对于工匠同样起到了管控作用。从积极的方面说，行会对产品品质提出了严格要求，并督促行会成员自律。例如，清代湖南安化的染坊行业有这样的规定：

"一议各染坊，凡染青，要细加工作，先将布底深染，虽旧而颜色不改，如有浅染弄弊减价掣骗，查出重罚。

一议各染坊，凡赐顾者，当面量记尺寸，注明何等色气，须细加工，不可潦草，以出色为要。"[②]

这两条规定对安化染坊行业的生产规范和经营方式提出了要求，还强调要惩罚弄虚作假者，目的在于保障产品的质量，令顾客满意。从某种意义上说，制造业行会对于产品规格与质量的严格管控就属于一种求稳的心态。与安化染坊行业类似的是，益阳的制烟业行会规定："一议每烟捆轻重，遵照宪断，每毛捆只准53斤为度，不得加多减少，如违公同禀究。"长沙制烟业行会则对工匠规定："一撕叶无论何地头烟及秋伏，脚叶头尾，均须好歹索用，扯筋扯净，不得草率，尤不得任意挑选，只图自己工资，不顾店东货本。"[③]这些细致到生产过程的规定与两千年前的秦律颇有相似之处，只不过秦律以国家意志下的严刑峻法作为保障机制，而清代制造业的行规依靠行会成员的自律来落实，其惩罚措施的力

① 沈括：《梦溪笔谈》，团结出版社1996年，第365页。
② 彭泽益编：《中国近代手工业史资料（1840—1949）》第1卷，中华书局1962年，第193页。
③ 同②，第193页。

度不可与刑罚同日而语。

不过，行会最重要的意义不在于控制产品品质，而在于限制市场竞争。行会对于竞争的厌恶与限制，是传统制造业求稳心态的最集中体现。清代湖南武冈的铜器业行会宣称："盖闻百工居肆，各有规矩，以安其业，苟规矩不有，则和气不洽，而争竞起焉。我行铜艺，居是邦者，不下数十家，其间带徒弟雇工者，每多争竞，较长计短，致费周旋。爰集同行商议条规，约束人心，咸归无事，庶几和气洽，而业斯安也。"[①]传统制造业的市场化是历史大趋势，市场化必然建立在自由竞争的基础上，而竞争带来的是新的社会关系及相应的心态。因此，清代武冈铜器行业出现"每多争竞，较长计短"的现象本是时代发展的必然产物。然而，武冈铜器行业的从业者显然没有转换心态，于是，在集体商议之后，行会依然坚守"和气"的传统价值观，而将"争竞"视为必须抑制的负面心理。很显然，在行会看来，稳定比发展更重要。

为了抑制竞争而维持稳定，传统制造业的行会采取了一系列具体的措施。在生产环节，一些行会对原材料进行严格管控，其总的原则是平均分配。例如，清代长沙明瓦业规定："一议我行货物，因时价昂贵，如有城厢内外到得有货者，知音必须晓众，公分派买，毋得隐瞒独买，如有隐瞒独买者，公议罚钱2串文入公，货仍归公派买。"[②]在市场经济中，信息至关重要。对企业而言，在公平的条件下掌握了别人不知晓的信息而获得了别人无法获得的原料来源，是一种正常的利用信息不对称进行竞争的经营方式。然而，长沙明瓦业行会要求成员公开这种涉及商业机密的信息，并规定对隐瞒信息者加以惩罚，这就限制了行会成员利用信息不对称扩大生产规模的可能性。与之相似的是新宁冶坊业规定："买煤只准商订公分，照价卖用，不许添减上下，致碍同行。"[③]这也属于行会以集体商议替代成员的个体决策，从而对行业生产施加管控。其目的，自然是为了在同业中进行原材料的平均分配，不使竞争破坏同行间的和气。

行会要对行业进行管控，在介入生产的同时，必然也要介入销售。在销售环节，通过规定统一的产品价格，行会实现了对竞争的抑制。如新宁冶坊业规定："铁货出售，只准照依定价，不准高抬，亦不许减价发卖。"[④]当然，在市场化的历史潮流下，这些保守的行规不可避免受到冲击，因此，一些行会不得不

① 彭泽益编：《中国近代手工业史资料（1840—1949）》第1卷，第182页。
② 同上，第192-193页。
③ 同上，第193页。
④ 同上，第194页。

重申此类规定。如安化染坊行会便称："我安邑开设染坊，向有旧章，至今犹遵守不违，因人心不一，有刁滑之徒，只图贪多射利，不顾资本，减价求售，不加工做，难保无掣骗情事，其败坏旧章已极，况近来靛胶谷米柴薪，均皆昂贵，而染布之家，每逢年终结账，不分高低，不肯加价，以致亏本愈多，是以约集城乡各铺公同酌议，凡染各样颜色或深或浅，价值照依新章扣算，庶彼此无争。"[1] 所谓"人心不一"，指的就是面对市场机遇的诱惑，有的染坊不遵守行规，而私自降价多销。行会出面重申规定，制止这一行为，为的还是同行之间"彼此无争"。

除了管控生产与销售外，行会还直接控制工匠的产生，通过限制行业的劳动力规模来抑制竞争。传统制造业的技艺传承靠的是师傅带学徒，学徒经师傅认可后，方能取得工匠的身份与资格。由于传统制造业的生产单位一般不大，工匠数量的增多就意味着从业者增多，也就带来了竞争的压力。因此，通过控制学徒的数量和对学徒习艺施加种种限制，行会能够控制工匠的数量，进而降低竞争强度。此外，学徒在习艺过程中能够协助师傅生产，限制学徒数量也就限制了实际参与生产的劳动力的规模，同样能起到抑制竞争的作用。例如，清代有人记载苏州金箔业的情形是："人少而利厚，收徒只许一人，盖规例如此，不欲广其传也。"[2]这是十分极端的情况了，但也把苏州金箔业工匠的心态说得很清楚。较为常见的规定可参照长沙京刀业："一议带学徒弟者，三年为满，出一进一，公议出备上行钱5串文归公，如违不遵，罚戏一台敬神。"又或者如长沙靴帽业："一议琢坊铺户，新带徒弟，上会银1两，或叔侄兄弟在店学习者，均遵一体，以一年半为满，方可再带徒弟，不得以作入帮。倘有不遵，查出罚银2两。"长沙衬铺业则规定："一议带徒，三年一出一进，毋得滥规，违者议罚。"[3]总而言之，行会通过学徒制度控制了工匠的产生，从而限制了同业竞争。但这里存在着一个前提条件，即农业社会里的传统制造业通常规模不大，生产单位小而分散，一名工匠雇几个帮手再招几个学徒就能开张营业。这种生产组织形态意味着学徒一旦学成手艺就能成为师傅的竞争对手，故而限制学徒招收规模也就抑制了业内竞争。

欧洲的情况与中国相似，也发展出了城市里的制造业行会。欧洲的制造业行会可以追溯至11世纪末，最初带有慈善会或友谊会的性质。与中国一样，欧洲

① 彭泽益编：《中国近代手工业史资料（1840—1949）》第1卷，第194-195页。
② 同上，第182页。
③ 同上，第190-191页。

城里的行会制定了严格的制度，对制造业进行方方面面的管控。例如，农村的铁匠可以用各种方法生产他所期望的数量的产品，但城镇制造业的行会规章会事先定好产品的数量、质量和价格。[①]行会通过对工作时间的规定来限制竞争，并由此形成一种保守的文化。例如，中世纪锡耶纳的锁匠曾谴责那些太早起来工作的人是"贪婪"的，而在第戎的一次骚乱中，一个刀剪匠因为工作得太晚而被人刺伤。[②]在这种文化氛围里，勤于工作绝非美德。与此相应的是，行会一般排斥制造业中的创新。例如，帕尔马的最高行政官在1266年被授权对引进任何新式样的造鞋匠罚款25英镑，考文垂则反对以染料颜色为名义的行业变化。14世纪时，布里斯托的裁缝痛恨外来者出售已经裁剪好以备缝制的帽子和男装，因为这是一种革新，能够导向大规模生产。[③]欧洲的行会在发展过程中逐渐贵族化。富裕的工匠和商人通过联姻，与旧土地贵族建立了关系，利益渐趋一致，一个新的贵族阶级在城市中成长起来。这个贵族阶级把控了行会，通过各种手段排斥较低等级的工匠。例如，行会将入会费涨到最高点，使小人物无法入会。再如，行会要求工匠完成一件"杰作"以作为其成为行会师傅的条件，但"杰作"的认定条件越来越高，也使许多工匠无法成为师傅。于是，师傅身份成为某些家庭的世袭身份。当行会取得了城镇的控制权后，就采取了一系列排除外来竞争的措施，并使地方法规以法律形式批准了各项维护行会特权的条例。[④]欧洲的行会自然也少不了学徒制度。与中国一样，欧洲传统的学徒制度既旨在为行业提供熟练工匠，又包含限制竞争的意图。根据行会的规定，师傅把学徒带回家中，供给衣食，并训练学徒掌握技艺，学徒的劳动则是无偿的。最初，学徒期限不过两三年，后来，师傅们把学徒的额定服务年限延长至7年。[⑤]学徒制度也因此异化为一种廉价劳动力的供给制度。这种保守性与中国的行会是极为相似的。随着时间的流逝，欧洲的制造业在城乡之间形成了一定的分工，一些行业将部分生产工序转移到了农村，而在城镇保留需要较高制造技艺的工序。例如，在纺织业中，羊毛衣物、哔叽和丝毛哔叽的编制由乡下负责，而城市负责处理加工程序和染色。城市还保留了罗呢织造的整个工序，因为罗呢织造需要用到一个不大但非常昂贵且必不可少的翻转

---

① 罗伯特·福西耶主编：《剑桥插图中世纪史》中册，第283页。
② 波斯坦等主编：《剑桥欧洲经济史》第3卷，周荣国等译，经济科学出版社2002年，第232页。
③ 同②，第231页。
④ 詹姆斯·汤普逊：《中世纪晚期欧洲经济社会史》，第541-543页。
⑤ 同④，第543-544页。

装置。①由于缺乏行会的控制，农村制造业相对而言更加自由。

欧洲与中国在农业社会阶段发展出了相似的行会制度，表明农业社会里的制造业具有某些共性。总的来说，农业社会里的传统制造业具有一种求稳的文化。这种求稳的文化表现在传统制造业将稳定视为首要的目标，通过各种制度安排抑制自由竞争，并限制工匠队伍规模的扩大。究其原因，农业社会本身是一种较为稳定的社会，传统制造业的工匠浸染于整个农业社会的文化氛围中，自然也趋于求稳。从积极的方面说，求稳的文化有助于工匠传承技艺，将传统较好地保留下来。但从消极的方面说，求稳的文化使工匠在生产与经营上受到各种束缚，不利于开拓创新。

然而，传统制造业具有求稳的文化，并不意味着农业社会里的制造业一成不变或缺乏技术进步。相反，在欧洲，从中世纪开始，工匠们就引进各种机械装置进行制造了。例如，打铁用的机械装置早在987年就出现在德意志了，漂洗用的机械装置在1170年前就已经出现了，这种机械抵得上40个男性劳动力。②不过，当时的文化对于制造业中出现的机械化是持排斥态度的。1447年，欧洲第一所印刷厂在德国美因茨建立，在此后的10年中，它一直雇用着100多名工匠。印刷厂的印刷技术更有效率，但贵族顾客反对印刷术，仍然信赖抄书工和装饰匠制作书籍，这些贵族认为印刷的书籍是低劣的产品，在很长的时间里坚持维护低效率的手工艺的声誉。③1235—1240年，英格兰还出现了破坏机械装置的团伙。④因此，传统制造业需要一场革命来打破缓慢发展的状态，而这场革命只能由工匠自身来发动。

小结

制造是一种贯穿人类历史的行为，是人类进化的关键一跃。正是通过制造与使用工具，人类摆脱了肉体施加的天然束缚，让自己的力量得到扩展，并运用这种力量成为地球上占统治地位的物种。因此，制造是人之为人的重要标记。

从石器时代到电子时代，人类的制造活动经历了翻天覆地的变革，但其基本构成要素一直不变。制造，意味着运用一定的手段使材料变成人们头脑中设计的

---

① 罗伯特·福西耶主编：《剑桥插图中世纪史》下册，第354页。
② 罗伯特·福西耶主编：《剑桥插图中世纪史》中册，第285页。
③ 爱德华·露西-史密斯：《世界工艺史》，朱淳译，中国美术学院出版社2006年，第107页。
④ 同②，第285页。

物品，这一流程及其组成要素被抽象化为模型后，适用于从打制石器到生产航天飞船的所有制造活动。而在具体的现实情境中，一旦要素出现变化，制造活动就会出现变化。

制造活动是人类行为，就和任何人类行为一样，受到内外两方面因素的影响。从内在方面说，制造活动的承担者与执行者，是在一定的观念和心理状态下从事制造活动的，于是，不同的观念和心理状态会使同一种制造活动导向不同的结果。从外在方面说，制造活动的承担者与执行者的观念和心理状态不是凭空产生的，是受其所处环境影响的。内外因素作用下的制造活动承担者与执行者的观念和心理状态，就是制造活动的精神。文明社会里制造活动最初的承担者与执行者是工匠，工匠工作时的观念和心理状态直接影响到其制造活动，而那些有益于制造活动的观念和心理状态就是原初意义上的工匠精神。制造活动从个人行为演变成集体行为后，制造业就产生了。工匠精神是制造业最初的精神，它既取决于工匠个人的态度，又依靠强制性的制度去保障。

在农业社会里，传统制造业的精神气质是求稳的，这既与整个农业社会较稳定的大环境有密切关系，又与传统制造业里的行会制度等保守因素有直接关系。这决定了传统农业社会里的工匠精神作为一个体系是不可能匹配现代工业社会的。

第二章

工匠的革命：工业化的开端

　　改变了世界的工业革命爆发于18世纪中期的英国，最初是由一群富有创造力的工匠在生产过程中发起的，因此，这场革命完全可以称为工匠的革命。不过，工匠的革命并非一蹴而就，相反，欧洲自文艺复兴时代开始，经历了漫长的技术积累与文化沉淀后，一种新的机械文明才由萌芽而成长壮大，最终结出工业革命的果实。工匠的革命是工业化的开端，这场革命为制造业注入了打破传统的新精神。创新取代求稳，成为工业文化的价值内核。而在技术与技能层面之外，勤奋进取等工作伦理，同样帮助了工匠们实现制造业的革命。现代工匠精神作为工业文化的一部分，伴随着工业化进程而诞生。

一、达·芬奇密码：机械文明的萌芽

　　工业革命一个最直观的特征就是机械化，各种机械不仅大量运用于生产制造，还渗透进人们的日常生活。可以说，在由工业革命塑造的现代社会里，人类已经完全离不开机械了。尽管机械起源甚早，但在农业社会里并不常见，甚至常常被视为奇技淫巧而遭到抵制。因此，称工业社会是一种机械文明，从物质生产方式角度说，颇有几分合理性。不过，这种机械文明并不是工业革命时代突然出现的，它的萌芽可以追溯至14世纪的欧洲文艺复兴时代。

　　机械从本质上说就是复杂化了的高级的工具及其组合。人类制造和使用工

具的重要动机就在于弥补体力与体能的不足。因此，在整个人类历史上，从事制造活动的工匠总会想方设法改进工具与制造方式，以便让工具最大限度地发挥替代体力与体能的作用。中国古代"木牛流马"的传说生动地体现了这一点。而随着市场经济的成长，工匠们的动机还包含了提高生产效率和降低产品成本的考虑。例如，16世纪的德国金匠热衷于连续铸造器物的把柄、顶部饰物和边饰等部件，还使用循环压印戳。[①]这些工匠们追求的正是标准化的大批量生产。不过，社会观念未必跟得上技术与工艺的进步。例如，尽管欧洲中世纪已经出现了大量机械，但很多人还是偏好手工劳作。佛罗伦萨的行会章程就规定，织布用的经纱必须是由手工纺制而成的，因为这样的纱线会更加牢固。[②]从当时的技术水平来说，这一规定有其合理性。然而，当机械不断进步以后，类似的规定往往落伍于时代，并阻碍技术的发展。

对欧洲来说，文艺复兴是其历史上重要的转折点。在文艺复兴时代的欧洲，机械得到了较大的发展。14世纪时，一首佚名诗歌抱怨机械在夜间发出的声响是"人类从未听过的噪音"。[③]1597年出版的一本书里描写了英格兰使用织布机生产的情形："在又大又长的房间里，两百架织布机坚实有力：两百个人在这房间里，加工生产排成一列站立。"[④]当然，这里所说的织布机应该只是人力驱动的机械。而在意大利的佛罗伦萨，法国作家蒙田（Michel de Montaigne）看到这样的景象："我参观了纺丝工人的车间；他们有这样一种机械，只需要一名妇女就能一次捻转500个纺锤。"[⑤]除了人力外，文艺复兴时代的机械也有别的动力来源。水车和风车便是典型的利用非人力驱动的机械。水车磨坊是荷兰画家雷斯达尔（Jacob van Ruisdael）最喜欢的创作主题之一，在他的画作中，这种机械是具有纪念碑意义与英雄气质的景观。风车更是成为整个荷兰的国家标志。[⑥]由此，机械在文艺复兴时代的欧洲成为一种符号，有了文化上的象征意义。

意大利是文艺复兴的发源地，也是欧洲机械文明萌芽之地。设计与制造机械的是一批工匠，但他们不是普通的工匠，而是兼具技师、工程师与艺术家身份的复合型工匠。达·芬奇就是这批工匠的杰出代表。文艺复兴时代的意大利四分

---

① 爱德华·露西-史密斯：《世界工艺史》，第116页。

② 同上，第93页。

③ Jonathan Sawday: *Engines of the Imagination: Renaissance culture and the rise of the machine*, London and New York: Routledge, 2007, p.5.

④ 同③，p.6.

⑤ 同③，p.47.

⑥ 同③，pp..11-13.

五裂为众多城市国家，这些城市国家的统治者对于军事技术、民用工程、建筑、雕塑和绘画等有着广泛的需求，为满足这些需求，达·芬奇等文艺复兴式工匠发展出了多样化的技能。达·芬奇留下了大量笔记，包含设计草图和研究记录。在笔记中，达·芬奇曾这样写道："在无法使用加农炮的地方，我能够提供石弩、投石机、喷水机以及其他军械，它们都具有通常战争中罕见的奇特效果。简而言之，根据各种复杂多变的情况，我能够提供无限多样的攻击与防御装备。"又写道："在和平时期，我相信自己能够像其他建筑师一样，建造令你称心如意的公共或私人建筑，把水从一个地方导引至另一个地方。"还称："我还能够使用大理石、铜或黏土制作雕塑。我还擅长绘画，我的绘画作品可以与任何一个人的作品相较。"①尽管达·芬奇的笔记充满密码，在生前秘不示人，但这番记录无疑表明他很清楚自己的潜在雇主们对于工匠有着怎样的需求。

在笔记中，达·芬奇探讨了机械问题，例如：

"机械学是最高贵、最有用的科学。一切有生命的物体都需要借助机械方式完成各种运动，而这些运动起源于物体的重心，重心通常位于规则物体的中心位置。重心的力量有大有小，也具有杠杆作用与反杠杆作用。"

"每一个物体都需要由各个部分构成，每一种艺术都需要利用专门的工具进行创造。当一个物体在整体上发生运动的时候，其组成部分也随之运动。"②

上述笔记包含着力学原理，而力学原理是机械运动的基础。诚然，很多工匠不懂得抽象的力学知识也能够制造出精巧的机械，但具备了理论知识的文艺复兴式工匠无疑更能够从一般规律出发来进行设计。机械文明与偶尔使用机械的社会的重要区别就在于，前者必须掌握具体器物背后的抽象原理。达·芬奇在笔记中进行了各种大胆的机械设计，也记录了现实的制造工艺。例如，他写下了铸造过程中需要注意的各种问题，兹摘取数例：

"如何去除铜器的粗糙边缘：你应当制作一根类似凿子的巨大铁棍，沿着铜器边缘进行打磨。这些粗糙边缘是使用模具铸造的各种组件之间互相拼合起来造成的，这样铸造出来的大炮仍然很粗糙。你使用的铁棍应当具有一定的重量，每一次打磨的幅度要大，范围要广。"

"如何加快熔化速度：首先把铜放在坩埚中进行部分熔化，然后把它放进熔炉里，这种半熔化状态的铜将会在熔炉里开始快速熔化。"

---

① 列奥纳多·达·芬奇：《达·芬奇笔记》，刘勇译，湖南科学技术出版社 2016 年，第 266-267 页。
② 同上，第 261、264 页。

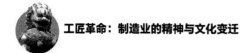

"制作大型铸件的方法：如果你需要制造一件重达10万磅[①]的铸件，需使用5个熔炉，每个熔炉重为2千磅，至多3千磅。"[②]

达·芬奇对动力问题也颇感兴趣，从15世纪90年代早期开始，就写下了一系列关于水力的笔记。他认为水是大自然的驾驭者，宣称："水，作为陆地机械的重要牵引者，靠它自身的自然温度运动。"[③]他还以水力和风力为例讨论了物体的冲击运动，曾写道："如果想观察运动物体穿过空气产生的运动，可以在水中实验。也就是说，在水面以下，应当使用一个像盒子一样的正方形玻璃容器，容器中装满水，在水中拌入小米或其他的小小种子——这些东西在水中分布比较均匀——随后将某些运动物体放置到水中，在水中漂浮，这样可以观察到水的运动。"[④]实际上，这也展现了文艺复兴式工匠对于科学实验的重视。

事实上，除了达·芬奇外，当时还有一批类似的工匠留下了笔记或手稿，其中大部分的文本和草图专注于防御工事、进攻性武器、水力学以及对机械装置的改进。[⑤]必须指出的是，文艺复兴式工匠的设计草图和研究记录等手稿往往没有公开发表，对当时的社会是缺乏影响力的。此外，包括达·芬奇在内，文艺复兴式工匠对于机械的兴趣并非完全基于现实考虑，而只是畅想其可能性。[⑥]这同样削弱了他们的设计的实用性。不过，一批关于机械和工程问题的插图版书籍在文艺复兴时代印行于世，既有助于制造业工艺知识的传播与积累，又营造了一种人与机械共同生产劳动的想象，[⑦]有利于培育一种逐渐接受与利用机械的社会文化心态。这些书籍往往对插图中的机械装置有着详尽的功能介绍。例如，一本书介绍了水力驱动的矿石捣碎机、碾磨机和搅拌机，部分文字内容如下：

"该机器有个水轮，靠水流冲击它的叶片而转动；水轮一侧的主轴具有长凸轮，用以提升捣碎机来压碎干燥的矿石。然后，捣碎后的矿石被送入上部磨石的料斗，并从料斗口渐次下落，被磨成粉末。下部磨石是方形的，但有一个球形的凹槽，上部磨石在槽中转动，凹槽有一个出口，粉末从这个出口落到第一个桶中。一根竖直铁轴榫接入横梁，横梁又被固定到上部磨石中；轴上部小齿轮固定

---

① 1磅约为0.45千克。

② 列奥纳多·达·芬奇：《达·芬奇笔记》，第252页。

③ Jonathan Sawday: *Engines of the Imagination: Renaissance culture and the rise of the machine*, p.32.

④ 达·芬奇：《哈默手稿》，李秦川译，北京理工大学出版社2013年，第231页。

⑤ 小塞缪尔·埃杰顿：《乔托的几何学遗产：科学革命前夕的美术与科学》，杨贤宗等译，商务印书馆2018年，第119页。

⑥ 同②，p.97.

⑦ 同②，p.88.

在轴承上，而轴承安装在横梁上；立轴上的鼓轮有若干棒齿，由主轴上的齿状鼓轮带动转动，从而使磨石转动。"①

以上只是文字介绍的一部分，已经可以看到这种机械装置的复杂性了。非常重要的是，文艺复兴式工匠的艺术家身份对于机械设计是十分有利的。文艺复兴时代的艺术家们恢复与发展了透视法，令立体画面得以在二维纸面上呈现，从而比缺乏透视法的东方绘画更精确地还原了世界。达·芬奇在笔记中称："绘画的第一个基本要求是：所表现的物体看上去应当有立体感，因此出现在主景垂直面上的背景物体应该符合透视法则——物体的大小、形状及颜色的清晰度随距离变远而缩减。"②实际上，达·芬奇可能是第一位利用虚线规范来表明所绘机械中连接部分的直线排列的工程师。③利用透视法则，文艺复兴式工匠创造了剖面图和透明视图这两种制图规范，使人们不用借助三维模型就能了解到机械的内部构造。④这对于更高效地设计机械与更精确地将设计图落实于实物制造是极为有利的。因此，文艺复兴式工匠体现了艺术与工程技术的结合，促进了以机械制造为代表的制造业技艺的发展。此外，与透视法相关联的是，在15世纪的意大利，人们越来越意识到数学能够充当一切技术与艺术活动的基础或重要帮手，这就在相关活动中引入了抽象的理性思考。⑤抽象的理性思考是理论科学诞生的关键因素之一。

总而言之，在文艺复兴时代，欧洲开始萌芽一种机械文明，既体现为机械的更为广泛的应用，又体现为机械设计与制造技术的进步。机械的重要性从mechanics一词可以看出，该词译成中文指的就是力学，但同时也保留着机械学的含义。一种"机械论"的观念在欧洲出现了，它把物理宇宙看成一台巨大的机器，一经启动，就可以因其构造而完成所要完成的工作。⑥工匠们对于机械的设计和制造，为物理学家提供了理论创设的灵感。而物理学的进步，反过来又会推动机械制造乃至整个制造业的发展。这一切的源头可以追溯至以达·芬奇为代表的文艺复兴式工匠。文艺复兴式工匠的工作与思考表明，工程技术、制造工艺、数学、理论物理学与艺术的结合，为欧洲制造业的革命性发展营造了良好的文化

① 查尔斯·辛格等主编：《技术史》第3卷，高亮华等主译，上海科技教育出版社2004年，第227-228页。
② 列奥纳多·达·芬奇：《达·芬奇笔记》，第16页。
③ 小塞缪尔·埃杰顿：《乔托的几何学遗产：科学革命前夕的美术与科学》，第126页。
④ 同③，第117页。
⑤ 爱德华·戴克斯特豪斯：《世界图景的机械化》，张卜天译，商务印书馆2018年，第350页。
⑥ 同⑤，第709-710页。

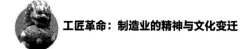

氛围。这是工匠革命的开端与基础。

然而，文艺复兴只是拉开了机械文明诞生的序幕而已。文艺复兴时代的机械技术是非常幼稚的，文艺复兴式工匠也不具备现代人科学的头脑。文艺复兴崇尚古典的文化氛围，有时候也会阻碍机械文明的发展。例如，尽管透视法早已得到运用，但15世纪的部分画家在为文艺复兴式工匠的机械设计绘制插图时，会故意将插图设计成古雅风格，从而使插图中机械的构造明显失真。[①]历史的进步不是一蹴而就的。欧洲机械文明的开花结果，还需要数百年的时间来积累。

二、新工具：工匠掀起的制造革命

在《新工具》一书中，英国文艺复兴思想家培根提出了"知识就是力量"这一命题。培根解释道："人类知识和人类权力归于一；因为凡不知原因时即不能产生结果。要支配自然就必须服从自然；而凡在思辨中为原因者在动作中则为法则。"[②]知识就是力量，其真正的含义是指，在认识层面通过知识探索而得到的规律，在实践层面可以用来指导人类权力的扩展，而人类权力的目标与实质便是支配自然。支配自然是现代经济发展的基础与条件。培根认为科学"真正的、合法的目标"是"把新的发现和新的力量惠赠给人类生活"，但他同时指出，绝大多数人并没有意识到这一点，只偶然有"智慧较敏，又贪图荣誉的工匠"投身于新发明。[③]培根的论断一方面展示了17世纪时欧洲的文化氛围仍然不鼓励将知识运用于实践；但另一方面也指出了制造业的从业者——工匠是将知识与实践结合起来的先驱，进而暗含了对工匠的赞许。培根重视实践的经验主义哲学具有鲜明的英国特色。也正是在培根式哲学大行其道的英国，处在生产实践第一线的工匠对科学理论有较高的接受程度，从而创造发明了一系列制造业的新工具，掀起了改变整个人类历史的工业革命。

英国工业革命或称第一次工业革命是由工匠发动的，体现了制造业"革命"具有渐进性与传承性的特征。英国工业革命最初的革命性体现于技术层面，以各门类制造业中不断涌现的发明为标志。从制造活动的构成要素看，英国工业革命主要体现于手工领域的工具的变革，而这些变革起初都是由生产第一线的工匠在劳动实践中琢磨出来的。这一点在纺织行业最为明显。发明织布机飞梭的

---

① 小塞缪尔·埃杰顿：《乔托的几何学遗产：科学革命前夕的美术与科学》，第128页。
② 培根：《新工具》，许宝骙译，商务印书馆1984年，第8页。
③ 同②，第64页。

约翰·凯伊（John Kay），当过钢筘制造业的学徒。钢筘是一种类似于梳子的装置，在织布机上用来把经纱分开。凯用抛光的金属线而非藤条来制造钢筘，并于1730年发明了一种用来捻合精纺线的机器。1733年，凯申请了飞梭的专利，这项发明可以让织布机上的纬纱更快地穿过经纱，并使布匹的宽度变大，从而使织布的效率两倍于当时的手工织布机。詹姆斯·哈格里夫斯（James Hargreaves）是一名织工和木匠，1764年造出了第一台珍妮纺纱机（Jenny）。1769年，假发制造商理查德·阿克莱特（Richard Arkwright）发明了翼锭纺纱机。通过使用4个成对的滚筒即轧辊牵引粗纱，并通过使一个锭子朝向一个旋转的纺锤来缠绕粗纱，阿克莱特的纺纱机成功实现了同时牵引与捻合纱线。[1]凯伊、哈格里夫斯和阿克莱特的发明都使英国棉纺织工业的生产效率得到了大大提升，并使外在的工具不同程度地替代了人的双手，这正是制造业革命的大方向。而他们还有一个共同点，即都出身于工匠，其发明的灵感来源于生产实践而非理论构思。实际上，英国纺织业里的工匠发明家，比起以达·芬奇为代表的文艺复兴式工匠，理论水平反而要低一些，这也反映了在制造业的早期发展阶段，科学理论与技术革新之间尚不存在特别密切的结合。

虽然纺织业尤其棉纺织业是英国工业革命最光彩夺目的产业，但真正划时代的制造革命并非体现于纺织机械的创新，而体现于装备制造业发展带来的动力变革。这就是蒸汽机的改良及广泛应用。就以阿克莱特的翼锭纺纱机来说，尽管它装上飞梭并能用水力驱动，但在其他方面基本上与中世纪晚期的纺车一样。而水力驱动使制造活动受到空间的极大限制，毕竟，不是所有地方都适合安放靠水力驱动的纺纱机。蒸汽机打破了这种空间限制。

蒸汽机不是一种新发明，早在18世纪初甚至17世纪，英国就有了用于抽水的蒸汽机。不过，是工匠托马斯·纽科门（Thomas Newcomen）第一个建造了实用又可靠的蒸汽发动机。1712年，纽科门在达德利（Dudley）附近的煤矿用一台蒸汽机抽水，这是蒸汽动力第一次具有标志性意义的经济运用。康沃尔郡（Cornish）的一位矿主评论道："纽科门先生发明的火力引擎使我们的矿井能深入到从前任何机器所能达到的两倍的深度。"[2]曾于1716年到英格兰协助纽科门建造发动机的瑞典人特里瓦尔德（Mårten Triewald）提到过纽科门的动机："现在碰巧有一位从达特茅斯来的名叫托马斯·纽科门的人……下决心与他的助

① 　Barrie Trinder: *Britain's Industrial Revolution: The making of a manufacturing people, 1700 - 1870*, Lancaster: Carnegie Publishing Ltd, 2013, pp..390-391.

② 　同上 , pp..52-53.

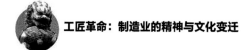

手，一位名叫卡利（Calley）的管子工，联合起来发明从矿山中抽水的火力发动机（fire-machine）。启发他进行这项工作的缘由是，纽科门先生发现在英国的锡矿中存在的问题，即用马拉抽水的成本很高。纽科门先生作为铁制工具经销商，为许多锡矿提供设备，为此他经常去拜访这些矿山。"①不过，蒸汽机真正具有意义的运用，还是在煤矿中，而煤矿对蒸汽机的需求也促进了这种机器的推广。

　　然而，纽科门蒸汽机除了用于抽水外，局限性很大，因其在本质上属于单作用式蒸汽机。改良了纽科门蒸汽机的正是詹姆斯·瓦特（James Watt）。瓦特也是工业革命时代最重要的工匠之一，是体现了科学理论与制造实践相结合的新型工匠。1736年，瓦特出生在苏格兰一个工匠家庭，父亲是造船匠。家庭氛围对瓦特走上发明创造的道路有极大影响。当他从文法学校毕业后，就进入父亲的作坊里做工。尽管不是当学徒，但瓦特在作坊里有一个属于自己的小锻铁炉，他使用凿子和工具做模型，通过动手实践学到了用于制造的材料的第一手知识。②青年瓦特曾进入仪器制造行业当过为时不长的学徒，出师后，瓦特成为格拉斯哥大学的数学仪器制造者，在该校拥有一间自己的工作室。在格拉斯哥大学，瓦特制造了各种仪器与器具，并开始对蒸汽机感兴趣。瓦特做了大量的水在不同压力下沸腾的热力试验。他对自己的试验结果感到困惑，直到他了解了潜热理论后才豁然开朗。③由此可见，瓦特不是普通的工匠，而是能够接触到科学理论并将理论与实践结合起来的工匠。此外，瓦特热衷于试验也体现了培根的经验主义原则。1769年5月，瓦特在给友人的一封信中写道："我得到了一本不同寻常的书，讲述了上哈尔茨（Upper Hartz）地区煤矿所有的机器、熔炉、生产方法和利润。不幸的是这是本德语书而我对德语知之甚少，但我正在一位真正懂化学的瑞士染匠的帮助下提升德语水平……"④瓦特对知识摄取的态度与能力由此可见一斑。

　　从技术上说，瓦特对蒸汽机的改进包含几个关键节点。1781年，瓦特获得了周转齿轮即行星齿轮的专利，使蒸汽机的每一个双冲程都能驱动使轴旋转两周。1782年，瓦特又取得了两项非常重要的改进专利，第一项是使蒸汽机成为双作用式，能够利用同样的汽缸容积产生两倍的动力；第二项是利用蒸汽的膨胀性，只在每一冲程的开始阶段接纳蒸汽进入汽缸，此后就由它的膨胀力驱动活塞。1784

① 查尔斯·辛格主编：《技术史》第4卷，辛元欧主译，上海科技教育出版社2004年，第118-119页。

② H. W. Dickinson: *James Watt: Craftsman and Engineer*, Cambridge: Cambridge University Press, 2010, pp..18-19.

③ 同②，p.35.

④ 同②，pp..57-58.

年，瓦特为三杆直线运动申请了专利。1787年，为保证在负载变化时速度恒定，瓦特为蒸汽机配备了一只锥形离心调速器。至此，双作用旋转式蒸汽机已成为实际上的标准机型。[①]瓦特蒸汽机得到了广泛应用，成为英国工业革命真正的动力。1825年，约翰·辛克莱（John Sinclair）写道，蒸汽机"无止境地增进了大部分人的舒适与享受：而且通过给予便宜而易于获取的材料而在各地带来财富与繁荣"[②]。当然，瓦特的研发工作绝非没有遇到困难，相反，无论是商业化制造起步阶段的资金匮乏，还是研制过程中本身的技术难题，都对他构成了或大或小的打击。有一阵子，瓦特甚至不得不离开蒸汽机研制事业，当了土木工程师来养家糊口。1769年，当瓦特处在失意的低谷中时，他在给友人的信中抱怨道："在我这辈子里没有什么事情比搞发明更愚蠢的了！"[③]不过，瓦特并没有长久地陷于消极情绪中。当他需要作出选择时，还是选择了研制蒸汽机。至于资金问题的解决，则有赖于瓦特与企业家博尔顿（Matthew Boulton）建立起传为佳话的合作伙伴关系。博尔顿提供的不仅是资金支持，他还为瓦特提供了一个有人力资源可以调度的工场，使瓦特的研制工作摆脱了小作坊的局限。此外，瓦特加入了具有启蒙运动色彩的英国科学社团新月社（Lunar Society），对他的发明工作亦有助力。例如，新月社成员化学家普里斯特利（Joseph Priestley）的实验使瓦特于1782年正确地推论出水是一种合成物质而非一种单一元素。[④]蒸汽机的工作离不开水，瓦特对水的性质的兴趣并非无的放矢。1785年，瓦特在指导儿子的教育时说："几何和算术与一般的计算科学是一切有用的科学的基础，不完全了解它们，自然哲学就不过是消遣；没有它们，最常见的事务也是令人厌倦的。"他同时希望儿子掌握力学和记账。[⑤]由此可见瓦特对于科学的重视。

　　不过，倘若没有机床工具工业的发展，瓦特是无法实现对蒸汽机的改良的。机床工具是用来制造机器的机器与工具。瓦特设计的蒸汽机在制造过程中要求汽缸镗孔达到极高的精度，这一点是靠工匠威尔金森（John Wilkinson）发明的镗床来保障的，尽管这种镗床原本是用来制造大炮的。1776年，瓦特的合伙人博尔顿满意地写道："威尔金森曾为我们镗削过几个几乎没有缺陷的缸体，他为本特

①　查尔斯·辛格主编：《技术史》第4卷，第126-127页。
②　Barrie Trinder: *Britain's Industrial Revolution: The making of a manufacturing people, 1700 - 1870*, p.65.
③　H. W. Dickinson: *James Watt: Craftsman and Engineer*, p.57.
④　同③，p.157.
⑤　玛格丽特·雅各布：《科学文化与西方工业化》，李红林等译，上海交通大学出版社2017年，第158-159页。

利公司加工的直径为50英寸[①]的缸体，其误差不到旧英币1先令的厚度……"除了威尔金森的镗床外，其他机床亦发挥了巨大的作用。例如，在大约1820年引入刨床之前，在蒸汽机的制造过程中，通过高要求而又冗长的手工劳动能够加工成的平面很少。[②]机床的发明与改进，拓展了工匠加工金属材料的能力，而包括蒸汽机在内的机器的制造过程，从本质上看就是金属材料按照工匠的意图被加工改变的过程。可以认为，瓦特对蒸汽机的研制依赖当时英国装备制造业在机械制造技术上的整体进步。

因此，处于英国工业革命最核心位置的瓦特研制改良型蒸汽机的故事，是一个新型工匠成长并推动制造业变革的故事。这个故事里包含着实验、经验、工具、科学理论、资本等关键词，呈现出不同于农业社会的制造业的新样态。如果用制造活动的构成要素对瓦特研制蒸汽机的过程进行分析，可以得出表2-1的流程展示。

表2-1　瓦特研制蒸汽机过程中的制造活动要素

要素		起作用的事项	
设计		（1）科学理论知识； （2）纽科门蒸汽机作为原型	百折不挠的勇气、长期坚持的毅力、严谨求实的作风、探索未知的兴趣
材料		通过试验来选择	
手段	工具	威尔金森发明的镗床，以及其他机床	
	方法	通过试制来改进	
	组织	（1）博尔顿提供的资金支持； （2）博尔顿提供的人力协作	
产品		创新型产品带来市场回馈与良性循环	

瓦特在研制蒸汽机时，头脑中是存在着基本的科学观念与科学知识的，这使他对于产品的构想在一定程度上能够建立在科学理论的基础上。同时，不可否认的是，瓦特的工作并非从一张白纸上开始，纽科门蒸汽机已经提供了基本的制造物的原型，而纽科门蒸汽机恰好反映了欧洲机械文明自文艺复兴时代以后取得了长足发展。瓦特的成就是欧洲机械文明长期积累的产物。任何制造活动都涉及对材料的选择与加工，在处理材料方面，瓦特展现出的突出特质是通过试验来理解材料的特性，而非简单地使用既有材料而已。但是，材料加工过程中遇到的难题并不是瓦特个人能够解决的，他需要借助机床工具，而英国机床工具工业恰好在

① 1英寸约为 2.54 厘米。
② 查尔斯·辛格主编：《技术史》第 4 卷，第 125、288、128 页。

当时也出现了技术进步。工具的改进拓展了制造业能够使用的材料的范围，也使材料能够得到更有效的利用。在制造方法上，瓦特采取的是先制造试验性产品再加以改进的方法，将科学实验的原则运用到了制造过程中。与工具的情况类似，瓦特在组织上也必须依赖外力，这种外力既包括资金，又包括进行分工协作的人力资源。所有这一切导致了具有创新性的产品问世，而产品在市场上带来的回馈又提供了进一步研制与改进所需要的资金等资源，从而使整个制造活动进入良性循环。同时，必须看到的是，在整个过程中，瓦特身上所具有的坚韧、严谨与求知欲强烈的品质，是维持研制全过程并使之顺利进行的必要因素。

从表2-1可以看到，瓦特研制蒸汽机时，制造活动要素中的设计、材料和手段都出现了变革，最终导致了产品的变革。瓦特研制蒸汽机的过程中，设计上出现的新因素是科学理论开始与制造更为紧密地结合。与凯和哈格里夫斯相比，瓦特掌握的自然科学知识更加丰富，而蒸汽机与科学理论的结合程度也比当时的纺织机械要高。事实上，瓦特对于蒸汽机的研制反过来也促进了热力学的发展。在材料上，瓦特研制蒸汽机所体现的新因素，除了通过试验来选择合适的材料，还包括金属材料更为广泛地取代了木材，作为机械制造的主要材料。在相当长的时间里，欧洲机械文明的发展主要建立在木质机械的基础上，然而，木材的脆弱性与易腐性，使木质机械无法承受高强度的运动，无法适应各种温度下的工作环境，也无法成为能够长久保存的固定资产。机械文明的真正成功取决于金属对于木材的代替。与早期仍然大量使用木材的纺织机械不同，蒸汽机是一种必须由金属制成的机械。然而，金属材料的使用之所以长期得不到推广，一方面是因为金属材料本身难以被制造出来，另一方面则因为金属材料在应用过程中存在着加工更为困难的问题。这些问题的解决需要发展冶金工业和机床工业的技术。在瓦特研制蒸汽机的案例中，工具层面引入威尔金森镗床这一新因素，克服了材料加工难题，凸显了工具变革的重要性。在制造方法上，瓦特采取先试制后定型的流程，贯彻了英国科学文化中的经验主义原则，在本质上具有将科学实验的法则运用于生产制造中的性质。不过，这种试错方法是历史上工匠们制造新产品时经常采用的方法，瓦特案例的特别之处在于整个研制过程中确实进行了一些具有理论科学色彩的实验。在组织上，瓦特与博尔顿的合作带来了工业革命时代不同于手工业时代的新因素。通常来说，制造活动越复杂，技术含量越高，制造过程中产生的成本就越大，所需要的资金也就越多。制造活动与资金的这一关系，在古代制造业中已有体现。不过，在瓦特的案例中，博尔顿给予瓦特的资金支持，有很大一部分是有意识地用于试验性的研制活动，而非成熟产品的制造，实际上是一

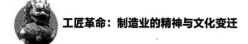

种风险很高的投资活动。这是一种比较新的现象，并会在此后的工业时代成为一种惯例。另一方面，博尔顿为瓦特提供的人力资源的组织保障也是一种新因素，尽管在瓦特这一案例中体现得还不太明显。所有这些新因素综合在一起发生作用，就使得瓦特研制蒸汽机成为一种划时代的制造革命。

但是，瓦特研制蒸汽机的过程并不是一场只有新因素在发挥作用的革命，部分有用的传统因素同样可以从表2-1中辨识出来。首先，瓦特已经生活在一种初具规模的机械文明中，这种文明鼓励对于机械的研究、发明与应用，并进行了大量理论与实践两方面的积累。因此，瓦特研制蒸汽机时可以利用很多资源要素。其次，更为重要的是，在瓦特研制蒸汽机的全过程中，他身上所具有的坚毅、严谨、求知欲强等精神与品质，渗透进了制造活动的每一种要素和每一个环节中，成为制造活动在现实中能够顺利完成的推动力量和保障条件。这些精神与品质即一定的价值观，在瓦特研制蒸汽机之前已经长期存在于英国社会中，并非全新的现象。进一步说，瓦特研制蒸汽机的活动是在一定的价值观支配下完成的，对于瓦特的研制活动来说，价值观并不贡献具体的知识与技术，但价值观决定了瓦特是否选择研制蒸汽机的行为决策，也决定了瓦特研制工作的质量高低。对瓦特研制蒸汽机起到正面作用的价值观全部可以归纳为态度。面对挫折不退缩并长期坚持投入，是决定制造活动能否持续进行的工作态度。在制造过程中对包括机器精度在内的细节严格要求，是决定制造活动最终产品质量高低的工作态度。由对世界的好奇心牵引而去主动学习新知，是决定制造活动能够获取多少有用信息的工作态度。总而言之，瓦特的成功有赖于以良好的工作态度来从事制造，而这些工作态度与制造活动的历史相始终，是恒久存在的影响制造活动的因素。

综上所述，尽管瓦特是一个工匠，但他不是传统的工匠，而是一个"工程师—工匠"的复合体。一方面，瓦特如传统工匠那样立足于生产实践，另一方面，瓦特是一个掌握了理论科学知识和具有科学研究理念的工程师。这种工程师—工匠身份合一的特点，与达·芬奇所代表的文艺复兴式工匠类似，也可以视为文艺复兴式工匠的传承。不同的是，瓦特已不是达·芬奇那样的职业艺术家，这表明工匠这种职业在劳动分工进程中出现了自身的职能分化。而瓦特身上所体现的工匠精神，至少具有两个维度，一是继承了传统工匠的坚毅刻苦与严谨尽责的敬业精神，二是具有主动求知并积极将科学理论与生产实践结合起来的创新精神。敬业精神指向的是工作态度，创新精神指向的是工作方法。换言之，工业革命黎明期的工匠精神是敬业的工作态度与创新的工作方法相结合的工作伦理。

三、工厂之兴：工匠身份的转变

瓦特对蒸汽机的改良依赖于工具的变革，而改良后的蒸汽机在更大范围里构成了制造活动要素中的工具革命。一方面，蒸汽机为其他制造业提供了强大的动力来源，使各类工作机械能够长时间不间断地连续工作，大大提高了制造活动的效率；另一方面，蒸汽机也改变了制造业的劳动组织形式，催生了工厂制度，从而使具有规模效益的大量生产成为可能。

工厂制度的出现，使传统工匠转变为现代工匠，也就是产业工人。工厂制度是一种集中管理的制造活动组织方式。在现代工厂出现前，人类就已经采取过集中管理的制造活动组织方式，如龙江船厂、威尼斯兵工厂等手工工场。工业革命前的大型手工工场主要出现于采掘业等对劳动力数量需求较多的产业，或者主要由国家创办以利于政府直接管控。但是，现代工厂制度的出现在很大程度上是为了便于机器的安设，这一点在纺织业中尤为明显。无论在东方还是西方，工业革命前都存在过大型的纺织业手工作坊。例如，顺治初年，入关不久的清廷即规定"御用礼服，及四时衣服，各官及皇子公主朝服衣服，均依礼部定式，移交江宁、苏州、杭州三处织造"[1]。清廷在江宁、苏州与杭州设置三大官办织造局，为的是直接满足统治阶层的衣物需求。康熙年间，苏州织造局分为总织局和织染局，负责办局的陈有明在建好总织局后，写道："今得总织局前后2所，大门3间，验缎厅3间，机房196间，铺机450张，绣缎房5间，局神祠7间，染作坊5间，灶厨等房20余间，四面围墙168丈，开沟1带，长41丈。"[2]可见，由宫廷管辖的织造局是规模颇大的制造工场，将织工集中起来进行生产。各处织造局采取的是"领机给帖"的生产方式，即织造局选定领机机户，发给他们被称为机单、机帖的机张执照作为领机凭据，同时，织造局备好丝料，责令领机机户雇佣工匠到局里从事织造，织成缎匹后由机户负责缴还织局。据估计，清代前期清廷每年派给三大织造局的丝织品织造任务价值约在16.41万两之谱。[3]有理由认为，尽管苏州织造局将织工集中于同一空间内生产，但织工的制造过程具有一定的自由度，在很大程度上只是接受织造局的间接委托，而织造局更重视的是完成朝廷下达的产量目标，并未过多干涉织工的制造活动。这并不是说织造局对织工缺乏控制，但

① 彭泽益编：《中国近代手工业史资料（1840—1949）》第 1 卷，中华书局 1962 年，第 74 页。
② 孙珮：《苏州织造局志》，《吴门补乘·苏州织造局志》，上海古籍出版社 2015 年，第 507 页。
③ 范金民：《衣被天下：明清江南丝绸史研究》，江苏人民出版社 2016 年，第 184、194 页。

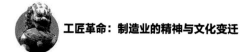

这种控制看上去是不严密的。另一方面，无论是在东方还是在西方，工业革命前纺织业的主要组织形态仍然是家庭生产。中国的"男耕女织"便是对这种以农民家庭为单位的纺织业生产组织形态的理想化概括，而欧洲在近代早期则普遍存在着被称为家舍工业（domestic industry）的农家纺织业。相比于苏州织造局之类的大型纺织工场，分散的农家纺织业才是工业革命前世界各地纺织业的主流形态。这种农家纺织方式尽管分散，却能够高度适应市场，在商业资本的介入下进入远程贸易体系中。例如，清代湖北的枝江县盛产棉花，当地农民在农闲时兼营纺织，"夜半，机声与纺车轧轧相闻"，农家纺织业颇为繁荣。而这些农民生产出来的产品，被商人收购去，大量运入四川。[1]再如，在16世纪60年代德意志符腾堡的一个山林地区斯瓦比亚黑森林，兴起了织轻毛衣（light worsted cloths）出口到中南欧的产业。该产业盛行于村落和人口仅1 500~2 000人的小型农村市镇中，并与农业并存。直到1736年，在当地最为重要的织造区，80%的农村织工仍部分地依赖自己的土地生活。[2]这类农家纺织业具有高度市场化的特点，但其劳动组织形式是分散的，从事制造活动的生产者甚至都不是专业化的工匠。

工具的革新使分散的生产者被集中起来，但这一进程最初与蒸汽机无关，而是为了适应由水力驱动的阿克莱特纺纱机。阿克莱特出生于英国一个贫穷的家庭，小时候受过的教育有限，几乎不能读写。他原本是一个理发匠，1767年，通过一个钟表匠了解到纺织机械的信息后，阿克莱特便致力于制造纺纱机，并于1769年申请了第一份专利。值得注意的是，在专利申请书中，阿克莱特称自己为钟表匠。阿克莱特和他的合伙人在诺丁汉办了一家纺纱厂，用马拉动他发明的纺纱机，但这种驱动方式过于昂贵。于是，他们在德比郡办了另一家规模大得多的纺纱厂，并用水力来驱动纺纱机。[3]这些纺纱厂是最初的现代工厂。巨大的机器既需要安置在更加坚固的大型建筑物里，又需要由同一个动力来源驱动，劳动者为了配合机器进行生产，就必须集中起来，于同一时间到同一地点工作，制造活动遂由分散趋于集中，工厂便诞生了。据统计，1782年，阿克莱特雇用了超过5 000名工人，其生意的资本不少于200 000英镑。[4]毫无疑问，在阿克莱特工厂之

① 严鹏：《地区产业竞争力之演化：湖北纺织工业的发展（1800—2012）》，华中师范大学出版社2016年，第22页。

② Sheilagh C. Ogilvie: *State Corporatism and Proto-Industry: The Württemberg Black Forest, 1580 - 1797*, Cambridge: Cambridge University Press, 1997, pp..1-4.

③ E. Royston Pike: *Human Documents of the Industrial Revolution in Britain*, London and New York: Routledge, 2006, pp..31-32.

④ E. Royston Pike: *Human Documents of the Industrial Revolution in Britain*, p.33.

前，世界上已经存在过大型的制造业集中生产场所，但是，阿克莱特工厂是由生产工具的需求而催生的生产组织变革，这是工业革命的新特点。

然而，依赖水力的阿克莱特工厂还不能算真正革命性的新组织。毕竟，农业社会里利用水力的磨坊也可能需要大型建筑物来放置机械，这同样在一定程度上体现了生产工具对生产场所的特殊需求。此外，水力作为动力来源，受地形和季节等自然条件的极大制约，限制了工厂的创设。打破这一制约的正是蒸汽机。阿克莱特最初是在曼彻斯特的工厂里使用蒸汽作为原动力，但其工作方式仍为纽科门式，即通过泵水来驱动机械。第一家用蒸汽驱动机器的工厂位于诺丁汉郡的帕蒲尔威克，博尔顿和瓦特于1785年在那里安装了一台蒸汽机。从1790年开始，蒸汽动力的使用快速传播开来，英国出现了将工厂集中于城镇而不是分设在乡村的趋势。[1]蒸汽机的使用，使以工厂为组织形式的制造活动极大地克服了空间与时间的束缚。从空间上说，蒸汽机几乎不受自然环境与自然条件的影响，其设置所要面对的制约主要是燃料运输等经济成本，这就大大地扩展了制造场所的可选择范围，使制造活动在空间上有了巨大的扩张可能性。从时间上说，蒸汽机既不像水力和风力那样受季节和天气的制约，又不像人力和兽力那样容易因疲劳而达到极限，可以保障较长时间不间断地工作，这就使制造活动在时间上也突破了限制，进而带来了生产力的飞跃。由于蒸汽机必须安置于工厂中，因此，制造业对于空间与时间的革命性征服，是由工厂制度实现的。

一般来说，工厂最显著的特征体现于空间上对制造活动的集中。不过，更为重要的是，制造活动的集中带来了对于劳动和工作的新的组织安排，而这种组织安排又体现于工厂对于制造活动时间的控制与重构。在工厂兴起前的家舍工业中，劳动者通常就在自己家里从事制造活动，可以相当自由而随意地安排自己的时间，制造活动与非制造活动之间的切换也缺乏严格的限制。18世纪80年代，英国格洛斯特郡的织工的小农舍里"弥漫着幸福和满足的气氛"[2]。织工回忆工厂兴起前的日子时，指出那个时候"没有铃声催他们（织工）在四五点钟起床……他们在自由按自己的意思开始或停止工作"。一名织工称，不在工厂里工作意味着："我轻松多了，有时间考虑自己的事，也可以走出去呼吸一会儿新鲜空气。"[3]但工厂改变了这一切。过去，制造者的自由是以制造活动的分散和缺乏监管为条件而存在的。然而，在工厂里，每一名制造者必须与其他制造者协作，

---

① 查尔斯·辛格主编：《技术史》第4卷，第194-195页。
② 汤普森：《英国工人阶级的形成》（上），钱乘旦等译，译林出版社2013年，第303页。
③ 同②，第330页。

就必须让渡自己的自由。为了将聚集在一起的众多制造者安排妥当，工厂设置了劳动纪律，而纪律必然意味着制造者不能随心所欲。于是，19世纪中叶的一名爱好写诗的英国织工对比了进入工厂做工前后的生活变化，哀叹："那时我在一间小屋子里工作，眺望卢丹登教堂的院子。在午餐时分，我常常出去，漫步在四野和灌木林中，倾听着夏天的鸟儿的歌唱……有时，幻想着某个因失恋而痛不欲生的姑娘……对着无情的风哭泣。这种幻想激动了我，于是赶忙回家去写（诗）……但，一切都完了，我必须在喳喳的机器声中不断工作。"①不断工作，这是蒸汽机带来的新的制造活动模式，也体现了工厂的纪律在很大程度上就是对制造者劳动时间的规划与控制。工厂的纪律通过文本化的规章制度得到确立。19世纪中期英国的一份报告摘录了当时一家工厂的规章制度中的部分条款：

"第一条：每天早上引擎开动10分钟后，工厂大门将关闭，此后直到用餐时间，任何织工不许入内。在此期间，任何织工如果不在场，将按每台织机3便士的标准扣其看管织机台数的工钱。

第二条：当引擎开动时，织工在其他任何时间如果不在场，将按每台织机每小时3便士的标准扣钱；如果织工未经工头允许离开房间，将从工资里扣3便士。

第九条：所有的梭子、刷子、油罐、纺车、窗户等，如有损坏，将由织工赔偿。

第十一条：任何在纱厂里的人员如果被看到互相交谈、吹口哨或者唱歌，将罚款6便士。

第十二条：杆盘每次坏掉要扣1便士。

第十六条：每台纺车损坏时，将视其规格罚款，从1先令到2~6便士。任何织工如果在工作时间被看到离开岗位，将罚款6便士。"②

此处摘录的工厂规章，严格规定了织工的工作时间，对工作时间内织工的行为进行了严格的管控，并以扣钱和罚款作为规章落实的保障。这类规章制度不可能不引发仍然保留农业社会制造业习惯的制造者的抱怨。一首19世纪的英国诗写道："喂，你们这些棉织工，快快起床吧，从早晨到中午，你们得去工厂工作；你们不能在花园里每天闲荡二三小时，你们必须听从命令，不停地用梭子织布。"③这首诗反映了在工厂兴起前，织工既不必长时间劳动，也不受人发号施令。同时代还有人向英国的议会特别委员会提出反对工厂的意见："谁都不喜欢

① 汤普森：《英国工人阶级的形成》（上），第334页。
② E. Royston Pike: *Human Documents of the Industrial Revolution in Britain*, pp..62-63.
③ 同①，第350页。

在动力织机旁工作，实际上也不喜欢动力织机，它的喀喀声和吵闹声简直让人发疯。其次，工厂要遵守手织工从来不愿遵守的纪律。"不过，提意见的人也不得不承认："所有在动力织机旁工作的人都是被迫的，因为他们舍此没有别的生存办法。"[①]工厂兴起后，利用其技术与组织优势，在市场竞争中不断击溃着家舍工业。因此，尽管极不情愿，但从前家舍工业中的制造者为了生存，不得不进入工厂干活，也就必须接受工厂纪律的约束。

工业革命时代兴起的工厂塑造了新型的制造者。如果将传统农业社会里的制造业劳动者统称为工匠，则工厂不仅使入厂做工的工匠身份发生转变，还创造出新类型的制造业劳动者。首先，那些进入工厂做工的工匠不再能够自主掌控所从事的制造活动，而必须接受工厂纪律的严格管理，他们由具有一定独立性的工匠转变为受工厂雇佣的工人。其次，工厂不是单纯的制造场所，而是与机器结合在一起的制造活动组织方式，机器使制造活动大为便利，在一定程度上降低了手工业时代的制造业对工匠技能的较高要求，从而使工厂能够绕开传统工匠，雇用不具备工匠经验的劳动者，这些劳动者也成为工人。因此，工厂的兴起意味着工匠身份的转变，这在制造业的历史上也是标志性的分水岭。当然，工匠转变为工人并不是说工匠技能在工业时代不存在或不重要，也不等于所有的工匠全部转变了身份，但是，在工厂制度主导的新时代里，工匠群体出现了分化，工匠一词也必将被注入新的内涵。

实际上，被誉为"工厂制度之父"的阿克莱特本人就体现了工匠的分化。阿克莱特出身低微，原本就是一名没多少文化的工匠。但是，阿克莱特好学而勤奋。他每天要从早上5点工作到晚上9点，处理各种事情。年过55岁后，阿克莱特感到自己的文化水平不足以应付企业管理，就减少睡眠时间，每天抽出1个小时学习英语语法，并用其他时间来提高拼写与写作能力。他严格地控制时间，从不浪费一刻钟。[②]可以说，阿克莱特与瓦特一样，是同时具备创新的工作方法与敬业的工作态度的工匠，两人身上都体现了英国工业革命时代典型的工匠精神。但是，随着事业的发展，阿克莱特逐渐成为经营生意的企业家，瓦特身上的工程师属性则越来越占支配地位，两人已不再是传统意义上的纯粹的工匠了。如果将工匠视为一种职业，那么，从事这一职业的群体在工业革命的大潮中分化为了：产业工人、工程师—技术人员、企业家—资本家、手艺人、艺术家。工匠群体的身份分化，源于制造业在工业革命中出现了类型上的分化，并在制造活动的构成要

① 汤普森：《英国工人阶级的形成》（上），第351页。
② E. Royston Pike: *Human Documents of the Industrial Revolution in Britain*, pp..33-34.

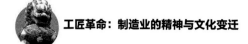

素中产生了新的功能需求，需要不同的职业群体来执行相应的职能。例如，制造活动中的设计部分与科学理论越来越紧密地结合，就需要一部分人从一线生产中分离出来，专门从事设计工作。再如，制造活动日益复杂化，催生了工厂制度，对制造活动的组织协调就不再像管理小作坊那么简单，需要一部分人专门从事经营与管理工作。此外，工业革命的技术进步真正实现了中世纪欧洲工匠曾经渴望的批量生产，在大多数情况下，工业产品的实用性盖过了手工业产品的艺术性，于是，具有艺术性的制造活动就独立为工艺美术行业，或干脆与制造业分离，成为纯粹的艺术活动。进一步说，与文艺复兴缔造了复合型工匠不同的是，工业革命虽然在很大程度上依靠了瓦特这样的复合型工匠来发起，但这场革命分解了复合型工匠，创造出各类专门化职业群体。这可谓工匠革命的辩证法。

因此，随着工业革命时代兴起了工厂制度，延续了数千年之久的制造业职业群体工匠开始出现分化，新的产业工人取代传统工匠，成为制造业的主要劳动者。在出身来源、技能形成以及工作方式等方面，产业工人与传统工匠均有区别。从出身来源看，与讲究家族承袭的传统工匠不同的是，产业工人的来源更加广泛，而这一点又与技能形成有密切关系。在手工业时代，制造业的技能形成主要依靠学徒制度下的师徒传授，学徒学成基本手艺耗时较长，加上行会制度主动限制学徒数量，故工匠身份的获取颇为不易，技艺成为工匠身份的重要资质。在这种条件下，工匠从家族或沾亲带故的小圈子内挑选学徒，是非常有利于缔造亲密师徒关系从而便于技艺传授的理性选择。但是，工业革命的机器生产取代手工生产后，传统技艺在很大程度上被机器替代了，而学习操作机器比掌握手艺要更加标准化，更少依赖个人经验，这既带来了不同的技能形成方式，也扩大了适合学习制造活动的学习者的潜在范围。此外，依靠具有独占性的稀缺的手艺，手工业时代的工匠能够自主地从事制造活动，不受制于人。但在扩大了劳动分工的工厂里，产业工人必须进行协作才能使整个制造活动得以完成，这就丧失了传统工匠凭借独门技艺获取的独立性。凡此种种，皆使产业工人成为有别于传统工匠的工业时代的制造业职业群体。

不过，产业工人与传统工匠的区别，并不表示新时代的制造业职业群体缺乏传统要素。事实上，机器生产无法完全消灭手工操作的环节，或者其替代手工操作的过程是渐进而漫长的，这就使形式不一、程度不等、内涵多样的手艺仍然是产业工人必须掌握的技能。从这一点出发，将在制造业第一线从事生产活动的产业工人视为工匠，符合工匠这个概念的某些传统特征。更为重要的是，工匠自其诞生之初就是专职从事制造活动的群体，这是其本质，而产业工人的本质也是专职从事制造活动的群体，由此推论，产业工人本质上可以视为一种新形态的工匠。也只有从逻辑上厘清了产业工人与工匠的本质同一性之后，工匠精神在工业革命之后的新时代才具备传承的可能性。工厂制度改变了工匠的身份，也对具有新内涵的工匠精神产生了需求。

四、创新：制造业的新精神

在传统农业社会里，制造业与静态的社会相匹配，其精神气质侧重于求稳。工业革命之后，在一个动态的现代社会里，创新成为制造业的新精神。从求稳到创新，正是工匠精神重要的内涵变化。

制造业的精神由求稳趋向创新，离不开整个社会文化氛围的转变。在工业革命之前，英国社会同样存在着崇拜古人的文化。随着工业革命的展开，英国社会出现了对于科学家、善于发明的工匠和企业家的崇敬之情。一个重要的标志是，到18世纪晚期，牛顿已经成为与莎士比亚相媲美的代表英国的文化英雄。[1]与创新的文化氛围有密切关联的是，人们开始基于科学和工业技术的成就畅想未来。生物学家查理·达尔文的祖父伊拉斯谟斯·达尔文（Erasmus Darwin）是医生、诗人与植物学家，也是瓦特所在的新月社的成员，他在自己的诗作中给予机械文明以高度的礼赞，用英雄化的词汇讴歌瓦特等发明家。在一首发表于1791年的诗中，伊拉斯谟斯·达尔文幻想了"不可征服的蒸汽"将拉动驳船或驱使车辆，甚至让"飞翔的马车"在空中展翅！这位诗人在脚注中解释道："数年前，格拉斯哥的瓦特先生改进了这种机器（蒸汽机），伯明翰的博尔顿先生将其应用于不同的领域，诸如从矿井里抽水等。"[2]诗人的想象领先于机械文明的技术进步，但最终成为了现实。而在一首发表于1803年的诗中，伊拉斯谟斯·达尔文赞美了阿克莱特的成就，称阿克莱特用"钢牙"咬开了卷在一起的纤维，用"银纸"为世界提供了衣装。[3]当诗歌这一最精妙的文学形式被用来颂扬工业革命时，英国工业文化可谓臻于成熟之境。值得注意的是，伊拉斯谟斯·达尔文的诗里展示了一种向前看的幻想性，而对未来的前瞻与渴望正是创新所需要的心态。瓦特等工匠的发明拓展了人们的想象力，这种想象力又激励着人们，推动着更多发明的涌现。这就是工业文化与工业革命的良性循环。

---

① Christine MacLeod: *Heroes of Invention: Technology, Liberalism and British Identity, 1750 - 1914*, Cambridge: Cambridge University Press, 2007, p.54.

② 同上, pp..66-67.

③ 同上, p.68.

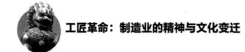

传记作品与科普读物的大量出版为英国社会的创新浪潮推波助澜。瓦特等工业革命工匠被塑造为新时代的英雄，英雄的伟绩需要通过传记来传颂。传记作品在展示杰出工匠生平业绩的同时，也揭示了工匠赖以成功的品质，从而蕴含并宣扬了工匠精神。新月社成员理查德·埃奇沃思（Richard Edgeworth）的女儿玛丽·埃奇沃思（Maria Edgeworth）于1825年出版了一本写给儿童的科普读物，为了激起孩子们对科学与技术的兴趣，她在书中虚构了哈里（Harry）和露西（Lucy）这两个小孩，并通过哈里和露西的实践学习来解说相关知识。例如，让哈里和露西通过参观一家兰开夏的棉纺织厂来学习关于纺纱的知识，在工厂里，他们的爸爸讲解了哈格里夫斯和阿克莱特等人的发明。哈里"很高兴爸爸总是记得发明家们的名字并讲述他们的故事"。他们了解到阿克莱特就像哈格里夫斯一样，原本又穷又没文化，最终却发了大财，哈里称"这都是靠了个人的发明"，爸爸则不忘借此上堂道德课，补充道："还有勤奋和毅力。"[1]玛丽尤其热衷于深入浅出地解释发明的过程，并将发明与神秘的运气相剥离。她称："发明就是去组合事物，或者将事物按一个特定的目的放到一起。这是需要思想的，不能单凭运气。"玛丽认为，对成功的发明来说，良好的实践比天才的灵感更重要。她指出，工业革命时代的发明越来越多，是"因为知识更为扩散，更多的人尝试做实验"。在写作中，玛丽聚焦于发明家个人，因为她的目标在于鼓励年轻人通过学习榜样而成为发明家。[2]玛丽的观点代表了同时代一批英国科普作家对待发明的态度，这些作家在解释发明活动的机制时，排除运气成分而重视研究工作。[3]例如，一本书写道，瓦特的蒸汽机是"数学、物理学和化学真理的最博学的研究"的产物，阿克莱特的发明则建立在长期且准备充分地专注于研究问题的基础上。[4]于是，一种关于英国工业革命的历史叙事被传记作家们建构出来。在这一历史叙事里，工匠出身的发明家受到推崇，而工匠能够成功实现发明，得益于科学的研究方法和不屈服于困难的品格。换言之，为掀起制造业革命的工匠们立传的作家们，提炼出了一种将工作方法和工作态度融于一体的工匠精神，并通过自己的作品在英国社会进一步传播这种工匠精神。

这些传记作家中最有名的当属塞缪尔·斯迈尔斯（Samuel Smiles）。斯迈尔斯是一个坚定的个人主义者，认为一个人如果不为未来做准备就会碰壁，而这

① Christine MacLeod: *Heroes of Invention: Technology, Liberalism and British Identity, 1750 - 1914*, p.171.
② 同上，pp..172-173.
③ 同上，p.173.
④ 同上，p.174.

一态度是英国维多利亚时代中期很普遍的价值观。①因此，斯迈尔斯思想的核心是"自助"（self-help），他最畅销的书是《自己拯救自己》。在西方文化里，自助思想可以追溯至基督教新教传统，不过，斯迈尔斯为其注入了工业革命时代的新内容。"自助者，天助之"是英国社会古老的箴言，斯迈尔斯在《自己拯救自己》中对其进行了心理机制上的解释："任何事物都依靠内在的自我管理，外界的约束对个人的影响是非常小的。"②他还将国家繁荣建立在了个人奋斗的基础上，这就提升了自助精神的意义："无数经验证明，一个国家的价值和力量并不依赖它的制度，而主要由人民的素质来决定。国家不过是许多个体的集合体而已……国家进步是个人的勤劳、活力和正直品格的成果，而国家衰弱则是个人懒散、自私和邪恶带来的后果。"③斯迈尔斯用生动的文笔将生活比喻为一场"士兵的战役"，宣称："在个人的积极行为中所展现出的这种自助精神，一直都是英国人性格中一个显著的特征，这种精神为衡量我们的国家力量提供了一个有效的标尺。"进一步说，"积极的个人精神"是一种最有效的"实践教育"，这种教育"每天都在进行……发生在家庭、街头、商店、作坊、织布机和犁头旁、财务室和车间里，以及忙碌的人群中"，其内容包括"行为、实践、自我培养、自我控制等方面"，其意义则在于"将个人训练成为一个适合承担职责和经营生活的人"。④由此，斯迈尔斯将自助精神解释为一种普通人应该具备的工作伦理，而这种工作伦理要靠实践教育习得。斯迈尔斯对实践教育而非学校教育的重视，很贴合阿克莱特等工业革命工匠的出身。实际上，斯迈尔斯用一大段话颂扬了英国的工业精神，并将工业精神解释为个人工作伦理的扩展："英国人最突出的特征之一就是他们的工业精神，在我们的历史上，这种精神十分鲜明，使我们明显区别于其他民族。"⑤不过，英文中的industry一词最初指的就是"人类勤勉之特质"，直到18世纪以后才逐渐具有了"工业"的含义，⑥因此，斯迈尔斯所言工业精神主要指的也是勤奋工作的品格。然而，从事工业或制造业活动必须勤勉劳动，工业精神遂成为勤奋品格的代称。斯迈尔斯便是从劳动的角度阐释工业精神的："不通过自己的劳动（体力或者脑力劳动）而获得的面包是不会香甜的。只

---

① Tim Travers: *Samuel Smiles and the Victorian Work Ethic*, New York and London: Garland Publishing, Inc., 1987, p.228.
② 塞缪尔·斯迈尔斯：《自己拯救自己》，高修娟等译，北京理工大学出版社2011年，第2页。
③ 同②，第2页。
④ 同②，第4页。
⑤ 同②，第19页。
⑥ 雷蒙·威廉斯：《关键词：文化与社会的词汇》，刘建基译，三联书店2005年，第237页。

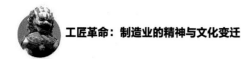

有劳动才能征服自然，人类才能脱离野蛮状态，没有劳动文明就不会向前迈进一步。劳动不仅仅是一种必需和义务，同时也是一种幸福。"而以个人劳动为内涵的工业精神同样对国家意义重大："国家的繁荣昌盛主要来源于无数个人自由发挥自己的力量，依靠无数双手和头脑持续不断地创造，无论是土地耕耘者、商品制造者、机器发明者，还是作家、艺术家。"①于是，工业精神也成了自助精神的重要内容。

具体来说，斯迈尔斯非常重视勤奋的品格。《自己拯救自己》是一本传记合集，斯迈尔斯在介绍完一些成功的名人后，写道："在所有这些事例中，每个人的成功都是通过勤奋获得的，只有勤劳才能有所收获，而懒惰只能一事无成。只有勤劳的双手和善于思考的头脑才能给人带来财富——自我发展、增长智慧以及经营事业。"②在斯迈尔斯认为值得学习的榜样中，包括发明家和企业家在内的"工业领袖"是非常重要的群体。斯迈尔斯讴歌了发明家和工业："发明家们为我们的世界创造了伟大的工业文明，我们社会大部分的必需品、舒适生活和奢侈享受都要归功于他们。"③瓦特自然成为了斯迈尔斯笔下重要的案例，值得注意的是，斯迈尔斯将等同于勤劳的工业精神视为瓦特成功的秘诀："瓦特非常勤奋，他的一生，就像很多事例所证明的：能取得最高成就的人，未必是最有才能或者精力最旺盛的人，而一定是最勤奋和拥有最严谨知识的人，而这种知识也来源于勤奋努力和经验。"④除了勤奋，毅力也极为重要。在介绍乔塞亚·韦奇伍德（Josiah Wedgewood）这一工匠出身的陶瓷业企业家时，斯迈尔斯写道："韦奇伍德曾有一段时间为熔炉的事情而烦恼……他最终通过不断的试验和坚强的意志战胜了困难。他的第一次尝试——制作餐桌用品，就经历了惨重的失败，几个月的劳动成果往往在一天之内就被毁掉。只有在经历了一连串的试验之后，在花费了大量的金钱、时间和精力之后才找到合适的瓷釉，但是他从不放弃，耐心等待，最后终于成功。"⑤韦奇伍德面对困难百折不挠的毅力是斯迈尔斯着力宣扬的品格，也是自助精神重要的组成部分。由于韦奇伍德是名工匠，斯迈尔斯也没有忘记提到他的精益求精的工作态度："他（韦奇伍德）对改进工艺充满激情，丝毫不肯松懈……他总是不断追求完美，他声称，无论让他生产什么，他都能

---

① 塞缪尔·斯迈尔斯：《自己拯救自己》，第 19 页。
② 同①，第 13 页。
③ 同①，第 20 页。
④ 同①，第 21 页。
⑤ 同①，第 55 页。

做好，决不会败坏作品。"①斯迈尔斯笔下的韦奇伍德具有一种工匠特有的自尊，这种自尊来源于对技艺的自豪和对产品的高要求，并转化为认真对待工作的责任心。自尊乃是自助的基础。一个人如果轻视自己的尊严，缺乏最起码的自尊心，定然不会去自我奋斗。在《自己拯救自己》一书中，斯迈尔斯反复强调勤奋、毅力、意志力等品格对于个人成功的重要性。

　　勤奋与毅力等品格，在工业革命之前已经存在，也不专属于工匠。但是，斯迈尔斯等人的传记作品，通过为工匠立传和重视发明而体现出新的时代特点。发明不同于创新，但两者亦有相通之处，即都包含了具有前瞻性的创造力。因此，重视发明，在很大程度上也就是重视创新，对制造业来说，这是一种不同于往昔求稳心态和复古倾向的新精神。也只有被这种新精神支配的工匠，才有可能大胆创造，掀起和推动制造业的革命。值得注意的是，无论是斯迈尔斯还是玛丽·埃奇沃思，都强调了实验是发明的基本机制，而这符合瓦特等工业革命工匠的实际情况。瓦特和阿克莱特等工业革命工匠几乎都没有受过系统的学校教育，他们凭借在实践中的反复试错，逐渐积累经验，最终完成了发明。当然，和阿克莱特与哈格里夫斯等纺织机械的发明者不同，瓦特的蒸汽机研制工作已经运用了科学理论，并非单纯的实践经验积累。但是，所有的工业革命工匠能够被归纳出的共同点，确实就是通过实验的方法在试错中完成发明。实验的方法必须与生产密切结合，也需要较长的时间来进行试错性的探索，而这就要求从事发明活动的工匠有足够的毅力去克服困难并坚持到底。于是，新的实验方法对勤奋与毅力等传统美德产生了需求，工作方法与工作态度相结合，就形成了新的工匠精神。这种新的工匠精神被大量传记作品与科普作品传播，就形成了一种工业文化。表2-2分析了工业革命时代英国传记作家提炼的工匠精神。

表2-2　英国工业革命时代工匠精神的要素

要　　素	内　　容	传记的模式
思想基础	个人主义	杰出工匠的个人传记
价值取向	创新	对发明家型工匠的重视
工作方法	实践／实验	叙述工匠通过反复探索完成发明
工作态度	勤奋、毅力	讲述工匠克服困难完成发明的故事

　　必须指出的是，英国工业革命时代的工匠精神系以个人主义作为其思想基础，其目的是鼓励年轻人通过学习榜样而踏上个人奋斗之路。这与英国社会文化

① 塞缪尔·斯迈尔斯：《自己拯救自己》，第55页。

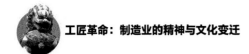

中浓厚的个人主义传统有直接关系，也因为在英国工业革命的进程中，工业的生产规模还很小，企业的组织规模也不大，个体工匠在发明与创新活动中确实能够发挥举足轻重的作用。英国制造业的这一现实形态无疑影响了作家们对工匠精神的提炼和总结。所以，斯迈尔斯在宣扬自助精神时强调："来自外界的帮助往往会导致个人的衰弱，而来自自身的帮助则是永久不变的力量源泉……国家过多的管理和指挥，将不可避免地使人们变得更加无助。"①这一观点，自然也有缓和当时英国阶级矛盾的用意，对于阿克莱特等由工匠蜕变而成的工厂主来说，则具有用来驯化工人从而巩固工厂内部秩序的作用。斯迈尔斯在介绍韦奇伍德时写道："乔赛亚·韦奇伍德是那些出身贫寒却通过孜孜不倦的努力而获得成功的人中的一员，这些人勤奋的品质不仅激励着普通人，而且，他们作为勤奋和坚韧的典范还极大地影响了公共事业的各个方面，并且对国民性格的塑造产生了重大的示范作用。"②在斯迈尔斯等传记作家的笔下，韦奇伍德等工业革命工匠的示范作用之一，就在于为出身普通的年轻人带来了一种希望，激励年轻人通过个人奋斗来改善生活境遇与提升社会地位。因此，英国工业革命时代工匠精神的倡导，不仅仅是一种工作伦理教育，也是一种职业生涯教育。大而言之，以倡导工匠精神为内容的工业文化，为新兴工业社会提供着有生力量。

1859年，斯迈尔斯在为《自己拯救自己》第一版所写的说明中提到，他在大约15年前曾为英国北部一个小镇的夜校演讲，该夜校的学员们一边自学一边彼此传授知识，共同学习阅读、写作、地理乃至数学和化学。斯迈尔斯被他们身上"自己拯救自己"的精神深深感动了，便一次又一次来到他们中间，"为他们讲述别人的所作所为，告诉他们一个人多大程度上能够为自己做些什么"③。当斯迈尔斯将演讲的主题形成文字后，就有了《自己拯救自己》。他不无高兴地提到："多年之后的一个夜晚，一个在铸造厂工作的年轻人来访，他说他现在是人事主管，奋发有为，他心存感激地回忆以前斯迈尔斯对他和他的同伴所讲述的那些至诚之言，甚至在某种程度上将自己的成功归功于斯迈尔斯为激励他们所做出的种种努力。"④斯迈尔斯回忆这件事，是用来论证自己对年轻人宣扬自助精神行之有效，也阐明了他将演讲内容整理成书的动机。自然，这件事还从一个侧面反映了当时英国工匠精神的传播方式及实效。《自己拯救自己》在出版第一年

---

① 塞缪尔·斯迈尔斯：《自己拯救自己》，第 1 页。
② 同上，第 54 页。
③ 同上，第一版说明第 1-2 页。
④ 同上，第一版说明第 2 页。

就卖出了2万册。1866年，斯迈尔斯出了《自己拯救自己》的修订本，该书作为畅销书，当时已经在美国重印了好几种版本，出版了荷兰语和法语的译本，德语和丹麦语译本也即将面世。到1905年，该书共售出超过25万册。[①]书越畅销，工匠精神也就传播得越广。值得一提的是，在修订版的序言中，斯迈尔斯提到，有人批评他的书"对那些通过自己努力而获得成功的人关注太多，而忽视了众多的失败者"，对此，他回应称"仅仅记录失败可能会极端消极，没有任何指导意义"[②]。由此可见，英国工业革命时代的工匠精神是一种指向奋斗与成功的进取型价值观，其倡导者重视的是工匠精神所蕴含的积极的教育意义。

《自己拯救自己》是斯迈尔斯最出名的书，除此之外，他还写过一系列关于工匠、工程师、发明家与企业家的传记。名人传记以其生动的形式和直观的示范性，成为传播工匠精神的最佳载体之一。工业文化由英国向全世界扩展，其中一个标志是，甚至美国钢铁工业的企业家安德鲁·卡内基（Andrew Carnegie）也撰写了一本《瓦特传》（James Watt）。卡内基是移民到美国的苏格兰人，年轻时在铁路上当电报员，后来自己创业，于1864年在匹兹堡建立了一家铁轨制造厂，此后发展成为美国钢铁工业的巨头。在自传中，卡内基回顾了企业的兼并扩张历程："1888年，我们投入了2 000万美元的资金。1897年，我们的投资翻了1倍多，达到4 500万美元。1888年，我们年产60万吨生铁，10年后的年产量为其3倍，已近200万吨。1888年，我们日产2 000吨钢铁，10年后的日产量突破了6 000吨。我们的焦炭厂起初只有约5 000个炉子，10年后的数量为其3倍，而且我们的产能也从日产6 000吨增长到18 000吨。"[③]卡内基的《瓦特传》出版于1905年，介绍了瓦特的生平。值得注意的是，通过为瓦特立传，卡内基表达了自己对制造业的看法，也从一个制造业企业家的角度倡导着他心目中的工匠精神。

在书的开篇，卡内基就肯定了打破传统的意义，[④]体现出倡导创新的价值观。在追溯瓦特的家世和幼年经历时，卡内基又指出，几乎所有的机械发明都出自生产一线的技术工人之手，因为技术工人在生产中积累了丰富的经验，知道既有制造方法的不成熟之处，从而能够进行改良。他写道："瓦特同时代的发明

① Christine MacLeod: *Heroes of Invention: Technology, Liberalism and British Identity, 1750 - 1914*, p.255.

② 塞缪尔·斯迈尔斯：《自己拯救自己》，序言第1页。

③ 安德鲁·卡内基：《安德鲁·卡内基自传》，田素雷译，人民文学出版社2014年，第146页。

④ Andrew Carnegie: *James Watt*, New York: Doubleday, Page & Company, 1905, p.14.

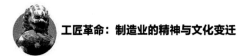

家没有任何一个人像他那样足够幸运，年纪轻轻就学会了自己动手制造。"①与瓦特一样，卡内基的事业也是从基层起步的，这使他很看重技术工人和生产实践的价值。实际上，卡内基认为，瓦特、阿克莱特和哈格里夫斯等人的事迹昭示着从事体力劳动的机械技工最有可能成为机械发明家，他希望技术工人与其抱怨缺乏机会，不如想想瓦特等人是怎样从平凡的工匠成长为伟人的。②与斯迈尔斯相仿，卡内基也希望通过撰写传记来鼓舞生产第一线的普通工人自我奋斗。他认为那些从来没有当过工人的作者在谈论工人时误以为工人是个无差别的整体，实际上，工人内部就像贵族一样存在着等级。卡内基强调，要让工人产生职业自豪感，为此，必须给予技术高超的工人更多的奖励与荣誉。③这些观点系卡内基借题发挥，然而，在《瓦特传》中，卡内基确实经常肯定基层工人对于制造业的意义。他反复描写瓦特在研制蒸汽机之初因为缺乏合格的技工而遭遇挫折，并宣称，要将模型变成实用的产品，技工与发明家瓦特本人同样重要。④但卡内基也没有忽视科学的重要性。他称瓦特在15岁时就细致地读了两遍《哲学的要素》，还做了大量的化学实验。⑤在穿插的评论中，卡内基不忘批评美国大学的科学研究与生产实践脱节的危险性。⑥因此，卡内基在书中将瓦特塑造为一个既懂科学理论知识又具有实际动手能力的工匠。他记述了对乐器原本一窍不通的青年瓦特成功制造管风琴的故事，指出瓦特成功的秘诀在于"用科学弥补了对乐理的无知"，进而告诉读者，在制造前进行详尽的研究也是瓦特日后成功研制蒸汽机的秘诀。⑦卡内基也没有遗漏坚毅的品格。他引用了瓦特自己的话："公众只看到了我的成功，却没有看到我中间经历的失败，以及大量像阶梯一样供我一步步爬向梯子顶端的粗糙的废品。"进而评论道："不犯错误的人将一事无成。聪明人要做的仅仅是不犯两次同样的错误；成功的人永远不会计较初次犯的错误。"⑧坚毅的品格需要豁达的心态。卡内基的作品延续了英国传记作家们的工匠精神叙事。

值得一提的是，卡内基通过书写瓦特的事迹，强调了追求产品品质的重要性。不过，在一个重要的案例中，他表彰的不是瓦特，而是瓦特的合作者博尔

① Andrew Carnegie: *James Watt*, p.15.
② 同上, p.74.
③ 同上, p.32.
④ 同上, pp..79-80.
⑤ 同上, p.17.
⑥ 同上, p.39.
⑦ 同上, p.41.
⑧ 同上, pp..76-77.

顿。卡内基写道，市场的迫切需求使瓦特急于推出新型蒸汽机，但冷静的博尔顿坚持要求先把所有可能的缺陷改掉，并对员工说："以上帝的名义，你们要尽最大努力完成职责。"瓦特接受了博尔顿的意见，保障了蒸汽机的品质，赢得了市场的信赖。[①]记录这一事例表明了卡内基本人对于产品品质有着苛刻的态度。卡内基在自己的回忆录中总结称："所有的制造企业都不应该拒绝，而是应该热情欢迎质量监督。监督有助于企业维持卓越水平，并且培训员工要努力追求卓越……即使在竞争激烈的今天，当一切似乎都与价格有关时，要在商业上取得巨大成功，最重要的因素还是质量。让每个人都注重质量，从公司总裁到最基层员工，这样做的效果会大大超出你的想象……一家制造企业最稳固的基础就是质量，然后才是价格。"[②]卡内基毕竟是从事制造业的企业家，具有普通传记作家所缺乏的切身经验。因此，在他笔下，对产品品质的追求，与勤奋、坚毅等品格同样重要，它体现为一种对工作尽职尽责的态度，是工匠精神的重要内容。

　　卡内基撰写《瓦特传》的时代距离瓦特活跃的时代已过去近一个世纪，在这一个世纪里，工业革命有了新的进展，制造业和从事制造业的工匠也有了新的变化。但是，成功的制造业企业家卡内基仍然以瓦特作为教育年轻人的范例，这表明瓦特身上所体现的工匠精神，在制造业中仍有用武之地。当然，卡内基笔下的瓦特也是他自己建构出来的文化形象，反映了卡内基本人的价值取向，不完全与历史上真实的瓦特相符合。但不管怎么说，瓦特直到20世纪初，仍然被视为倡导工匠精神可资利用的文化资源。而卡内基借助瓦特所宣扬的工匠精神，具有创新的价值取向，呼吁科学理论与动手实践的结合，肯定了勤奋与坚毅等有助于自我奋斗的品格，并强调对产品高品质的追求。整体上看，卡内基宣扬的工匠精神与半个多世纪前斯迈尔斯等传记作家提炼的工匠精神是一致的，这表明，在当时的西方世界，一种作为工作伦理的现代工匠精神已经基本定型。

　　在《瓦特传》中，卡内基盛赞了博尔顿，这大概由于比起作为发明家和工程师的瓦特，作为企业家的博尔顿更能引发卡内基的共鸣，尽管博尔顿事实上也出身于制造业工匠。卡内基指出，如果没有博尔顿工厂里的技术工人，瓦特将无法造出具有实用性的蒸汽机。卡内基还引用博尔顿的原话，介绍了博尔顿对于发展制造业的先驱性构想，即"如果能较大规模地在机器的帮助下制造"，就能

---

① Andrew Carnegie: *James Watt*, pp..107-108.
② 安德鲁·卡内基：《安德鲁·卡内基自传》，第 79-80 页。

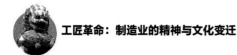

使产品更好且更便宜地生产出来。[①]在博尔顿和瓦特的时代，大规模的机械化生产还只是一种具有前瞻性的幻想。但工匠掀起的制造业革命在蒸汽机的帮助下，取得了不断扩展的动力，到卡内基为瓦特立传的年代，这一幻想将成为机械文明的现实。

小结

18世纪中叶发端于英国的工业革命是改变人类历史的大事件，其核心是制造业的革命，这场革命是由工匠发起的，故可谓十足的工匠革命。尽管这场工匠革命突然而迅猛，但它实际上是西方世界自文艺复兴时代开始各种要素长期积累的产物，只是在18世纪中叶突然爆发，然后产生一系列不断加速的连锁反应。

文艺复兴时代的西方世界逐渐兴起了一种机械文明，其创造者是一群集工程师、科学家、艺术家和工人为一体的新型工匠。文艺复兴式工匠代表了理论与技艺的结合，尽管那个时代的结合尚浅。然而，理论科学的发展为制造业的变革准备了良好的社会文化氛围，并通过工匠瓦特实现了理论与技艺的有效结合。与同时代其他发明相比，瓦特研制的蒸汽机作为一种提供动力的新工具，在制造活动的变革中发挥了核心作用，为机械文明的真正形成奠定了基础。工匠改变了世界，造成了历史的断裂，由机械文明主导的工业社会与延续了数千年的农业社会是两种完全不同的社会形态。

但是，工匠革命也改变了工匠本身，甚至在很大程度上消解了传统工匠。创新取代求稳，成为制造业新的精神气质，而只有具备创新的价值观，工匠才有可能去推动制造业的变革。然而，制造业的变革由工具拓展至组织后，新的工厂制度取代传统手工业组织，连带将依托技艺存在的工匠转变为去技艺化的工人。文艺复兴式复合型工匠开始分化成工程师、工人、企业家、科学家、艺术家等更加专业化的职业群体。换言之，工匠革命迈向了对工匠的否定与分解。而不管是文艺复兴式"合"还是工业革命式"分"，工匠自身的变化都对应着制造业演化不同阶段的时代诉求。

当工匠本身被工匠革命消解了身份后，工匠精神作为一个体系，也出现了分化。传统的工匠精神是一个价值观与具体技艺密切结合的体系，但是，工匠革命带来的制造方式变革消解了技艺，工匠精神的价值观就与具体的制造情境相脱

---

① Andrew Carnegie: *James Watt*, pp..90-91.

离，独立成为一种抽象的工作伦理。新的工匠精神因其抽象性，反而更具适用性，不再局限于工匠乃至制造业的具体情境，被一批知识分子奉为社会主流价值观，大力传播与推广。在19世纪的英国，传记作品和大众读物成为工匠精神建构与传播的主要渠道，也只有依托具体的渠道，工匠精神才能真正影响社会。

第三章

工匠被革命：大规模生产的冲击

　　在制造业的发展历史上，质与量的矛盾关系贯穿始终。从资源稀缺性的角度说，扩大产品的量的供给是人类制造活动自诞生之初即追求的重要目标。但是，在技术手段有限的条件下，对产品量的追求又往往使制造者在时间、材料、工序等方面力求减省，从而牺牲了产品的质。工匠精神的诞生，从功能上说正是为了约束制造者，使其注重产品的质。然而，制造者过分投入时间、精力和资源于产品的质，又可能降低产品的量，对于满足社会普遍需求和赢得市场竞争均很不利。因此，工匠精神本身也蕴含着质与量的矛盾。传统工匠的制造能力是有限的，客观上强化了其对于质的重视。但当工匠自己掀起的制造业革命迈向大规模生产的道路后，量的重要性开始突显，对传统工匠的制造模式与工匠精神均形成冲击。于是，工匠反过来处在一个被革命的位置上。在大规模生产的新形势下，工匠精神也必须被注入新的内涵。

一、量的追求：美国体系的兴起

　　瓦特等新型工匠掀起的制造业革命发端于英国，不久就向全世界扩散，以不同的形式改变着全球的制造业。新的制造方式在效率上的优势显而易见，在市场竞争中逐渐淘汰了旧的制造方式。这一淘汰过程并非一蹴而就，却是大势所趋。在这一过程中，美国体系（The American System）的兴起意味着工匠的革命进入对传统工匠及其制造方式形成巨大冲击的新阶段。

（一）美国体系在军火工业里的出现

从概念上说，"美国体系"有两个含义。一种是指美国独立后，由被称为"美国学派"的经济学家和相关人士提出的经济发展方案。美国学派在政界的代表人物为亨利·克莱（Henry Clay），他曾出任美国众议院议长、国务卿，并数度成为总统候选人。1824年，在为关税政策辩护时，亨利·克莱提出了"美国体系"这一概念，将关税与包括修建运河、道路在内的国内改善政策结合在一起，构筑一个综合体系，其目的是为了降低美国对海外资源的依赖，鼓励制造业与国内贸易携手并进。[1]"美国体系"的另一个含义是指在美国兴起的一种工业化的制造方式。1851年，美国军火制造商塞缪尔·柯尔特（Samuel Colt）对英国议会夸下海口："没有什么是不能用机器造出来的。"[2]正是在军火及钟表等工业中，美国企业发展出了一种在生产上以可互换零件为基础的标准化体系。[3]这套体系具有鲜明的美国特色，是实现大规模生产（mass production）的基础，因此被当时的英国人称为"美国体系"。[4]此处所指的美国体系是第二种含义。

由于与英国具有亲缘关系，英国的工匠与技术扩散至美国相对较易。[5]在18世纪末与19世纪初，美国也产生了自己的原创性技术发明。例如，罗伯特·富尔顿（Robert Fulton）发明了蒸汽轮船。他对于设计机械的过程有着不同寻常的理解，曾写道："技工应该坐在杠杆、螺钉、楔子、轮子等中间，就好像诗人置身于字母组成的文字中间一样，考虑将它们作为他思想的展示，通过新的排列而传递给世界一种新的主意。"[6]这是非常巧妙的比喻。更具美国本土特色的发明家是惠特尼（Eli Whitney），他以发明轧棉机著称。这项大幅提升劳动效率的发明对于美国南方的棉花种植园是极大的利好。1794年，惠特尼为轧棉机申请了专利，但由于太容易被仿造，该项专利从未给其发明者本人带来财富。[7]由于自然

[1]　Brooke Hindle and Steven Lubar: *Engines of Change: The American Industrial Revolution, 1790 - 1860*, Washington: Smithsonian Books, 1986, p.89.
[2]　同上, p.152.
[3]　同上, p.218.
[4]　David A. Hounshell: *From the American System to Mass Production, 1800 - 1932*, Baltimore and London: The Johns Hopkins University Press, 1984, p.1.
[5]　同[1], p.25.
[6]　同[1], p.75.
[7]　同[1], p.81.

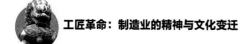

资源丰富而劳动力相对较少，美国特别容易适应以机械制造替代手工劳动的工业革命。在18世纪90年代，尽管美国的制造业仍然以工匠制度、农家副业和城市大型传统手工工场为主体，但"mechanic"一词丧失了它原本与手工艺工匠之间的联系，规模大的制造商开始用"mechanic"一词指称那些使用机器工作的人，即富尔顿笔下的"技工"。与此同时，原本被用于描述手工业的"manufacturer"和"manufacturing"这两个词，也越来越与大工厂联系在一起，美国人逐渐将工厂生产（factory production）视为制造（manufacturing）的标准形式。[①]因此，观念先于行动的变化，为美国体系的兴起营造了良好的社会文化氛围。

在人类制造业的历史上，对标准化和大规模生产的需求一直存在着，而标准化又可以成为大规模生产的有利条件。当人们对制造业的产品存在着量的需求时，往往促使生产者设法扩大制造能力，而制造规格统一的产品比制造规格不统一的产品更简便，在单位时间里也就能造出更多产品来。因此，对量的需求是制造业变革的重要动力。譬如在战争时期，交战双方都需要军火的大量供给，这就不难理解标准化和大规模生产的美国体系为何萌芽于军火工业中。实际上，美国军火工业的新生产体系受到了法国的影响。早在1765年，法国就通过引入标准化零件而试图使武器生产合理化，美国学习了这一改革，美国国防部也成为零件统一性原则的支持者。[②]不过，法国进行标准化生产改革时，工业革命才刚刚开始，因此，其改革未能与机械化结合，而且后来也由于法国国内政局的种种原因而中辍。美国体系的形成，主要还是靠美国人自己的实践。

1794年，美国国防部在马萨诸塞州创立了第一家生产小型武器的兵工厂——春田兵工厂（Springfield Armory），当时的产品主要是滑膛枪，生产方式为纯手工制造。到1815年为止，春田兵工厂一直致力于通过将工匠作风转变为工业纪律而使生产的武器从作坊产品变为工业产品。这些努力包括引入令工匠不满但令生产规范化的计件工资制。在此期间，1812年的英美战争对美国军火工业产生了较大影响。战争经验使美国人意识到，在战场上，大量来不及修理的武器可以通过简单地更换零件而重新投入使用，这使主管军械的官员们相信制造统一化的零件将值得付出任何代价。1815年开始管理春田兵工厂的罗斯威尔·李（Roswell Lee）上校推动了制造方式的变革。李完善了一种在制造过程中如同在最终检查时一样对零件进行测量的制度，以使兵工厂的产品尽可能规格一致。一位国防

① Lawrence A. Peskin: *Manufacturing Revolution: The Intellectual Origins of Early American Industry*, Baltimore and London：The Johns Hopkins University Press, 2007, p.139.

② David A. Hounshell: *From the American System to Mass Production, 1800 - 1932*, p.25.

部官员认为测量制度是保障春田兵工厂所造零件统一化的唯一手段。①在兵工厂建立的管理制度中，使用测量仪器的检查员，有权去惩罚那些零件做得不好的工人。根据1816年制订的管理规则，制造过程中的时间与材料要被严格计算，每个工人都要为自己的工作负责。②随着时间的推移，兵工厂的测量方式变得越来越严格。不过，直到1822年，李仍未达成他的目标，即"制造出的滑膛枪零件能适合每一支滑膛枪"。但就在此时，春田兵工厂开始迈向机械化生产。工厂与托马斯·布兰查德（Thomas Blanchard）订了一份协议，使用后者拥有专利的机器设备来生产枪托。该设备的核心是一组包含了14台机器的装置，可以用来复制枪托或其他不规则形状的物品，几乎消灭了枪托生产中的手工劳作。③布兰查德发明的是一种仿形切木机床，在制造过程中，将一个成品枪托作为原型模板，机床上的指针能跟踪模板运动，并引导一个切削器具在工作件上复制出相同的断面，机床能够自动而准确地控制整个断面的切削过程，从而不必让操作工在工作中停下来检查切削是否精确。④制造过程的机械化使标准化零件的生产真正具备了可能性。春田兵工厂的"可互换滑膛枪"制造在19世纪三四十年代取得了长足进展，其进步包括采用了一种新型滑膛枪，拓展了测量制度，以及设计了新的机床工具。到1850年时，春田兵工厂在使柔软状态的枪锁零件硬化前，不必再调适、组装和标记它们，因为它们的规格是统一的。更重要的是，除了枪筒的焊接外，滑膛枪零件几乎全部使用机器来装配。⑤这就给了柯尔特在英国议会夸海口的资本，也标志着"美国体系"初见雏形。

从春田兵工厂的案例看，早期的美国体系对于制造活动的变革，主要体现在设计与手段两个方面。在设计方面，美国体系确立了"可互换零件"的理念，对产品设计提出了相应的要求，从源头上将制造活动导向了标准化。在手段方面，美国体系一开始采取的是强化在制品测量的举措，属于方法的变革，继而使用机器生产，开始了工具的变革，由此真正使可互换零件的理念在制造过程中得以实现。设计与手段的变革引发的结果就是产品的变革，即产品能够以统一规格被批量制造出来，这就为大规模生产开辟了道路。不过，初生的美国体系并没有消灭

①　David A. Hounshell: *From the American System to Mass Production, 1800 - 1932*, pp..32-35.
②　Brooke Hindle and Steven Lubar: *Engines of Change: The American Industrial Revolution, 1790 - 1860*, pp..227-232.
③　同①，pp..32-35.
④　戴维·诺布尔：《生产力：工业自动化的社会史》，李风华译，中国人民大学出版社2007年，第98页。
⑤　同①，p.44.

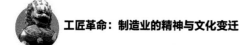

手工操作，工匠仍发挥着重要作用，在英国议会夸海口的柯尔特即承认"一等技工值得付最高的价钱"①。此外，在19世纪的大部分时间里，可互换性提升而非降低了小型武器的价格，②这是美国体系诞生之初的局限性。

在春田兵工厂之外，美国体系在美国军火工业中得到了传播与扩散。费城的弗兰克福兵工厂（Frankford Arsenal）即为一例。弗兰克福兵工厂创建于1817年，其早期也依靠手工制造。该厂的工人是分等级的，包括具有高超手艺的工匠师傅（master craftsman）和普通工人。据文献记载，该厂制造筒体需要"1个师傅；10个卷筒的人；1个人填充，4个人折叠，4个人捆扎⋯⋯12到18岁的男孩和女孩可以很方便地雇来干这活"。该厂10小时内能制造10 000个滑膛枪弹夹并包装好。③从19世纪30年代开始，在美国领土扩张的大背景下，弗兰克福兵工厂逐渐壮大，到了19世纪40年代晚期，该厂也开始踏上机械化的道路。

与春田兵工厂相仿，弗兰克福兵工厂的生产变革也离不开领导者的推动，主持其事的是从1851年起开始掌管该厂的彼得·哈格纳（Peter Hagner）少校。哈格纳延续了前任的工作，对工厂进行了扩建，包括建立了一座可以用来处理火药和进行化学实验的实验室。哈格纳为兵工厂购置了新的机器，例如，他于1852年委托费城的一家公司制造1台10马力④的蒸汽机。在他的生产设备购置清单上，包括：1对制造雷管的机器、1对填充机器、1台切铜机、3台制造摩擦管零件的机器、1台带夹头与滑座的车床及其维修工具、1台小型钻床。⑤哈格纳的举措为兵工厂的变革准备了物质条件。不过，真正发挥了核心作用的还是若干工匠。乔治·莱特（George Wright）原本是华盛顿兵工厂的工匠师傅，在一种法国机器的基础上发明了改良型的雷管生产机，1852年来到弗兰克福兵工厂，成为该厂新建立的雷管厂的机械师与工头，每天的工资为1.75~2美元。乔治·伊舍（George Esher）原本被哈格纳以每天1.45美元的工资雇来维护新引进的蒸汽机，他还擅长锻造和锉磨，并能对其他工作给予援助。伊舍的工资后来也涨到每天1.75美元，因为蒸汽机的维护与保养工作必须随时待命。罗伯特·帕金斯（Robert Perkins）是哈格纳引进的最重要的工匠，不仅帮助哈格纳设计和制造了新的机器，还扮演着哈格纳的事务总管的角色。1857年，帕金斯的工资涨到了每天3.5美元。同一

---

① David A. Hounshell: *From the American System to Mass Production, 1800 - 1932*, p.21.
② 同上，p.49.
③ James J. Farley: *Making Arms in the Machine Age: Philadelphia's Frankford Arsenal, 1816 - 1870*, Pennsylvania: The Pennsylvania State University Press, 1994, p.22.
④ 1马力约等于0.7千瓦。
⑤ 同③, pp..53-55.

年，发明了一种雷管生产机的罗伯特·博尔顿（Robert Bolton）也加入了弗兰克福兵工厂。这些骨干工匠对弗兰克福兵工厂从手工制造过渡到机器生产发挥了重要作用。[1]从时间上看，弗兰克福兵工厂真正开始机械化，恰逢春田兵工厂的美国体系成型之时，因此可以视为美国体系的扩散。

无论是春田兵工厂在实践中摸索美国体系，还是弗兰克福兵工厂在改革中引入美国体系，骨干工匠均发挥了核心作用，其最大的功劳在于，通过发明机器和应用机器而使生产机械化，从而令兵工厂由手工制造转为真正的工业生产。因此，美国体系仍然是第一次工业革命的产物，即主要由工匠完成了一场否定工匠传统的制造业革命。而美国体系在民用制造业中的扩展，为该体系注入了更大的生命力。

（二）美国体系在民用制造业中的扩展

在人类制造业的历史上，军事工业往往因为涉及程度最为激烈的人类竞争形式，而率先刺激制造活动各构成要素的变革。但是，军事活动不是人类生活的主流，制造活动的真正变革最终要扎根于供给民生日用品的制造业部门中，方得长久。因此，美国体系从军火工业扩展到钟表、缝纫机、家具、农机等民用制造业，成为该体系壮大的关键。在民用制造业中，缝纫机工业尤为突出。

缝纫机是与日常生活密切相关的机械产品，其供给直接决定着服装的可供给量。19世纪的美国实现了经济的高速增长，缝纫机的需求随之增长，对缝纫机企业产生了巨大的压力。为满足巨大的市场需求，缝纫机企业必须变革制造方式。与军火工业一样，缝纫机工业中美国体系的出现，也源于量的需求。图3-1为3家美国主要缝纫机企业惠勒和威尔逊（Wheeler and Wilson）、威尔科克斯和吉布斯（Willcox & Gibbs）以及胜家（Singer）的产量。由于资料的关系，该图数据不全，但可以看到从19世纪50～70年代，美国的缝纫机产量是持续增长的。

---

[1]　James J. Farley: *Making Arms in the Machine Age: Philadelphia's Frankford Arsenal, 1816 - 1870*, pp..58-59.

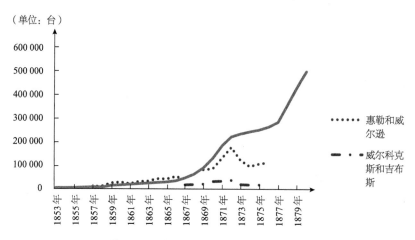

图3-1　美国主要缝纫机企业产量（1853—1879年）

资料来源：David A. Hounshell: *From the American System to Mass Production*, 1800 - 1932, p.70, 89.

　　在美国3家主要的缝纫机企业中，胜家公司独树一帜，进入19世纪70年代后产量大幅领先。这反映了美国缝纫机市场的激烈竞争，而这一竞争也给各公司构成了更大的提升产能的压力。早在19世纪60年代，惠勒和威尔逊公司就希望采用兵工厂中的制造方法来应对大量生产的挑战。公司认为大规模生产"能够使缝纫机的价格降低，并保证每个家庭都拥有一台这种不可或缺的物品"。这表明该公司已经认识到了大规模生产的社会意义。不过，公司的生产机械化进展在各工序是不平衡的。到19世纪60年代中期，惠勒和威尔逊公司的一些缝纫机零件在进入加工程序前要锻压4次，测量仪器、固定装置与夹具全都做了改进，直到公司宣称能够制造出完美的可互换零件。但是，惠勒和威尔逊公司无法用美国体系轻易地造出缝针这一关键零件。缝针的整个制造流程都依赖高度分工的手工劳动。公司指出："这是分量极大的手工劳动，在一个技师的工资比欧洲要高得多的国家里，也使这种方式造出的针过于昂贵。"于是，该公司好几次雇用经历过漫长学徒期的英国制针工匠。直到1880年，尽管大部分手工劳动都已经被机器生产取代，但缝针依然要靠工人用锤子在铁砧上一个一个敲打出来。[1]因此，机械化这一美国体系的核心要素，在推进过程中面临着不同程度的技术难题待解决，其发展具有不平衡的特点。从数据上看，1860年以后，惠勒和威尔逊公司的缝纫机产量较之前上了一个台阶，有了较大幅度的提升，这应该归功于美国体系的推行。

---

① 　David A. Hounshell: *From the American System to Mass Production, 1800 - 1932*, pp..73-75.

作为行业领军企业的胜家公司，也少不了大力推行美国体系。从1854年的史料看，当时的胜家公司看不到一点兵工厂中已经出现的美国体系的影子，主要的制造方式仍然是手工劳作，公司自己也称其机器"是在长桌边用手生产出来的"。在19世纪50年代，负责胜家公司生产技术的是苏格兰人乔治·麦肯齐（George McKenzie），他是一名翻砂工匠，其欧洲经验与美国体系完全无涉。在麦肯齐的主导下，胜家公司的生产方法受欧洲手工制造方式的极大影响，一直持续到19世纪70年代。[①]不过，从1863年开始，胜家公司就通过制造越来越专业化的机床设备来使其生产过程机械化。当时，公司收到了大量代理商和顾客对于缝纫机质量的抱怨，缝针、齿轮和梭子等零件不断出现问题。这促使公司开设了维修服务。一旦产品的零件坏掉，代理商就将它们送到公司更换。公司用特殊的锉刀加工新齿轮，使其能装到一起，并用来锉传动装置，以及调整新梭子的尺寸。维修问题与产量无法满足日益增长的海外市场的需求，共同促使胜家公司寻求新的制造方法。正是在1863年，公司雇用了一名新泽西的机械师勒比乌斯·米勒（Lebbeus B. Miller），成为摆脱欧洲制造方式的起点。米勒生于1833年，起初在新泽西一家工厂里当学徒，也是典型的工匠。米勒自己制造机床，曾在19世纪50年代卖过一些小型的马达车床给胜家公司，但彼时他毫无可互换零件的制造经验。1861年，学徒出师的米勒去了玛哈坦火器公司（Manhattan Firearms Company）工作，该公司当时使用柯尔特的方法年产6 000支枪，这使米勒接触到美国体系。米勒到了胜家公司后，就将他在玛哈坦火器公司学到的制造方法移植了过来。事实上，胜家公司购于1863年的最早的10台铣床就是玛哈坦火器公司制造的。在米勒的主持下，胜家公司以兵工厂的标准进行改革。但比起依赖良好的测量仪器，米勒更倾向于引入专业化的自动与半自动机床。1880—1882年的某个时候，胜家公司首次用不必在软化状态下手工装配的可互换零件来制造缝纫机，用相同的序列号标记全部主要零件，并以相匹配的数目硬化和重新装配零件。到1890年时，胜家公司更新了它的机床、夹具、固定装置和测量制度，基本建立了美国体系。但当时也有人指出，胜家公司"通过雇很多便宜的工人用靠不住的手来完成零件组装，对欧洲制造方式进行了妥协"。不管怎么说，胜家公司实现了制造方式的变革，而居功至伟的米勒直到1907年才以74岁高龄从胜家公司退休。[②]胜家公司的案例再次表明关键性工匠对于美国体系发展的重要性。

  米勒在胜家公司推行的变革集中于机械化，即用机器生产代替手工劳作。

---

① David A. Hounshell: *From the American System to Mass Production, 1800 - 1932*, p.85.

② 同上, pp..91-93.

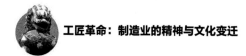

在变革开始不久的1865年，《纽约时报》曾报道，胜家公司在莫特和德兰西街的工厂里，雇用了935~1 100名工人，这些工人的工资构成了制造缝纫机的主要成本。[①]机械化有助于降低人工成本。但机械化的推行有很多技术问题要解决。过去，胜家公司一直使用铸铁制造缝纫机零件，米勒则引入了模锻件来生产用来双线连锁缝制的钢梭。米勒制造了自动化的齿轮切割机床，使胜家公司不用再购买切割好的齿轮，而是自己生产。在米勒的请求下，胜家公司购买了大量机床。例如，1871年，胜家公司为购买新设备花了58 000美元，为维修和保养已有的设备投入了42 000美元。这些开销不到整个制造成本的5%。为了满足市场需求量，1870年，胜家公司与军火生产商普罗维登斯工具公司（Providence Tool Company）订立了合约，让后者生产供给国内市场的缝纫机。但到了1873年，胜家公司对普罗维登斯工具公司的产品不满意，便开始对可互换性的理念着迷了。同年，胜家公司在新泽西伊丽莎白港开办的新工厂，搬去了用以制造可互换零件的专门的机床和工具。在米勒的努力下，直到1881年，胜家才宣称实现了生产"完全"可互换的零件。[②]胜家公司推行与建成美国体系，耗费了相当长的时间，其制造革命不是一蹴而就的。

除了缝纫机工业外，美国体系还在农业机械工业里得到了扩展。在19世纪美国的农机工业里，领军企业之一是麦考密克（McCormick）公司。由于产品型号太多，该公司面临较大的成本压力。例如，1849年，麦考密克公司制造1台机器的成本平均为55美元。由于公司每年花了大量的时间与精力去完善新型农机产品，它往往赶不及满足所有的市场需求。结果，公司的年产量低于其生产能力，代理商和农民对其表现不抱幻想。由于产品型号过多，当客户需要更换一个零件时，不得不告诉公司具体是哪一个零件，并告诉公司其所购机器是哪一年制造的。直到麦考密克公司于19世纪80年代建立起全面的测量体系之前，购买公司产品的农民都得自己承担将新的铸铁或锻铁零件装进农机的责任。代理商则通常要保证一大堆零件库存以避免工厂送货太迟。这种市场压力下的麦考密克公司在生产上主要依靠传统铁匠。[③]与缝纫机企业一样，巨大的市场需求对麦考密克公司产生了巨大的供给压力。图3-2为麦考密克公司1841—1885年的农机总产量。

① David A. Hounshell: *From the American System to Mass Production, 1800 - 1932*, p.93.
② 同上，pp..93-99.
③ 同上，p.159.

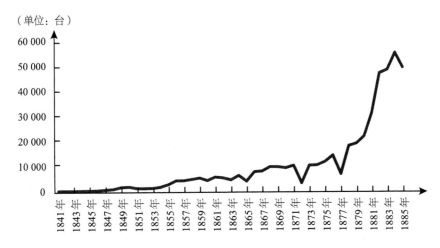

图3-2 麦考密克公司的农机总产量（1841—1885年）

资料来源：David A. Hounshell: *From the American System to Mass Production*, 1800 - 1932, p.161.

1841年，麦考密克公司仅生产了2台产品，进入19世纪50年代，其产量开始稳步增长，至80年代则出现了产量上的突飞猛进。而从1841年到1885年，该公司的产品大类包含手动搂草机、自动搂草机、割草机、滴管、收割机和割捆机这6种，其中手动搂草机1865年即停产，割捆机则从1876年才开始生产。[1]麦考密克公司满足市场需求的能力极不稳定。1884年5月13日，当企业创始人去世6周后，继任者在日记中写道："这是我们在生意上所知道的最糟糕的日子。代理商称他们无法获得足够的机器……订单如洪水涌来但没有机器可卖。"不过，直到保守的老顾问被解雇后，麦考密克公司才开始真正迈向大规模生产。[2]值得注意的是，公司的老顾问担心生意变得过大，害怕生产过多的机器，而老顾问对手工制造的坚持也源于其坚信手工制造才能保证产品最高的品质。[3]这一案例明显地体现了制造活动变革中量与质的矛盾关系，及其反映的不同的制造业文化。

从缝纫机工业和农机工业的案例可以看出，美国体系在民用制造业中的扩展，主要源于产量需求的压力。在木工行业、自行车工业中，可以看到相似的变革。不过，在新兴的汽车工业中，美国体系才真正成熟，其各构成要素得到充分的发展。

---

① David A. Hounshell: *From the American System to Mass Production, 1800 - 1932*, p.161.
② 同上，p.182.
③ 同上，p.185.

二、福特制与泰勒制：美国体系的成熟

美国体系的成熟是与汽车工业中诞生的福特制联系在一起的。福特汽车公司发展了美国体系，开辟了大型耐用消费品的大规模生产道路。福特汽车公司探索出的新的制造方式就是"福特制"，其理念则可以被称为"福特主义"（Fordism）。尽管福特制也是由工匠发动的制造革命，但福特制给制造业中的工匠传统带来了更大规模的冲击。在福特制兴起的同时，标榜着科学管理的"泰勒制"也在美国出现，两者共同缔造了20世纪初的制造业新模式，成为工匠革命新阶段最显著的标志。

（一）福特制：大规模生产的成型

福特制的出现如同其他制造革命一样，是一个渐进的演化过程。在福特制兴起前，包含着可互换零件、机械化、流水线、测量体系等要素的美国体系在制造业中已经出现，福特制利用了这些既存要素，并通过对这些要素的进一步变革与整合而推动了美国体系的完善。福特制是群策群力的产物，但无可否认的是，具有工匠色彩的亨利·福特（Henry Ford）与瓦特一样，在这一制造革命过程中扮演了关键角色，因此这一革命同样也是一场工匠革命。

亨利·福特1863年出生于美国密歇根州，是一个农场子弟。福特于17岁时离开学校，进了一家机械厂当学徒，后来成为底特律电力公司的机械师，可以说是一名典型的19世纪工匠。在福特成长的时代，创新成为制造业的新精神，科学与制造之间的关系日益紧密，这种工业文化对福特产生了很大的影响。在电力公司里，福特由着自己的兴趣从事内燃机研究，并于1899年拒绝了公司提供的总监职位，选择辞职创业。1886年，德国人发明了汽车，在接下来的19世纪90年代，这一新发明的动力问题成为其产业化的一大阻力。当时，蒸汽动力和电力占据主流，但这两者都不适用于汽车。[①]因此，工业界并不看好汽车的发展前景，这也是福特供职的电力公司对内燃机研究不感兴趣的重要原因。然而，福特的想法不一样。他后来回忆称："最初，'不用马拉的车'被认为是异想天开，很多'聪明人'还特别地解释一下，为什么它只能是个玩具，更没有一个有钱人设想它会具有商业价值的可能性。我无法想象，为什么在每一种新的交通工具诞生之初，都会遭到如此多的反对，直至今天，还有一些人摇头晃脑地一边谈论着汽车的奢侈，一边不情愿地勉强承认卡

---

① E. D. Kennedy: *The Automobile Industry: The Coming of Age of Capitalism's Favorite Child*, Clifton: Augustus M. Kelley Publishers, 1972, p.6.

车的用途。"①作为一名具有创新精神的新型工匠，福特毅然投身于研制与销售汽车的事业，于1903年在底特律创办了福特汽车公司。最初的福特汽车公司只是租了一间店铺的小作坊，随着公司的壮大，福特制也逐渐形成。

　　福特本人的创新性思想，直接推动了包括制造方式变革在内的福特汽车公司的发展。在作坊形态下，福特汽车公司毫不意外地以手工方式制造汽车，与之相应的则是公司依据订单来进行规模有限的生产。这也是那个时代汽车工业的一般情形。福特称"这是一种习惯，一种传统，从很早的手工艺时代就传下来的"，而他立志打破这一传统，塑造新的文化。福特的理论是："询问100个人他们希望某一特定的物品怎样制造，大约有80个人不知如何回答。他们把这事留给你来决定……只有5个人真正有想法和理由。由那些不知道并且承认不知道和那些不知道却不承认不知道的人组成的这95个人，才是所有产品的真正市场……如果你能够提供给这95%的人们全面的服务，以最好的质量生产，以最低的价格出售，你将面临如此巨大的市场需求，它甚至可被称为是普遍需求……服务95%的群体是所有产业的逻辑基础，它也是群体服务自己的逻辑方式。"②换言之，福特前瞻性地构想了通过制造方式的变革来主动创造巨大市场需求的产业发展模式。这与军火工业、缝纫机工业、农机工业只是被动地因需求压力而摸索制造方式变革有所不同。福特依据自己的理念研制了A型车，其制造逻辑即在于，通过尽可能"减轻多余的重量"来降低成本，进而实现低价格销售，将车卖给更多消费者。1903年，福特A型车造出来后，当年就卖出1 708辆，福特认为"这足以说明市场的反应有多好"③。在广告中，福特向消费者阐明了自己对于汽车的要求，即：多功能、低价位、高速、安全、享受。④在这些想要令消费者满足的价值中，"低价位"是最核心的，也直接引导着福特汽车公司的制造方式变革。

　　产品的低价位必须以低成本来实现，但同时还要保证高品质，制造者就必须使制造过程实现高效率。福特汽车公司的制造变革是从制造活动的源头开始的，即通过设计合理化的产品来确保制造过程简单高效。从逻辑上说，型号单一而结构简单的产品造起来最快，在用料与时间两方面成本最低。制造者在设计环节选择制造型号单一而结构简单的产品，自然比选择制造型号多样而结构复杂的产品更能以低成本实现低价位。福特认可这一逻辑。他不赞同当时的汽车厂商生产多

①　亨利·福特：《我的生活与工作》，梓浪等译，北京邮电大学出版社2005年，第16页。
②　同上，第26-27页。
③　同上，第30-31页。
④　同上，第32页。

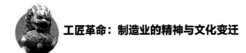
种车型并不断更新车型的策略，认为："这和妇女们订购她们的衣服和帽子是同样的想法。这不是服务，这只是寻求新奇玩意，而不是更好的东西。"相反，福特的思路是："当一种车型固定下来，这种车型的每个零部件都是可以互换的，这样这种车便永远不会过时。我的野心是让每一辆车，或我生产的别的非消费性产品都非常坚固，制造精良，任何人买了一辆便不用再买第二辆。任何一种好机器都应该像一块好手表一样，有很长的使用寿命。"[1]在这一思路里，固定的车型便是型号单一的产品，而零部件可互换则意味着一致化。因此，福特的思路本身已经在设计上对当时的汽车制造活动进行了变革。但是，可互换零件的理念不是福特的原创，而是美国制造业早已在践行的一种制造方式。福特的贡献，是将这种原本为适应巨大市场需求而兴起的制造方式，引入市场尚不十分广阔的汽车工业中。

在福特的领导下，福特汽车公司迅速成长，到1906年，作坊小店已无法满足生产需求，公司另建了一座3层楼厂房，真正成为工厂。此后，福特汽车开始出口到欧洲。公司的高速发展引发了股东们的不安。当福特汽车公司的产量达到1天100辆时，一些股东试图阻止福特继续管理公司，但福特的回答令他们更为震惊：1天生产100辆只是小菜一碟，他很久以前就希望一天能生产1 000辆！[2]与农机工业里麦考密克公司的案例一样，福特汽车公司的制造方式变革同样涉及思想观念的冲突，换言之，制造方式变革本身也是一场制造文化的革命。福特保持了对公司的掌控，或者说，直到1907年他才真正控制了自己创办的公司。而他提出的T型车理念，成为福特汽车公司实现大规模生产的根基。[3]

至1907年时，福特汽车公司出售的车型包括A、B、C、F、K、N、R和S型，其中，N型车最能满足福特的要求。但是，福特还是认为N型车缺点太多，他决定研制一款新的车型，规格要更大，马力要更足，但同样要轻便，售价还必须比N型车便宜。福特命令底特律的工厂用一块专门区域研制新车型，并派他手下最好的机械师进行设计。这款新车型即T型。该车型的发动机就是一个简单的立方体，用铁铸造，约20马力。通过自由地运用钒合金钢，以及基于直觉判断进行结构设计，该车型的底盘既稳固又轻便，完全符合福特的要求。1908年，T型车出厂后，一位代理商写道："我们几次擦了擦眼睛以确定不是在做梦。"从一开始，T型车新颖的设计和优越的性能就大受欢迎，各代理商最初为新车型下的订

① 亨利·福特：《我的生活与工作》，第34页。
② 同上，第42-43页。
③ David A. Hounshell: *From the American System to Mass Production, 1800 - 1932*, p.218.

单达15 000辆之多。^①福特自己对T型车极为满意，他认为T型车最大的特点就是"简单"："这种车只由4个结构组成——动力系统、车身、前轴、后轴。所有这些都很简单。这样设计的目的，是为了不需要特别的技能就可以进行修理或更换。"T型车体现了福特的制造理念与商业哲学："一件东西越简单，就越容易制造，也就可以以越便宜的价格出售，因此也就越可能大量地售出。"^②值得注意的是，在T型车的研制过程中，材料的选择与运用具有重要作用。

在T型车成功面世后，福特又做了一个大胆的决定，1909年，他宣布公司以后只生产一种车型，也就是所有车的底盘完全一样的T型车。福特宣称："我将为广大的普通人生产汽车。它足够大，可供家庭使用，同时又足够小，可让一个人就能驾驶和保管。它采用最好的材料，由最好的工人根据现代机械能提供的最简单的设计制造。同时它的价钱非常低廉，任何一个有一份好工作的人都不可能不能买上一辆，并和他的家庭在上帝提供的广阔空间里享受美好的时光。"这一决定引发了公司内外的很多质疑，不少人担心福特汽车公司会走向破产。^③但是，福特汽车公司用业绩打消了所有质疑。1908—1916年，福特T型车的产销量均实现大幅增长，每辆车的零售价却不断降低。表3-1为1908—1916年福特T型车的制造与销售情况。

表3-1　福特T型车的制造与销售情况（1908—1916年）

年　　份	每辆车零售价（美元）	产量（辆）	销量（辆）
1908	850	—	5 986
1909	950	13 840	12 292
1910	780	20 727	19 293
1911	690	53 488	40 402
1912	600	82 388	78 611
1913	550	189 088	182 809
1914	490	230 788	260 720
1915	440	394 788	355 276
1916	360	585 388	577 036

资料来源：David A. Hounshell: *From the American System to Mass Production*, 1800 - 1932, p.224.

---

① David A. Hounshell: *From the American System to Mass Production, 1800 - 1932*, pp..218-219.
② 亨利·福特：《我的生活与工作》，第46页。
③ 同②，第48-49页。

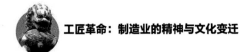

福特的战略取得了成功，实际上，在这一时期，美国汽车工业的规模壮大主要就是福特汽车公司的扩张。[①]除了设计理念具有创新性外，福特汽车公司的成功还取决于其制造手段也实现了变革，而这一变革正是美国体系的发展。

首先，T型车实际上就是可互换性理念的实践，而早在计划大批量生产N型车时，福特已经开始考虑可互换性。[②]福特将其公司的可互换零件制造称为"标准化"，并解释自己的方针为："我们要那些买过我们一件产品的人用不着再买第二件。我们从未做过使以前的车型过时的改进。特别车型的零件不但能与所有这一型号的车的同类零件互换，并且能与我们生产的所有车的同类零件互换。这可以使一辆10年前生产的车，只要购买现在生产的零件，花很少的钱便可以成为一辆新生产的车。"除此之外，零件的标准化还降低了成本。过去，福特汽车公司在底特律组装汽车，再通过火车将产品运往各地，每天需要上百节的火车车厢运输，由此既导致了不可避免的拥挤，又带来了装运方面的巨大开销。采取标准化策略后，福特写道："我们在底特律每天只组装三四百辆车了，只满足当地需要。我们把零件运到我们遍布美国的组装站——实际上这种组装站已分布世界各地——在那里再把车组装起来。只要一个分厂生产一种零件比由底特律制造再运送过去便宜的话，那么分厂就生产这种零件。"[③]事实上，福特汽车公司的可互换零件制造只是继承了诞生于19世纪早期的美国体系。

其次，福特汽车公司在制造过程中通过机床的使用而提高了生产能力。福特汽车公司刚成立时，由于大部分零件要从外面购买，工厂被设计成一个汽车组装的空间而没有为大量的机床提供场地。当时，福特汽车公司使用的都是具有一般性用途的通用机床，靠百里挑一的高技能机械师来操作。此后，福特汽车公司开始自己制造零件，机床的重要性就凸显出来。福特在购买机床工具时与一个机床销售商沃尔特·弗兰德斯（Walter Flanders）签订了合作协议，弗兰德斯不仅卖机床，他本人也是一名优秀的机械师。弗兰德斯帮助福特的工厂购置了设备，还建议福特雇用杰出的机械师沃尔林（Max F. Wollering）。实际上，在福特汽车公司还缺乏可互换性理念与相关制造经验时，沃尔林就很熟悉这一美国体系了。弗兰德斯来到福特汽车公司4个月后，重新布置了生产车间的机床摆放，他不是根据机床的种类来摆放机床，例如，将同一种类型的机床集中摆到一起，而是根

①　E. D. Kennedy: *The Automobile Industry: The Coming of Age of Capitalism's Favorite Child*, p.79.

②　David A. Hounshell: *From the American System to Mass Production, 1800 - 1932*, p.221.

③　亨利·福特：《我的生活与工作》，第 121 页。

据制造每一种零件的操作顺序来摆放机床。而且，弗兰德斯和沃尔林还为福特汽车公司引入了专用机床或单一用途机床。①通用机床在加工不同种类的零件时必须重新进行调整，专用机床因为只加工单一种类的零件，就节省了调整的时间，提高了生产效率。此外，通用机床因为要进行不同种类的加工，对操作者的操作技能要求较高，专用机床等于将多种技能分解为单一技能了，这就降低了对操作者的技能要求，有利于工厂克服高技能机械师稀少难觅的难题，令工厂能够利用较易获取的低技能劳工迅速形成生产能力。当然，由于福特下令只生产T型车，零部件本身固定化了，也给了专用机床更大的使用机会。随着时间的推移，福特汽车公司发展出了自己的工具制造能力，公司内部的专家设计了几乎所有的固定装置和测量仪器，还自行设计并制造新机床的原型。福特汽车公司自己制造了很多用来生产T型车的专用机床，但不可否认的是，公司还是严重依赖美国中西部的机床生产商，即使公司自己设计了机床，其最初的制造也要依靠专业的机床企业。②除此之外，机床的重要性还体现在提高了零件的加工精度，而只有高精度的零件才具有可互换性。故而，机床的使用体现了福特汽车公司在制造方式上的机械化，是福特汽车公司实现大规模生产的技术手段保障。

最后，福特汽车公司发展了高效率的生产流水线（Assembly Line）。流水线作为一种制造活动的高效率方法，很早就被人们实践着。在美国，屠宰场和罐头制造业在19世纪中期以后已经开始采取流水线进行作业。③福特自己指出，生产流水线的想法来自芝加哥食品包装厂用来加工牛排的空中滑轮。在他看来，生产流水线的原则是：首先，按照操作程序安排工人和工具，使制造过程中，每个部件都只经过尽可能短的距离；其次，运用工作传送带或别的传送工具，使一个工人完成操作后，总是把零部件放在他的手放起来最方便的地方，并运用设备把零件送到下一个工人处；最后，运用滑动装配线，将需要装配的零件放在最方便的距离处。通过运用生产流水线的原则，产生的效果是："减少了工人无谓的思考，把动作的复杂性减少到最低程度，使他几乎只用一个动作就完成一件事情。"1913年4月1日，福特汽车公司试验了自己的第一条装配线。试验结果令福特满意："一个人现在能完成相当于几年前4倍多的工作。"④于是，流

---

① David A. Hounshell: *From the American System to Mass Production, 1800 - 1932*, pp..220-222.

② 同上，pp..230-233.

③ 大卫·奈：《百年流水线：一部工业技术进步史》，史雷译，机械工业出版社2017年，第 13 页。

④ 亨利·福特：《我的生活与工作》，第56-57页。

水线在福特汽车公司的生产过程中全面铺开。T型车生产的传输线由3条独立的次级流水线组成：传动机构流水线、飞轮磁电机流水线以及变速箱盖组装线。传动机构流水线被置于飞轮线的背面，永磁体组装线则被置于飞轮线的前面。从飞轮开始，工人添加三联齿轮、从动齿轮、鼓轮和大量的离合器零件，组成一条完整的流水线。这条线十分完备，当传动机构完成后，飞轮可以很轻松地翻转过来，等待永磁电机在线上安装。①流水线使车间的制造技能简单化，解决了高技能工人供给不足的难题。用福特的话说："如果我们工厂的每一份工作都需要技能的话，这工厂就绝不可能会存在。即使花100年时间也训练不出所需要足够的技术人员。100万个手工劳动者也不可能生产出我们目前每天的产量，也没有一个人能管理100万个人。"此外，流水线降低了产品价格："比这一点更重要的是，这100万人的手工产品不可能以与购买力相适应的价格出售。"②1909年，福特汽车公司使用旧方法组装一辆T型车至少需要12小时，到了1914年，流水线让这一时间缩短了93分钟。③流水线成为福特汽车公司美国体系最重要的标志。

因此，通过采取种种措施，福特汽车公司从小作坊转型为大工厂，建立了以可互换零件、机械化和流水线为内涵的美国体系，实现了大规模生产。相对于此前军火工业、缝纫机工业和农机工业等部门里的美国体系，福特汽车公司构筑的美国体系更加完备，这也意味着以大规模生产为目标的美国体系真正成型。1926年，福特为《大不列颠百科全书》撰写了"大规模生产"词条，他写道："大规模生产不是简单的大批量生产……也不是简单的机器生产……大规模生产聚焦于一种制造方案，其原则为控制性、精确性、经济性、系统性、持续性以及快速性。"④恰如福特所言，福特汽车公司建立的美国体系整合了此前已经出现的美国体系的各种要素，并提炼出了抽象的理念，形成一种自觉的制造文化。唯其如此，福特汽车公司的制造方式才能够被称为福特制，并成为美国体系的代称。依靠福特制，福特汽车公司顺利实现了T型车的产量扩大与价格降低。而以福特制为代表的大规模生产，充分满足了制造活动对量的需求。表3-2为福特T型车1917—1921年的价格与产量。

① David A. Hounshell: *From the American System to Mass Production, 1800 - 1932*, p.248.
② 亨利·福特：《我的生活与工作》，第55页。
③ 大卫·奈：《百年流水线：一部工业技术进步史》，第26页。
④ 同①，p.217.

表3-2　福特T型车的价格与产量（1917—1921年）

年份	每辆名义价格（美元）	以1910年美元标准计算的每辆实际价格（美元）	产量（辆）
1917	360	236.70	785 433
1918	450	263.10	664 076
1919	525	269.00	498 342
1920	507	227.90	941 042
1921	397	214.00	971 610

资料来源：大卫·奈：《百年流水线：一部工业技术进步史》，第29页。

　　福特制作为美国体系的成熟代表，是瓦特等人掀起的工匠革命在20世纪初的延续，涉及制造活动构成要素多方面的变革。在设计方面，福特制继承了可互换性与标准化等美国体系已有的理念，在产品结构与类型两方面力求简单化，从源头上将制造活动导向高效率的大规模生产。在材料方面，福特制利用了钒合金钢这一关键材料制造汽车，使既结实又轻便的设计目标能够在物质层面得到落实。在手段方面，福特制通过对机床的合理使用实现了机械化生产，通过组建流水线大幅度提高了效率，而这两者都依托于工厂这一制造活动的组织形式。最终，福特制使产品能够大规模生产，完成了制造活动的革命。在这一变革过程中，福特本人不随潮流的创新精神和执着于目标的坚韧毅力，是整个变革能够顺利进行的保障。表3-3为福特制兴起过程中的制造活动要素。

表3-3　福特制兴起过程中的制造活动要素

要素		起作用的事项	
设计		（1）标准化思想（可互换性零件）； （2）简单化思想（产品类型简化；产品结构简化）	不随潮流的创新精神； 执着于目标的坚韧毅力
材料		使用新兴材料（钒合金钢）	
手段	工具	机械化（机床的使用）	
	方法	流水线	
	组织	工厂制度	
产品		以大规模生产为新产品创造市场需求	

　　不可忽视的是，福特本人是一名具有19世纪特点的工匠，在福特制兴起的过程中，若干骨干工匠也发挥了重要作用。实际上，整个美国体系的形成与完善，都离不开一个个企业中的骨干工匠去发挥关键性作用。这些工匠共同的特点是，

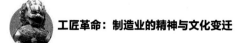

他们均成长于传统工匠占主导地位的环境里，在技术与生产实践上都肯钻研，又都具有打破自身所处传统的创新精神。换言之，创新确实已经成为制造业的新精神，新的制造文化从观念与实践两个方面取代着旧的制造文化。在新的工业文化氛围里，工匠精神依然保留了勤奋和坚毅等传统美德，但创新的价值取向是极为明显的新特点。

正因为福特等人最初的身份是工匠，福特制及美国体系的兴起在字面意义上也属于工匠革命。但是，这场导向了大规模生产的工匠革命，比起瓦特等人掀起的革命来，更为剧烈地冲击了制造活动中的工匠传统，也实质性地降低了原始意义上的工匠的地位。在工厂兴起后，传统工匠的身份就开始出现转变。工匠身份取决于其掌握的技能，但是，生产的机械化就是一个用机器替代手工技能的过程。因此，早在瓦特的时代，传统工匠就逐渐被产业工人取代。然而，在英国工业的内部，手工制造方式在具体的生产环节里长期大量存在。美国体系之所以是由英国人提出来的新概念，就是因为美国体系更为脱离传统制造方式，更加机械化。在美国体系发展的过程中，大量企业的案例都显示了新的制造方式对工匠传统及工匠本身的替代。实际上，作为美国体系成熟形式的福特制，其核心理念之一，就是通过机械化与流水线来降低对手工技能这一稀缺资源的依赖，从而利用更加便宜且易于获取的劳动力来推动大规模生产。于是，福特制更为彻底地消灭了工匠传统，既包括工匠的手工技能，又包括工匠本身。毕竟，工匠的身份取决于其手工技能。如此一来，工匠革命到了福特制形成的阶段，等于使工匠本身被革命了。福特制带来的这一变革，对人类的制造活动形成了持续至今的深远影响。由于福特制主要靠机器生产取代手工技能，也可以说，福特制标志着萌芽于文艺复兴时代的机械文明真正形成了。

（二）泰勒制：从人出发提升效率

在福特制兴起的同时，美国工业中还兴起了以科学管理著称的泰勒制，两者皆旨在提高制造活动的效率，因此也常被相提并论。不过，在核心理念上，泰勒制与福特制有所区别。

泰勒（Frederick Taylor）生于1856年，1874年因眼病从哈佛大学退学，进入机械厂当学徒，尽管泰勒曾自称"我不是工人出身"[1]，但其实他是不折不扣的工匠。起初，泰勒在炼钢厂当车工，对车刀的形状和角度进行了大量研究，改进

---

① 弗雷德里克·泰勒：《科学管理原理》，马风才译，机械工业出版社2016年，第40页。

了机床。①后来，泰勒成为管理人员，形成了自己独特的科学管理理论，于1911年出版了《科学管理原理》（*The Principles of Scientific Management*）。1915年，泰勒病逝。泰勒的科学管理理论落实于工厂生产实践中，就形成了泰勒制。从时间上看，泰勒制与福特制的兴起基本同步，但两者拥有独立的源头与发展脉络。

泰勒制与福特制在某些方面有相通之处。从理念上说，泰勒认为："雇主与雇员的真正利益是一致的，除非实现了雇员的财富最大化，否则不可能永久地实现雇主的财富最大化，反之亦然；同时满足工人的高薪酬这一最大需求和雇主的低产品工时成本这一目标，是可能的。"②福特制缘起于通过降低生产成本来扩大市场需求，这与泰勒所言降低产品工时成本的目标是一致的。此外，福特采取的高工资战略，与泰勒提出的满足工人高薪酬需求的目标也是一致的。福特的高工资战略，是指1914年1月，福特汽车公司宣布"任何一项工作在一定情况下的最低工资是一天5美元"，同时，把每天工作时间由原来的9小时"缩短为8小时"③。很显然，高工资取决于高生产率，福特指出："高工资无法支付，除非工人自己挣得……高工资是在车间开始创造的。如果没有车间的创造的话，获得工资袋里的报酬是不可能的。"④当时，福特汽车公司的流水线已经建成，福特在降低工人工作时间而保证最低工资不变这一点上有充足的底气。但当福特表示"我们支付这些工资是希望企业能奠立在一个更长久的基础之上……一家支付低工资的企业总是不稳固的"时，⑤他看上去也赞同了泰勒的理念。另一方面，泰勒写下的一段话也完全赞同福特所信奉的大规模生产的理念："以鞋为例……由于机器的引入，使得每一部分原来必须手工进行的工作都可以用机器来加工，结果是工时费用只有原来的一小部分，出售时价格也就非常低。因而，如今在工人阶级家庭，几乎每个男人、妇女和孩子每年都可以买一两双鞋，常年都有鞋可穿了。而以前每位工人可能每5年才买一双鞋，大部分时间得赤着脚，穿鞋可是一种华贵和奢求！"⑥

由于都希望降低生产成本，泰勒制与福特制在寻求提高制造活动的效率这一点上也是相通的，且采取了某些相同的措施。为了组建流水线，福特必须仔细研究工人的工作所需时间，合理安排工序，并对制造过程进行分解。而泰勒的科

---

① 中山秀太郎：《技术史入门》，姜振寰译，山东教育出版社2015年，第189页。
② 弗雷德里克·泰勒：《科学管理原理》，第3-4页。
③ 亨利·福特：《我的生活与工作》，第98页。
④ 同③，第93-94页。
⑤ 同③，第99页。
⑥ 同②，第9页。

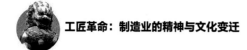

学管理的基础，也建立在对工人劳动的分析性研究上。泰勒制的一个基本认知就是："在各个行业，通过消除工人作业中不必要的动作，并以快捷的操作代替缓慢而无效的操作，可节约大量作业时间，进而提高产量。"①为了寻求工人劳动的最佳值，泰勒进行了一系列实验，这些实验分为两大类型："一类实验由生理学家来完成，研究人的耐久力；另一类实验由工程师来完成，研究一人力相当于一马力的几分之几。"②这类实验正是对工人劳动动作的分解，也就意味着对制造过程的分解。在最初的实验中，泰勒和他的团队一无所获，得到的只是各变量间不恒定的、缺乏一致性的关系。后来，在数学家的帮助下，泰勒团队通过描绘曲线，用图示方法来表示影响工作的各个因素，发现了他们想要的规律。泰勒的研究对象及其结论是："当工人搬起一块重达92磅重的生铁时，站着也好，移动也好，人感到的劳累程度是一样的……在一个人可实现的'马力'和对工人造成的疲劳反应之间没有恒定关系。同样，显而易见，在这类工作中，有必要频繁地解除工人的负荷（让工人休息）。在工人有负荷的整个时间内，其手臂肌肉的组织处于耗损状态，就需要频繁地休息，以便通过血液循环使这些组织恢复到正常状态。"③由此可见，泰勒的科学管理注重的是人本身在劳动中的状态。

而除了研究工人在体力劳动中受到的生理制约外，泰勒还看重工人劳动中的精神状态。《科学管理原理》宣称："摆在管理者面前的问题就是如何最大限度地发挥每个工人的'积极性'。本书从最广泛的意义上来使用'积极性'这一术语，包含了从工人那里挖掘到的一切优良品质。"④为了说明激发工人积极性的重要性，泰勒举了在伯利恒钢铁公司进行实验的一个小例子。当时，泰勒发现一个班组平均每人每天搬运12.5长吨⑤生铁，但头等搬运工每天应该能搬运47~48长吨生铁。为了进行示范，泰勒挑选了一名有上进心的工人，对他说："……我想知道你是一个有价值的人呢，还是这里没什么价值的伙计中的一员。具体点儿说，我想知道你是想一天挣1.85美元呢，还是像那些没什么价值的伙计一样，一天只挣1.15美元。"工人回答："我想一天挣1.85美元吗？那就是一个有价值的人吗？是的，那我是一个有价值的人。"在这样的诱导下，泰勒成功地让那名工人每天搬运47.5长吨生铁。在搬运过程中，有人拿着秒表，告诉那名工人"现在搬起生铁，移动。现在坐下，休息"之类的话，进行操作上的指导。此后，一

---

① 弗雷德里克·泰勒：《科学管理原理》，第16页。
② 同上，第43页。
③ 同上，第47页。
④ 同上，第25页。
⑤ 1长吨约为1016千克。

个又一个工人被挑选出来，进行培训，按照每天47.5长吨的速度搬运生铁，直到全部工人都达到了这一速度，而这些工人比别的工人多得60%的工资。[①]由此可见，泰勒是从物质待遇和荣誉心理两方面去调动工人的积极性，使工人根据设计好的节奏进行操作，从而完成最大的工作量。以成功的实验为基础，泰勒总结了科学管理的基本方法：

"第一，提出工人操作的每一动作的科学方法，以代替过去单凭经验从事的方法。

第二，科学地挑选工人，并进行培训和教育，使之成长成才，而不是像过去那样由工人选择各自的工作，并各尽其能地进行自我培训。

第三，与工人密切合作，以确保所有工作都按照所制定的科学原则行事。

第四，管理者与工人的工作和职责几乎是均分的。管理者应该承担起那些自身比工人更胜任的工作，而在过去，管理者把几乎所有的工作和大部分职责都推给了工人。"[②]

泰勒的理论主要是基于简单体力劳动的总结，但是，当过机械工人的他也关注机械操作的效率。例如，为了测定在切割钢材时所用工具的最佳角度和形状，以及测定切割钢材的恰当速度，泰勒等人进行了长达26年的实验，花费了约20万美元。最终，泰勒团队在伯利恒钢铁公司设计出了计算尺，利用该计算尺，任何优秀的技工即使不懂数学，都能在半分钟内解决金属切削的最佳速度与吃刀量等问题。[③]实际上，泰勒以系统的科学实验否定了制造活动中的简单经验积累，而简单经验积累正是传统工匠技能形成的主要机制。用泰勒的话说，简单经验积累的问题在于，技工在长期重复性劳作中，往往只能凑巧选中最佳方法。[④]事实上，泰勒很可能低估了制造活动中经验积累的有效性，但是，与他所推崇的系统科学实验机制相比，简单经验积累确实面临着无法轻易复制与传播的困难，这使得技艺的学习与推广具有高昂的成本。然而，通过系统科学实验总结出程式化的规律后，靠照搬照做就能复制基本操作，技艺的学习与传播也就变得简单多了。泰勒制的"科学"性也就体现在这里。总而言之，泰勒制的原则就在于选择最佳方法，用泰勒的话说："在各行各业通行的众多方法和工具中，总有一种方法和工具是较快和较好的。而这种最好的方法和工具，只有通过对所有正在采用的

① 弗雷德里克·泰勒：《科学管理原理》，第32-38页。
② 同上，第28页。
③ 同上，第87-92页。
④ 同上，第93页。

方法和工具进行系统的科学研究和分析，同时结合准确、精密的动作和时间研究才能发现和形成。这包括对整个机械工艺逐步以科学方法代替单凭经验行事的过程。"[1]

泰勒的理论建立在实验的基础上，也通过数据进行检验。表3-4是泰勒制建立后第3年的工厂绩效数据与原有制度下相关数据的对比。

表3-4　泰勒制建立后第3年工厂绩效的对比

项目	原有管理制度	泰勒制
工厂裁减掉的工人数	400~600 人	140 人
每人每天完成的平均长吨数	16	59
每人每天平均所得	1.15 美元	1.88 美元
搬运 1 长吨即 2 240 磅的平均费用	0.072 美元	0.033 美元

资料来源：弗雷德里克·泰勒：《科学管理原理》，第57页。

与福特将大规模生产视为一个整合了各种要素的体系一样，泰勒也将科学管理视为一个体系，他在《科学管理原理》一书中总结构成科学管理的要素集成包括：

"科学，而不是单凭经验的方法。

协调，而不是分歧。

合作，而不是个人主义。

最大的产出，而不是有限制的产出。

实现每个人的劳动生产率最大化，富裕最大化，而不是贫困。"[2]

与福特制相仿，泰勒制背后的理念也形成了一套观念体系，即泰勒主义（Taylorism）。如果将泰勒主义理解为通过分析工作和挑选工人承担指定的任务而使制造过程合理化，则福特汽车公司的工厂践行了泰勒主义。[3]然而，福特制的核心实际上是要通过机械化来消灭手工劳作，而泰勒制的核心是从人出发来提升效率，所以，泰勒制并不特别强调机械化，两者实现高效率生产的根本路径是不一样的。从这个角度说，福特制只是采纳了泰勒制中部分有用的要素，但是，

---

[1]　弗雷德里克·泰勒：《科学管理原理》，第 17 页。
[2]　同上，第 117 页。
[3]　David A. Hounshell: *From the American System to Mass Production, 1800 - 1932*, p.249.

福特主义整体上背离了泰勒主义。[1]当泰勒还在精心设计工人使用的铲子时，福特已经用电力起重机、传送带等机器来代替相应的手工劳作。两者在具体的技术手段层面不可同日而语。因此，泰勒只是最大限度地实现了既存生产技术的效率，而福特则对整个生产方式实行了变革。泰勒制节省了时间，福特制却提高了速度。[2]就此而论，尽管泰勒制具有极大的影响力，且经常与福特制相混淆，但福特制才真正体现了制造业的工匠革命。

不管泰勒制与福特制存在着怎样的路径差异，两者共同展示了一种以量为追求的制造文化，其主旨为通过高效率生产而实现大批量供应。这种新的制造文化，与机械化一道，瓦解了旧的工匠传统，进一步摧毁了原始意义上的工匠职业群体。在这种形势下，工匠精神作为制造者的价值观，与传统的技艺出现了分离，只能被抽象化为一般性的品德。但这种抽象化，也给了工匠精神脱离工匠这一具体职业乃至脱离制造业而成为普世性工作伦理的可能性。

（三）资本的力量：影响制造业的新因素

制造业变革的实质就是制造活动构成要素的变革。但是，制造活动构成要素的变革更多地指向一种内部变化，而实际上，作为人类社会行为整体的一部分，制造活动也会受到其他行为即外部因素的影响。这些外部因素带来的变化虽然并非内生于制造活动，但就其结果来说，同样会导向制造活动的变革。事实上，某些变量，如组织，很难说纯粹属于内部要素还是外部因素。一方面，制造活动需要通过一定的组织形式来进行，组织属于制造活动构成要素中"手段"的一部分；另一方面，制造活动的组织变革不同于工具变革与方法变革，在很大程度上可以不依赖制造活动的主体即制造者来发动，这又使诸多被归于组织的变量能够外在于制造活动存在并发挥影响。如果以工匠为视角进行观察，很明显的是，在工匠革命中，设计、选材、工具制作、方法选择等活动都是工匠自己的行为，但为这些活动提供资金、组织及劳动力协作的人，既可以是工匠本人，又可以不是工匠。瓦特和博尔顿的案例已经说明了这一点，尽管博尔顿本人也是工匠，而且具有介入制造活动的技术能力。随着工业革命带来的资本主义经济大发展，资本的力量逐渐增强，成为一种对制造业具有重大影响的独立的新因素。因此，工匠革命实际上分化为不同的路径，既包括由工匠自身发起的制造变革，又包括以资

① David A. Hounshell: *From the American System to Mass Production, 1800 - 1932*, pp..252-253.
② 大卫·奈：《百年流水线：一部工业技术进步史》，第32页。

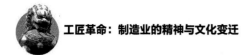

本为主要外部力量推动的整个制造业的变革。资本一方面为制造活动的变革提供了不可或缺的支持，但另一方面，由于资本与工匠存在着不同的文化，两者不乏矛盾冲突，故资本的介入也可能对制造活动带来负面的影响。福特汽车公司的竞争对手美国通用汽车公司（General Motors）的早期发展史，是资本影响制造业的典型案例。

通用汽车公司的创办人比利·杜兰特（Billy Durant）与福特不同，出生于商业家族，年轻时原本进木料场当学徒，但因为不感兴趣而去做了药品推销员。可以说，杜兰特是一名商人。杜兰特生活与工作的弗林特市是美国马车制造业的重镇，1886年，他在朋友的劝诱下盘下了一家马车厂，并组建了自己的杜兰特—多尔特公路马车公司。杜兰特的行为算得上是商业资本介入制造业。不过，杜兰特在制造业里学得很快，确立了通过自制马车零部件来提高产品质量和降低产品价格的战略。他解释道："我们起初只是组装者，这与我们的同行相比毫无优势。我们为所需材料支付的价钱几乎与他们一样。我们意识到，公司并没有在进步。若非我们自行生产实际所需的全部重要部件，公司就永远不能进步。"但是，并非工匠出身的杜兰特缺乏福特那样的制造技能，无法自己转向制造，于是，他选择了购买零部件工厂或工厂控制权这条符合资本逻辑的发展道路。[1]在其巅峰时代的1906年，杜兰特的公司雇有1 000名工人，每天生产480辆马车，尽管缺乏流水线，但公司还是应用了一些大规模制造的技术。[2]就在此时，福特已经开始掀起汽车工业的革命。

20世纪初，美国存在着不少独立的汽车制造企业，大多数规模小，使用手工制造方式，故产量也低。例如，由一小群发明家组建的别克汽车公司（Buick Motor Company）研制出了性能优越的发动机，1901年造出了第一辆别克牌汽车，但由于公司成员专注于研发而不是根据市场需求进行生产，该公司在3年的时间里只造出了2辆汽车，这令其资助者无法继续负担。[3]别克汽车公司的例子鲜明地体现了工匠创业者重视技术甚于市场的价值观。然而，不能在市场中存活的企业是不可能追求技术前沿的。别克汽车公司尝试寻找投资人，1904年11月，杜兰特被选进该公司的董事会。当时，别克汽车公司的工厂设置在两座城市，杜兰特认为这样缺乏效率，于是，他在弗林特市筹集到50万美元，投资建造一座新的

---

① 劳伦斯·古斯廷：《通用汽车的缔造者：比利·杜兰特》，徐雯菲等译，上海远东出版社2008年，第24页。
② 同上，第28-29页。
③ 同上，第37-38页。

大型工厂。在筹资过程中，弗林特市的4家银行起了决定性作用，它们一共承诺提供8万美元的现金，并得到公司价值10万美元的股票。1905年，别克汽车公司的资本总额从50万美元增至150万美元。1905年，别克车的产量为725辆，到1906年增长到了1 400辆，到1907年则达到了4 641辆。①当大多数别的汽车公司主要靠零部件制造商提供的零部件来组装汽车时，别克汽车公司已经实现了很多零部件的内部制造。②以自造代替组装，无疑是杜兰特从马车制造业里学到的经验。尽管别克汽车公司此时的产量还无法与福特汽车公司比肩，但已经足以挤垮很多小型独立汽车制造商了。这一切要归功于杜兰特的营销才能。这位商业奇才在新兴的汽车工业里准备大展拳脚，遂通过收购各类汽车公司及汽车零部件公司，打造一家大型企业。尽管杜兰特的出身与作风不同于福特，但他与福特都预见到了汽车能够成为一种大规模生产的商品。杜兰特称："我意识到，如果我能够多收购一些像别克这样的公司，那么我就将掌控这个国家最伟大的产业。这是个巨大的机遇，时不我待，我必须忙碌起来。我很自信，因为汽车产业具有风险性。如果能够筹到足够的资金，那么就会有大量的好公司被吸引，愿意出售或成为某个中央机构的一员。这个中央机构会保护它们的技术和专利，并将不断增长的风险降到最低。"③这是非常直白的资本逻辑。1908年，杜兰特组建了通用汽车公司这样一家中央机构。

然而，成也萧何败也萧何，杜兰特不久就品尝到了扩张的苦果。1908—1910年，杜兰特将几个最具生产力的企业网罗到通用汽车公司旗下，仅收购凯迪拉克公司就花了450万美元，由此用掉了至关重要的流动资金。1909年，通用汽车公司的销售额为2 900万美元，1910年上升至49 400万美元，但净利润却仅从110万美元上升到1 020万美元。这导致通用汽车公司在购买零配件时出现巨大的资金缺口，必须从供应商和银行那里进行巨额借贷。1910年，别克车的产量达到30 325辆，但通用汽车公司的资金链突然断裂，工厂被迫停工，工人被临时解雇，公司的股价从100美元跌到25美元。此外，杜兰特在其他领域的收购也出现了失误。④在这种形势下，通用汽车公司濒临崩溃，银行接手了公司，公司的原领导层被迫集体退休，杜兰特也失去了对公司的控制权。尽管杜兰特在资本层面的活动不涉及通用汽车公司具体的制造活动，但前者对后者的巨大影响是显

① 劳伦斯·古斯廷：《通用汽车的缔造者：比利·杜兰特》，第53、60-61页。
② 小艾尔弗雷德·斯隆：《我在通用汽车的岁月》，刘昕译，华夏出版社2005年，第5页。
③ 同①，第89页。
④ 同①，第106页。

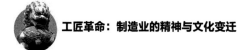

而易见的。

不过，杜兰特具有坚韧不拔的毅力。他招揽了最初在弗林特市制造别克发动机的技术人员，令其组建了一家生产发动机的公司，并利用自己的马车厂进行装配。以之为起点，1911年，在杜兰特的运作下，利特尔汽车公司和雪佛兰汽车公司相继成立。由于福特汽车公司的产量仍然不能满足市场的需求，雪佛兰汽车公司有其生存空间。1914年，雪佛兰汽车公司制造和销售了5 005辆汽车。为了提升产量，杜兰特又开始通过收购来扩张，并打破自己禁止银行家介入公司的规定，再次请求银行提供流动资金来扩大生产。1915年，雪佛兰汽车公司推出了490型汽车，售价550美元，次年，该型车的售价降至490美元，杜兰特在一本小册子中写道："制造一辆售价1 000美元令人满意的汽车并不困难，而制造一辆售价490美元令人满意的汽车却相当不容易。一般售价为490美元的汽车并不能令人满意，因为它们的产量巨大，在如此高的产量压力下，缺少对细节的精益求精。如果不考虑价格的话，对细节的精益求精是现在对每一辆汽车的要求。"①尽管此时正是福特制与大规模生产的兴盛时代，但杜兰特看到了制造活动中量与质的辩证关系。不过，旺盛的市场需求仍然体现了量的主导性。1915年，雪佛兰汽车的销售量为13 292辆，1916年，销售量剧增至70 701辆，其中包括大约7 000辆加拿大制造的汽车。②当然，与福特T型车相比，雪佛兰汽车的销售量是望尘莫及的。

就在雪佛兰汽车公司蒸蒸日上时，通用汽车公司麻烦缠身，一名副总裁评论道："银行家们对汽车工业的未来持怀疑态度，他们主要关注于如何节约开支，于是他们关闭了一些工厂，将生产能力集中于部分企业。他们错失了良机。在杜兰特领导下，公司可能会不时遇到一点财务困难，但它将获得更为快速的增长，并能够赚取更大的利润。"③1916年，杜兰特夺回了通用汽车公司的控制权。自然，雪佛兰汽车公司成为通用汽车公司的一部分。杜兰特延续了他的扩张战略。1919年，通用汽车公司成长为一家雇用8.6万名员工的大企业，管理日趋复杂，但杜兰特也被股票等非汽车事务分心。于是，悲剧重演。通用汽车公司再次面临财务麻烦，杜兰特再次向金融界求助，代价则是他于1920年被再度逐出通用汽车公司。这一次，杜兰特没能东山再起。

以创业者杜兰特为核心的通用汽车公司早期发展史，体现了不同于福特汽车

---

① 劳伦斯·古斯廷：《通用汽车的缔造者：比利·杜兰特》，第129-131页。
② 同①，第132页。
③ 同①，第134页。

公司的制造业发展路径。杜兰特不是工匠，他自己缺乏制造技能，但他能够筹集资金介入汽车制造业，并运用金钱收购具有制造能力的企业以形成自己企业的制造能力。因此，杜兰特代表了资本，也利用了资本。当然，他的失败源于扩张过度，其对于企业的控制权也两次移交给了资本。这里的资本是指存在于制造业之外的掌握巨额资金的力量。所以，通用汽车公司早期发展的路径，就是资本介入制造业的路径，反映了制造业演化的新模式。从工匠的角度看，资本对制造业的影响，本质上指向了制造活动的控制权问题。从逻辑上说，制造活动是由制造者如工匠从事的活动，在制造过程中，由制造者自身决定各构成要素的实施方式，其控制权自然掌握在制造者手中。但是，制造活动并非孤立存在的人类行为，它存在于人类社会之中，就有可能被外部的其他力量所控制。传统社会的工匠尤其是独立工匠，通常能够自主掌控制造活动的全部流程。即使在商业资本介入家舍工业等手工制造业的外放分包制度中，商人也仅仅提出制造目标及检验产品质量，并不会干涉工匠等制造者的具体制造过程。然而，随着市场需求越来越大，为满足市场需求而积累的资本越来越大，资本对于制造业的兴趣就越来越大，随之而来的便是资本试图控制制造活动。由于现代制造业和市场经济本身的复杂性，资本不再仅仅满足于给制造者提供必要的资金支持，为了获取利益回报，资本产生了强烈的控制或干涉制造活动各构成要素的动机。于是，工匠对于制造活动的自主控制权就被剥夺了。事实上，工厂制度的出现本身就意味着资本夺取个体工匠对于制造活动的控制权，只不过，早期的工厂创立者与经营者本身通常也是具有制造技艺的工匠，故制造者与制造活动控制权的分离还不是那么明显，制造业内部的价值观相对统一。但是，当非工匠出身的经营者开始大量进入制造业后，制造者与制造活动控制权的分离就加剧了。这种分离将非制造活动的价值观引入制造活动中，就会对制造活动及制造业本身产生巨大的影响，塑造制造业的演化路径。

由于工匠精神就是一种价值观体系，因此，资本对制造活动的影响不可避免也会波及工匠精神。一般来说，在制造活动中形成的工匠精神，是一种具有专注性并执着于技艺的价值观，以此来确保资源能持续投入于制造活动中，最终创造出实体性的产品。但资本具有非实体性，以利润的获取为唯一目标，这使得资本不会在意利润实现的具体形式，并随着利益的转移而转移，缺乏专注性。可以说，工匠与资本存在着两种不同的文化，且两种文化的逻辑与要素存在着冲突。表3-5为工匠与资本的文化差异。

表3-5　工匠与资本的文化差异

要　　素	工　　匠	资　　本
关注点	产品	利润
导向	技艺	金钱
形式	实体性	虚拟性
品性	专注	浮躁

毋庸置疑，制造活动在各个环节都需要资源来支持，即使在传统农业社会也是如此。资本主义时代到来后，在市场经济的调节下，制造活动需要的资源往往都能以金钱的形式换取，故资本的重要性不断凸显。因此，客观地说，资本对制造业的影响，具有支持制造活动的积极意义。但是，由于资本蕴含的文化与制造活动中长期积淀的工匠的文化存在着差异，当这种差异带来冲突后，就会对制造活动产生消极的干扰。例如，当工匠需要持续投入资源来研制新产品时，资本可能因为无法在短时间内取得金钱回报而撤走支持，或给工匠施加压力，令其放弃对于特定目标的专注。换言之，资本对制造业的控制有可能会冲击与削弱传统意义上的工匠精神。无论好坏，资本的影响都将是制造业在工业化时代必须面对的问题，也将是工匠精神传承必须解决的课题。

三、德国制造：工匠国家的传统与变迁

在英国人眼中，美国人发展出了新的制造方式，可以称为美国体系，而在美国人眼中，德国是一个制造方式迥然有异的国度，它保持着工匠制造方式，如同一个工匠国家。的确，德国人保留了部分工匠传统，但是，在英美工匠革命的冲击下，德国同样经历了从作坊到工厂的制造业变迁，其制造业变革在具有德国特殊性的同时，也具有类同于其他国家的一般性。

（一）德意志的工匠传统

直到19世纪后期德意志第二帝国建立前，德国长期四分五裂，不像英国、法国、美国等国较早形成了民族国家，因此，在几个世纪中，"德国"是不存在的，只存在着由各诸侯邦国构成的德意志地区。直到1871年，普鲁士在普法战争中打败法国并实现德意志统一，德国作为一个国家才真正出现了。

在工业革命前，德意志不同地区的传统制造业发展各具特色，到了17、18世纪，一个突出特征是手工工场兴起了。手工工场比个体工匠雇用的劳动力要多，部分工场工匠会经历一个学徒期，但也有一些与传统的行会制度无关。一旦被工场雇用，从前的工匠、帮工和学徒就都变成领工资的劳动者了。在有工匠组成行会的城镇里开办手工工场可能遭遇工匠师傅的强烈抵制。和现代工厂不同的是，手工工场主要依靠手工劳作，而且不使用动力机器。尽管手工工场比个体工匠具有规模优势，但并不占据德意志传统制造业的主体地位。在德意志，早期的工场产品只有很少一部分进入市场，独立工匠的产出要比工场远远大得多。1769年，普鲁士雇工超过100人的制造业实体有34个，但只有8家可以被认定为手工工场。据1800年的调查，德意志的大型手工工场和矿山的雇工人数不超过工业人口的2%。1831—1846年间，普鲁士的手工工匠即个体手工业仍然在扩展。1861年，德意志有超过100万的独立手工工匠，直到1907年，在纺织业中仍有47 000名手工织工。而且，在一些制造业中，存在着新旧制造方式并存的局面。例如，19世纪早期，埃斯林根（Esslingen）的哈特曼织布厂，在人力织机被动力织机取代前很久，纺的工序就先于织的工序机械化了。此外，1826年，哈特曼织布厂的600名工人中，一半在厂里工作，一半在家中生产。[①]这表明，在工业化时代的德国制造业中，工匠传统乃至工匠本身，得到了顽强的延续。

德意志的新型手工工场存在着3种创立路径。其一为企业家看到了将工匠集中起来生产的好处，于是创立手工工场；其二为部分封建领主认识到，通过将领地上的谷物、羊毛、木材等原材料进行加工并出售，他们能得到更大的收益，遂创立手工工场从事加工制造；其三则为部分邦国的统治者希望发展制造业来富国强兵，如为自己的军队制造武器或衣物以求军备自给，或生产奢侈品出口，赚取外国货币，以平衡政府的收支，为此也创立了一批手工工场。在封建领主与邦国诸侯的介入下，德意志的手工工场不可避免地存在着使用强制劳动力的现象。例如，1721年，格拉茨（Graz）的市政当局逮捕了城镇里的乞丐，送去一家织布工场干活。1785年，柏林有1 250名犯人被命令在工场里纺羊毛。[②]这类手工工场可以说是具有浓厚的封建色彩了，而这也是德意志制造业在工业革命前夕与传统文化所保持的一种联系。

18世纪末，欧洲受到了双元革命的冲击，一方面，英国的工业革命开始逐渐展现机器生产的力量，冲击了欧洲大陆传统的制造业和经济体系；另一方面，法

---

① William Otto Henderson: *Manufactories in Germany*, New York: Verlag Peter Lang, 1985, pp..9-11.
② 同上 , pp..12-13.

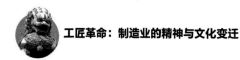

国的大革命走向了拿破仑帝国的扩张之路，冲击了欧洲大陆传统的政治体系。德意志同时承受这两种革命的冲击，一方面开始经济上的工业化，另一方面也开始了政治上的统一进程。工业化意味着制造业的革命，政治统一则为制造业的革命设置了制度框架。与法国不同的是，德意志整体上没有经历激进的政治革命，其政治统一也是在旧的王侯贵族的主导下完成的，这使得新成立的德国在政治与文化上具有极强的保守性。这种保守性作为制造业革命所处的大环境的氛围，自然也使得传统文化的要素在制造业中同样得到延续。德国成为工匠国家当源于此种历史演化的特殊性。

德国政治文化的保守性通过立法影响到制造文化。1869年，德意志当局曾颁布自由主义色彩浓厚的《工业行为手册》，取消了传统手工业行会的诸多限制，随之而来的是制造业雇主对学徒剥削的不断加重，以及学徒培训质量的下滑。19世纪70年代的劳工运动引发了诸多社会问题，迫使新成立的德意志帝国政府考虑对策，而掌握政权的保守主义势力认为，扶植独立工匠及其经营的中小企业，可以同时抵御自由主义的资产阶级和社会主义的工人阶级掀起的社会运动。德国政府的政策具有强化行会的倾向，不断赋予行会更大的权力。1884年和1887年，《工业行为手册》两次被修订，规定"在经过地区全体雇主代表大会同意后，自愿性行会组织拥有学徒工的唯一雇佣权"。1897年，德国政府出台《手工业保护法》，通过法律手段将手工业部门组织起来成立强制性协会，同时赋予它们在学徒培训领域充分的自主权。新法律规定，只有通过技工考核且年满24周岁的工人或者在手工业部门独立工作至少5年的人，才有带徒资格。手工业协会有权对一个企业所能够招收的学徒工数量设定上限，也有权对包括学徒受训时限在内的学徒合同进行管制。为了保障手工业协会的权力能够落实，新法律还授权手工业协会可以派代表进入手工业企业去评估其培训工作，当一个企业的培训达不到规定标准时，协会有权撤销其培训学徒工的资格。[1]德意志帝国的立法并非复古性的，实际上，新的手工业协会与传统手工业行会存在着很大区别，国家在保护手工业的同时也强化了对手工业的控制，并强制推行了具有现代化色彩的学徒培训制度。但是，在工业化浪潮的大背景下，德意志帝国的手工业保护性立法等于在制造业中保留了大量可能会被工业化消除的传统要素，使工匠传统在法律的强制作用下得到延续。保守的政治文化遂缔造了保守的制造文化。19世纪末，一些大型德国企业抱怨，由手工业部门培训的工人无法满足当时工厂生产的日新月异的

① 凯瑟琳·西伦:《制度是如何演化的——德国、英国、美国和日本的技能政治经济学》，王星译，上海人民出版社2010年，第39-42页。

技术要求，这些企业遂创立了内部的技能培训制度。[1]德国制造文化的保守性于此可见一斑。但不管怎么说，德国的职业技能培训体系是以手工业技能体系为其基本架构的，这使19世纪末20世纪初的德国成为高速工业化的工匠国家，其制造文化与更具革命性的美国制造文化大不相同，由此也影响到德国工业的演化路径。

第一次世界大战后，德意志帝国战败并解体，但德国的制造业与职业技能教育继续发展。一方面，工业企业为年轻工人提供了更多企业内部的职业技能培训，兴起了一波工厂办技校的浪潮，有些地区还通过立法强制要求学徒工必须进入职业技校接受培训；另一方面，在德国机械设备制造业联合会（VDMA）的倡导下，德国的职业技能培训也开始推进标准化，成立于1908年的德国技术学校委员会（DATSCH）具体负责其事，适用于整个机械制造行业的学徒合同、行业技术标准目录等相继制定出台，德国技术学校委员会还编写了供标准培训用的材料，包含多种行业的培训课程。到了20世纪30年代，手工业部门也允许德国技术学校委员会为其学徒培训制定技术说明。[2]在某种程度上，德国制造文化发展成了一个同时包容现代与传统要素的制度框架。而1925年由鲁尔地区企业家倡导成立的德国技术工人培训研究所（Dinta）呈现出另一种风格。该研究所首任所长罗伯特·卡尔·阿恩霍尔德（Robert Carl Arnhold）起初是工程师，后在钢铁工业部门从事培训与教学工作，一战后在一家钢铁厂主持建立了厂办培训车间。阿恩霍尔德与德国技术学校委员会同样批评手工业培训的不系统性，他也吸收了德国技术学校委员会所编培训材料的部分内容。在他的主持下，德国技术工人培训研究所的培训分两个部分，首先是两年的基本训练，通常在培训车间里完成，接着就是两年的在岗实训。不过，与德国技术学校委员会只关注技术知识和实践操作技能的培训不同的是，德国技术工人培训研究所将技能教学与思想教育密切结合起来，其培训项目的一块重要内容是工人的"品格建设"。阿恩霍尔德推行的思想教育包括强调对强势领导者的崇拜，以及强调受训工人要有纪律性、顺从性、忠诚性且要勤奋好学。[3]可以说，阿恩霍尔德的职业教育理念是真正在灌输他所理解的工匠精神，其内容也不无传统性与保守性。不过，对于阿恩霍尔德的教育理念，企业的态度出现了分化。一些大型企业很欢迎德国技术工人培训研究

---

① 凯瑟琳·西伦：《制度是如何演化的——德国、英国、美国和日本的技能政治经济学》，第48页。

② 同上，第63-66页。

③ 同上，第70-71页。

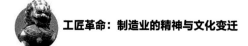

所的组织形式及其思想观念，但一些技术先进的位于柏林的企业对其不感兴趣，一些柏林的机械制造企业甚至认为德国技术工人培训研究所的思想教育对于技能提高毫无意义，甚至会起到反作用。但是，在阿恩霍尔德的努力下，德国技术工人培训研究所的影响力急剧扩大，1926—1928年间增设了71个培训车间和18家厂办学校，到1929年又增加了50个培训基地，而且又有10家新厂采用了其倡导的培训方式。该研究所出版了将近50份企业报纸，覆盖的工人读者近50万人。[1]德国的工匠传统与工匠精神依靠职业技能教育的渠道，对制造业产生了强有力的渗透，影响着德国的制造业变革。

（二）钢铁工业：工匠传统的现代变迁

在英国的工业革命中，冶金业的技术革新是极为重要的一部分，它为制造业提供了新的材料。尽管德意志地区不乏悠久的炼铁传统，但使用传统方法生产出来的铁，只能用来打造犁和其他传统农具，满足不了更为现代的需求。[2]故而，19世纪初，德意志的铁匠承受着英国钢铁工业新技术的压力。但是，通过不懈努力，到19世纪末，德国建立起了现代的钢铁工业，在产量上超越了英国。这其中起到重要作用的企业包括克虏伯（Krupp）公司与蒂森（Thyssen）公司。

克虏伯原本是德意志埃森地区的工匠家族，生产厨房用具、炉灶等日用铁制品，偶尔承接刺刀等军工订单。1787年，弗里德里希·克虏伯（Friedrich Krupp）出生，继承家业的他对生产单调的日用品没有兴趣，想要效仿英国人炼钢，誓要掌握被英国人垄断的技术秘密。1811年9月20日，弗里德里希建立了自己的铸钢厂，但仅仅是一个棚屋而已，员工也仅有5个熔炼工和2个铁匠，可以说是真正的作坊铺子。以这样的起点去追赶英国是极为艰难的。1814年的秋天，弗里德里希给生意投进去了30 000塔勒德国银币，却只赚到1 422塔勒。有一阵子，弗里德里希想干脆放弃掉工厂。[3]弗里德里希的继承人阿尔弗雷德·克虏伯（Alfred Krupp）这样回忆父亲："我的父亲，耗费了巨大的财富来制造铸钢，但没有成功，除那之外，他也耗尽了他的生命和健康。"至于阿尔弗雷德自己的童年，"生活仅能糊口"，而他作为继承人，住在阁楼上，"自己就是秘

① 凯瑟琳·西伦：《制度是如何演化的——德国、英国、美国和日本的技能政治经济学》，第72-73页。

② Toni Pierenkemper and Richard Tilly: *The German Economy during the Nineteenth Century*, New York and Oxford: Berghahn Books, 2004, p.55.

③ Harold James: *Krupp: A History of the Legendary German Firm*, Princeton and Oxford: Princeton University Press, 2012, pp..15-16.

书、写信人、出纳、工匠、熔炼工、焦炭工、守夜人，并且还要兼做其他许多事情"①。因此，阿尔弗雷德的成长经历也具有典型的传统工匠的色彩。尽管举步维艰，但克虏伯公司坚持了下来，业务也逐渐有起色。

　　1819年，德意志的古特霍夫努格舒特（Gutehoffnungshütte）工厂开始制造蒸汽机，对坚固耐用的零件产生了大量需求。机械工业的快速发展使钢铁制品的市场需求持续增长，但继承了家业的阿尔弗雷德发现他与父亲一样，难以满足这一需求。1827年，克虏伯公司用来生产铸钢的原材料质量很差，导致铸钢本身的品质很差。后来，到了1836至1837年间，阿尔弗雷德尝试过使用瑞典矿石，希望产品能达到英国钢的品质，但没有成功。此外，克虏伯公司用来加工铸钢的400公斤铁锤，加工大件时显得太轻，加工小件时又显得太重。②因此，材料和工具的缺陷，制约了克虏伯公司的制造能力，使其在质与量两方面均无法满足市场需求。1829至1830年的冬天，趁严寒导致大锤无法操作，阿尔弗雷德重新设计了厂房，为制造钢辊而在车间的上层增添了辅助设施。当时，克虏伯公司使用的坩埚制钢法是一种前工业时代的制造方法，产量有限，为了扩大产量，阿尔弗雷德将若干坩埚合在一起生产。1832年，他使用了4个独立的坩埚，1834年，坩埚增至8个。1835年，克虏伯公司向古特霍夫努格舒特工厂购买了蒸汽机。购置蒸汽机是一笔巨大的投资，为此，阿尔弗雷德请一位表亲出资了12 473塔勒，那位表亲由此取得了公司三分之一的股份。③尽管代价不菲，但蒸汽机的引进使克虏伯公司能够使用更大的铁锤，去制造尺寸更大的产品，从而由作坊转型为工厂。在克虏伯公司的制造方式变革中，工具的变革非常关键。实际上，从19世纪30年代起，克虏伯公司就开始自己造车床主轴用，到40年代，公司已经对外销售自己造的工具了。④自己造工具能够加深对于工具的理解，也就能够更好地推进制造手段的变革。而自己造工具，对工匠来说是寻常的行为。不过，与只关注技术的工匠父亲相比，阿尔弗雷德的市场意识更加敏锐。他采取了高品质—高价位的经营战略。在19世纪30年代末，一起经营公司的兄弟向阿尔弗雷德抱怨高品质意味着钢卷更换的市场需求较小："我们的钢卷那么耐用是个巨大的错误。"但阿尔弗雷德重视高品质带来的高价细分市场，他向一名瑞士交易商解释道："好钢卷从来

①　威廉·曼彻斯特：《克虏伯的军火：德国军工巨鳄的兴衰》（上），姜明新等译，社会科学文献出版社2012年，第51页。
②　Harold James: *Krupp: A History of the Legendary German Firm*, p.28.
③　同②，pp..29-30.
④　同②，p.32.

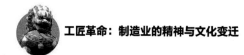

不嫌贵。"①在一定程度上，阿尔弗雷德对品质的重视，是传统工匠重质轻量作风的一种自然延续。

克虏伯公司的发展与德意志的政治形势息息相关。德国统一之后，阿尔弗雷德曾说："成功主要取决于意志。如果一个国家能在一年中吞并和统治许多国家，那我们公司也应该能引进并管理一打新的工业产品。"这是将企业的经营与帝国的建立进行了类比。同时，他还说："我的成就将与普鲁士的伟业与军事霸权共存亡。"②的确，在19世纪40年代中期，克虏伯公司的一大技术突破即成功地制造了来复枪枪管这一国家所需的军用产品。克虏伯公司的创新在于，它在冷却状态下加工钢材，其钢材的高可锻性不再需要铸钢通常所要求的热处理。1844年，参加完柏林的展会后，阿尔弗雷德立即向古特霍夫努格舒特工厂寄了2支新的来复枪枪管，展示坩埚钢也可以用来制造机器零件。从1847年起，克虏伯公司开始为重工业装备供应曲轴，而轴类产品又使克虏伯公司进入铁路生意。③铁路对钢铁制品的巨大需求量支撑了克虏伯公司的发展，而且真正使公司开始迈向大规模生产。

1848年，克虏伯公司还是一家只有70名工人的小厂。1851年，在实验的基础上，克虏伯公司为科隆—明登铁路供应了用一个模子铸出来的钢轮毂，但其制造过程太复杂，不适合广泛应用。于是，阿尔弗雷德发展出了一种按比例扩大的办法，从最初几英寸直径开始，将铸钢加工为越来越大的无焊环，直至大到足以用在火车轮上。④1852年，能够确保火车安全运行的轮毂在克虏伯公司制造成功。1853年，轮毂投入生产。1854年，克虏伯公司在慕尼黑博览会上展示了产品，一年内就售出了15 000个。火车轮毂给克虏伯公司带来了持续不断的巨额利润，以至于1875年，阿尔弗雷德亲自设计了3个互相套接的圆环作为公司的商标，视之为对这项产品的肯定。⑤为适应新产品的生产，克虏伯公司进行了基础建设投资，1853年建起了它的第一座轧钢厂，1855年修建了自己的搅炼设备，到1857年，这套设备有6座熔炉，到1863年则增加到17座。⑥不过，由于激烈的市场竞争，即使到了1858年，庞大的普鲁士国家铁路也无法承诺采购克虏伯公司的铸钢轮毂。该公司的竞争对手发展出了相同的制造工艺，这使得价格竞争成为关键，而降低价格又必须实现大批量生产。1862年，在保密的情形下，克虏伯公司

① Harold James: *Krupp: A History of the Legendary German Firm*, p.30.
② 同上，p.27.
③ 同上，p.33.
④ 同上，p.34.
⑤ 威廉·曼彻斯特：《克虏伯的军火：德国军工巨鳄的兴衰》（上），第98页。
⑥ 同①，p.35.

采用了贝西墨（Bessemer）转炉炼钢法。其实，早在1855年，阿尔弗雷德就认识到了这种英国新工艺的价值，并设法获得了在普鲁士采用此法的专利。然而，直到从英国谢菲尔德买到2只作为关键设备的转换器后，克虏伯公司的转炉钢才投入生产。但由于英德矿石的含磷量差异，贝西墨法在德意志水土不服。于是，克虏伯公司又抓住西门子—马丁（Siemens - Martin）炼钢法的机会。1863年，克虏伯公司与弗里德里希·西门子（Friedrich Siemens）签约，并从1864年起在2座被小心翼翼隐藏起来的实验室里开展实验。1868年，弗里德里希·西门子的兄弟威廉·西门子（William Siemens）研制了一座新熔炉，克虏伯公司对此的反应是："这是最有趣的大新闻——它能够带来一场制造上的大革命……我们必须抓住这个机会，不让它溜走——如果它很棒的话，我们必须第一个采用。"1869年，克虏伯公司建起了德意志第一座西门子—马丁炼钢炉。1875年，西门子又对该项技术进行了完善。19世纪70年代，高质量的马丁钢能够被用来在模子里铸造轮船螺旋桨和机车零件等非常大的产品，克虏伯公司得以轻松地提升产量。[1]在其他制造手段上，克虏伯公司也不断进步。公司早期曾受制于铁锤过小，1861年，它花费600 000塔勒造出了一门重30 000公斤的大铁锤，可以用来锤打25 000公斤的钢块。这个大铁锤一直使用了50年。[2]1857年，克虏伯公司雇员首次突破千人，达到1 007人，1863年，公司雇员增至4 229人，到1871年增至10 400人，首次突破万人，至1914年则达到81 001人。[3]员工人数的增长反映了企业规模的扩大。企业的经营情况则可由图3-3反映。

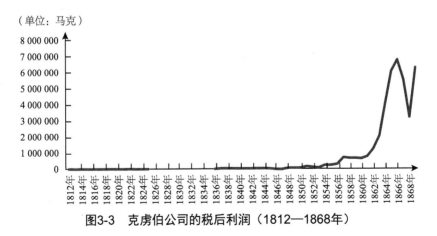

（单位：马克）

图3-3　克虏伯公司的税后利润（1812—1868年）

资料来源：Harold James: *Krupp: A History of the Legendary German Firm*, pp..297-298.

[1]　Harold James: *Krupp: A History of the Legendary German Firm*, pp..36-37.

[2]　同上，p.38.

[3]　同上，p.303.

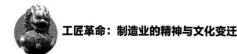

目前所存数据不完整，克虏伯公司1827—1835年的税后利润数据是缺失的，但是，从1812年成立开始，该公司就一直亏钱，直到1837年才第一次实现税后盈余。即使如此，如图3-3所示，直到19世纪50年代，克虏伯公司的税后利润也不高，真正实现大增长是在19世纪60年代。公司的盈利能力与其制造能力，存在着并进的相关性。

综观克虏伯公司由作坊铺子转型为大工厂的过程，技术进步以及与之相关联的制造能力的提升起了核心作用。克虏伯公司的技术体现在对新设备、新工艺的引进，但这往往需要大量投资，而每一次投资实际上都冒着巨大的风险。从这个角度看，克虏伯公司最初两代领导人的个人品质都发挥了举足轻重的作用，其一是敢于冒险并努力追求技术前沿的创新精神，其二是在长期的挫折面前不动摇而坚持下去的意志力，由于他们执着于艰苦的实业，这种意志力可以称为实业精神。作为企业家，克虏伯公司领导人的创新精神与实业精神都可以归结为企业家精神。

而在另一方面，克虏伯公司最初两代领导人也是颇为典型的工匠，或至少可以说是出身于工匠。他们所具有的创新精神，是工业革命时代工匠精神的体现。但是，他们也非常传统，继承了前工业时代工匠师傅对产品品质的追求，以及由此带来的严谨认真的工作态度。以阿尔费雷德为例，除了采取高品质战略外，他一再强调，对企业的有效控制是企业成功的关键，而这种控制要靠严格的纪律来实现。他称："工作必须被最大程度地控制，这样懒惰与浪费时间将无所遁形。"直到1870年代，他仍然在关注工人们的工作细节，细微到工人们是否穿了合适的鞋子并保持脚是干的。[1]阿尔弗雷德宣称："规则必须为每一种情况和每一道工序而制定，并且要界定每一个人的责任与权利。"[2]1873年，阿尔弗雷德告诫公司的12 000名工人："工头和师傅没法从舒服的家庭生活、自我满足、床罩和拖鞋中产生，而只可能来自实际工作，来自那些在必要时能处理好工作的最好的工人……一种简单的理性是必要的，不能够被对于书本、艺术或其他激情的追求扰乱心智，也不能把工作视为一种为了糊口而不得不干的苦差事，相反，要愉快地去工作。不管是谁，只要他为了自己的面包而挑起最艰苦的工作，并展现出具有工头、师傅乃至更高级别员工的素质，那么，他就可以升到那个岗位！"[3]阿尔弗雷德把勤劳实干的工匠作风注入企业管理中。但是，克虏伯公司

① Harold James: *Krupp: A History of the Legendary German Firm*, pp..72-73.
② 同上，p.76.
③ 同上，pp..25-26.

并非仅仅对工人提出勤奋工作的要求，它也为工人提供福利设施。1856年，克虏伯公司为单身工人修建了一幢宿舍。19世纪60年代，公司开始为工人修建住房，以便让部分工人住得离工厂近一些。1870年，公司在普法战争期间为伤兵修了个医院，不久后，这个医院就变成职工医院的基础了。[①]实际上，克虏伯公司与员工之间形成了一种封建领主与臣民般的关系，员工要对公司保持忠诚，服从管理，尽职尽责于工作，公司则要为员工提供福利，在困难时期为员工提供庇护。这种理念及其实践，正是德意志传统文化在现代工厂里的遗留物。而在这种保守的文化氛围之下，工匠传统也容易得到更大程度的保留。

在奠定了德意志帝国强盛之基的钢铁工业中，蒂森公司是另一家巨头。蒂森公司的创办者奥古斯特·蒂森（August Thyssen）1842年出生于莱茵兰地区的一个中产阶级家庭，父亲是地方上的商人、银行家。1867年，奥古斯特随着出嫁的姐姐到了杜伊斯堡，在姐夫家族的帮助下开始涉足钢铁工业。1871年，奥古斯特创办了蒂森公司。[②]蒂森公司开办的年代恰逢萧条的宏观经济周期，连克虏伯公司和古特霍夫努格舒特工厂这样的大企业都受到了冲击，一直到1879年，物价都没有上涨。但是，奥古斯特理解规模经济的意义，尽其所能地保持扩张与扩大营业范围。蒂森公司专注于生产带钢，产品规格涵盖13毫米到260毫米。和大多数德国工厂一样，蒂森公司依赖将生铁转变为更具可锻性的钢的搅炼炉。搅炼工艺会带来钢产品制造的瓶颈，但这种方法能生产出高品质钢而且最适合含磷量丰富的德国铁矿石。通过引入西门子—马丁炼钢法，蒂森公司打破了劳动密集型的搅炼工艺导致的制钢瓶颈。到1882年，蒂森公司建立了5座工厂，生产带钢、板材和钢管，构成了整个企业的基础。[③]作为一家相对较新的企业，蒂森公司成长迅速。

奥古斯特并非工匠出身，他长于组织管理与经营，但他与克虏伯家族一样，对产品与服务的品质有高要求。在整个职业生涯中，奥古斯特将顾客的满意度与他个人的声誉紧密联系在一起，并以同样的原则管理企业。例如，1882年，蒂森公司给顾客送钢管晚于约定时间，奥古斯特大为光火，认为部门主管未能履行职责，在问题迟迟得不到解决后，干脆解雇了部门主管。在19世纪80年代早期，蒂森公司的西门子—马丁炼钢工艺存在着一些技术问题，导致订单无法按时完成，

---

① Harold James: *Krupp: A History of the Legendary German Firm*, pp..73-74.

② Jeffrey R. Fear: *Organizing Control: August Thyssen and the Construction of German Corporate Management*, Cambridge: Harvard University Press, 2005, p.45.

③ 同②, pp..76-80.

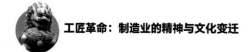

顾客持续地抱怨带钢和板材的低品质，奥古斯特对相关部门的主管说，他希望钢厂更加"仔细和谨慎"。当问题仍未得到解决后，他也把那名主管解雇了。[①]奥古斯特有一种强烈的责任意识，而在工作中恪尽职守乃是制造高品质产品的基本前提。

值得一提的是，蒂森公司在发展过程中，也自己制造了轧钢机等工具。起初，奥古斯特委托德玛吉（DEMAG）等机床生产商制造设备，但出于对机床企业将蒂森公司的扩张计划和技术困难泄露给竞争者的担心，奥古斯特决定自己制造轧钢厂的设备。1883年，蒂森公司成立了专门的机器制造部门。不过，在实际制造过程中，该部门面临重重困难。直到19世纪90年代中期，蒂森公司的机器制造部门才在借助外部理念与设计的基础上，逐渐积累起自己的制造能力。例如，1891年，奥古斯特曾写信给地方官员，请求帮助获取一种能把板材加工成钢管的美国机器的信息。通过蒂森公司内部需求提供的市场，机器制造部门不断积累经验，成长壮大。1887年，该部门的销售额为40万马克，到1892年已增至130万马克，1899年更增至160万马克。[②]蒂森公司机器制造部门的成功离不开奥古斯特破釜沉舟的决断，如果不是奥古斯特坚持设备自给方针，蒂森公司本可以从外部购买机器设备，而自造设备的初期成本是远远高于外购的。

对蒂森公司自造机器起到关键作用的是萨克森工匠埃贝林（C. Ebeling），他于1893年受雇于奥古斯特。为了发展机器制造能力，奥古斯特大量引进技术人才，并不惜从别的企业挖人。例如，奥古斯特经常造访机器制造企业曼恩公司（M.A.N.），注意到一名对燃气机有创新性设计的年轻机械工程师汉斯·里希特（Hans Richter），就于1905年将他聘到蒂森公司。在炼钢的过程中，鼓风炉会产生煤气，19世纪晚期的德国工程师致力于对其再利用，燃气机遂成为热门的技术发展目标。1898年，德国的第一台600马力燃气机由一名钢铁行业的技术专家装设成功，古特霍夫努格舒特工厂紧随其后造出了自己的燃气机。当时，蒂森公司的机器制造部门造了3台蒸汽机，分别为400、600和1 500马力，用来给公司发电，但公司飞涨的用电量超出了这几台机器的能力。此外，奥古斯特希望他的轧钢厂作业充分电气化，且不依赖外力。这导致蒂森公司在1899年雇用了霍夫曼（R. Hoffman）作为技术顾问来推动机器制造部门实现燃气机的商业化生产。然而，霍夫曼失败了。于是，奥古斯特解雇了他，并请来里希特。里希特毕业于夏

①　Jeffrey R. Fear: *Organizing Control: August Thyssen and the Construction of German Corporate Management*, pp..122-127.

②　同上 , pp..193-195.

洛腾堡（Charlottenburg）理工大学，学生时期便崭露头角，毕业后进入曼恩公司工作，取得一系列成绩并因此引起奥古斯特的注意。里希特入职蒂森公司后，公司给予他充分的资金支持并让他放手干。里希特将重心放在研制能够快速维修和便捷保养的机器上，而这意味着尽可能简单化与标准化零部件。燃气机的标准化能够从规模经济的角度帮助蒂森公司降低新设备的安装成本，相当满足奥古斯特将技术创新只视为实现商业目标手段的诉求。在研制过程中，蒂森公司对机器制造部门进行了扩充，其铸造厂拥有了浇铸80吨铸铁件的能力。燃气机产生的转向力与应力要求其零件具有低公差与高品质，必须经过仔细的检测与筛选，铸造厂为此提供了支持。这反过来又要求工厂引进现代化的测量与检验手段，里希特遂于1906年创立了实验室。1907年，里希特成功研制出2 000马力的燃气机，是当时德国所能制造的最大马力的燃气机，而且里希特设计的核心零部件成为所有德国燃气机的标准。燃气机比蒸汽机的马力更大，消耗更少的能量，为德国钢铁工业带来了优势。到1913年，燃气机满足了蒂森公司70%的动力需求，也加速了公司钢铁厂的电气化。[1]不过，非常戏剧性的是，当奥古斯特对里希特进一步委以重任后，里希特暴露出他只是个技术专家而非管理与销售人才的缺点，1908年，他也离开了蒂森公司。离开蒂森公司后，里希特去了克虏伯公司，为克虏伯的机械工程与船舶制造部门作出了一系列贡献，但两年后不幸英年早逝。[2]如果将里希特视为新型工匠，他的遭遇反映了在工匠革命的新阶段里，资本对于制造活动及工匠本身的宰治。然而，受惠于德国强大的理科与工程技术教育体系，奥古斯特不愁找不到人才。在里希特离开后，奥古斯特网罗了新的技术人员进入公司，1911年3月，蒂森公司的机器制造部门独立为登记注册的商业实体。

蒂森公司自制机器意义重大，它不仅为该公司提供了自用的设备，还通过大功率燃气机的制造推动了德国工业的合理化。当时，美国的制造业变革聚焦于福特制带来的规模经济和高速度，但大功率燃气机的应用使德国制造业以能源的经济性为中心，实现了对废弃材料的再利用。当泰勒制着眼于降低工资成本时，德国的科学管理致力于降低能源成本。[3]换言之，蒂森公司的技术创新为德国制造业探索了不同于美国的变革路径。不过，里希特在研制燃气机时注重零部件的标准化以及产品结构的简化，与美国体系的部分原则有相通之处，又表明制造业的

---

① Jeffrey R. Fear: *Organizing Control: August Thyssen and the Construction of German Corporate Management*, pp..195-202.

② 同上，p.207.

③ 同上，p.204.

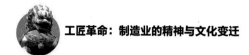

革命具有普世性。

与克虏伯公司不同，蒂森公司不是由工匠创立的，其经验更多地体现了资本对于制造活动的影响。但是，蒂森公司的成功仍然取决于技术的引进与创新，而这一过程是由具有工匠色彩的工程师实际完成的。故而，蒂森公司的成功在于以组织的力量为制造活动的变革提供保障。还应该看到的是，并非工匠创立的蒂森公司能实现制造变革有赖于整个德国充足的工匠供给。奥古斯特在不断解雇核心员工的同时还能持续补充新的技术骨干，其底气即在于此。19世纪中期以后，德意志在传统的文科中学之外，出现了对古典学问要求不高的实科中学（Realgymnasium）和只学习现代学科的高级实科学校（Oberrealschule）。而在传统大学之外，则出现了以科学技术为导向的理工大学（Technische Hochschulen）。尽管实科中学的学生长期不能报考普通大学，但理工大学从实科中学招收了大量学生。到19世纪末，理工大学的教学内容包括：①从工业活动中演绎出技术规律；②从自然法则中演绎出技术规律；③改造某些抽象计算技巧以适用于工业需要；④对适用于工业的原料和生产流程的系统研究。可以说，理工大学的教学就是为了促进科学与工业的结合。里希特正是理工大学培养出来的学生的典范。1900—1914年，10 000多名合格的理工大学毕业生涌向德国的化学、电气、机械等各个领域的制造企业，成为挑起德国制造业革命重任的工程师。而在1890年以前，在更低的层次上，德国的中等技术学校（Technische Mittelschulen）甚至可能比理工大学发挥了更大的作用。这些学校在一些特殊的实践主题方面提供全日制指导，课程学习时间为12~18个月，学生毕业后即进入工业领域，成为高级技工。[①]因此，德国形成了一个工程与技术教育的二元体制，其培养对象正好对应了传统工匠分化出来的工程师与技术工人这两个群体，也就能实现对于新型工匠的充分供给了。

（三）电气工业：美国体系取代工匠传统

19世纪的钢铁工业与传统手工业有着密切的关联，因为在传统农业社会里，已经存在着钢铁的制造。克虏伯公司的发展史体现了这一点。但是，在快速工业化的德意志，除了钢铁工业，还存在着电气工业这一主导产业，而电气工业基本

---

① 玛丽·乔·奈主编：《剑桥科学史·近代物理科学与数学科学》，刘兵等译，大象出版社2014年，第118-120页。

上是一门新产业。尽管如此，德意志电气工业的发展，仍然存在着从工匠传统到工厂文化的变迁。

德意志电气工业是以发明家维尔纳·冯·西门子（Werner von Siemens）创办的西门子公司为中心展开的。维尔纳·西门子1816年12月13日生于汉诺威的一个农民家庭，起初进文科中学学习，后来因对语法不感兴趣而改学技术，到柏林加入了普鲁士军队，在军队里进行了一系列发明创造。具有决定意义的是，维尔纳·西门子参与了总参谋部委托的研究利用电气通信替代光学通信的项目，改进了一台有缺陷的指针式电报机，发现"解决问题的最可靠的办法，那就是给指针电报机制作自动部件，从而使电流可以自动切断和产生"。发现原理后，维尔纳·西门子将制造任务委托给了一名青年机械师哈尔斯克（Johann Georg Halske），后者在柏林经营着一家小型机器公司。哈尔斯克造出了维尔纳·西门子需要的产品，并异常兴奋于两人的成果。[1]1847年，西门子与哈尔斯克一起创立了西门子—哈尔斯克（Siemens & Halske）公司，其目标为"主要制造和生产电报机，但也不排除其他业务"[2]。西门子—哈尔斯克公司成为整个西门子公司的核心与起点。公司创办者哈尔斯克毫无疑问是一名工匠，而维尔纳·西门子作为通过动手实践搞发明的军队技术人员，身上也带有很强的工匠气质。因此，创立之初的西门子公司笼罩于强烈的工匠传统之下。

从形式上看，早期的西门子公司就是一家手工工场。最初，哈尔斯克只是带着10名工人在一个年租金300塔勒的房子里制造电报机及其配件。维尔纳·西门子住在房子的一楼，二楼是车间，哈尔斯克住在三楼，每层楼有6个房间和1个厨房，车间面积只有150平方米，生产设备只有3台车床。1848年，公司雇用的工人数量增加了近一倍，就把隔壁的房子也租下来了。可以说，初创阶段的西门子公司只是个厂舍合一的作坊。在1870年之前，西门子公司只有少量通用机床，直到1863年，公司才添置了第一台靠蒸汽驱动的机器。实际上，西门子公司并非无法负担购置机器设备的费用，但公司依靠工匠进行手工制造，对机床与动力机器的需求不高，甚至当公司雇工数量达到150人时也是如此。在这一阶段，西门子公司主要接受特定顾客的订单，并不面向市场生产，故手工制造方式可以满足需

① 　维尔纳·冯·西门子：《西门子自传》，博达译，民主与建设出版社2003年，第46-47页。
② 　Jürgen Kocka: *Industrial Culture and Bourgeois Society: Business, Labor, and Bureaucracy in Modern Germany*, New York and Oxford: Berghahn Books, 1999, p.2.

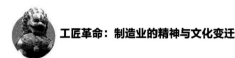

求。①因此，早期的西门子公司是一个将工匠集中到一起劳动但并不使用机器生产的手工工场。

然而，随着时间推移，量的需求开始对西门子公司的制造活动产生压力，这种压力并因市场竞争的出现而加剧。19世纪中叶，西方国家的电气化方兴未艾，各种电气产品的需求持续增长。维尔纳·西门子的兄弟威廉·西门子负责在英国为公司联系业务，他向公司施加压力，要求公司通过扩大劳动分工而引入标准化与更便宜的制造方法。威廉对柏林寄到伦敦的工匠制造的昂贵配件不满，威胁公司说他要在英国自行制造或以更低价格采购。西门子家的另一个兄弟卡尔·西门子（Carl Siemens）1855年进入公司工作，持同样的态度。卡尔也指出了在英国的德意志工匠与英国工人的区别："在伍利奇（Woolwich），德意志技师只能干些精细的活，还有装配之类的；但英国工人总是制造一种零件。德意志技师干不来那种事，甚至在英国也一样。如果一个德意志技师像英国人那样勉强干了一个月，他就会跑来说他对整个事情想吐，他干的不像是自己的工作。但一个只知道制造一种特殊零件并以此为生的工人就不会那样说。"卡尔和威廉都注意到，英国制造的同样产品虽然比德意志的产品更少工艺性，但更便宜。②因此，西门子公司的高层已经有人注意到了英国制造方式与德意志制造方式的区别，并视英国制造方式为大规模生产的先进方法，尽管英国人自己很清楚他们的制造方式与美国体系比起来还远谈不上大规模生产。由此亦可见，制造方式在不同国家与地区间存在着代际差异。然而，19世纪总的趋势是，制造业要向大规模生产的方向实现变革，量的要求是决定性的。

其实，维尔纳·西门子也很苦恼公司在制造层面的工匠方式。客观地说，工匠制造方式在早年间为西门子公司生产的电报机带来了耐用而精致的高品质名声，但那是一个缺乏竞争的年代，且昂贵的电报机具有40%的利润率。然而，随着技术的扩散，市场竞争的压力产生了。1858年，维尔纳写信给卡尔："车间只有很少的收益。付给工匠工作的价钱过低，工匠们太无所事事。"1861年，西门子公司已经失去在德意志电气工业的垄断地位，维尔纳写道："错误在于，

① Jürgen Kocka: *Industrial Culture and Bourgeois Society: Business, Labor, and Bureaucracy in Modern Germany*, pp..4-5.

② 同上，pp..5-7.

没有资本和才智，任何技师都无法为我们提供关键的竞争力。"①于是，西门子公司开始进行一些改革。改革首先从基础设施建设启动。维尔纳·西门子宣称："到目前为止，低成本生产的障碍是我们缺乏铸造部门，木工活也随便找个什么地方就干……在太多犹疑之后，最终，我们决定建立一个木工车间和铸造厂。"基础设施建设意味着西门子公司从形式上开始由作坊扩展为工厂。公司的组织也变得更复杂。19世纪50年代中期，西门子公司已经有了一个"规章房间"，用来检查即将出厂的产品，此后，简单的检查工作逐渐转移到了零件组装线上。与此同时，未来将成为实验室的"实验房间"也开辟出来了。②为了提升效率，计件工资制被引入公司。不过，这些改革举措遭到了早期服务于公司的工匠的抵触，其中也包括公司创始人之一哈尔斯克。带着大约100名工人和5名监工，哈尔斯克在不断扩展的工厂里保留了一个自己的车间，而且不愿意放弃他的工匠制造方式。③这一态势很清楚地表明了西门子公司转型的困难。

　　进入19世纪70年代后，西门子公司的改革才较大规模地展开。此时一个有利的条件是，公司创立时期发挥了骨干作用的工匠纷纷退休或去世。例如，哈尔斯克就于1868年退休了。与此同时，普法战争征用了公司的员工，公司缺乏足够的劳动力。1873年，维尔纳·西门子写道："我们有很多空大厅，但我们找不到工人填进去。"而工人运动则使得工资上涨、工时缩短。④在这种态势下，西门子公司以机械化为中心来变革制造方式，消除其与生俱来的工匠传统。西门子公司将机床引入制造活动中，以便用相对少的工人实现相对多的产量，并减少对大量高技能工匠的依赖，用维尔纳·西门子的话说，机床"甚至能使糟糕的工人制造出好产品来"。从哈尔斯克退休的1868年到1873年，西门子公司购买机床的投资增长了7倍，购买动力设备的投资增长了差不多6倍，而其员工与销量仅增长了3~4倍。⑤西门子公司对机器设备的投资停止于1873年，至1880年才重新开始新一轮设备购置。19世纪80年代正是德国电气工业大发展而西门子公司不得不面对更多竞争对手的时代。⑥可见，西门子公司的机械化是与市场竞争紧

① 　Jürgen Kocka: *Industrial Culture and Bourgeois Society: Business, Labor, and Bureaucracy in Modern Germany*, pp..4-7.
② 　同上，p.9.
③ 　同上，p.11.
④ 　同上，pp..14-15.
⑤ 　同上，p.16.
⑥ 　Wilfried Feldenkirchen: *Siemens, 1918 - 1945*, Columbus: Ohio State University Press, 1995, p.15.

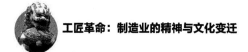

密联系在一起的。

维尔纳·西门子主要是从美国购买机床，他自己也喜欢用"大规模生产"这个词。1871—1872年，西门子公司从美国买了2台重型铣床和6台轻型铣床，6台多轴钻床，还有若干台刨床。西门子公司购买这些机床受到了柏林制造商路德维希·罗伊（Ludwig Loewe）的鼓动，而罗伊从1868年开始就按照美国模式批量制造缝纫机，1870年开始生产武器。在1872年的经济扩张期，机床运往德国要花5~6个月时间，维尔纳等不及，就让他的兄弟们设法从法国或英国花更短的时间购买额外的铣床与车床。维尔纳写道："现在一切都取决于尽快获取这些机器，因为工人几乎是找不到的……带着一些焦虑，我们能获得我们想要的几乎全部订单，但我们必须拒绝或者退缩，因为我们缺乏工人和机器。"这些机器最初被放在西门子公司新工厂的一个被称为"美国大厅"的房间里。1863年，公司曾派一名工人去罗伊的缝纫机工厂进修过几个月，学习机器生产，1872年，这名工人成了新部门的监工。鱼雷装备和一种标准类型的电报机被首先用机床成批制造出来。几个月后，维尔纳·西门子写道："所以我们热切地奋斗了一年，像美国人那样用专业化的机器做所有事情……这被证明是非常值得的……现在我们全都坚信我们未来的救赎存在于对美国制造方式的应用里，而我们必须改变我们整个的管理方法来适应这一点。只有大规模生产才是我们未来的使命；未来，我们将有能力用它来满足每一种需求并应对任何竞争！"[1]由此可见，西门子公司的制造方式变革就是引入美国体系，既包括进口美国机床来推行生产的机械化，又包括以大规模生产这一美国体系的理念作为追求的目标。在这一过程中，其他学习了美国体系的德国制造商既成为西门子公司的榜样，又充当了技术转移的中介角色。不过，在西门子公司引入美国体系的时代，美国体系自身还没有发展成熟，因此，西门子公司及维尔纳·西门子本人所追求的大规模生产与20世纪福特制带来的大规模生产尚属小巫见大巫。作为一项体系性的变革，在购买机床以改变制造手段的同时，西门子公司也考虑到了设计的革新，致力于生产标准化的产品。1869年11月，维尔纳·西门子写道："我们现在花了很大的力气从事优良的设计……我们努力的方向是引入标准设计，这可以使生产变便宜从而消除竞争。"他宣称"工匠的设计"已经是过去的事情了。就在1868年前后，西门子公司设置

---

① Jürgen Kocka: *Industrial Culture and Bourgeois Society: Business, Labor, and Bureaucracy in Modern Germany*, pp..16-17.

了最初的设计部门。[1]在制造活动的诸多构成要素中，西门子公司都在以美国体系取代德意志的工匠传统。

在此可以总结的是，尽管西门子公司是19世纪新兴的电气工业的新企业，但由于创立之初规模过小，该公司在形式上趋近于手工工场，也主要依赖工匠从事手工制造，然而，当市场需求产生量的压力后，工匠及其制造方式就成为扩大生产规模的阻力了，公司通过引入现成的美国体系消除了工匠传统，实现制造方式变革。维尔纳·西门子与哈尔斯克是非常理想的创业组合，西门子从事具有科学理论基础的技术发明，哈尔斯克将其构想变为实际的产品。但这对组合只在产品需求量较少的时代能发挥作用。当量的要求取得主导地位后，哈尔斯克的手工制造方式既无法满足市场需求，又无法应对市场竞争，就成为必须被淘汰的对象了。不过，一直等到哈尔斯克及其他元老级工匠退休，西门子公司才能顺利推进制造方式变革，由此可见，制造方式也是一种由特定观念导向特定行为的文化，制造方式变革就是一种制造文化的变革，但这种变革，要么需要制造者本身实现观念转变，要么只能等待制造者的更替来获得发生的条件与机会。

宽泛地说，西门子公司早期的工匠传统和后来引进的美国体系都属于制造文化或工业文化，但很显然，这是两种不同类型的工业文化。两种工业文化的区别就在于18世纪由工匠发动的革命改变了工匠自己赖以安身立命的制造方式，创造出了不同于传统制造业的新制造业。因此，广义的工业文化既包括工匠传统，又包括18世纪新出现的制造业的文化，而狭义的以及严格意义上的工业文化，只指以机器生产为基础的现代工业的文化体系。由于经济演化的渐进性，两种文化不是水火不容的，甚至是有传承性与交叉性的，但若进行理论抽象，则可以辨识出两者在诸多方面的差异乃至对立。要之，现代工业文化是在资本主义市场经济的环境里成长起来的，不可避免会渗透进资本的文化要素，导致在价值观等方面与工匠传统有所区别。简单地说，工匠传统以手工制造为生产方式，重视工匠的个人技艺，在产量与生产速度上因为制造手段的限制而不能提高，故观念上也连带无法重视量与速。但现代工业文化建立在均质化的机器生产的基础上，又面临着市场需求与市场竞争两方面的压力，其制造手段既然能够满足量与速的要求，其观念便也侧重于量与速。表3-6为工匠传统与现代工业文化的差异。

---

[1] Jürgen Kocka: *Industrial Culture and Bourgeois Society: Business, Labor, and Bureaucracy in Modern Germany*, p.18.

表3-6 工匠传统与现代工业文化的差异

要 素	工匠传统	现代工业文化
影响环境	传统农业社会	资本主义市场经济
竞争强度	低	高
制造方式	手工制造	机器制造
生产规模	小	大
技艺特点	个体化	均质化
个体技能要求	高	低
组织程度	简单	复杂
侧重点	质	量
速度要求	低	高
生产效率	低	高

工匠传统与现代工业文化在价值观念上各有侧重，其作用于制造活动的综合性结果，则体现为生产效率的低与高。由于生产效率是市场竞争的决定性因素之一，而市场竞争又决定了制造业必须寻求能够增强竞争优势的文化，因此，高效率的现代工业文化替代低效率的工匠传统，就成为一种历史趋势。西门子公司的发展历程很典型地反映了这一点。

尽管竞争对手越来越强，但实现了制造方式变革的西门子公司在德国电气工业中仍然处于领先地位。1903年，西门子公司成立了西门子—舒客特（Siemens-Schuckertwerke）公司，这一新的子公司从创办伊始就建立在统一化原则的基础上。工厂各部门收到统一的设计图样，在分配工作时，每个分工厂相同的部门发挥出完全相同的功能。所有工厂的作业次序也被置于统一的基础上。[①]因此，西门子—舒客特公司没有工匠传统的负担，从一开始就具有比西门子—哈尔斯克公司更高的业绩。两家子公司至第一次世界大战结束时的员工人数与销售额如表3-7所示。

---

① Wilfried Feldenkirchen: *Siemens, 1918 - 1945*, p.187.

表3-7　西门子公司的员工数与销售额（1903—1918年）

年　度	员工数（人）	销售额（百万马克）	
		西门子—哈尔斯克	西门子—舒客特
1903/04	31 475	21.6	70.4
1904/05	35 258	26.2	84.0
1905/06	38 787	35.4	104.2
1906/07	42 866	49.4	144.3
1907/08	42 514	53.7	164.7
1908/09	41 303	60.1	160.5
1909/10	49 289	65.8	169.1
1910/11	64 016	64.2	195.4
1911/12	74 945	93.1	246.7
1912/13	81 795	97.0	318.3
1913/14	81 745	99.2	314.8
1914/15		113.2	256.8
1915/16		124.2	252.1
1916/17		147.7	341.2
1917/18		214.0	479.4

资料来源：Wilfried Feldenkirchen: *Siemens, 1918 - 1945*, p.385.

　　从员工数与销售额看，西门子公司的规模是不断扩大的，这是其制造变革的成果。第一次世界大战摧毁了德意志第二帝国，但是，得益于长期的积累，德国的大型工业企业在战后仍然保持了发展。在20世纪20年代，德国制造业实际上出现了进一步学习美国体系的趋势，掀起了合理化运动。合理化运动的重要标记就是标准化与大规模生产。事实上，第一次世界大战中德国政府的军事需求对德国制造业的标准化改革是一大推动。考虑到标准化理念最初诞生于法国和美国的军火工业，德国的制造业标准化受战争刺激是不难理解的。1917年，德国标准委员会成立。战后，其他相关组织亦相继成立，如经济制造委员会、时间与动机研究协会等。卡尔·西门子在1919—1939年曾出任经济制造委员会的主席，可见西门子公司对合理化运动的重视及其在运动中的地位。不过，直到1925年发生剧烈的通货膨胀，许多德国企业才真正开始尝试合理化以应对时局。在20世纪20年代，西门子—舒客特公司在主要的制造领域都采用了现代大规模生产的方法，引进了输送和仓储所用的传送带系统、机械化制造及流水线，推进了制造工艺的整合，凭借这一点，综合性的管理控制令所有的生产领域都服从于统一的时间度量。[①] 这一切，都可以视为美国体系在西门子公司里的进一步发展。表3-8为1926—1940年西门子公司的劳动力数量与销售额。

表3-8　西门子公司的劳动力数量与销售额（1926—1940年）

年　份	劳动力数量（人）	销售额（百万马克）
1926	71 913	468.9
1927	88 327	495.7
1928	103 789	608.2
1929	106 713	730.1
1930	86 135	689.4
1931	73 385	510.1
1932	57 529	322.6
1933	58 199	282.0
1934	83 398	388.5
1935	87 911	550.3
1936	100 881	647.8
1937	113 913	761.0
1938	130 044	936.4
1939	129 941	1 146.1
1940	143 102	1 092.4

资料来源：Wilfried Feldenkirchen: *Siemens, 1918 - 1945*, p.386.

由于进入20世纪30年代后，德国遭遇了恶劣的宏观经济形势与剧烈的政局变动，故德国工业的合理化运动还没取得实质性成果就中断了，但对若干大企业来说，效果还是显著的。例如，鲁尔地区煤矿工业的煤矿开采机械化率，由1913年的2%提升至了1926年的超过90%。[②]而表3-8显示，在20世纪20年代的最后几年，西门子公司也明显实现了规模扩张。此外，在合理化运动中，德国企业也采用了成本会计体系，将其作为企业管理合理化的重要手段。办公室机器如计算机器的进步为成本会计体系的推广提供了帮助，如果没有这类机器，企业很难建立一个

---

① Wilfried Feldenkirchen: *Siemens, 1918 - 1945*, p.188.
② 同上，pp..188-189.

包含所有重要生产过程统计数据的体系。[①]因此，制造业变革中具有核心地位的机械化，对于人类劳动的替代，已经由手的层面向脑的层面大大推进了。

总而言之，电气工业是德国19世纪崛起的新兴产业，西门子公司作为开拓者与引领者，其发展历程具有代表性与典型性。尽管西门子公司涉足的是一个全新的产业，但最初也受到了德国工匠传统的影响，这表明制造业的变革不是在真空中发生的，具体的时空环境会对制造业的演化产生巨大影响。而西门子公司通过持续不断引入美国体系来实现制造方式的变革又表明，在市场竞争的压力下，具有效率优势的制造方式及其文化具有先进性，会引发学习与效仿。不过，西门子公司在等到老一代工匠退出公司后才真正开始大规模的制造变革，也表明了这种学习与效仿并非易事，其成败取决于诸多因素的综合作用。

（四）化学工业：产学结合的新模式

化学工业和电气工业一样，是19世纪的新兴产业。德国化学工业在19世纪末称雄于世界市场，产生了若干大企业，但最初也是从作坊小厂起步的。巴斯夫公司（BASF）是德国化工企业的典型，对德国制造业的意义一如克虏伯、西门子等公司。

巴斯夫公司的创始人弗里德里希·恩格尔霍恩（Friedrich Engelhorn）1821年7月17日出生于曼海姆，其父原本是一名酿啤酒的师傅，后来当了酒商。在农业社会里，酿造业与印染业是与化学工业最接近的产业，因其制造过程主要依赖材料的化学变化。因此，恩格尔霍恩实际上出身于工匠家庭，德意志工匠传统与新兴产业的联系在这里又一次显现。恩格尔霍恩在9岁时被送进一家文法学校学习，但在13岁时就结束了学生生涯，当了一名金银匠学徒，正式开启工匠生涯。从1837年开始，这名年轻的学徒开始在欧洲各地游学，了解各门手艺，1846年，他回到曼海姆，称自己是"金匠"或"珠宝匠"，并于次年获得了城市行会的承认。于是，他开了个小作坊，并和一名啤酒师的女儿结婚，获得了一笔供自己职业自立的嫁妆。[②]到目前为止，恩格尔霍恩的人生轨迹就是一名非常典型的德意志传统工匠的经历。

得益于在欧洲的游历，恩格尔霍恩视野开阔，1848年，他和一名比利时工

① 　Wilfried Feldenkirchen: *Siemens, 1918 - 1945*, p.191.
② 　Werner Abelhauser, Wolgang von Hippel, Jeffery Allen Johnson and Raymond G. Stokes: *German Industry and Global Enterprise BASF: The History of a Company*, Cambridge: Cambridge University Press, 2004, pp..7-8.

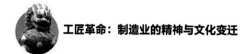

程师还有一名曼海姆中产阶级成员开办了一家小公司，制造和销售瓶装煤气。1851年，他与人合办了一家煤气照明公司，但1865年他就将公司股份卖给了合伙人，转向新的染料生意。过去，手工业所用染料都是天然的，例如，地衣紫（orseille）作为一种红色染料，主要来自生长于中欧的地衣。而质量更好且数量更多的染料，只来源于马达加斯加、桑给巴尔、南美洲和加那利群岛等地。染料因其原料来源而具有稀缺性，而传统手工业对染料的提取与加工过程也复杂而耗时。例如，染料土耳其红（Turkish Red）要从茜草中提取，有20道独立工序，全部完成需要6周的时间。不仅如此，传统染料提取工艺还缺乏标准化的颜色，全凭工匠的经验生产。但是，1865年，18岁的英国大学生威廉·帕金（William Henry Perkin）在伦敦皇家化学学院的实验室里合成出一种手工艺染料，开创了一个新时代。从此以后，摆脱天然原料来大量生产具有标准化质量染料的可能性出现了。[①]英国的合成染料工业遂从大学实验室里建立起来。这也是制造业革命的一条新路径。科学研究开始直接从源头上对制造活动产生影响。1865年，恩格尔霍恩结束了旧事业，显然是看准了新产业的商机。

　　实际上，1861年恩格尔霍恩就参与了一家染料公司的创办，这家公司后来成为巴斯夫公司的核心。公司最初只有30名工人，每周能产10英担可以用来制造染料的苯胺油，尽管发展速度不如创办者的预期，但还是带来了可观的利润回报。1862—1863财年，公司资本为100 000荷兰盾，纯利润则高达266 000荷兰盾。[②]天然染料的稀缺性为合成染料创造了巨大的市场空间。公司每年都有新染料发现，至1867年扩张到了400名工人的规模。巴斯夫公司的新发现离不开化学家的功劳，如19世纪50年代进行了先驱性理论研究的奥古斯特·霍夫曼（August Wilhelm Hofmann）和弗里德里希·凯库莱（Friedrich August Kekulé）等人。这些化学家中还包括被誉为"德国化工研发之父"的海因里希·卡罗（Heinrich Caro）。卡罗受训于柏林的皇家商业研究所，毕业后去了一家慕尼黑的棉布印染厂工作，后来自己去英国曼彻斯特参与办染料厂，雇用了霍夫曼的学生，合成出若干种染料。1867年，回到德意志的卡罗开始与巴斯夫公司合作。1868年年初，化学家阿道夫·拜耳（Adolf Baeyer）的两名学生在柏林发现了土耳其红染料的结构，掌握了人工合成土耳其红的方法。1869年，恩格尔霍恩与这两名学生签约，购买他们的专利，并让他们到卡罗的实验室工作。在一次计划外且不受控

---

① 　Werner Abelhauser, Wolgang von Hippel, Jeffery Allen Johnson and Raymond G. Stokes: *German Industry and Global Enterprise BASF: The History of a Company*, pp..10-11.

② 　同上, pp..12-13.

制的实验中，卡罗意外发现用便宜的硫酸可以带来同样的结果。于是，巴斯夫公司迈向了制造茜草色素（alizarin）的道路，开始替代用天然原料制造的土耳其红。①茜草色素的发现过程是巴斯夫公司制造活动的一个典型，它体现了直接运用科学实验来进行制造的变革，取代了基于经验进行制造的工匠传统，而这一变革有赖于产业界与学术界的密切合作。1867年，霍夫曼在筹建德国化学学会时便宣称："这个新的德国化学学会的目标就是提供一个论坛，供探索性化学和应用性化学的代表交换思想，以此来强化科学与工业之间的联盟。"②这表明产学结合在当时的德意志是一种产业界与学界皆具有高度自觉性的行为。

进一步说，巴斯夫公司的成功在于它建立了一个具有创新能力的研发体制。这一体制被称为工业的"科学化"。该体制是一种系统化地将科学应用于制造过程的手段，既涉及制造活动的方法变革，又带来了制造活动的组织变革。用卡罗的话说："个人的表现，在早些时候很重要，但已经被团队内部有计划的协作取代了，这种协作有时接近于科学的大规模生产的水准。工厂里建立了'科学的实验室'；生产辅助活动的监管和改进被转移到受过学术训练的化学家手中；而没受过教育的工头和'老做法'的负面影响整个靠边站了。"③如果将凭经验制造视为制造业中工匠传统的一种主要特征，那么，德国化工企业研发体制的建立，意味着革除工匠传统，代之以用科学制造。卡罗在公司内部成立了自己的实验室，到19世纪80年代中期，它成为巴斯夫公司的主实验室。通过系统地检验那些在竞争中申请了专利的生产工艺，主实验室发挥了为巴斯夫公司的专利问题提供科学服务的作用，尤其是那些与专利保护有关的问题。④恩格尔霍恩的原则就是"在有可能的情况下尽可能立足于我们自己进行生产"⑤。将化学家的研究工作变成企业的内部活动，也体现了这一原则。为此，巴斯夫公司聘用了大量化学家作为其研发体制的实际力量。在恩格尔霍恩结束其对公司支配的1883年，巴斯夫公司已经雇用了33名化学家。到1889年，为公司实验室和工厂工作的化学家增至67人，1899年则达到了150人。早期的化学家主要来自大学，例如，卡罗用他朋友拜耳的学生来充实巴斯夫公司的研发部门，后来，很多更年轻的化学家来自

①　Werner Abelhauser, Wolgang von Hippel, Jeffery Allen Johnson and Raymond G. Stokes: *German Industry and Global Enterprise BASF: The History of a Company*, pp..23-27.

②　Johann Peter Murmann: *Knowledge and Competitive Advantage: The Coevolution of Firms, Technology, and National Institutions*, Cambridge: Cambridge University Press, 2003, p.69.

③　同①，p.51.

④　同①，p.54.

⑤　同①，p.70.

理工学院。这些化学家自豪于在科学的新分支里取得的成就及其对德国经济的贡献，产生了一种促成"现代文化进步"的乐观的进步主义理念。他们相信，人类有能力运用自己的才智去解决问题，超越大自然本身的能力与产品，同时也能消除风险或使其最小化。对这些化学家来说，在巴斯夫公司工作就意味着去追求这种进步的前沿。[①]换言之，巴斯夫公司的新型研发体制塑造了一种建立在科学进步基础上的积极创新的企业文化，而这一企业文化实际上也是19世纪末德国工业文化的一部分。卡尔·杜伊斯贝格（Carl Duisberg）是另一家德国化工大企业拜耳（Bayer）公司最初雇用的化学家，他在1904年写道："我们现在看到德国的大工厂完全由科学的化学家来管理了。靠经验做事的人已经被迫交权给受过良好教育的理论家了。"[②]理论对经验的替代，也是工匠传统被革除的过程。

尽管巴斯夫公司依赖化学家从事产品研发与企业管理工作，但实际的制造过程还得仰仗工人。巴斯夫公司给予研发人员高薪待遇，但对一线工人则只按每周工作的小时数支付工资，因为这些工人都不是高质量的或有技术的，比较容易取代或替换。在早期，合成染料的生产过程缺乏防护措施，工人干的是真正又重又脏的活，因此公司倾向于雇用年轻力壮的男性工人，年龄超过35岁的工人很少有机会受雇。不过，随着时间的推移，巴斯夫公司发现，它需要一支稳定的工人队伍进入新工作领域从事连续性的操作，而这要求工人在长期工作中积累经验，成长为生产技术的专家并能够处理机器设备。1871年，恩格尔霍恩认识到，在经济繁荣时期，"勤奋而靠得住的工人几乎不可能留住"。为此，巴斯夫公司采取了修筑工人住宅以稳定职工队伍的措施。当然，这些住房不是为所有工人准备的，而只提供给那些"勤奋而忠诚的工人"，其人数占工人总数的10%左右。[③]巴斯夫公司为工人提供福利设施的举措表明，在制造业中，承担实际造出产品任务的制造者，始终是不可或缺的。科学能够改变制造活动的设计、材料与手段等各构成要素，但这种变革要化为实实在在的产品，还得依赖一线工人等制造者去完成制造活动。在工匠传统中，制造活动的各构成要素及各环节往往由同一个制造者完成，但随着工匠革命的扩展，制造活动各构成要素的实施过程出现了专业化的独立趋向，各环节转由不同身份的制造者实施。这一变化一方面带来了效率，但另一方面也带来了完整的制造活动被割裂的可能性。

---

① Werner Abelhauser, Wolgang von Hippel, Jeffery Allen Johnson and Raymond G. Stokes: *German Industry and Global Enterprise BASF: The History of a Company*, pp..105-106.

② Johann Peter Murmann: *Knowledge and Competitive Advantage: The Coevolution of Firms, Technology, and National Institutions*, p.82.

③ 同①, pp..107-108.

19世纪德国其他的化工企业遵循了与巴斯夫公司相同的演化路径，其中就包括创办于1863年的拜耳公司。事实上，1886—1914年甚至被称为"拜耳的时代"，因为拜耳公司舍得投入研发，扩张迅猛，追赶上了规模更大的巴斯夫公司。[①]与巴斯夫公司一样，拜耳公司雇用化学家，建立企业内部的化学实验室。1889年，杜伊斯贝格为拜耳公司建立了一座新的中央实验室。颇具特色的是，拜耳公司还为从事研发的员工建立了一座大型图书馆，收藏各类化学书刊，以便员工们能找到关于化学发展的所有信息。到1897年，拜耳公司图书馆已经有4 000册书籍，化学家凯库莱于当年去世后，杜伊斯贝格又买下了凯库莱的7 000册私人藏书，使拜耳公司图书馆成为世界上最好的科学图书馆之一。[②]图书馆的扩充为拜耳公司的员工搜寻信息降低了成本，而信息的流动是创造新知识必不可少的条件。此外，拜耳公司还相当重视产品的品质，建立了相应的保障制度。从1887年开始，拜耳公司对所有新的染料进行系统性的检验，没有一种染料在经过精细检验前能被投入市场。据报告，1906年拜耳公司的实验室合成了2 656种新的化合物，在初步检测后有60种被拿去做更大范围的检测，而只有36种化合物最终被拿到市场上出售。[③]拜耳公司严格的检验制度是追求品质的工匠精神的体现，但也表明成功的新产品研发因其试验性而耗费巨大的成本。很显然，小企业无力负担此种成本。而拜耳公司后来居上的秘诀之一便在于努力实践大规模生产。1878年，拜耳公司共制造100种染料，到1913年，它已经制造1 800种染料。通过规模化生产，公司降低了单种染料的制造成本。为此，拜耳公司进行了基础设施建设，并改革了生产组织。19世纪末公司的一份备忘录中写道："我们考虑完全有必要改变目前我们在每一个厂房里将中间品与染料混在一起生产的方法。为了控制质量，简化生产，以及节约成本，有必要将中间品集中于一个专门的厂房里生产。"备忘录还提到，要绝对避免将不同档次的产品混在同一个厂房里生产。[④]当规模扩大后，为了更高效地从事制造活动，企业的组织必然要发生相应的变革。拜耳公司制造活动的专门化是大规模生产的基础。

　　依靠产学结合这一先进的制造方式和大规模生产的发展思路，德国成长为世界最大的染料生产国。表3-9为对1913年世界染料生产与消费量的估计。

① Johann Peter Murmann: *Knowledge and Competitive Advantage: The Coevolution of Firms, Technology, and National Institutions*, p.138.
② 同上，p.151.
③ 同上，pp..151-152.
④ 同上，pp..143-144.

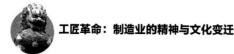

表3-9 世界染料生产与消费量估计（1913年）

国家与地区	生产量（吨）	消费量（吨）	贸易平衡（吨）
德国	135 000	20 000	115 000
瑞士	10 000	3 000	7 000
法国	7 000	9 000	−2 000
英国	5 000	23 000	−18 000
美国	3 000	26 000	−23 000
其他生产地区	2 000		

资料来源：Johann Peter Murmann: *Knowledge and Competitive Advantage: The Coevolution of Firms, Technology, and National Institutions*, p.38.

根据估计，尽管德国不是20世纪初世界最大的染料消费国，但它是最大的生产国，因此，在满足本国需求的同时可以大量出口。作为一个天然原料匮乏的国家，德国染料工业的成功，建立在科学与制造紧密结合的基础上。而且，值得注意的是，合成染料的研发，原本由英国引领，但德国依靠产学结合的模式，在竞争中打败了英国。此外，合成染料几乎摧毁了天然染料产业。表3-10为1877—1922年印度天然靛蓝的出口量与价格。

表3-10 印度天然靛蓝的出口量与价格（1877—1922年）

年份	出口量（1 000 吨）	价格（英镑 / 吨）
1877	5 000	400
1887	6 900	360
1897	8 500	350
1903	3 250	230
1913	550	260
1914	900	710
1917	1 700	830
1918	1 550	500
1921	500	550
1922	200	540

资料来源：Johann Peter Murmann: *Knowledge and Competitive Advantage: The Coevolution of Firms, Technology, and National Institutions*, p.257.

表3-10显示，直到19世纪末，印度的天然靛蓝出口量都保持着扩张态势，作

为英国殖民地的印度的出口，满足的是世界市场的需求。但进入20世纪后，印度天然靛蓝的出口量急剧下滑，到第一次世界大战前与巅峰时期相比已经微不足道，这背后正是合成染料一日千里的发展及其对天然染料市场的侵夺。1914年第一次世界大战爆发，直到1918年才结束，战争期间德国阵营与敌对的英国阵营间的贸易中断，作为德国货的替代品，印度天然靛蓝获得了市场空间，出口量一度有所起色。但战争结束后，印度天然靛蓝的出口量便又急剧萎缩了。这个案例是对化学工业取代天然原料的最佳诠释。而化学工业的兴起，也改变了人类制造活动中的"材料"这一构成要素，成为整个制造业大革命的又一推动力。

巴斯夫公司与整个德国合成染料工业的崛起，都意味着一场制造业变革，这一变革的突出特点是出现了产学结合的新模式，其实质便是制造的科学化程度加深。这也是工匠革命发展到新阶段后的新特点。制造的科学化，早在文艺复兴时代便开始了。传统工匠的制造活动主要依赖经验的积累，知其然而不知其所以然，这导致传统制造活动具有较大不确定性和风险性。科学的功能便在于对经验进行要素分解，辨别出对制造活动有帮助的要素，从而能够剔除无关要素，使制造活动直接在起作用的要素的支配下进行，保障制造活动的高效与成功。但科学自身的发展水平制约着制造的科学化程度。例如，在18世纪的欧洲，许多统治者都设立了希望结合"真理与实用"的科学院，但这种结合经常失败。都灵王家科学院原本只是一个私人学会，统治该地的国王将其升级，希望科学研究能够促进当地生长的菘蓝取代进口靛蓝，用于军队制服的着色剂，但未能成功。该科学院的院士们还被要求进行羊毛染色工艺的调查研究，以期减少当地产业对国外市场的依赖性，然而，院士们所掌握的化学知识在他们试图理解和改进的工艺的复杂性面前显得软弱无力。[①]因为在那个时代，欧洲的化学还未能深入分析物质的结构。不过，都灵王家科学院的案例已经体现了科学与制造结合的趋向。瓦特等人掀起的工匠革命也具有制造活动科学化的色彩，但主要体现于工匠自己学习理论科学的知识以及向科学家咨询，此时科学还是外在于制造活动的一种独立变量。然而，在巴斯夫公司的案例中，一方面，科学家的成果能够直接运用于制造活动中；另一方面，科学家被企业雇用以及企业建立自身的科学研究机构皆使科学内化于制造活动中了，科学与制造的结合更为紧密。因此，德国化学工业产学结合的新模式，其本质就在于科学内化于制造活动中而能够发挥更大的作用。但是，这种内化不等于科学取消了自身的独立性，事实上，理论科学始终存在着超越于

①　罗伊·波特主编：《剑桥科学史·18世纪科学》，方在庆等译，大象出版社2010年，第96页。

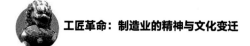

具体制造活动的功能与价值。也正是由于科学的独立性，才使得产学结合的模式作为一种联结科学与制造的途径有其存在的意义。从另一个角度说，当科学家进入制造活动内部后，工匠在制造活动的"设计"等构成要素中的作用与地位也就被进一步削弱了。

　　总的来看，德国在19世纪发生的制造业变革，不具备英国工业革命与美国体系的开创性，大体上是相关变革的扩散与因应。在与传统有密切关联的钢铁工业中，德国制造业的变革主要体现在学习英国的先进技术，并进行追赶，这属于工业革命的自然扩散。在新兴的电气工业中，为了应对市场竞争，具有原创技术发明能力的德国企业在制造层面仍须引进美国体系，革除自身的工匠传统，迈向大规模生产的道路，这反映了工业革命的均质化趋向。德国化学工业的变革，也离不开对英国的学习，但是，德国化工企业创造了一种产学结合的新模式。在德国化学工业产学结合的新模式里，制造业企业通过雇用科学家以及在企业内部创设具有研发能力的实验室的举措，实现了科学与制造更紧密的结合，革新了制造活动的方法与组织。而在德国制造业所有的变革中，与传统工匠相关的精神伦理只体现于企业家及其员工的工作态度上，与工匠的技艺相关联的传统则成为被机械化大规模生产革除的对象。因此，德国在20世纪初留给人的工匠国家的印象更多的是一种制造业变革不彻底的反映，并非西门子公司等德国领先企业有意如此。德国的工匠精神作为一种制造文化，也更多地趋向于严谨务实和重视品质的工作伦理而非制造方式。

　　然而，德国终究存在着不同于美国的文化传统与历史情境，这些决定了德国的制造业变革具有自身鲜明的个性。正如同美国体系的构想与要素在英国早已存在但英国未能将其发扬光大，尽管德国引进了美国体系，但德国的制造业与工业文化不可能全盘美国化。要之，特定地区的制造活动存在于地区文化的大系统内，制造活动内部的价值观体系要受到大系统价值观体系的影响，而大系统价值观体系是长期积累形成的稳定结构，不容易变化，由此也导致大系统内部的价值观体系在变革时会受到结构的制约。因此，工业革命的均质化扩散有其限度，每一个特定地区在接受工业革命的普世性规律与一般性机制时，也会自觉或不自觉地用本地文化与传统对其进行改造，融入地方特色，以契合地方的要素禀赋结构。这就导致了尽管德国是19世纪末快速工业化的制造业强国，但它依然保留了大量具有传统色彩的小型生产组织，而且广泛存在着工匠传统中重视手艺的观念，成为不同于美国的工匠国家。传统的韧性是工匠革命的一大特点。

四、东方的革命：日本培育新工匠

工业革命不只在西方世界扩散。利用现代工业制造的坚船利炮，西方国家在全球范围内进行了扩张，迫使非西方世界寻求应对之道。起源于西方的现代工业，一方面制造了在军事上打败非西方世界的武器装备，另一方面也通过其更高的生产效率，挤压着非西方世界传统制造业的生存空间。在工业革命前，欧洲与亚洲的传统制造业都附着于农业经济，技术水准与组织形态相近，亚洲的中国、印度、日本等国的工匠在技艺上尚且优于欧洲同行，故欧洲与亚洲的贸易存在着长期入超的不平衡结构。工业革命逆转了这一结构。如同德国制造业为了追求竞争优势必须引入生产效率更高的美国体系一样，整个东方世界的制造业为了生存，都必须在整体上学习西方的新的制造方式。这对于东方原有的工匠传统来说，亦是一场实实在在的革命。在这场席卷了整个东方世界的革命浪潮中，日本是佼佼者。

（一）日本制造业的二元结构

在历史上，日本长期学习中国，也引入了中国的士、农、工、商"四民"职业身份体制，确立了武士阶层支配国家而工匠地位不高的社会秩序。18世纪，采取锁国政策的德川幕府保障了日本国内数百年的和平，日本的经济与文化有了很大发展，建立在农业基础上的传统制造业欣欣向荣，出现了丝绸业中的京都西阵织等品质优良的手工业产品。但随着19世纪中叶西方列强叩开日本的国门，危机出现了。幕府和一些实力强大的诸侯开始尝试引入西方的现代工业，变革传统的制造方式。例如，1855年，西方的现代棉纺织技术就传入了日本，萨摩藩的藩主岛津齐彬看到了其作为富国强兵手段的潜力，命人学习该技术，并从英国购买机器，建立了鹿儿岛纺织所，该纺织所有200人工作，每天工作10小时，本色木料产品发往大阪，横纹产品发往农村市场。[1]这是民用制造业早期引进西方技术的一个典型。在军事工业方面，为了仿造西洋火炮，1857年，佐贺藩开始搭建反射炉，学习西方的冶金技术，萨摩、水户等藩以及幕府相继跟进。[2]因此，幕府末年的日本感知到西方列强的压力后，向列强学习现代工业技术，以满足经济与军事两方面的实际需求。从西方引入现代工业技术开启了日本的工业革命，是日本制造业变革的重要内容。

---

① 有沢広已监修：《日本产业百年史》，日本经济新闻社 1966 年，第18-19 页。

② 同上，第51 页。

　　1868年，日本开始了被称为明治维新的全盘性的现代化运动，制造业的变革包含在殖产兴业这一纲领性政策里，并作为富国强兵政策的基础而被大力推行。明治政府建立之初即废除了古老的身份制度，又废除了对移民和职业选择的限制，还废除了武士阶层的特权，[①]这就从事实上提高了包括工匠在内的工商业职业群体的地位，有利于制造业的发展。毫无疑问，作为制造技术最直观载体的工具的变革具有中心地位。以棉纺织业为例，1877年，在第一次国内劝业博览会上出现了日本人自己发明的水力纺纱机，其产值是人力纺纱机的8倍，很快就流行于以爱知县为中心的日本传统棉纺织业区。明治政府也扶持了一些直接应用西方技术的小型纱厂，其规模多为2 000锭，但很多企业经营困难，该项政策整体上不成功。早期较为成功的企业为当时的国立银行行长涩泽荣一支持成立的大阪纺织厂，该厂建于1880年，采用蒸汽而非水力为动力，从英国进口了走锭纺纱机，规模为15 000锭，聘用了外国技术人员，1883年开工后昼夜不停，以规模优势在市场上站住了脚。此后，日本掀起了投资棉纺织业的热潮，多以大阪纺织厂为模仿对象。1883年，东京的赤羽工作分局制造了日本第一台国产2 000锭纺纱机，但效率仅为进口货的40%。从1886年到1889年，日本棉纺织业的纱锭数从8万枚增加到36万枚，棉纱产量从77万贯增加到520万贯，其后，人力纺纱和水力纺纱这两种制造方式大幅减少。[②]从日本棉纺织业的演化中，清晰可见以技术和组织为中心的制造方式变革，而其技术和组织均为从西方引入。

　　不过，19世纪的日本虽然快速地工业化着，但与德国一样，工匠传统在日本制造业中以不同的形式顽强地保留了下来。一方面，一些农业社会里的传统制造业并没有随着工业社会的到来而迅速消亡；另一方面，规模小、组织简单而类似于作坊或手工工场的企业在日本制造业中长期大量存在。这与德国的情形相同，两国制造业皆出现了大型现代企业与传统的小型企业乃至微型企业共生的格局，而日本的这种二元结构更明显一些。表3-11为日本1945年前的工厂构成。

表3-11　日本1945年前的工厂构成

规模（从业人员数）	1935 年工厂数	1939 年工厂数	1942 年工厂数
9 人及以下	46 483	644 242	580 911
10~49 人	31 130	53 188	48 326
50~99 人	3 743	4 619	4 736

---

① 有沢広巳监修：《日本产业百年史》，第 7-8 页。
② 同上，第 20-24 页。

续表

规模（从业人员数）	1935 年工厂数	1939 年工厂数	1942 年工厂数
100~499 人	2 689	3 679	3 372
500~999 人	355	473	452
1000 人及以上	225	380	425

资料来源：中村隆英编：《日本经济史·"计划化"和"民主化"》，胡企林等译，三联书店1997年，第 244 页。

表3-11显示，一直到1942年，日本9人及以下规模的工厂在数量上都占据着日本工业的绝对主体，其生产额也占到总生产额的13.4%。[①]这就是非常明显的二元结构。而日本制造业的二元结构，不只体现于静态的规模构成比例，也体现于动态的传统技术与现代技术的交织演化。

制丝业的发展具有一定代表性。制丝业是日本的传统产业，也是明治维新后日本出口换汇用来购买西方武器与设备的主导产业。1870年，荷兰申请在日本开办机器制丝厂，引起了明治政府的警觉。在涩泽荣一的推动下，1872年，明治政府聘请法国专家，在群马县的富冈创办了模范制丝厂，是为日本采用机器制丝的开端。日本用缫丝过程中煮蚕茧的锅的数目来计量丝厂的规模，富冈制丝厂为300锅的大厂。尽管本身经营不佳，但富冈制丝厂培养了一批女工，扩散至各地，而且对民间投资起到了诱导作用。民营企业家中最有实力的是片仓兼太郎，1873年开办了6锅大的制丝小作坊，1877年建立了32锅的机械制丝厂，1894年创建了360锅的三全社，一举超过富冈制丝厂，成为日本第一。但在工厂之外，日本也出现了很多合作社，如甘乐社、下仁田社等，与农民合作养蚕、制丝。而直到1894年之前，日本传统制丝的产量仍然是超过机器制丝的。[②]日本制丝业的早期发展很明显地具有二元结构。

传统制造方式与现代制造方式的并存不是日本特有的现象，在德国、英国乃至美国的制造业变革过程中皆存在。究其原因，现代制造方式尤其是新的技术在诞生之初往往具有不稳定性，在具体的应用情境中，综合效率不一定优于已经成熟的传统技术。因此，制造方式的更替常常是一个渐进的演化过程。但只要新的制造方式确实具有效率上的优势，就能够在竞争中取代旧的制造方式。例如，明治政府对于丝织业制造技术的变革下了很大力气，从国外引进了提花机等先进织机，并通过劝业会、博览会、共进会等形式传播新技术，至19世纪80年代，新式

① 中村隆英编：《日本经济史·"计划化"和"民主化"》，第 244 页。
② 有沢广巳监修：《日本产业百年史》，第 28-31 页。

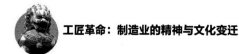

织机在日本已基本普及。1869年，明治政府成立之初就利用京都府贷款的劝业资金15万元和天皇的抚慰金10万元建立了西阵物产公司，延续了京都西阵的纺织传统。1872年，西阵物产公司的竹内作兵卫到京都府劝业负责人明石博高处申请使用法国制造的雅克（Jacquard）提花机，明石从法国学校的教师那里得知此为最新技术，就公费派遣佐仓常七、井上伊兵卫和吉田忠七3人前往法国学习。3人于1873年1月抵达马赛，向里昂的织工学习织法，并签订了购买机器的协议；1873年12月，佐仓和井上归国，带回了一些新式织机及其零部件。1874年3月，从法国带回的织机在京都博览会上被介绍给了日本的织机制造企业，1874年6月，西阵物产公司设立织工厂部，归国的佐仓和井上参与其中。1879年该部改名为西阵织殿，从全国各地招收学徒，当年共有23男、13女入学，计有男织工24人、女织工28人，并通过这些人向全国传播技术，为日本近代丝织业的建立奠定了基础。此外，1876年，西阵的织工荒木小平成功仿造了进口提花机。1887年，桐生的佐野喜六仿造成功从美国带回的提花机并投入生产，三井物产等企业也仿造了不同种类的进口织机。[①]在这种大形势下，日本的传统丝织业依靠进口新式机器及对机器国产化，实现了制造方式的变革，开始迈向大批量生产之路。在西阵的案例中，政府对于引进新技术的支持和营造推广新技术的氛围，体现了日本新的工业文化的出现及其作用。而在变革中起先锋作用的其实还是传统工匠，又体现了演化的渐进性。尽管日本存在着厚重的工匠传统，但明治政府对新技术的热衷与支持，成为日本制造文化变革的重要动力。

日本棉织业也出现了技术上二元结构的动态演化。最初，日本的现代棉纺织厂只用机器纺纱，并不织布，但到了1887年左右，许多纱厂开始兼营织布，这是为了避免棉纱的过度生产，也是为了抵制英国棉布进口并促成日本棉布出口。为了使织布与纺纱事业共同进步，大阪纺织厂的山边丈夫被派遣到英国研究动力织机，并购入333台动力织机，建立大阪织布会社，1890年与大阪纺织厂合并，主要提供陆海军被服以及出口棉布到朝鲜与中国。而从19世纪80年代到90年代，日本棉织业出现了工场手工业这种形态，其产量不断增长。[②]于是，非常值得关注的现象是，日本棉织业中的工场手工业制度实际上出现于工厂制度之后。这表明制造业的演化并不存在着从工场手工业过渡到工厂大工业的线性进化。不同的制度只不过意味着对制造活动所需资源的不同组织方式，而不同环境里制造活动面对的资源存在着性质与结构的差异，就决定了适应于不同环境的最佳资源组织

---

① 有沢广已监修：《日本产业百年史》，第31-33页。
② 同上，第34-35页。

方式是不同的。近代日本是一个劳动力丰富且廉价但资本相对匮乏的国家，工场手工业既能够利用廉价劳动力，又能够避免负担昂贵的机器，在一定时间段内成为不少投资者的最优选择。但是，这一工场手工业不能单纯依靠廉价的劳动力存在，否则它与传统手工织布业无异，并不具备与工厂竞争的效率，工场手工业的兴盛仍然需要建立在工具变革的基础上。在当时的日本，恰好存在着手工织机、脚踏式织机、电力驱动动力织机、燃油驱动动力织机这4种不同类型的织布工具，其比较如表3-12所示。

表3-12　近代日本不同织布机的比较

织机类型	一人一日生产匹数（匹）	一匹的工资（钱）
手工织机	1	120
脚踏式织机	3	80
电力驱动动力织机	9	65
燃油驱动动力织机	9	58

资料来源：有沢广巳监修：《日本产业百年史》，第36页。

由表3-12可见，动力织机比手工织机的单人生产效率高，给付工资低，对企业来说是最为理想的。但是，手工织机只需要传统木匠就能造出来，购置成本很低，动力织机在早期往往需要进口，投资门槛高得多。而介乎两者之间的脚踏式织机，效率比手工织机高，投资成本比动力织机低，就很适合买来组建手工工场了。所以，工具决定了组织，脚踏式织机的存在决定了工场手工业有利可图。因此，在近代日本棉织业中，会出现工厂大工业与工场手工业并存的二元结构，而且会因为工场手工业的存在而呈现出某种工匠传统的延续。但实际上，考虑到日本棉织业中的工场手工业出现时间甚至晚于工厂大工业，就会清楚这并非线性的传统延续，而是制造活动对于客观环境的一种因应。换言之，在相似的资源约束条件下，制造活动会采取相似的组织方式。这在表面上看是历史的延续，但实际上只是人类行为亘古不变的理性选择。不过，由于动力织机终究有着更高的效率，一旦整个社会的资本积累到一定程度，织机的动力化就成为必然的趋势了。1910年前后，日本的棉织物产地即小型织布业聚集地就出现了第一次动力织机化，而这与工匠丰田佐吉有密切关系。[①]

丰田佐吉1867年生于日本静冈县的一个木匠家庭，在少年时代学习了木工

---

① 阿部武司、平野恭平：《纤维产业》，日本经营史研究所2013年，第62页。

的基本知识与技艺，是一名真正意义上的工匠。1885年，日本颁布了新的专利法，激发了丰田佐吉从事发明创造的兴趣。[1]据丰田佐吉回忆，其家乡特有的棉织业氛围使他将注意力集中于织布机："我们村子里全是农户，每户都有手工织布机。可能是环境的影响，我渐渐对这种机器发生了兴趣。有时我整天站在那里观看附近的老太太织布。我逐渐懂得机器运转的道理。看着织成的棉布不断卷起，我越来越觉得有意思，并逐渐产生了浓厚兴趣。"[2]传统手工织布机对于扩大产量来说是一种桎梏，丰田佐吉从中看到了改良织布机的价值："如果能够通过提高纺织棉布的生产效率来降低其生产成本的话，就可能为全日本带来裨益。目前日本所使用的人工织布机实在是太粗陋了。如果能够对它们加以改进升级，就可以提高织布的速度。"[3]在确立了以织布机作为发明目标后，丰田佐吉进行了大量试验，不断制造样机，乃至令其父大为不快，并被村民讥为怪人。[4]但丰田佐吉坚持从事发明。1890年东京劝业博览会召开期间，丰田佐吉曾每天前往参观进口机械。此后不久，丰田佐吉发明了木制人力织机，可将生产能力提高40%~50%，但这种手工织机在商业上是失败的。1896年，丰田佐吉又发明了以蒸汽为动力的窄幅木铁混制动力织机，这种织机由木材和钢铁混合制成，成本较低，适合棉织物产地的小型企业购买。当时，一台德国哈特曼（Hartmann）的动力织机在日本卖872日元，丰田木铁混制动力织机只卖38日元。一名工人可同时操作3~4台该种织机，产量比传统织机提高了20倍，织出来的布的质量也有大幅提升。因此，丰田佐吉发明的动力织机促成了日本棉织业由工场手工业向工厂大工业转型。[5]1899年，丰田佐吉与三井财阀合作生产织机。1903年，丰田佐吉发明了铁质自动织布机，定名为T型，该型织布机具有自动换梭装置，一名工人可同时操作12台。1903—1907年丰田T型自动织布机共造出超过480台，其中有10台出口到了中国。[6]此后，由于市场波动，丰田佐吉因研究经费被砍掉而与投资者不欢而散。值得注意的是，日俄战争后，日本一家大纺织公司将丰田织机与几种进口机型进行了比较，在持续了一年的试验后，认为英国老牌厂商普拉特兄弟公司（Platt Brothers & Co., Ltd.）的产品效率更高，出品质量更好，便决定不买丰

[1]　Toyota Commemorative Museum of Industry and Technology: *Toyota Commemorative Museum of Industry and Technology Guide Book*, 2014, p.5.

[2]　大野耐一：《丰田生产方式》，谢克俭等译，中国铁道出版社 2006 年，第 89 页。

[3]　佐藤正明：《丰田领导者》，王茁等译，清华大学出版社 2010 年，第 3 页。

[4]　托马斯·麦克劳等：《现代资本主义：三次工业革命中的成功者》，赵文书等译，江苏人民出版社 2006 年，第 434 页。

[5]　同[1], p.49.

[6]　同[1], p.50.

田织机。[①]1907年，丰田佐吉再度与三井财阀合作，但又一次因投资者不愿拿出大笔研发资金而失望，遂于1910年辞职并游历欧美。回国后，丰田佐吉自筹资金创办了丰田自动纺织株式会社，使用自己发明的动力织机织布，此后，他又在公司内建立了纺纱厂。第一次世界大战爆发后，公司利用战时景气迅速扩张，并于1918年改名为丰田纺织株式会社。投资纺织业为丰田公司自己制造的纺织机械提供了市场，令丰田公司的纺织机械制造活动得以存续。表3-13为制造纺织机械的丰田式织机公司1907—1913年的发展情况，总的来看，是在波动中有所前进。

表3-13　丰田式织机公司的发展情况（1907—1913年）

年　　份	制品金额（日元）	职工数（人）	营业利润（日元）
1907		165	9 389
1908	94 446	170	21 088
1909		196	5 244
1910	207 300	161	37 327
1911	197 000	149	65 697
1912	335 000	221	127 344
1913	511 000	203	139 823

资料来源：铃木淳：《明治の機械工業——その生成と展開》，ミネルヴァ書房1998年，第334页。

　　凭借在第一次世界大战中通过纺织业赚到的钱，丰田佐吉继续投入资金研制自动织布机，并得到了毕业于东京帝国大学工学系机械专业的儿子丰田喜一郎的协助。丰田喜一郎改良了织机中的自动换梭装置，并设计出一种更好的断线自动停机系统。为了改良织机，丰田公司于1924年在名古屋附近建立了一家实验工厂。丰田喜一郎先制造了30台样机并将其投入运转，通过使用这些样机的经验消除设计上的缺陷，两年后又用200台改进过的新样机再一次进行大规模试验。[②]1926年，丰田佐吉成立了丰田自动织机株式会社。1927年，丰田G型自动织机正式投产，一名工人可以同时操作25台该型自动织机，其效率之高，令普拉特兄弟公司亦于1929年向丰田公司购买专利。而凭借丰田G型自动织机的发明，日本制造业真正登上了世界舞台。此外，正是通过制造动力织机，日本机械工业

---

① 托马斯·K·麦克劳等：《现代资本主义：三次工业革命中的成功者》，第435页。
② 莫里斯-铃木：《日本的技术变革》，马春文等译，中国经济出版社2002年，第144页。

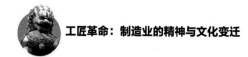

开始互换性零件的生产。①因此，纺织机械工业对日本制造业变革意义重大。

从制造活动的构成要素看，丰田佐吉发明自动织布机的案例，还是一个非常典型的瓦特式故事，并无太多新特点，也没有出现同时代的福特式突破，这也反映了日本在世界制造业革命中所处的位置。不过，丰田佐吉本人的精神是极为重要的，它决定了丰田公司的价值观，是丰田公司后续发展的重要动力。丰田佐吉在《发明私记》中写道："很重要的是，要认识到，发明意味着产生一个想法并将它转化为一个实际的目标，去创造一些此前世界上从不存在的事物……本质上说，从别人此前工作中获益的奢侈是发明负担不起的。发明意味着动用你的头脑和身体，以罕有的勤奋工作去创造全新的事物。"他还写道："不以最大的专注度去亲自动手制造和反复测试是不可能创造出一项新发明的。制造永远不可以外包给别人，因为这会导致失败并成为巨大悔恨的来源。"②丰田佐吉对自己发明事业成功原因的总结，指向了推崇创新的价值观以及勤奋与专注的工作态度，还强调了动手实践对于发明的重要性。因此，丰田佐吉实际上在宣扬一种工匠精神，而这种工匠精神来源于其不乏失败与挫折的长期奋斗经历，是真正的经验之谈。此外，日本作为一个现代化起步较迟的东方国家，进入西方资本主义列强主导的世界体系后，在相当长一段时间里地位不高，得不到列强的尊重，由此激发了日本人通过发展制造业来提升民族地位的爱国精神。这种爱国精神成为日本工业文化的重要组成部分，也影响到企业家精神与工匠精神。丰田佐吉给后人留下的训诫第一条即为"产业报国"，即企业要"为国家的发展和福利做出应有的奉献"③。1922年至1924年间，丰田佐吉在其谈话和文章中，也公然宣称日本人要用行动"去自己证明自己具有卓越的智慧"，消除西方人认为日本只会模仿的偏见，尤其是："今后，我们将完全不依靠白人，而只以日本人的绝对力量完成一项大的发明。"④爱国精神成为工匠精神其他各要素的统摄与整合力量。表3-14为丰田佐吉工匠精神的要素构成。

---

① 铃木淳：《明治の機械工業——その生成と展開》，第325页。

② Toyota Commemorative Museum of Industry and Technology: *Toyota Commemorative Museum of Industry and Technology Guide Book*, p.5.

③ 佐藤正明：《丰田领导者》，第2页。

④ 大野耐一：《丰田生产方式》，第91-92页。

表3-14 丰田佐吉工匠精神的要素

要 素	要素的体现	要素在体系中的功能
爱国	产业报国	提供动力
创新	原创发明	确立方向
勤奋	全力工作	
专注	坚持投入	实施保障
实践	亲自制造	

依托以丰田公司为代表的纺织机械工业的创新发展，日本的纺织工业通过工具变革而发展壮大。表3-15为1936年前日本机纺棉纱的生产与需求情况。

表3-15 日本机纺棉纱的产量、进口量与需求量（1887—1936年）

单位：1 000捆，（ ）内为需求量占比

年 度	产 量	进口量	出口量	工厂织布需求量	织物产地需求量	总需求量
1887—1888	58（18%）	269（82%）	—	—	328（100%）	328（100%）
1889—1890	178（42%）	250（58%）	0（0%）	—	428（100%）	428（100%）
1891—1892	374（73%）	140（27%）	0（0%）	—	513（100%）	513（100%）
1893—1894	527（82%）	119（18%）	13（2%）	—	633（98%）	646（100%）
1895—1896	812（87%）	117（13%）	54（6%）	—	876（94%）	930（100%）
1897—1898	1 215（92%）	109（8%）	370（28%）	—	954（72%）	1 324（100%）
1899—1900	1 433（96%）	59（4%）	550（37%）	48（3%）	894（60%）	1 492（100%）
1901—1902	1 431（98%）	29（2%）	407（28%）	84（6%）	970（66%）	1 460（100%）
1903—1904	1 497（100%）	5（0%）	565（38%）	108（7%）	830（55%）	1 502（100%）
1905—1906	1 851（99%）	28（1%）	535（28%）	193（10%）	1 151（61%）	1 878（100%）

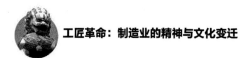

续表

年　度	产　量	进口量	出口量	工厂织布需求量	织物产地需求量	总需求量
1907—1908	1 862（99%）	11（1%）	394（21%）	230（12%）	1 248（67%）	1 873（100%）
1909—1910	2 160（100%）	4（0%）	607（28%）	321（15%）	1 236（57%）	2 164（100%）
1911—1912	2 481（100%）	4（0%）	660（27%）	440（18%）	1 385（56%）	2 485（100%）
1913—1914	3 184（100%）	2（0%）	1 039（33%）	588（18%）	1 560（49%）	3 186（100%）
1915—1916	3 646（100%）	1（0%）	1 123（31%）	653（18%）	1 871（51%）	3 647（100%）
1917—1918	3 728（100%）	2（0%）	892（24%）	758（20%）	2 080（56%）	3 730（100%）
1919—1920	3 738（100%）	9（0%）	535（14%）	924（25%）	2 288（61%）	3 747（100%）
1921—1922	4 040（100%）	6（0%）	686（17%）	827（20%）	2 533（63%）	4 046（100%）
1923—1924	4 244（100%）	15（0%）	519（12%）	1 206（28%）	2 534（59%）	4 259（100%）
1925—1926	5 045（100%）	7（0%）	516（10%）	1 422（28%）	3 114（62%）	5 052（100%）
1927—1928	4 983（100%）	6（0%）	189（4%）	1 490（30%）	3 310（66%）	4 989（100%）
1929—1930	5 317（100%）	14（0%）	127（2%）	1 582（30%）	3 622（68%）	5 331（100%）
1931—1932	5 378（97%）	144（3%）	121（2%）	1 568（28%）	3 833（69%）	5 522（100%）
1933—1934	6 572（98%）	113（2%）	113（2%）	1 868（28%）	4 704（70%）	6 685（100%）
1935—1936	7 168（100%）	32（0%）	207（3%）	1 942（27%）	5 051（70%）	7 200（100%）

资料来源：阿部武司、平野恭平：《纤维产业》，第51页。

从1887年到1936年，日本国内企业用机器纺纱的产量不断增长，而且很早就完成了进口替代，实现了明治政府引进西方技术发展本国产业的目标。这些机纺纱用于出口的量不大，主要供给国内需求，而在国内需求中，用于大型纱厂自己织布的量也不大，绝大部分还是供应给了棉织物产地的小型织布厂。这种大型纱厂与小型织布厂并存的格局也是一种二元结构，小型织布厂为大型纱厂的产品提供了重要的市场，大型纱厂的产品作为小型织布厂的原材料，比传统手工业产品更能提升小型织布厂的产量与产品品质，两者遂形成一种互相促进的协同演化态势，共同推动着棉纺织业这一主导产业的发展。棉织物产地的小型织布厂已经不同于传统手工业，但又与阿克莱特式现代大工厂有区别，具有某些传统色彩，极为典型地体现了日本制造业二元结构的特点。

（二）日本制造业成长的不同路径

　　作为日本制造业的代表，机械工业是一种新兴产业，与工匠传统的黏连性却很强。在德川幕府时代，日本的工匠大师已经能制造一些精巧的机械产品，如可以端茶的自走人偶等，[1]体现出了高超的手艺。当日本开始效仿西方列强制造机器后，这种手艺在制造过程中能发挥重要作用，就如同美国机械工业与德国西门子公司在早期阶段都依赖工匠一样。1871年，日本工部省以矿山、铁道等后来改为局的10个寮为中心开设了"百工劝奖"，并在这些寮下开办了许多制作所，高价进口机器进行生产。民营机械制造企业的许多基础部件都依赖这些官营工厂供给。1873年，制作过自走人偶的工匠大师田中久重在芝西久保神谷町建立了珍器制作所，生产电报机，并接受了工部省电报寮的订单。他第一次接受的订单包括30台摩斯电报机和12台装发条的机器。1875年，珍器制作所改名为"诸器制作所"，生产铁质工作机械，同时生产官用和民用商品。1878年，电信寮设立了电信局制机所，田中久重为该所提供了人员，电报机从生产到修理几乎都被田中一族所垄断。1881年，田中久重去世，养子田中大吉继任，1882年在芝浦建立了员工200人的田中制作所，主要生产海军所需的水雷发射管，1887年末发展成为拥有员工465人的除造船所外日本最大的民间机械制造工厂。后由于军方订单减少，田中制作所被三井财阀收购，改名芝浦制作所。[2]田中家族的企业是日本电气工业的源头，很明显反映了传统工匠接触现代工业技术后的转型。不过，

---

①　村上和夫编译：《完訳からくり図彙》，並木书房2014年，第120-123页。

②　有沢广巳监修：《日本产业百年史》，第58-59页。

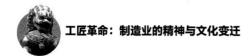

直到芝浦制作所成立，与西方同时代的电气装备企业相比，日本这一产业中的大企业还如同手工工场，规模很小。

日立制作所是另一家重要的日本电气装备企业，起步之初规模也非常小。1910年，毕业于东京帝国大学的久原矿山工程师小平浪平计划创建独立的机械制造厂，请求经营矿山的久原房之助投资，引发不少质疑，经营修理工厂的饭岛佑吉回忆称："当时久原矿山事业获得了可喜的利润，与此相比，电器制造业利润极少，无法相比。我听说有反对意见，认为有资金应全部投入矿山事业，投入机械制造是愚蠢之举。"但小平浪平还是"强行让其答应"，并于当年11月建成工厂。[①]建厂之初，日立制作所重要的技术骨干为高尾直三郎和马场条夫，两人都是大学工科生。因此，创立较晚的日立制作所不同于芝浦制作所，技术上与日本的工匠传统没有直接渊源，反倒是日本政府大力推进现代工科教育的溢出成果。但由于同时期的芝浦制作所规模也不大，故日立制作所也只是一家微小的企业，马场条夫回忆称："工厂简直和农家的厕所一样，是幢原木盖成的粗糙小屋，从外面看时任何人都会惊讶，不会相信这是工厂。"不过，他也指出："工厂里的人意气昂扬，特别是科长（小平浪平）真是养成了百折不挠的顽强精神，就如同燃烧着的熊熊之火，蕴藏着外人所不可理解的无穷力量。"[②]因此，精神因素成为推动日立制作所克服物质条件不足而成长壮大的重要变量。

毫不意外的是，日立制作所早期困难重重，几乎是在"没有描绘的图纸、无人指导的情况下"进行制造的。该制作所1911年仿造美国通用电气公司制作的400千瓦发电机性能远远不如美国产品，且故障不断，矿山方面发出"停止制造机械"的抗议，小平浪平则决定对产品引发的事故和交货延期带给矿山的损失进行全部赔偿。[③]第一次世界大战爆发后，欧美列强的装备制造业开足马力为战争服务，限制产品出口，这给了日立制作所扩大营业规模的机会。日本前桥市的利根发电公司从德国订购了新发电站用的10 000马力水轮机，但装载着水轮机的船出港后就去向不明，为了正常输电，便在国内寻找制造商。由于没有造过这种大型设备，日本厂商都不愿意接手，只有日立制作所愿意接手。日本电气界认为"接手方和订货方都疯了"。从1914年

① 加藤胜美：《技术立国：日立的小平浪平传》，陆华生等译，华夏出版社2001年，第86页。

② 同上，第90页。

③ 同上，第93页。

秋天到1915年春天，日立制作所的生产现场负责人几乎没有休息过一天，工厂在只有7.5吨手动式起重机的条件下制造近30吨重的产品，终于在1916年造出了10 000马力的水轮机。①勇于挑战的精神对日立制作所的成长起了重要作用。此外，日立制作所也不断从错误中吸取教训，提升产品质量。1916年，日立矿山从制作所购买的2 200千瓦安培发电机发生事故，小平浪平把高尾、马场叫到办公室，桌上摆着手书大字"决定小平浪平的命运"，显示出小平浪平改进质量的决心。1917年，佐贺关制炼厂使用的400马力、3 600转发动机，原本是日立制作所制造的在日本电气界值得大书特书的产品，但在高速运转时发生破裂，碎片击伤了负责试验的人员。经分析，事故原因为没有使用镍钢而使用炮铜且材料质量极其低劣，预备水压试验也不充分。马场条夫总结称："究其事故的根源，可以说是存在于职工中的马虎大意。认为3 600转的275马力、600马力等的发动机做得多了。"并称："这起事故是在日立发生的第一次因机械原因伤害了人的事故。这次破裂事故是对马虎大意迎头砸下的惩罚的铁锤。"②日立制作所勇于自省的态度由此可见。与丰田佐吉一样，小平浪平对发明极为重视，常说："发明是技术人员的生命。"日立制作所也大力实行奖励发明的制度，还搜集了日本专利局成立以后的全部公报，为员工的发明提供参考资料。当时，包括芝浦制作所在内的其他日本电气企业都选择与国外企业进行技术合作，日立制作所则坚持"自制主义"。晚年的小平浪平解释称："我从不打算与欧美一流的制造厂家进行技术合作。我认为要尽量少依赖别人的力量，应该力图依靠自己的力量，生产出最优秀的机械。"③日立制作所从作坊小厂成长为大型企业，依靠了创业者的精神力量去整合各种资源。

在日本机械工业的另一端，则从早期开始就存在着规模较大的造船企业。在锁国时代，德川幕府是禁止制造大船的。被美国蒸汽军舰叩开国门后，1853年，幕府废除了大船建造禁止令，当年11月建立了浦贺造船所，12月，水户藩建立了石川岛造船所。其后，长崎制铁所、横滨制铁所、横须贺制铁所先后开办造船厂。毫无疑问，日本早期的造船技术完全依赖国外。例如，明治维新后最受重视的横须贺造船所，在法国人的帮助下建立了制钢、铸铁、铸造工厂以及第一个船坞。出于种种原因，一些官办船厂转给了民间企业。到1893年，日本最重要的造

---

① 　加藤胜美：《技术立国：日立的小平浪平传》，第107-108页。
② 　同上，第106-107页。
③ 　同上，第129页。

船厂为横须贺造船所、三菱长崎造船所、川崎造船所和石川岛造船所，在这四大船厂之外，其余59家船厂都是造木船的企业。[①]这其中，三菱长崎造船所的发展颇具代表性。

长崎造船所原本为官办，1857年聘请11位荷兰技师造出了日本第一艘蒸汽船。1884年，三菱财阀借用长崎造船所开展业务，1887年买下了造船所，1893年其资本达到600万日元。[②]可以说，三菱长崎造船所创建之初就是颇具规模的大企业，这与日本机械工业中的丰田公司、芝浦制作所、日立制作所等是不同的。图3-4为1884—1903年长崎造船所的职工人数变化，可以看出该厂规模不断扩大。

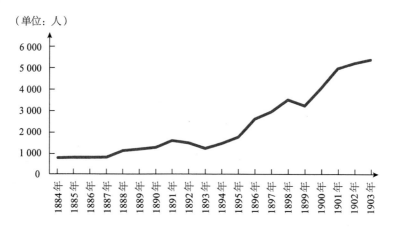

（单位：人）

图3-4　长崎造船所的职工人数（1884—1903年）

资料来源：三岛康雄编：《三菱财阀》，日本经济新闻社1981年，第175页。

由于规模巨大且三菱财阀财力雄厚，长崎造船所的设备投资力度也很大，而设备直接关系着企业的制造能力。表3-16为1899—1912年长崎造船所的利润与设备投资额比较。

表3-16　长崎造船所的利润与设备投资额（1899—1912年）

年　　份	利润（千日元）	设备投资额（千日元）
1899	82	139
1900	13	566
1901	451	523

---

① 有沢广已监修：《日本产业百年史》，第54-57页。
② 同上，第55-56页。

续表

年　份	利润（千日元）	设备投资额（千日元）
1902	547	1 157
1903	44	580
1904	184	533
1905	400	788
1906	400	1 323
1907	—	1 560
1908	229	1 151
1909	152	197
1910	260	350
1911	322	721
1912	916	2 381
总计	3 428	11 969

资料来源：三岛康雄编：《三菱财阀》，第195页。

最初，长崎造船所的技术发展依靠的是从国外聘请的工程师，但随着日本工科教育的发展，本土工程师逐渐取代了外国工程师，成为企业的技术骨干。表3-17为明治时代长崎造船所每年录用工程师的出身类别统计。

表3-17　明治时代长崎造船所每年录用工程师的出身类别

年　份	工科大学出身	东京工业学校出身	其他出身	当年小计
1887	—	—	3（英国人）	3
1888	—	—	1	1
1889	—	—	2	2
1890	2	3	—	5
1891	1	1	—	2
1892	—	—	1	1
1893	2	4	1	7
1894	1	1	2	4
1895	1	2	—	3
总计	7	11	10	28

资料来源：三岛康雄编：《三菱财阀》，第160页。

在1887年以后9年的时间里，长崎造船所共录用28名工程师，其中除最初的3名工程师是英国人外，其余25名工程师均为日本本土培养的技术人才。本土工程

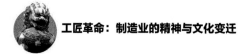

师担当了日本造船业技术国产化的重任。1897—1912年，长崎造船所制造的100吨以上船舶下水数量如表3-18所示。到第一次世界大战前，长崎造船所已经掌握了制造大型舰船的能力。

表3-18　长崎造船所100吨以上船舶下水数量（1897—1912年）

年　份	数量（只）	总吨数（吨）
1897	1	1 592
1898	4	10 613
1899	5	8 993
1900	6	3 286
1901	8	17 482
1902	4	13 954
1903	6	15 205
1904	3	10 692
1905	6	8 671
1906	4	10 662
1907	3	35 404
1908	3	20 249
1909	3	21 072
1910	5	18 627
1911	4	14 056
1912	3	6 983
总计	68	217 541

资料来源：三岛康雄编：《三菱财阀》，第198页。

除了三菱财阀旗下的长崎造船所这种大企业，日本造船业也不乏小船厂，呈现出不同的成长路径。例如，1901年，桧垣为治在波止浜湾彼岸的小浦地区创立了桧垣造船厂，其业务只是以小渔船和大舢板等的建造和修理为主，在沙滩上进行小规模作业。比起长崎造船所，桧垣造船厂更多地体现了对日本工匠传统的传承。桧垣为治的孙子之一桧垣俊幸生于1928年，上小学时就在船模型的制作上表现出了很多的兴趣和热情，而爷爷为治也会在孙子们放学后让他们来船厂帮忙。孩子们从生产现场周围捡拾落下的木材，利用凿子等工具来制造模型。在这种氛围下，桧垣俊幸对船匠这一职业十分向往，经常恳求造船厂的船匠借给他工具，拿到工具以后，便效仿船匠刨木材。由于从小博览众船，桧垣俊幸的经验逐渐丰富，哪怕是条小渔船，他只要看一眼就会知道它的内外构造。每次去木船的制造现场时，他都会仔细观察并思索怎样才能把船建造得尽善尽美。1940年12月，桧垣造船厂和6家私人船厂合并为今治造船有限公司。1943年，今治造船有限公司和今治船渠株式会社合并成为今治造船株式会社，资本为391 000日元，桧垣俊幸的父亲桧垣正一担任工厂负责人。在日本陆军的管理下，今治造船株式会社主要制造登陆小艇，那是一种20吨的木质小艇，只有前面开关门的部分使用铁。在今治造船株式会社成立的同一年，桧垣俊幸从高等小学毕业，作为见习工进了船厂，他后来感怀："对我来说最幸运的是，父亲是工厂负责人。因此在人员配置的时候，把我安排到了叔父的手下。叔父就像师傅一样传授给我从设计到完成造船的所有工艺。"①直到第二次世界大战后，今治造船株式会社才逐渐制造大型钢质船。而从1945年前的发展历程看，今治造船株式会社是以传统船匠为主体建立的小型船厂，其制造活动主要依靠工匠的技艺，而技艺的传承也采取了师傅带徒弟这种传统手工业时代的方式。长崎造船所与今治造船株式会社恰是日本造船业中二元结构的体现。

芝浦制作所、日立制作所、长崎造船所与今治造船株式会社同属于日本机械工业中的企业，其成长路径却并不相同，直到第二次世界大战前，其发展水平也不一致。芝浦制作所与日本德川幕府时代的机械工匠有着直接的传承关系，但通过传统工匠师傅学习并掌握西方新的技术而成为电气工业这一新兴产业中的引领者。依靠政府采购的稳定市场，芝浦制作所能保持较大的规模。日立制作所是由接受西式工科教育的新一代工程师创立的，领导层与日本的工匠传统没有直接关联，其初始规模也如同作坊，但通过大胆进取的精神迎难而上，到20世纪20年代甚至超过了芝浦制作所。长崎造船所是日本富国强兵政策的重要承担者，从一开始就引进了西方先进技术，投资规模大，是直接按照现代大工厂模式创立的企业，与工匠传统的距离最为遥远。今治造船株式会社则纯粹由工匠创立，尽管其创办时间远远晚于长崎造船所，却几乎完全保留了工匠传统，直到第二次世界大战结束时，其产品、制造方式、组织形态都与传统手工造船业相去不远。这4家企业只是日本众多机械企业中的几个具有典型性的代表。它们的发展历程表明，日本制造业存在着多元化的成长路径，并不存在统一的标准模式，也不存在具有

①　今治造船厂：《一心造船：桧垣俊幸传》，今治造船厂2007年，第7-15页。

普遍渗透性的工匠传统。

必须指出的是，日本制造业的成长离不开从明治时代开始日本政府对于工科教育的大力推动。在前引案例中，对于日本制造业变革发挥了重要作用的丰田喜一郎、小平浪平等人都是日本新式教育培养出来的技术人才。表3-19为第二次世界大战前日本大学与工业专门学校工科毕业生的去向。

表3-19 "二战"前日本大学与工业专门学校工科毕业生的去向

单位：人（统计时间为当年年末）

学校类别	去向类别	1910年	1915年	1920年	1925年	1930年	1935年
工业专门学校	技术官吏	181	183	93	322	392	511
	学校教员	27	15	25	118	63	24
	企业等的技术员	315	378	548	677	1 032	1 218
	自营	63	40	31	103	87	47
	研究生、其他学校入学	2	10	11	30	133	79
	外国留学	10	3	1	1	8	4
	兵役	60	106	69	139	124	191
	未定	67	69	15	73	361	62
	死亡	6	7	5	3	17	13
	合计	731	811	798	1 466	2 217	2 149
帝国大学工学部与东京工业大学	官厅	79	79	151	142	211	211
	教员	12	17	43	60	48	34
	民间企业	124	114	268	240	272	693
	其他业务人员	1				3	17
帝国大学工学部与东京工业大学	自营		1		2	3	
	大学院生	7	3	7	3	16	4
	其他学部学生与研究科	1	2	7	1	1	
	外国留学	1		2	5		2
	兵役		7	7	5	14	26
	未定、不详	63	106	46	78	139	26
	死亡	2	1	1	2	2	1
	合计	290	330	532	538	709	1 014

资料来源：沢井実：《近代日本の研究開発体制》，名古屋大学出版会2012年，第17页。

从统计数据看，无论是工业专门学校还是大学，日本工科毕业生的人数在"二战"前都呈上升之势，而每年毕业生最大的去向都是进入企业工作。这固然说明企业起到了吸纳工科生就业的重要作用，但也表明受过理论教育的工科生能充实日本制造业的技术力量。相应地，从1924—1932年的统计数据看，尽管日本法经文学校的毕业生人数要超过理工学校，但前者9年的平均就业率为43.9%，后者则为69.3%，[①]这也表明整个日本社会对理工科人才存在着更大的需求。而理工科人才的供给，对于无论何种路径的日本制造业的成长均起着直接的推动作用。

（三）职业技能教育与新工匠的培育

明治维新以后，日本传统手工业受到来自国家政策与市场竞争两方面的冲击，传统的工匠制度与文化被迫重构。与其他国家和地区一样，日本传统手工业的行会等制度对于劳动力有着严格的控制，为了促使劳动力自由流动，明治政府广泛执行了打破传统手工业特权的自由主义政策。但是，实现富国强兵和殖产兴业的大战略需要高技能的制造业劳动力，于是，政府推行了一些政策来培育适应现代工业的新工匠。在技能传承与扩散方面，传统工匠以个人身份被纳入国家支持的培训体系，从国外老师那里学习技术，再传授给其他日本工人。这一方法主要施行于早期的官办企业。此外，日本政府还倡导建立设有课堂教学的厂办技校，这些技校并不培训普通工人，其毕业生的任务是负责对见习工人进行在岗培训。尽管日本与德国同样被视为工匠国家，但与同时代的德国不同的是，日本的职业技能培训体系主要存在于企业内部。[②]到第二次世界大战前，日本的教育整体上具有双轨制特征，大学与普通中学是一条线，高等工业学校等职业技术学校是另一条线。尽管两者同样培养技术人员，但企业会区别对待大学工科毕业生和高等工业学校毕业生。而各帝国大学的工科部虽然都接收高中毕业生和高等工业学校的毕业生，但是前者属于"正系"，后者被称为"旁系"。[③]因此，日本社会在第二次世界大战前对于工匠还是存在着不同的态度，更尊重具有理论学习背景的工程师，相对轻视普通技术工人。

企业内部的职业技能教育，可以长崎造船所为例。1890年，长崎造船所设

---

① 沢井实：《近代日本の研究开发体制》，第18页。
② 凯瑟琳·西伦：《制度是如何演化的——德国、英国、美国和日本的技能政治经济学》，第135-139页。
③ 沢井实：《日本の技能形成》，名古屋大学出版会2016年，第40-51页。

立了在职学习体系，招收年满13岁及以上读过小学的男孩接受5年的在职培训，培训结业后这些学生必须为船厂工作至少3年。[①]这无疑是对传统手工业中学徒制度的移植。1899年，长崎造船所的所长庄田平五郎创办了三菱工业预备学校，开始时学习年限为5年，1906年改为4年，1908年缩短至3年，1923年被吸收进长崎三菱职工学校。1904年，庄田平五郎在一篇文章中谈到了办学目的："我曾经一度居住在长崎的造船所。看到了当时职工的状态，我深有感触。到底是为什么当他们到达了一定的点后，技能的发展和地位的晋升就立即停止了？即使有才华的人，从工人向技师进行转变的也几乎很少。技师一定是要从大学中获取的，我自己也做过相关的各种研究。技师必须是从大学或者其他专业部门的技术学校里教育出来的吗？工人不管怎样自修学习也无法成功吗？成为技师是不可能的吗？这些问题我也做了各种研究。从我所见的地方来看，工人无法获得成功不是说自修的能力薄弱，而仅仅是自修的素养并没能跟上。"[②]很明显，庄田平五郎希望通过开办企业内部学校来帮助工人成长，充实企业的技术人才供给。学校的课程包括日文、英语、化学、物理、算术、几何、代数、徒手画、器械制图等，各年级每周的授课时间总共41小时。除去制图外，关于工学的科目是很少的，学校的特色就是以中学程度的普通教育科目为重点。有人称："课程计划的水准很高，'进来'就十分不易，'出去'就更难了。"[③]表3-20为三菱工业预备学校毕业生进入长崎造船所工作的人数。

表3-20　三菱工业预备学校毕业生进入长崎造船所工作人数

毕业年份	毕业生人数	船厂吸收毕业生人数	留在船厂工作人数		
			1912 年	1922 年	1928 年
1904	22	20	8	4	3
1905	31	27	16	10	5
1906 年 3 月	36	33	16	10	7
1906 年 12 月	38	30	16	8	6
1907	21	19	8	7	5
1908	37	31	12	5	5
1909	35	29	16	11	5

① Yukiko Fukasaku: *Technology and Industrial Development in Pre - War Japan: Mitsubishi Nagasaki Shipyard 1884 - 1934*, London and New York: Routledge, 1992, p.68.
② 小路行彦：《技手の时代》，株式会社日本评论社 2014 年，第 409-416 页。
③ 同上，第 412-416 页。

续表

毕业年份	毕业生人数	船厂吸收毕业生人数	留在船厂工作人数		
			1912 年	1922 年	1928 年
1910	24	22	12	5	1
1911	42	41	31	11	6
1912	34	32	31	13	7
1913	29	29		12	7
1914	56	52		26	14
1915	64	61		41	21
1916	77	69		41	29
1917	78	66		43	22
1918	85	78		54	29
1919	86			54	35
1920	77			55	35
1921	91			67	34
1922	154	119		119	72
1923	156				69
1924	146				70
1925	103				59

资料来源：Yukiko Fukasaku: *Technology and Industrial Development in Pre - War Japan: Mitsubishi Nagasaki Shipyard 1884 - 1934*, p.74.

  数据显示，三菱工业预备学校每年的毕业生人数长期来看呈上升趋势，表明了学校规模的扩大。该校每年应届毕业生都有相当高的比例进入长崎造船所工作，也符合企业通过办学来培养人才的初衷。但是，在工作一段时间后，最终留在长崎造船所的人却并不算多。1914年，有报告对三菱工业预备学校进行了批评："学校的毕业生获得了丰富的知识与技能……对造船所来说让他们留在船坞工作是很重要的，可事实却远不如理想……原因在于大多数毕业生都渴望成为制图员，只有极少数想在工厂里工作……制图员有着成为工程师的很好的前景，但工厂里的工作是沉重的而且极少有希望成为一名工程师。"[1]可以说，三菱工业预备学校在教育上取得了成功，但庄田平五郎办学的目标即在生产现场培养头

① Yukiko Fukasaku: *Technology and Industrial Development in Pre - War Japan: Mitsubishi Nagasaki Shipyard 1884 - 1934*, p.73.

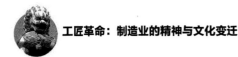

脑清晰的技师却没有实现。而这也反映了在日本的制造业企业中，工程师比生产一线的工匠有着更高的地位。1918年，三菱工业预备学校改名为三菱工业学校。1923年，三菱工业学校在庄田平五郎去世一年后被废止，取而代之的是长崎三菱职工学校。废除三菱工业学校的理由便是"现场的工作中只知道课本上的道理却不能制造，特别需要浑身是油拼命工作的人"这一类指责该校人才培养出现偏差的抱怨。例如，工人出身而通过专科学习成为技师的长崎造船所所长塩田泰介这样批评三菱工业学校的学生："毕业生在现场是借口很多而很难被使用的，对他们的批判是很严重的。他们在现场作业中只知道一些学问而不能制造出成品。"①由此可见，过于偏重理论学习的人才培养并不适合制造业企业的实际需求。

　　1924年，长崎三菱职工学校得到了县知事的承认，其入学资格与修业年限与三菱工业学校时代并无变化，一个年级学生的人数为400名，共有1 200名学生的容纳能力。不过，长崎三菱职工学校的培养目标已经由对技师和工程师的培养变为对工人的培养，在学校的规则中有"以养成健全优良的3个工厂的工人为目的"的明确记载，即为三菱旗下工厂的生产一线供应合格的劳动力。因此，尽管该校所设科目与三菱工业学校时代的科目设置是一样的，学习时间却减少了1/3。职工学校大幅压缩了理论课学习的时间，用两年的时间学完所有课程，在第三年为实习排出了时间明确的课程表。起初，长崎三菱职工学校3年中的实习时间有102个小时；后来，该校将32个科目改为三部制，第一部分实习132个小时，第二部分实习108个小时，第三部分实习36个小时。学校制定了《学生实习教导规定》，在实习工厂中选出教导主任和负责人员对学生进行指导，每学期要对学生的实习成绩和操作成绩进行考查并报告给校长。②学校对实习的强化反映了其培养目标出现了更加注重制造技能而非理论知识的转变，也更适应企业的需求。到1935年为止，长崎三菱职工学校的2 097名毕业生中，只有86人当了制图员，其余全部成为工厂里的工人。③与三菱工业学校相比，长崎三菱职工学校在人才培养上取得了契合制造业企业需求的成功。

　　除长崎三菱职工学校外，三菱财阀还于1918年在神户创办了神户三菱职工学校，次年招收第一批学生105名。1937年，该校的入学资格为"高等小学以上的

---

① 小路行彦：《技手の时代》，第 419-431 页。
② 同上，第 421-424 页。
③ Yukiko Fukasaku: *Technology and Industrial Development in Pre - War Japan: Mitsubishi Nagasaki Shipyard 1884 - 1934*, p.76.

课程修完的未满16岁的男子"。神户三菱职工学校的特点是"专业学科和实习"的时间很多，在第3学年中每周48小时就有33小时在进行实习。1923年，实习委托在三菱神户造船所、三菱电机神户制作所、三菱内燃机神户制作所进行，对于实习，这3个厂都会支付补贴。1937年改定学制后，实习增加到36小时。具体来说，实习是在技师、工人、工长等的熏陶与监督下进行的，例如，1938年的熔接工科的实习，就由4名主管工程师和4名指导员负责。[①]不同于长崎三菱职工学校，神户三菱职工学校从一开始就注重实习，以培养具有实际操作技能的制造者为目标。

总的来说，明治维新以后，日本的职业技能教育处于一种探索过程中，制造业企业出于自身利益考虑在其中发挥了很大的作用。长崎三菱职工学校的试错性探索颇有总结意义。在传统制造业中，工匠掌握着制造活动的全部流程，亲自介入制造活动的各个构成要素，制造活动所需要的脑力与体力是统一的，且往往统一于同一个制造者身上，即使到了工业革命时代，这种统一性仍长期存在。1837年，乔治·海德（George Head）这样评价英国的机器车间："没有什么场面比看到一家机器厂的内部更能在英国人心中激起伟大之情了，看那每一个辛勤工作的工匠的面目，虽然被烟熏黑，却放射出智慧的光亮，对比他谦卑的地位，激切的思想映在他的面容，指挥着他肌肉发达的胳膊，体现出英格兰如今的商业伟绩，应归功于这样一种头脑和身体力量的结合。"[②]然而，工匠掀起的制造革命消解了这种统一性，制造活动中的脑力与体力日益分离，并以传统工匠分化为工程师与工人这两个独立的职业群体固化了这种分离。毫无疑问，这种分离作为一种专业化的劳动分工，提高了效率，而且可以使理论科学通过工程师这一知识的载体更好地融入制造活动中。但是，制造活动的革命并没有消除纯粹的体力劳动，作为实体的产品最终必须依靠动手操作来完成，无论这种操作在多大程度上借助了机器的力量。换言之，制造活动无法仅仅凭借脑力完成，动手能力不可或缺。而在制造活动的脑力与体力分化为不同的职业群体承担后，仅仅教育与培训其中一个群体也是不够的。由于承担了脑力劳动的工程师是制造革命中出现的新因素，也是制造革命中事实上起作用的关键因素，日本政府与社会在学习制造革命的过程中更为重视这一新因素是理所当然的。不过，长崎三菱职工学校改组前的教训表明，动手能力以及生产现场的一线工人仍然是制造活动不可偏废的基

---

① 沢井実：《日本の技能形成》，第79-98页。
② Barrie Trinder: *Britain's Industrial Revolution: The making of a manufacturing people, 1700 - 1870*, p.67.

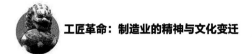

础，所以，开展注重动手实习的职业技能教育并培育新型工匠，对于制造业的发展极为必要。

五、量与质的辩证法：交错的制造革命

尽管从18世纪中叶开始，量的要求就主导着全球制造业的变革，并由此催生了效率强大的美国体系，但质的要求亦没有完全消失。而且，随着时间的推移，当量的需求被满足后，质的需求就开始提升，并由此对制造业产生同等的巨大压力，推动制造业寻求新的变革。在较长的特定时段内，量与质的要求往往交错占据主导地位，促使制造业不断变革。

（一）制造的科学化：工业研发的扩展

制造的科学化发端于瓦特那一代新型工匠掀起的制造革命，在德国化学工业中形成较为成熟的模式，19世纪后期迅速扩展，成为工业研发这一制造业的基本手段。

科学与制造的结合并非易事，它需要科学本身发展到能对制造业起直接帮助的程度，也需要观念的转变。传统工匠主要依靠由经验积累的技艺进行制造，理论科学对制造的帮助不大，这使传统工匠容易形成轻视理论的观念。在阿尔弗雷德·克虏伯等人身上，传统工匠的这种观念表现得很明显。但是，随着科学发展到能直接给制造带来利益的程度，部分工匠或制造业从业者的观念就发生了转变，而那些较早转变观念的人能获取市场竞争的优势。美国钢铁工业企业家卡内基回忆，在19世纪后期，美国的生铁冶炼业"尚不甚明白化学为何物"，高炉管理者主要凭经验和直觉进行判断。但是，卡内基聘请了一位德国化学博士协助管理高炉。在博士的指点下，卡内基发现："过去享有盛誉的一种铁矿石的实际含铁量比人们认为的低10%到15%，甚至会低至20%，而过去被认为是贫矿的铁矿实际上能够产出高质量的铁矿石。好的变成了差的，而差的变成了好的，一切都颠倒了过来。在化学知识的指引下，生铁冶炼中90%的不确定性得以排除。"于是，卡内基感慨："我们过去多么愚蠢啊！不过值得宽慰的是，我们的竞争对手更愚蠢。在我们雇用化学家指导工作多年之后，那些对手还说他们雇不起化学家。如果他们真正了解这样做的好处，他们就知道这一行业离不开化学家。回顾过去，我们率先在高炉操作中雇用了化学家，而我们的竞争者则宣称这样做成本太昂贵，这一点看起来值得记录下来。"①卡内基从实践中认识到了科学对于制造的价值。不过，企业单纯雇用科学家还只是科学与制造的简单结合，德国化工企业发展出的制度化新模式才意味着科学与制造的深度结合，也就是制造的科学化。德国的新模式成为企业研发制度的先驱，②19世纪后期，工业企业建立实验室等内部科研机构的做法蔚然成风，进入20世纪后更是不断扩展。

美国的通用电气公司在制造科学化方面走在了前列。通用电气公司的前身可追溯至发明家爱迪生（Thomas Alva Edison）。1892年，美国的金融资本主导爱迪生的公司与其竞争对手汤姆森—豪斯顿电气公司（Thomson Houson Electric）合并为通用电气公司。在合并前，两家公司就非常重视技术研发工作，以发明来推动企业成长。尽管爱迪生本人是一个瓦特式工匠型发明家，但制造的科学化需要基础研究和理论研究的支撑，尤其需要大学培养科学人才。在这一方面，和德国一样，美国高等教育的发展为制造的科学化提供了基本的人力资源储备。实际上，从18世纪末美国独立之初开始，美国的大学制度就更倾向于德意志大学制度，这种制度比同时代英国和法国的高等教育更为重视科学，要求教授们从事研究并把研究成果融入教学。③到19世纪50年代，自然科学在美国顶级大学哈佛和耶鲁的科学学院中站稳了脚跟，1865年建立的麻省理工学院则是一所与其他学院不同的专门致力于科学研究的学院。在麻省理工学院，以专业训练为主要任务的自然科学教育与以研究为基础的研究生教育相互促进。④麻省理工学院的创立者威廉·罗杰斯（William Baron Rogers）原本是弗吉尼亚大学的地理学家。1846年，罗杰斯已经有了通过科学教育促进经济发展的构想："没有哪项实用工业的分支，无论是建筑、制造业或者农业，在没有了解它与物质现实的联系和规律之前，是不可能被更好地操作或者在过程中被改进的，因此，我们也可以说，没有哪类熟练工人，科学教育无法对他们产生直接的巨大作用和物质价值。"但是，罗杰斯很清楚他的构想无法在农村地区实现，所以他离开弗吉尼亚大学，搬到了波士顿。波士顿是当时美国的工商业重镇，当地的纺织商重视科学对企业的作用，雇用了化学家指导印染工序。罗杰斯向波士顿的制造商们强调科学指导在制造中的重要性，鄙视那些盲目的实验者。在波士顿企业家们的帮助下，罗杰斯获得了一些私人和州立基金的资助，以及联邦政府给予的一部分赠地，办起了学

①　安德鲁·卡内基：《安德鲁·卡内基自传》，第117-118页。
②　Leonard S. Reich: The Making of American Industrial Research: Science and Business at GE and Bell, 1876 - 1926, Cambridge: Cambridge University Press, 1985, p.41.
③　亚瑟·科恩：《美国高等教育通史》，李子江译，北京大学出版社2010年，第59页。
④　同③，第98页。

院。罗杰斯称他的学校将："开设全方位的教学课程，涉及与建设机械、动力应用、制造、机械和化工、电板和胶片印刷、矿产开发、化学分析、工程、动力和农业等有直接关系的客观知识。"他希望科学家能够通过对自然规律的理解，为各行业的工程师提供理论基础和统一框架，这使麻省理工学院区别于更加实用的工程学校。①高等教育中理工科的发展，是制造科学化的前提条件。通用电气公司即受惠于麻省理工学院培养的人才。

通用电气公司作为电气工业这一新兴产业里的企业，雇用了很多工程师，这些工程师分布在不同的部门，负责改进产品设计与完善制造工艺。因此，公司早期已经成立了一些实验室。1896年，通用电气公司设立了标准化实验室，目的在于清洁、修理和校准电测仪器。当时，很多电学实验做得很粗陋，检测也不精确，但通用电气公司的管理层认为工程师必须对他们仪器的读数有信心。该实验室最初只有1名员工，到1900年增加到了16人。在19世纪90年代，通用电气公司重要的内部科研机构还有计算部（Calculating Department），该部门的负责人斯坦梅茨（Charles P. Steinmetz）发明了一种有效分析交流电路的代数方法。斯坦梅茨像理论科学家那样致力于得出与电动机运转相关联的复杂变量的方程式。通过运用斯坦梅茨的理论与方法，计算部的工程师设计了通用电气公司的新型交流发电机、马达、变压器和输电系统。②斯坦梅茨展示了抽象理论对于制造的强有力帮助。

尽管通用电气公司是美国电气工业的领头羊，但19世纪末市场竞争的加剧使部分员工认为公司有必要保持创新能力。在这种形势下，斯坦梅茨提议创立一个公司级别的研究实验室，他构想中的实验室要独立于制造部门，并与生产问题的干扰隔绝开来，提出在实验室里"任何人提到订单或销售就要被扔出去"。1900年9月，斯坦梅茨写信给通用电气公司的创始人之一汤姆森（Elihu Thomson）寻求支持。汤姆森很快给他回信，称："你关于研究的计划正好是我会建议我自己做的那种。在我看来，像通用电气公司这样的大企业不能放弃持续性的研究以及拓展新领域……我确信，如果组织得当，公司会从这样一个实验室里获利甚多。"汤姆森同时给公司的另一名领导莱斯（Edwin W. Rice）写信，复述了自己的观点并写道："……应该有一个科研实验室去对新原理进行商业应用，甚至

① 亨利·埃兹科维茨：《麻省理工学院与创业科学的兴起》，王孙禹等译，清华大学出版社2007年，第30-32页。

② Leonard S. Reich: *The Making of American Industrial Research: Science and Business at GE and Bell, 1876 - 1926,* pp..58-59.

去发现那些原理。"①作为爱迪生曾经的竞争对手，汤姆森看到了在企业内部进行科学研究的战略意义。为筹建实验室，公司在当年聘请了麻省理工学院的科学家威利斯·惠特尼（Willis Whitney）。惠特尼学的是化学，1890年毕业后留校担任仪器员和实验室助手。后来，他去德国攻读博士学位，回国前还在法国学习了一段时间。通用电气公司在邀请惠特尼时，试图使他相信"尽管他们是工业主义者，但他们同样具有科学理想"。最初，惠特尼只是兼职为通用电气公司服务，每个学期每周花2天的时间去公司，暑假则完全待在公司，公司为此每年付他2 400美元。1901年，惠特尼离开麻省理工学院，成为通用电气公司的全职雇员。②1902年年初，莱斯向公司股东宣布建成了美国第一家工业研究实验室，指出："尽管我们的工程师已经能够经常得到支持去发展新的原创性的设计和改进现有标准，但看起来很明智的是，去年成立了一家实验室专门致力于原创性研究。希望通过这一手段能发现大量有利可图的领域。"③通用电气公司研究实验室得到了公司的大力支持，1910年其预算为162 000美元，1913年涨到250 000美元，1916年增至553 000美元。1919年，实验室共有47人，1916年增加到78人，1919年则达到134人。1915年，实验室搬到了专门新修的建筑里，室内建筑面积超过60 000平方英尺④，有中央系统用于提供压缩空气、照明气体、真空抽吸、氢气、氧气、蒸馏水和蒸汽。建筑里还有木工场、机器车间和一个专业化的图书馆。公司为实验室花了300 000美元，其中1/3用于设备投资。1916年的通用电气公司研究实验室成了当时美国装备最完善的实验室。⑤

通用电气公司对实验室的投资带来了回报。以照明业务为例，惠特尼在1912年组建了真空灯委员会，1914年，实验室在该委员会的指导下开展了一系列研究，如电灯泡玻璃研究、制作与检测电灯的方法研究、电灯底座与引线研究、制灯机器研究等。实验室在与电灯有关的项目上花费了90 000美元。实验室与照明工程师和生产部门密切合作，一起降低了电灯的制造成本并提高了产品品质。于是，通用电气公司能够稳步降低电灯售价，同时还能从每只电灯的出售中获取更多利润。在20世纪头十年，实验室持续扩大对于照明相关技术的研究，使通用电气公司能保持领先地位。1928年，通用电气公司的白炽灯销售规模占整个美国市

① Leonard S. Reich: *The Making of American Industrial Research: Science and Business at GE and Bell, 1876 - 1926*, pp..66-67.
② 同上，pp..68-69.
③ 同上，p.71.
④ 1 平方英尺约为 0.09 平方米。
⑤ 同①，p.92.

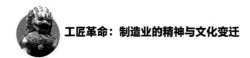
场的96%，直到1939年，公司仍然能够控制87%的美国市场。[①]在研究上的高投入成为制造科学化起作用的关键。

工业研究实验室不同于大学实验室，它与制造有密切关系，本身也要从事生产。惠特尼认为不同类型的研究需要采取不同类型的生产："在新设备的案例中，它很大程度上取决于负责生产设备的部门或工厂的工程师的新鲜感和兴趣。例如，在热阴极电子射线管的案例中，这个东西太新了，在生产中需要新的装置与方法，我们起初把管子放在实验室的生产基地里，但发现它在我们可获得的空间里容不下后，我们建了一个新的工厂部门，由实验室的人员在里面负责，去制造电子管……在其他情况下，我们就在实验室里小规模生产某个东西，简单地消灭生产中的麻烦，或者开发新的技术，然后把东西整个转交给工厂部门。还有一些案例中，我们对设备的处理不超出实验阶段，然后将其移交给工厂的工程师去完善，并投入生产。简单地说，我们在我们认为合适时开始生产活动，但我们认为合适的生产活动的程度在给定案例中可能多到从0至100%不等。"[②]惠特尼的话表明工业研究实验室存在着多样化的生产活动，而这也体现了其研究的多样性。实际上，通用电气公司工业研究实验室的部分研究工作相当具有基础性。实验室成员欧文·朗缪尔（Irving Langmuir）1932年获得了诺贝尔化学奖，表彰他对于白炽灯灯丝表面物理过程所做的研究。这是第一次由工业科学家获得该项荣誉。不过，对通用电气公司来说更重要的是，朗缪尔在其职业生涯里共获取了63项美国专利，其中不少对公司大有用处。[③]制造与科学的结合在朗缪尔身上得到了极佳呈现。

实验是现代科学最基本的研究方法，也是瓦特等工匠发动制造革命时贯穿于制造活动各要素中的基本原则。由于实验具有手脑并用的特性，它很适合成为理论性的科学与实践性的制造的交集，并由此促成两者结合。制造的科学化，是科学对制造活动的渗透，其最直接的形式便是系统化的实验方法大规模运用于制造活动，并使内化于制造活动的实验成为明确的制度。因此，企业内部创立大型工业研究实验室，就是将科学研究内化于制造活动，让新知识的生产与应用省去了企业与大学互动的交易成本，高效地创造出对制造活动有用的新知识。自然，制造的科学化主要依托于企业雇用的科学家或科学家化的工程师，它将制造活动分

① Leonard S. Reich: *The Making of American Industrial Research: Science and Business at GE and Bell, 1876 - 1926*, pp..85-86.
② 同上 , pp..106-107.
③ 同上 , pp..126-127.

割为研究与制造两个环节，进一步瓦解了工匠传统下制造活动的完整性。当然，由于实验本身的手脑并用性要求实验者严谨细致，而实验的试错性又要求实验者有不畏挫折并持续投入的专注与毅力，故精益求精与专注执着的工匠精神在科学化的制造活动中仍然具有保障性功能。

制造的科学化从大学教师与工业企业的结合，发展到企业内部设立科学实验室，一步步深化，促使研发活动成为制造活动中相对独立的环节，与单纯的生产制造出现了分离，也使工程师进一步独立于工匠母体。而在研究开发与生产制造这两个环节，不同的实施主体产生了不同的文化，研究开发重视理论，生产制造侧重经验，只有工作态度可以是共性的。表3-21分析了制造科学化对制造的分割化。

表3-21　研究开发与生产制造分离后的不同文化

要　　素	研究开发	生产制造
实施主体	工程师	工匠、工人
工作场所	实验室、办公室	车间、生产现场
在制造环节中的次序	前	后
知识形式侧重	理论	经验
劳动属性侧重	脑力劳动	体力劳动
教育要求	高等教育	职业教育

当然，研究开发与生产制造的分离，并不意味着企业内部的工业研发不需要与生产一线结合。惠特尼指出，通用电气公司实验室的研究与生产有着多样化的结合方式，便表明该公司的研究开发与生产制造并未隔绝。实际上，工业研发与生产制造的密切关系正是企业实验室比大学实验室更能适应制造业需求的优势所在。然而，研究开发与生产制造的分离终究意味着两者在一定情况下存在着矛盾与冲突，在理论上，研究开发甚至可以与生产制造完全分离，由不同主体来实施。这给制造业的发展平添了变数。

除了通用电气公司外，进入20世纪后，美国尚有其他企业也建立了大型工业实验室，其代表即为贝尔（Bell）公司。贝尔公司由发明家亚历山大·贝尔（Alexander Bell）与合伙人创立于1877年，以电话的商业化起家。贝尔公司在很大程度上主导了美国电信产业的早期发展，并建立了一个复杂的贝尔体系。1880年，美国贝尔电话公司（American Bell Telephone Company）成立。1885年，美国贝尔电话公司创立了美国电话电报公司（American Telephone and Telegraph

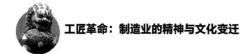

Company，AT&T）。在其早期阶段，贝尔公司就相当重视研发工作。贝尔公司的第一份年报就提到：很大一部分工作是在电力与实验部门进行的，包括测试新发明与检验电话和装置……以及同时改进短距离与长距离的电话和线路。这项工作成本很高，但它是我们公司的头等大事，必须坚持下去。[1]但公司也进行一些基础研究。工程部1914年年度报告便称："过去一年里发展部（Development Branch）最惊人的变化或许在于其方向集中于基础研究，而花了相对较少的时间在单独的项目上……与发展部相似的是，传输部也大大转向了基础研究……很多此类研究是研究部（Research Branch）与传输部工作边界间的项目。两个部门携手并进。"[2]可见，在贝尔体系内部已经出现了整合各类研究的需求。这为创立综合性的工业实验室埋下了伏笔。贝尔公司的工程师朱厄特（Frank Jewett）宣称："大学正在生产的物理学家在光谱仪和原子结构里从事研究时很显然具有发表高质量论文的资质，但也几乎没受过基本的力学、流体力学、电学理论和热力学训练，这些是30年前大学曾教过的。我们相信，在一个工业实验室里，那些有基本的经典物理学背景的物理学家或工程师，比只懂现代物理学的物理学家有更大的价值。"[3]这指出了工业实验室对研究人才有着与大学不同的要求。朱厄特起初在麻省理工学院担任物理学教师，1904年答应了美国电话电报公司的工作邀请，年薪为1 600美元。[4]1925年1月1日，贝尔公司的诸多实验室整合为贝尔实验室，正式成立。贝尔实验室由朱厄特担任主席，一成立就雇有3 600余名职员，其中含2 000个技术岗，获得的预算超过1 200万美元。[5]后来，朱厄特曾在一次发言中，指出工业实验室"只不过是一个由聪明人组成的组织，那些人想必都有些创新能力，接受过知识和科学方法方面的特殊训练。实验室提供设施和资金让他们来研究、发展与自己相关联的产业"，而企业设立的工业实验室的优势在于：

"可以避免盲目的试验性实验造成的许多错误。同样，针对某个具体问题，这种手段可以发挥众人的智慧，这自然远远超过任何个人可能具备的能力。"[6]然而，贝尔实验室如同杂交物种，它在工业企业内注入了从事基础研究的大学的特性。在20世纪30年代，实验室员工不仅利用空闲时间去大学继续攻读学术课程，

① Leonard S. Reich: *The Making of American Industrial Research: Science and Business at GE and Bell, 1876 - 1926*, p.143.
② 同上，p.201.
③ 同上，p.203.
④ 乔恩·格特纳：《贝尔实验室与美国革新大时代》，王勇译，中信出版集团2016年，第9页。
⑤ 同①，p.184.
⑥ 同④，第23页。

还通过学习小组的形式一起研读科学教材，彼此轮流讲授理论物理和实验物理领域的最新进展。学习小组的一名组员后来回忆称："在我看来，当时这些年轻的博士把一种学术概念引入了这间工业实验室中……下班时间是5点，我们就在5点15分开始……这完全是大学传统的一部分，但在当时的工业实验室内却是不合常规的。"①尽管贝尔实验室不是工业实验室的开创者，但较晚成立的该实验室将这种新的制造方式以一种前所未有的规模付诸实践，也意味着这种最早产生于德国的模式的成熟。

　　除了德国、美国这些起步较早的发达国家出现了制造科学化加剧的趋向，一些当时的新兴工业化国家也引入了这一新模式。日本便是一个典型。以三菱长崎造船所为例，1904年在铸造车间里建立了一个小型实验室，做一些简单的化学分析和材料检测工作。该实验室也成为整个造船所实验室的起点。1913年，造船所领导访问德国克虏伯公司，受该公司实验室的启发，决定建立一个类似的实验室。1916年，新的实验室建成。大学训练出来的专家进入实验室后要遵循新的研究规则。实验室员工撰写了大量研究报告。②表3-22为长崎造船所实验室的员工与报告数量。

表3-22　长崎造船所实验室的员工与报告数量（1904—1935年）

年份	员工数（人）	工程师人数（人）	技师人数（人）	工人等人数（人）	完成报告数（份）
1904	3	1	0	2	—
1905	—	—	—	—	—
1906	5	2	1	2	—
1907	—	—	—	—	—
1908	7	3	2	2	—
1909	—	—	—	—	—
1910	—	—	—	—	—
1911	—	—	—	—	—
1912	9	3	2	4	—
1913	—	—	—	—	—
1914	—	—	—	—	—
1915	—	—	—	—	—

① 乔恩·格特纳：《贝尔实验室与美国革新大时代》，第33页。
② Yukiko Fukasaku: *Technology and Industrial Development in Pre - War Japan: Mitsubishi Nagasaki Shipyard 1884 - 1934*, pp..96-97.

续表

年份	员工数（人）	工程师人数（人）	技师人数（人）	工人等人数（人）	完成报告数（份）
1916	20	3	9	8	—
1917	—	5	—	—	—
1918	67	5	9	53	—
1919	150	6	—	—	—
1920	—	14	23		
1921	156	12	16	128	76
1922	107	13	13	81	124
1923	88	8	7	73	87
1924	98	8	8	82	81
1925	—	9	7	—	99
1926	81	10	6	65	118
1927	82	11	5	66	98
1928	89	11	5	73	119
1929	88	11	5	72	76
1930	86	12	7	67	130
1931	85	9	6	70	96
1932	87	9	6	72	95
1933	102	9	6	87	77
1934	106	8	6	92	70
1935	114	8	6	100	94

说明：所据资料原始数据有缺失。

资料来源：Yukiko Fukasaku: *Technology and Industrial Development in Pre - War Japan: Mitsubishi Nagasaki Shipyard 1884 - 1934*, p.98.

　　由数据可见，长崎造船所的工程师数量虽有增长，但始终维持在一个较低的水准，而工人的人数却逐渐增多，显示出其作为企业实验室具有重视生产的一面。然而，从1921年开始，该实验室每年都能完成一定数量的报告，展现了其研究工作在稳步推进。日本企业的工业研发程度与水平，与其在世界制造业中的地位是相一致的。

　　总而言之，进入20世纪后，19世纪后期兴起于德国的产学结合的新的制造模式，以企业创立内部工业实验室这一形式发扬光大，在全球得到扩散，强化了制造的科学化这一大趋势，也使研发成为制造活动中重要而独立的环节。

（二）质的追求：撼动福特制的创新

人类的制造活动是具有目的性的，终究是为了满足人的需求。然而，人类的需求纷繁复杂，既具有多层次性，又具有动态演化性。在大部分历史时期里，由于生产力的低下，量的需求都占主导性。诚然，历史上的王公贵族等统治阶级，对制造品的质有着更挑剔的追求，但对于普罗大众来说，基本需求的满足才是第一位的。在传统农业社会里，高品质的制造品具有高稀缺性，甚至带有奢侈品性质，因此主要满足的是统治阶层与富裕阶层的欲求。例如，在明清时代，中国浙江湖州生产的丝绸名满天下，以此为原料制成的产品"紫光可鉴"远销各地，但是，湖州本地的生产者"终身不被一缕者，十常八九"[1]。这就说明湖州丝绸的产量有限，只能供给具有购买力的少数人群，无法惠及生产者本身。可是，低收入者买不起某些产品，并不表示他们没有对这些产品的需求。为了满足需求，扩大产品的供给量是最基本的路径，因为供给量的扩大一方面意味着有更多产品能够提供给需求者，另一方面也常常意味着成本与价格的降低，令潜在的需求者有能力购买，甚至当一种产品的供给量增大后，原本不存在的需求也可能被激发起来。工业革命从瓦特、阿克莱特等工匠发动之日起，就主要围绕着供给量的扩大展开，至美国体系下大规模生产的实现而基本满足了量的需求，开创了一种解决困扰了人类数千年的供给量难题的新的制造方式。然而，人类需求的复杂性在此时开始发挥作用，质取代量，在那些满足了量的需求的地区逐渐占据主导性，支配制造活动的演化。

人类行为受动机的支配，动机的背后正是需求。心理学家马斯洛（Abraham Maslow）在其经典研究中，将人的基本需要划分为不断递进的5个层次：生理需要、安全需要、归属和爱的需要、自尊需要、自我实现的需要。他指出："人类动机生活组织的主要原理是基本需要按优势或力量的强弱排成等级。给这个组织以生命的主要动力原则是：健康人的优势需要一经满足，相对弱势的需要便会出现。"[2]换言之，当人的生理需要满足后，就会追求安全需要的满足，一经满足，又会追求归属和爱，依次递进。制造业及其产品存在的根本意义是为了满足人的需要，很显然，这种需要同样具有依次递进的层次性。一方面，当人们吃饭穿衣的基本需要满足后，就可能产生对美观性大于功能性的装饰品的需求；另一

---

[1]　彭泽益编：《中国近代手工业史资料（1840—1949）》第1卷，第211页。

[2]　亚伯拉罕·马斯洛：《动机与人格》，许金声等译，中国人民大学出版社2013年，第35页。

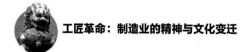

方面，即使吃饭穿衣这种最基本的需要，也存在着内涵与品质升级的追求。需求与欲望的变化是诱导制造业变革的重要原因。

19世纪晚期，正当美国制造业还在为满足量的要求而努力完善美国体系时，经济学家凡勃仑（Thorstein Veblen）就观察到一种现象："近十几年来的风气是，人们觉得餐室中蜡烛的光线比任何别的照明都悦目。目前在那些高雅人士看来，烛光比用油、煤气或电发出的光线，格外柔和，格外不刺目。然而在三十年前的情形就不是这样，因为在那个时候，或在最近以前，蜡烛是供家庭用的最低价的照明设备。即使现在，除用于仪式上的照明以外，也没有人认为蜡烛这件东西在别的场合也同样可用或同样有效。"①这就是需求与欲望复杂性的一个典型案例。从实用功能的角度说，新的工业技术带来的照明效果无疑远远胜过点蜡烛这一传统照明手段，但是，正当通用电气公司等企业努力提高新式照明设备的量以便惠及更多普通人时，能够消费得起新式照明设备的"高雅人士"却产生了一种不考虑实用功能的消费心态。这实际上是一种通过有别于大众的消费来彰显凌驾于大众之上的社会地位的炫耀心态。凡勃仑称此类消费为"炫耀性消费"可谓贴切，他说："拥护高价、反对低价的习惯，在我们的思想中已经这样根深蒂固，因此在一切消费中，总是本能地坚决要求至少附有某种程度的浪费因素。"他举例描绘这种心态："如果日常进餐时用的是手工制的银餐具（虽然其艺术价值往往可疑）、手工绘的瓷器、精细的上等台布，我们就会真诚地、一点不带疑惑地，觉得兴头要高些，这种情形是人所共有的。"②从本质上说，炫耀性消费就是一种希望凸显个性来满足虚荣心的消费。由于不考虑产品的实用功能及性价比，炫耀性消费是非理性的，但这种心态深深植根于人性，是人与人之间社会关系的产物。而且，炫耀性消费一定建立在实用性消费已经得到满足或者能够得到满足的基础上，是需求与欲望递进升级的较高阶段。当量的需求得到满足后，质的需求就产生了。

工业革命对量的要求的满足，以美国体系为其成熟形态，又以福特制下T型车的制造达到巅峰。在相当一段时间里，福特汽车公司一直压制着通用汽车公司等竞争对手。这也强化了福特本人对T型车理念的自信。但是，福特T型车成功地满足了美国人对汽车这一新奇的耐用消费品的基本需求后，美国人开始产生更高层次的需求，而这一次满足需求的是通用汽车公司。杜兰特被逐出通用汽车公司后，带领公司走出困境的是小艾尔弗雷德·斯隆（Alfred P. Sloan）。斯隆

---

① 凡勃仑：《有闲阶级论》，蔡受百译，商务印书馆2007年，第121-122页。
② 同上，第121页。

于1895年毕业于麻省理工学院，获得了电子工程学学士，进入一家滚珠轴承公司工作，该公司最初只有约25名雇员和1台10马力发动机，因经营不善，被斯隆的父亲及其同事接收了，斯隆变为公司总经理。后来，该公司成为通用汽车公司的零部件供应商，斯隆也由此与通用汽车公司产生关系。在通用汽车公司被委以重任后，斯隆发现公司的汽车产品线缺乏整体的政策。在低价位市场上，通用汽车公司无法与福特汽车公司竞争，1921年早期，在同等配置下，雪佛兰比福特T型车贵300美元，毫无市场竞争力。但是，当时没有别的汽车制造商比通用汽车公司拥有更全的覆盖所有价位的产品线。[1]斯隆决定从这一点着手来构建新的竞争策略。斯隆看到，通用汽车公司的各个事业部各自为政，独立制定自己的价格，导致一些车型在同一个价格区间互相拆台。他认为公司的未来取决于能否以最低的成本设计和制造功能最齐全的汽车，而这首先就需要限制公司车型种类的数量及不同车型间的价位重叠。斯隆就此制定了通用汽车公司的产品政策，其基本点为：首先，在各个价格区间推出车型，构成产品线，最低价格可以低至市场最低价格，但是最高价格的车型必须满足能够大规模生产的条件，不能以较小的产量进入高价位市场。其次，保证足够大的价格差，从而使产品线中的车型能够保持合理的数量，以便保证公司能够从大规模生产中获益，但价格差又不应太大，否则会在产品线中留下价格空白；最后，公司产品的价格区间不应存在重叠现象。[2]换言之，斯隆并没有舍弃大规模生产的美国体系，产量仍然是重要的考虑，但是，斯隆不像福特那样通过单一化原则将大规模生产发挥到极致，而是通过引入多样化原则来满足市场需求的多层次性。

在分隔好价格区间后，斯隆提出一个复杂的战略，用他自己的话说："一般而言，通用汽车应该将自己产品的定价接近每个价格区间的上限，并且保证它的质量能够吸引这一价格区间的目标顾客，使得他们愿意多付一点钱来享受通用汽车优秀的品质；同样，它也可以临近更高价格区间的低端客户，使得他们愿意在质量差不多的情况下少花一些钱购买通用汽车的产品。这相当于在同一价格区间开展质量竞争，或者和它的上一个价格区间开展价格竞争。"[3]斯隆战略的核心就在于捕捉到了消费者心态与需求的变化。根据他的分析，1908年以前，由于汽车价格昂贵，美国的汽车市场完全属于上层社会，福特汽车的兴起带来了汽车产业的大众市场，该市场被福特"低价位的基本交通功能"的

①　小艾尔弗雷德·斯隆：《我在通用汽车的岁月》，第55页。
②　同上，第56、60-61页。
③　同上，第63页。

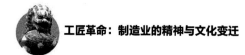

理念主导，但是，20世纪20年代中期以后，各种各样功能更多、质量更好的汽车出现，意味着多样性大众市场时代来临了。[①]换言之，美国汽车市场的支配力量经历了由质到量再回归质的演化。这一演化的动力包括整个美国经济的成长以及分期付款购车等营销手段的出现，其根基则深植于需求与欲望存在递进升级趋向的人性中。

然而，对制造业来说，需求不可能自动被满足，很多需求只是潜在的，需要被激发出来，而这个激发过程往往也是制造变革的过程。假如福特汽车公司没有一系列的创新，那么，汽车大众市场的需求即使存在，也只能是一种潜在的需求，无法变为现实。而斯隆对汽车多样性大众市场到来的判断，也必须依靠通用汽车公司落实于行动的创新去实现。1923年开始，通用汽车公司的雪佛兰工程师开始设计K型车，该车型有一些新的外观特征，车身更加修长，扩大了腿部的空间，而且加装了封闭式车身。斯隆认为，封闭车身具有关键性的竞争力，因为这种汽车真正是一种全天候的舒适的交通工具，而福特T型车仍是敞篷车。1925年，雪佛兰K型车的销量超出单排座敞篷轿车的40%，尽管其售价高于福特汽车，但在低价位汽车市场上形势喜人。迫于竞争压力，福特也于1924年在T型车上装上了封闭车身，然而，T型车轻量化的底盘不适合承载较重的封闭车身。于是，过去成功的设计现在变成了阻碍。1926年和1927年，封闭车身在福特汽车的比例仅为51.6%和58%，同一时期雪佛兰封闭车身占比已上升至82%。这期间，由于成本下降和价格下调，雪佛兰相对于福特的竞争力得到了加强。1925年，雪佛兰美国工厂售出了48.1万辆轿车和卡车，福特工厂的销量接近200万辆。1926年，雪佛兰工厂的销量上升到了69.2万辆，福特工厂的销量下降到了155万辆。1927年5月，福特完全关闭工厂并停工一年用于重组，将市场拱手让给了雪佛兰和克莱斯勒汽车公司的普利茅斯汽车。[②]尽管福特汽车公司此后重整旗鼓，并一度重新夺取市场领先地位，但总体上已落后于通用汽车公司，失去了早期那种令对手望尘莫及的优势地位。通用汽车公司的战略创新撼动了福特制。

不过，通用汽车公司的创新在很大程度上只是冲击了福特制僵化的产品与市场理念，在制造层面并没有完全否定福特制，相反，其创新建立在福特制的基础上。这一点从斯隆仍然追求大规模生产可以看出来。为了降低成本，在采购和生产环节，通用汽车公司对零件进行了更精细的分类，提高了事业部之间零件的可

---

① 小艾尔弗雷德·斯隆：《我在通用汽车的岁月》，第136页。
② 同上，第139、146-149页。

互换程度，并将整个公司的车身减少为3种标准型号。①这实际上还是在贯彻福特制的基本原则，但进行了改良，没有像福特本人那样将相关原则推向极端。简单地说，福特为了追求大规模生产，主要从降低成本着手，只推出一种仅具备基本实用功能的产品，最大程度地去满足量的要求。而且福特轻视了消费者的需求存在着层次性与升级性。但斯隆将质的要求置于核心，以"制造越来越好的汽车"为理念，即使这一制造方针意味着"汽车的附件更多"，并超越了"基本交通功能"。②事实证明，斯隆对消费者人性的判断更准。整个通用汽车公司不仅以多种车型满足不同层次的消费者，还通过相对频繁地更新车型来满足消费者对于个性乃至炫耀性消费的诉求。不同的产品目标需要不同的制造方式。福特汽车公司只制造单一型号的产品，所以使用了大量高度专门化的机床，但通用汽车公司要经常改变型号设计，不可能为每一种型号的产品配备专门化机床。福特汽车公司的经理克努森（William Knudsen）曾建议福特公司使用通用机床而非专用机床，该建议没有得到采纳，克努森后来加入通用汽车公司，成为管理制造的领导。尽管使用通用机床的通用汽车公司的生产效率不如使用专用机床的福特汽车公司，但通用汽车公司能以更快的速度转入对新型号产品的制造。1929年，福特汽车公司切换不同型号产品的制造要花6个月的时间，通用汽车公司只需要20天。③换言之，通用汽车公司的生产与制造比福特汽车公司更具弹性，而弹性取决于战略，依靠具体的制造手段实现。弹性的意义就在于可以满足多样化的市场需求，赢得竞争优势。

　　除了产品战略的创新外，通用汽车公司还进行了其他创新，如1924年建立了对公众完全封闭的通用汽车试验场，用来控制产品质量。④此外，更具深远意义的是，通用汽车公司重视产品的外观设计。1921年，该公司的产品计划项目强调了"外观在销售中极其重要"，1926年，斯隆开始认真考虑外观设计的问题。当年7月8日，在给别克总经理的信中，斯隆写道："作为一名汽车人，我一直都不明白为什么我们会这么明确地不愿意从增加车型外观吸引力角度出发做一些事情……在所有车辆的机械状况都很不错的情况下，外观就成了决定购买意愿的最

①　小艾尔弗雷德·斯隆：《我在通用汽车的岁月》，第163页。
②　同上，第139页。
③　Christoph Roser: *"Faster, Better, Cheaper" in the History of Manufacturing: From the Stone Age to Lean Manufacturing and Beyond*, London and New York: CPC Press, 2017, p.278.
④　同①，第236页。

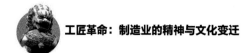

关键因素。"①一切还是从消费者的消费心理出发考虑，尤其是考虑那些非基本实用功能的诉求。而非基本实用功能的诉求，恰恰是量得到满足后产生的对质的需求。为了满足这一需求，通用汽车公司设计了大方的王冠型车顶来取代老式的方盒子型车顶，而新型车顶弧形的侧边有助于降低全钢车顶带来的鼓点般的噪音。必须指出的是，在钢铁工业的现代高速带状轧钢技术成熟并能轧制8英寸宽钢板后，通用汽车公司才具备了制造单片车顶的能力，新型外观设计才能够在制造中化为现实。在斯隆的时代，通用汽车公司有超过1 400名从事外观设计的员工。②毫无疑问，外观设计是推出新车型必不可少的手段。由于多型号战略是通用汽车公司的基本立足点之一，外观设计能力的发展也就构成了公司重要的竞争优势。

值得一提的是，斯隆接手通用汽车公司之初，公司正在研发风冷发动机，以取代水冷发动机。这一具有革命性的研发工作得到了当时公司管理层的支持，但斯隆在1921年就意识到该项目具有非常高的不确定性和风险，他写道："……我们的工程人员只能算得上平均水平。我们无法指望能够从这些工程人员普普通通的头脑中得到领先于时代的设计。和其他领先于时代的事物一样，领先于时代的工程设计通常会招致那些目光不够长远的人的嘲笑。正是出于这个原因，它才必须以各种得到大家认可的事实来证实自己的作用，而不是仅仅从理论上证明。"③于是，斯隆在无法立即砍掉该项目的情形下，逐渐减少对该项目的投入。1923年，新型发动机被研制出来，但结果证明是巨大的失败，安装了该发动机的汽车售出后不得不全部召回。该案例一方面表明了工业研发不易，另一方面，案例中的斯隆体现出了以市场而非技术为优先考虑的态度，这一态度与斯隆实施的各项战略是相通的，即从市场和消费者需求的角度出发进行制造活动。尽管这种态度还是折射出资本对于制造的宰治，但只要制造活动是在竞争环境里为满足需求而存在的，那么，制造活动的可持续性就一定取决于满足需求的能力，不管这种需求是由量支配还是由质主导。

通过以产品战略为中心的创新，通用汽车公司成功地撼动了福特制，将福特汽车公司从汽车工业霸主的王座上拉下来。但是，通用汽车公司并没有否定福特制，也没有发展出新的制造方式。相反，通用汽车公司仍然立足于大规模生产，而大规模生产必须从整体上采用福特制的制造方式。然而，通用汽车公司对福特

---

① 小艾尔弗雷德·斯隆：《我在通用汽车的岁月》，第248-251页。
② 同上，第258、248页。
③ 同上，第74页。

制进行了改良，否定了福特本人实行的近乎极端的福特制，通过引入产品的多样化原则而使福特制变得更加弹性，并由此使制造方式变得更加弹性。归根结底，制造活动以满足人的需求和欲望为目的，在物资匮乏时，量的扩大成为制造活动的支配性原则，以期满足最基本的需求，而一旦基本需求得到满足，品质就取代数量成为优先考虑，制造活动遂转变到以质的提升为支配原则。从制造文化的角度说，以量为优先考虑的制造方式往往为了追求效率而采取简化方法，但以质为优先考虑的制造方式为了满足需求的复杂性而会采取复杂化方法。从形式上看，以质为优先考虑的制造方式似乎回归了个性化的工匠传统。然而，这种回归如果存在，也只是表面上的，因为在现代市场竞争的环境里，制造活动质的提升还是以量的保障和效率的提高为基础的，其制造手段也必须借助非手工工具。也就是说，弹性的福特制文化仍然是现代的而非传统的。表3-23分析了3种制造文化的不同特点，其演化存在着某种辩证法式螺旋发展。

表3-23　制造文化的辩证发展

要素与特点	工匠传统	福特制文化	弹性的福特制文化
存在环境	低竞争度环境	高竞争度环境	高竞争度环境
侧重点	质	量	质
满足需求类型	基本需求	基本需求	高层次需求
是否满足需求	否	是	是
产品特性	个别性	均质性	多样化的均质性
制造原则	弹性	刚性	弹性
实现手段	手工劳作	机械生产	机械生产
生产规模	小	大	大
文化类型	传统	现代	现代

制造文化侧重点由量转质的演化不是简单的向工匠传统的回归，只是根据人的需求与欲望从低层次向高层次升级而改变部分原则，但高竞争度的环境决定了实现手段必须机械化而生产规模必须大。当然，这里的需求与欲望指的是社会大多数人的需求与欲望。从上古时代起，人类就存在着专供一小部分统治者和上层阶级享用的奢侈品制造活动，随着时间的推移，部分奢侈品因为制造方式的变革而成为社会大多数人可以消费的非奢侈品，但也有部分奢侈品一直保留着只供小部分人消费的特性。一旦某种产品只供小部分人消费且只有少量的制造者，其制造活动在很大程度上就可以不受市场竞争压力的约束，也就更容易全面地保留农

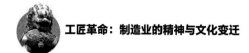

业时代的传统。工匠革命几乎与此类奢侈品行业无关，而这类行业的制造文化与一般制造业的文化也缺乏比较分析的意义。

（三）量的重要性：工匠国家的战败

尽管20世纪制造业的演化出现了质的要求压倒量的要求这一新变化，但量的重要性仍不容忽视。20世纪的上半叶，两场世界大战摧毁了文艺复兴时代以后逐渐形成的世界秩序，破坏了旧的文明。与以前的战争不同的是，两场世界大战是真正意义上的"总体战"，工业技术给战争带来了前所未有的恐怖力量。在很大程度上，工业实力亦成为决定战争胜负的基础性力量之一。巧合的是，两次世界大战的战败国都包括被视为工匠国家的德国，在第二次世界大战中，另一个工匠国家日本也遭遇了失败。与作为帝国主义霸权争夺战的第一次世界大战相比，第二次世界大战带有更多的意识形态色彩，也很好区分战争的正义方与非正义方，从结果来看，非正义方的战败理所当然。然而，历史从来不会自我实现，历史的展开建立在人的具体的行为的基础上。这样一来，历史和现实都可以进行价值中立的技术性检讨。从技术角度分析，工匠国家的战败凸显了量对于制造业仍然有着不可轻视的重要性。

1914—1918年的第一次世界大战已经显示了大规模生产对于战争的意义。福特汽车公司在这场战争中大显身手。福特称："一旦我们参战，福特公司的一切就都听命于政府的指令。"从1917年4月到1918年11月，福特的工厂实际上是专门在为政府工作。福特写道："我们制造2.5吨和6吨的卡车，生产了大量的自由式发动机、航空飞缸、1.55毫米和4.6毫米的弹药盒。我们生产了监听装置、钢盔和鹰式舰艇。我们在装甲钢板、差动装置和船体甲板方面做了大量的实验。"[1] 此外，在战争的关键时期，福特公司为美国的盟友英国制造了5 000辆拖拉机，并运抵英国。福特骄傲地回忆："英国政府的官员们很客气地说，要是没有这些拖拉机的帮助，英国几乎无法对付粮食危机。正是这些通常由妇女驾驶的拖拉机，翻耕了过去的私人地产和高尔夫球场，几乎让全英国的土地都种上了粮食，而没有从战斗部队抽人或减少军工厂的人力。"[2]实际上，美国体系本来就是从军事工业兴起的，最初是为了适应战争对于制造业产品量的需求，因此，第一次世界大战不过是对于该体系的一种实战检验。

---

① 亨利·福特：《我的生活与工作》，第205-206页。
② 同上，第162页。

更大的检验则来自第二次世界大战。在这场战争中，德国的工业一方面展示了极高的制造技术，另一方面也暴露了大规模生产能力的不足。以在制造业中居于核心地位的机床的产量来说，美国的战时机床生产呈膨胀之势，德国虽努力增产，但数量有限。图3-5为第二次世界大战期间美德两国机床产量指数的比较。

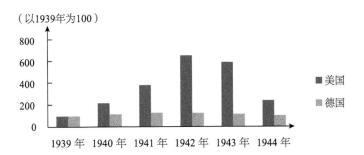

图3-5　第二次世界大战期间美国与德国的机床产量指数

资料来源：整理自 Alan S. Milward: *War, Economy and Society, 1939-1945,* Berkeley and Los Angeles: University of California Press, 1979, p.190。

至于德国在东线战场上的对手苏联，由于西部工业区在战争初期迅速沦丧，其机床产量在战争期间表现不佳。1940年苏联生产车床58 437台，1942年跌落至22 935台，1943年亦维持在23 281台的相对低水平，直到1944年才提升为34 049台，至战争结束的1945年也仅生产38 419台，远未恢复至战前水平。[1]但从战争后期的数据变化看，苏联增产机床的努力清晰可见。而德国自1941年后，其机床产量是走下坡路的，1941年为315 000吨，1942年降至290 000吨，1943年滑为273 000吨，1944年仅218 000吨。[2]苏德两国机床产量的变动趋势，恰与两国在战场上此消彼长的态势相吻合。机床是用来制造机器和进行机械加工的设备，现代战争的武器装备在本质上都是机械，因此，机床的生产能力在很大程度上决定了武器装备的产量和战场补充速度。换言之，在长期性的大型战争中，扩大机床的产量是扩大武器装备供应量的基础，而机床产量的扩大取决于制造业大规模生产的能力。美国在大战前已经形成了以福特制为代表的大规模生产体系，该体系在战时发挥了应有的作用。太平洋战争爆发后，美国最重要的战时政策之一就是"把民用金属加工工业转而为战争服务"，美国的汽车工业在战争期间制造了

① Mark Harrison: *Accounting for War: Soviet production, employment, and the defence burden, 1940 - 1945,* Cambridge: Cambridge University Press, 2002, p.68.
② 德国经济研究所：《1939—1945年德国的战时工业》，蒋洪举等译，三联书店1959年，第60-61页。

3/4的飞机发动机、1/3的机枪、将近80%的坦克、一半的柴油发动机、武装部队的所有摩托零件，其军需订单占全国战时生产总量的20%左右。[①]汽车工业是当时大规模生产体系中发展得最为成熟的产业，也就能充分地为战时生产服务。

依靠大规模生产的能力，美国经济很快就由平时经济转到战时经济。1941年，美国战时产量的总值是185亿美元，1942年，增长到466亿美元。在1942年的总值中，生产的军需品的总值占325亿美元，包括新建工厂在内的战时建设费用占141亿美元。军需品产量的增加按比例说比总产值的增加要大，几乎超过1941年产量的4倍。[②]表3-24为1942—1944年美国的基本军需品产量。到1944年时，同盟国战胜轴心国的前景已经清晰可见了。

表3-24 美国的基本军需品产量（1942—1944年）

产品	1942 年	1943 年	1944 年
战斗机（架）	47 836	85 898	96 318
坦克（辆）	23 884	29 497	17 565
商船（百万吨）	8 090	19 296	16 447

资料来源：阿诺德·汤因比主编：《第二次世界大战全史》第5卷，第555页。

尽管德国制造业大规模生产体系的底子比美国薄，但1942—1943年也开始打破对战时生产不起作用的工匠制造传统，转向大批量生产技术。[③]一个关键转折点是斯大林格勒战役的溃败。严峻的战场形势使德国意识到需要建立一个单一机构来领导整个德国的战时经济，扩大工业生产。1943年9月，施佩尔（Albert Speer）被任命为军备与战时生产部长，负责管理全国经济的军事与民用部门。施佩尔采取了一些措施，如关掉许多不从事重要军工生产的工厂，增加专业分工等，成功实现了增产。在战后受审时，施佩尔称："直到那时（1944年秋季），尽管空袭轰炸，我都成功地使生产不断上升。如果我可以用数字来表示的话，这一增产是如此之大，以致到1944年我可以全部重新装备130个步兵师和40个装甲师。这包括200万人的新装备。如果不是因为空袭轰炸，这个数字还会高出30%。我们在整个战争时期，军火生产达到顶点是在1944年8月，飞机生产是在

① 哈诺德·J·克莱姆：《经济动员准备》，库桂生等译，北京理工大学出版社2007年，第34页。

② 阿诺德·汤因比主编：《第二次世界大战全史》第5卷，周国卿等译，上海译文出版社2015年，第164-165页。

③ Mark Harrison edit: *The Economics of World War II : Six great powers in international comparison*, Cambridge: Cambridge University Press, 2000, pp..39-40.

1944年9月，大炮和新式潜水艇则是在1944年12月。"①战争时期量的压力对德国制造业工匠传统的冲击比和平时期还要大得多。

戴姆勒-奔驰（Daimler-Benz）公司的战时历程是德国战时生产的一个缩影。戴姆勒-奔驰公司可以说是世界汽车工业的始祖，但是，德国低收入的国情等现实条件制约了包括该公司在内的德国汽车厂商迈向大规模生产。第一次世界大战结束后，德国工业界普遍认识到了美国体系的价值，而率先在德国引进机械化流水线的汽车公司是欧宝（Opel）公司，时间是1923—1924年。不过，大多数德国汽车企业仍然将汽车定位为奢侈品，是身份地位的象征而不是一种日常消费品，戴姆勒-奔驰公司即为其典型。因此，德国汽车企业普遍使用熟练的技术工人在作坊车间里进行制造，其成本远远高于美国企业。1925年，制造1辆基本款的福特汽车需要400小时，但制造1辆体型更小的德国轿车却要花费5000小时。1928年，福特汽车公司最贵的一款轿车在德国的售价为4800帝国马克，而同档次的德国各品牌的轿车1929年的售价从13300帝国马克至11625帝国马克不等。相应的是，只要消费者付得起钱，他们在德国能够买到任何他们想要的颜色的轿车。②德国汽车工业仍然保持着传统手工业时代的个性化定制特点。尽管戴姆勒-奔驰公司也如"一战"后德国其他制造业企业那样从事合理化运动，但工匠传统在汽车工业里的根深蒂固使其成效有限，加上德国经济在20世纪20年代陷入萧条，公司的处境一度很艰难。但是，戴姆勒-奔驰公司也以萧条为借口削减了工人的工资，并提高劳动生产率。公司进一步标准化了发动机、底盘和车身等零部件，并将零部件从分散的厂房集中到一个厂房里生产，实现了自造零件比外购零件成本更低。公司管理层还尽可能使用半熟练女工取代高技能男工来降低工资成本。此外，在20世纪20年代晚期，戴姆勒-奔驰公司推出了更多便宜的经济型轿车。③戴姆勒-奔驰公司的种种努力都体现了在市场疲软的压力下向美国体系靠拢以求生存。然而，直到纳粹上台后推行重振军备政策，戴姆勒-奔驰公司的处境都缺乏根本性好转。

德意志第三帝国从提高备战效率的角度出发，要求德国制造业企业减少产品型号，但企业对此兴趣不大。戴姆勒-奔驰公司采取了阳奉阴违的态度，而且，比起航空发动机等军品生产，公司更关心的还是轿车等民品生产。但是，公司从重振军备的军品需求中得到了不少好处，弥补了汽车生产下滑的损失，带来了持

① 阿诺德·汤因比主编：《第二次世界大战全史》第3卷，第239-240页。
② Neil Gregor: *Daimler-Benz in the Third Reich*, New Haven and London: Yale University Press, 1998, pp..18-20.
③ 同②，pp..29-34.

续的毛利润增长。[1]1939年，德国发动侵略战争后，戴姆勒-奔驰公司就开始面临军品生产与民品生产之间更大的矛盾，直到1941年秋天，公司还在为回归和平条件下的生产做准备。然而，战争的扩大化与长期化使公司不得不放弃生产一些产品。例如，戴姆勒-奔驰公司生产的排量1.7升轿车主要供应私人消费者，1939年产量为18 042辆，1940年降至11 210辆，1941年降至8 298辆，1942年滑落至3 951辆。至于排量2.3升和3.2升轿车的生产，也于1942年被事实上叫停。公司腾出来的生产能力主要用来制造航空发动机零部件。[2]到1944年，戴姆勒-奔驰公司仅大规模地保留了卡车生产线这一和平时期的生产线，其领导层要求"所有的工厂必须为在和平时期生产一种便宜、有竞争力的车辆而做好自己的准备"[3]。不管真实心态如何，战时需求使戴姆勒-奔驰公司实际上发了一笔战争财，在战火硝烟中实现了扩张。表3-25为戴姆勒-奔驰公司在第二次世界大战期间的经济指标。

表3-25　戴姆勒-奔驰公司在第二次世界大战期间的经济指标

年份	年度投资额（百万马克）	营业额（百万马克）	毛利润（百万马克）	净利润（百万马克）
1939	44.0	527.6	101.19	3.25
1940	62.0	540.0	112.06	3.76
1941	127.0	645.9	111.20	3.61
1942	112.7	839.2	149.00	5.41
1943	120.0	942.0	185.90	7.21
1944	133.0	953.9	175.10	−3.53

资料来源：Neil Gregor: *Daimler-Benz in the Third Reich*, pp..84-85.

从数据可见，一直到战争快要结束的1944年，戴姆勒-奔驰公司才出现亏损，此前该公司的营业额一直在增长，也保持着持续性的盈利状态。虽然戴姆勒-奔驰公司的战时扩张得益于第三帝国的战时需求，但公司在生产管理上也进行了调整与改革，以提高制造的效率。最直接的举措就是重新安排不同产品的生产场所，尽可能合理化。例如，1942年，戴姆勒-奔驰公司将新建的坦克零件生产线从曼海姆迁回马林费尔德，以便为卡车在曼海姆的大规模生产腾出更大的空间。同时，公司还将1940年建在马林费尔德的第二条舰用发动机生产线迁回下图克海姆，使那里的舰用发动机能够大规模生产，而使马林费尔德的坦克生产得到

---

① Neil Gregor: *Daimler-Benz in the Third Reich*, p.72.
② 同上，p.81.
③ 同上，p.106.

扩张。因此，在施佩尔合理化德国制造业的战时生产之前，戴姆勒-奔驰公司自己已经采取合理化措施了。[1]由于整个德国的原材料供应紧张，戴姆勒-奔驰公司在制造过程中注意更好地组织劳动，以及运用更高效的机械加工方法来降低原材料的浪费。这一点在航空发动机制造上取得了成功。例如，从1943年10月到1944年10月，公司制造每台DB605型航空发动机所用的铬的总量，从27.41千克降到了19.01千克。而从1943年10月到1944年5月，制造每台DB603航空发动机所用的镍的总量，由9.82千克降到了2.16千克。此外，公司还运用了"简化制造"的原则，即剥离产品的固定装置与附件以及去除标准型号上的非必要部件。实际上，早在1940年，戴姆勒-奔驰公司就注意到，给军队供应排量1.7升的轿车只需要简单地涂上迷彩，不必像给私人消费者供货那样进行昂贵的上漆和抛光，这使得车身的制造成本大幅降低。于是，到了战争中期，甚至连"梅赛德斯之星"（Mercedes Star）这种高档车也按基本交通工具的方式制造出来。"简化制造"的原则获得了成功。以4.5吨卡车的生产来说，从1940年到1944年，其制造时间降低了26%。在节省下来的149个工作小时中，57.5小时来自去除不必要的装饰物。与此相关的是，在零件制造过程中使用非耐用材料而导致产品品质降低，也被戴姆勒-奔驰公司所接受，因为车辆在战争前线是短命的，犯不着为其装配长久耐用的零部件。[2]由此可见，在战争需求的压力下，戴姆勒-奔驰公司采取了牺牲质来追求量的原则，变更了其制造文化与制造方式。这也说明了，制造文化是由制造的目的决定的，必须满足人对制造产品属性的实际需求。

为了适应战争时期对量的新要求，戴姆勒-奔驰公司的制造变革还涉及劳动力的使用。1939年，在戴姆勒-奔驰公司全部4 744名男性工人中，2 630人为技术工人，1 332人为半技术工人，782人缺乏技能，熟练劳动力占男性劳动力总数的55.5%。这颇符合该公司此前长期制造高品质奢侈品型汽车的定位。在制造航空发动机时，主要也是用到技术工人，极小一部分非技术工人被用来干搬运等粗活。1940年12月，公司5 790名男性工人中，技术工人为3 082名，占到53%，半技术工人为1 735名，非技术工人有973名，结构大体未变。到1941年末，公司男性劳动力增加至7 197人，其中3 563人为技术工人，占比49.5%，半技术工人2 118人，占比29.5%，非技术工人1 516人，占比21%。从总的趋势来看，公司的非技术工人增长较快，技术工人与半技术工人占比均出现了下降。其原因主要在于戴姆勒-奔驰公司作为第三帝国的战争机器，得以使用战俘和德国占领区的外

---

① Neil Gregor: *Daimler-Benz in the Third Reich*, pp..96-97.
② 同上, pp..98-99.

国人作为劳工。[①]1942年，由于接收了一批苏联强制劳工，公司男性技术工人占比进一步降低至34%。然而，公司管理层抱怨道："最近分配给我们的俄国人不适合生产。"实际上，大批外国强制劳工刚进入公司工作，送往前线的DB605航空发动机就开始出现问题。[②]因此，公司必须进行制造方式的变革，才能适应劳动力构成变化的新形势。毕竟，未受过训练的工人是很难从事最基本的制造活动的，更何况公司的产品包含了航空发动机这种复杂机械。

1942年，戴姆勒-奔驰公司发展了一批具有专门用途的机床，用来磨轴承、凸轮轴、曲轴和其他主要的零部件。通过引入这些机床，抛光1只气缸套的工作时间从20分钟降到了6分钟，而磨同一只气缸套上其他零件的时间从30分钟降到了4分钟。[③]使用专用机床进行制造是福特制的基本手段，能够在使用非技术工人的情形下提高生产效率。因此，戴姆勒-奔驰公司的制造变革实际上就是建立美国体系。表3-26为戴姆勒-奔驰公司战时对于机器设备和机床的年度投资情形。

表3-26　戴姆勒-奔驰公司战时对设备与机床的投资

年　　度	投资额（百万马克）
1938	2.4
1939	1.1
1940	4.1
1941	7.5
1942	13.5
1943	12.7

资料来源：Neil Gregor: *Daimler-Benz in the Third Reich*, p.125.

在战争的动荡环境下，戴姆勒-奔驰公司反而增加了对机器设备与机床的投资，足见机床的使用是帮助该公司使用非技术工人进行大规模生产的重要手段。在各种努力之下，戴姆勒-奔驰公司制造单台发动机的时间从1941年5月的1 379小时降低到了1942年12月的1 200小时。1943年下半年，公司航空发动机的月均产量为469台，1943年上半年升至658台，1943年下半年小幅回落至626台后，1944年1月达到了806台的巅峰。[④]尽管戴姆勒-奔驰公司在非航空发动机生产线上仍然

①　Neil Gregor: *Daimler-Benz in the Third Reich*, p.115.
②　同上, pp..121-122.
③　同上, p.124.
④　同上, p.123.

大量使用具有高技能的技术工人，但其在战时的变革仍然表明了美国体系作为制造方式更适应量的要求。而该公司的战时演化轨迹，可在微观层面上印证施佩尔为提高德国战时生产所作的努力及其成效。

战争期间，德国着力发展航空工业。1944年6月，施佩尔向希特勒报告："194万名工人在为陆军生产；233万名工人在为空军生产；53万名工人在为海军生产。"[1]由此可见航空工业在战时德国的规模与地位。实际上，德国航空工业的发展，主要依托备战和战争所产生的巨大需求，短时期内实现了产量的飞跃性提升。图3-6体现了1931—1941年德国飞机的产量。

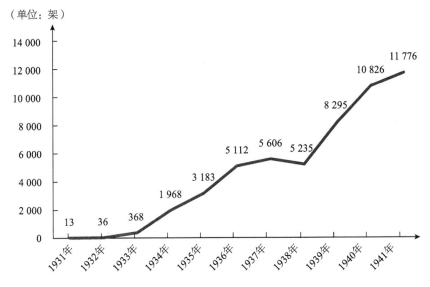

图3-6　德国飞机产量（1931—1941年）

资料来源：Daniel Uziel: Arming the Luftwaffe: The German Aviation Industry in World War II, pp..10-13.

与汽车工业一样，德国战前的航空工业也保持着工匠传统，飞机生产主要依靠一个小型的专业工匠行会里的师傅进行手工制造。工人被训练为在工业部门里享有较高地位的技师，通常要经过4年的学徒期才能取得相应资质。不同于汽车工业的是，20世纪30年代，德国的航空工业没有发生一点制造方式的变革，缺乏机械化，不存在使用了传送带的生产线。这一制造方式自然限制了德国航空工业的产量扩张，不符合总体战的需求，而德国也不像美国那样拥有可以将大规模生

---

① 　Daniel Uziel: *Arming the Luftwaffe: The German Aviation Industry in World War II*, Jefferson: McFarland & Company, Inc., 2012, p.2.

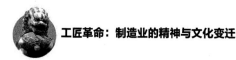

产能力移植进航空工业的汽车工业。[①]随着战争的爆发与持久化，德国的技术工人成为稀缺资源，但强制劳工和外国工人的数量增多，改变了战时德国制造业的劳动力结构。劳动力结构的改变促使德国飞机制造业引进机械化生产线，以便利用大量缺乏技术的外国工人和奴役劳工。1944年3月的一份报告指出："让没有技术的外国人来制造一台高品质的双排星型发动机，只有在使用了传送带的情况下才有可能性，这样每个人只用操纵一个特殊的旋钮。这种类型的训练是可以针对外国人的；我们没法从他们中培养出技术工人来。技术工人是没法用4周甚至一年的时间培养出来的。一个技术工人要为他的职业技能学习3年，通常是4年，然后工作3到4年来积累经验。不这么干的人不可能成为技术工人。半技术工人可以只用一种机床从事一项专门化的工作或只制造一种物品。因此，要完成制造多种型号飞机的任务极其困难。"到战争末期，大部分德国飞机工厂都使用了现代化的生产线，战争结束后不久，美国官员调查了若干德国工厂，报告称流水线在这些厂里已经建好了，不管这些生产线是位于大型厂房里还是设在分散于森林中的建筑里。[②]除了建设流水线外，德国航空工业为了使飞机能更简单快捷地造出来，还使用了专用机床和标准化零件。而这也涉及飞机型号设计的更改。例如，容克88型轰炸机使用了4 000多种不同类型的螺栓和螺钉，但是，改进后的容克288型轰炸机只使用了200种，且可以依靠自动铆钉机进行大批量生产而不必使用手工制造。[③]很明显，战时德国航空工业也用美国体系取代了工匠传统，实现了制造方式的变革，从而提升了产量。图3-7为1944年德国战斗机的月产量变动情况。必须指出的是，制造单引擎战斗机比生产轰炸机和运输机需要的原材料、工时和机床要少，每停造1架重型轰炸机或运输机就可以多造3架战斗机，因此，战争后期德国集中制造战斗机也带来了飞机产量的增长。[④]

---

①   Daniel Uziel: *Arming the Luftwaffe: The German Aviation Industry in World War II*, pp..27-28.
②   同上，p.34.
③   同上，p.36.
④   同上，p.95.

（单位：架）

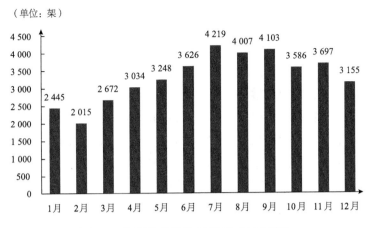

图3-7 德国战斗机的月产量（1944年）

资料来源：Daniel Uziel: Arming the Luftwaffe: The German Aviation Industry in World War II, p.94.

　　尽管德国航空工业在战争后期加快了制造方式变革的速度，但飞机机身的制造还是大量使用手工工具完成。自动铆钉机被发明出来用于制造一些较晚设计的飞机型号，但相对来说几乎没得到太多使用。德国工匠的标准制造方法要使用手摇砂轮磨铆钉头，这一过程不仅耗费时间，而且不少成品质量不高。[①]由于德国企业缺乏专门的机器设备，航空发动机用的曲轴无法有效供应，大量航空发动机只能处于半成品状态搁置在工厂里。当时德国只有两三家工厂能够制造航空发动机曲轴，远远不能满足巨大的需求量。当曲轴供应的瓶颈引起重视后，为了解决该问题，必须先制造合适的机床，但制造机床又要花费时间。于是，德国航空工业出现了机身制造厂停工等航空发动机，航空发动机厂停工等曲轴，而曲轴制造必须等待机床供应的全产业链的生产延误。[②]因此，德国航空工业无法在大规模生产的竞赛中与美国航空工业较量。追究原因，德国航空工业长期保持工匠传统而推迟生产机械化进程，限制了战时的产量提升。在工厂之间的效率竞争中，工匠传统输给了机械化，其结果最终传导至战场上。

　　在第一次世界大战前，沙皇俄国主要是一个农业国，只有少量的工业，因此，在战争中难以抗衡工业强国德意志帝国。苏联成立后，为了尽快改变落后的局面，工业化逐渐成为根本性战略。实际上，列宁对美国体系情有独钟，认为美

---

①　Daniel Uziel: *Arming the Luftwaffe: The German Aviation Industry in World War II*, pp..34-35.

②　同上，p.38.

国体系所代表的大规模生产体现了高水平的生产力，他也大力在苏联培育工业文化。1920年，列宁提出了口号："共产主义就是苏维埃政权加全国电气化。"他解释说："我们不仅在世界范围内比资本主义弱，在国内也比资本主义弱。这是大家都知道的。我们已经认识到这一点，并且一定要努力把小农经济基础变成大工业经济基础。只有当国家实现了电气化，为工业、农业和运输业打下了现代大工业的技术基础的时候，我们才能得到最后的胜利。"①在现实世界里，美国体系为建设现代大工业提供了最理想的参照形态。列宁指出，要建设现代大工业，就要采用资本主义国家最新的工业管理方法中的科学要素，如"分析劳动中的机械动作，省去多余的笨拙的动作，制定最适当的工作方法，实行最完善的计算和监督方法"。列宁称："苏维埃共和国无论如何都要采用这方面一切有价值的科学技术成果。社会主义能否实现，就取决于我们把苏维埃政权和苏维埃管理组织同资本主义最新的进步的东西结合的好坏。"②这里所说的方法就是泰勒制。因此，苏联的工业化实际上确立了引进美国体系这一制造方式的战略目标，其逻辑结果也必然导向大规模生产。在实践中，苏联务实地与美国企业开展了经济合作，不仅积极从美国企业购买设备和引进技术，还聘请美国专家和工人参与社会主义工业建设。例如，在欧洲首屈一指的斯大林格勒拖拉机厂就是美国企业协助建成的，其设备在美国由约80家美国厂商造好后，拆卸、装运至苏联，并在美国工程师的监督下重建于斯大林格勒。该拖拉机厂平时造拖拉机，战时制造坦克，设计产能为年产5万台拖拉机。③斯大林格勒拖拉机厂体现了苏联对美国体系的直接移植。由于起步晚导致生产条件普遍落后，苏联工人发挥了极大的聪明才智来制造从西方引进的产品。一名西方评论家针对苏联制造机枪的案例指出："俄国人显示出极大的才能，他们以很低的成本使那些经过长期验证的最佳原理适应其特殊需要。制造工作分为两个阶段：首先对所有的部件进行快速、粗糙的机械加工，然后在钳工工作台上进行最后组装。精密机床加工降至最低程度，因而最大程度地利用了半熟练工人……"④苏联工人的制造方法很典型地体现了牺牲质而追求量的原则，但在战争的残酷环境下，只有这样才能保证武器装备的充足供应。

---

① 《全俄中央执行委员会和人民委员会关于对外对内政策的报告》，《列宁专题文集·论社会主义》，中央编译局译，人民出版社2009年，第181-182页。
② 《苏维埃政权的当前任务》，《列宁专题文集·论社会主义》，第98页。
③ 萨顿：《西方技术与苏联经济的发展（1930—1945）》，安冈译，中国社会科学出版社1980年，第268-269页。
④ 同③，第357页。

在"二战"战场上量与质的对决中，苏联的T-34型坦克与德国的虎式坦克或豹式坦克之间的较量或许最具象征性。据德军将领古德里安（Heinz Wilhelm Guderian）的回忆，在苏德战争初期，T-34型坦克就显示出了相对于德军坦克的优势："我们Ⅳ型坦克上的75毫米短程火炮，只有从T-34坦克背后实施攻击时，通过穿透其护板，击中发动机，将其击毁。"[①]1941年11月，德国派出由设计师、工业家和陆军兵器局的军官组成的考察团，前往古德里安的装甲集团军，研究对付T-34型坦克的方法。考察团提出的方案是继续生产已在战斗中使用的重约60吨的虎式坦克，另外设计一种重量在35~45吨的中型坦克，取名"黑豹"。1942年3月，克虏伯公司又奉命设计一种重达100吨的坦克。[②]此后，德国的坦克研制趋于复杂化，直到1943年，总参谋部才要求除了虎式坦克和尚未批量生产的黑豹式坦克外，放弃一切型号的研制，并得到希特勒的同意。这一决定使生产程序大大简化，但随着成熟产品Ⅳ型坦克的停产，德国陆军每月最多只能得到25辆虎式坦克。[③]与工匠杰作般的虎式坦克或豹式坦克相比，T-34型坦克的品质要逊色不少，一辆虎式坦克或豹式坦克能轻易地打掉一辆T-34型坦克。但是，在苏联红军的实际作战中，一般是十几辆速度较快的T-34型坦克围着一辆德国坦克打，或者引诱德国坦克进入反坦克埋伏圈。[④]从性能上说，T-34型坦克拥有更好的机动性，而至关重要的是，苏联坦克在数量上占优势。[⑤]最终，第三帝国被淹没在红军的钢铁洪流中。战后，古德里安在回忆录中记述了冯·舍尔将军："舍尔将军曾是我在国防部的同事，当时即1927—1930年我负责研究利用汽车输送部队的问题。后来，他到美国担任武官相当长一段时间，在亨利·福特的国家里他深入研究了摩托化问题，带着许多设想和动议返回国内……他说服了希特勒，同意他关于型号简化、大批量生产等思想……舍尔便被任命为德国交通部副部长，负责德国的汽车事业的发展。但不久，他便在工作中遭到工业界以及与工业界有瓜葛的党政机构的反对，因为他们不愿放弃传统的生产方式。由于这帮人的蛊惑，舍尔失去希特勒的信任，最终被免职。"[⑥]古德里安惋惜的是德国制造业未能及时用美国体系取代工匠传统，这是一名前线军人对制造方式的反思。

① 海因茨·古德里安：《古德里安将军战争回忆录》，戴耀先译，解放军出版社2013年，第207页。
② 同上，第246-247页。
③ 同上，第252页。
④ 保罗·肯尼迪：《"二战"解密：盟军如何扭转战局并赢得胜利》，何卫宁译，新华出版社2013年，第189页。
⑤ 同④，第176页。
⑥ 同①，第284页。

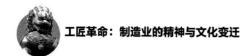

在第二次世界大战的交战国中，轴心国阵营的日本也是一个工匠国家。由于从1931年开始，日本就扩大了对中国的侵略，因此，日本政府与军方对于组织制造业为军事需求服务十分关心。为了培育技术工人，日本政府公布了一系列法令，推动职业技能教育。战争期间，尽管出版用纸不足，但日本还是大量出版发行技工养成的教材，将熟练技能形成的过程尽可能地可视化，将讲座和工厂实习结合起来。例如，大阪工业教育研究会是由在工业学校、工业青年学校以及工厂内技能养成所作为学科指导员或实习指导员的几个人召集起来组建的，这些人具有多年的工厂实际工作经验。到1940年4月，该会出版数学学科教材5册、机械学科教材16册。1942年11月成立的日本技能教育研究会在关西以技能教育权威为顾问，组织了50余名研究者，在综合研究部以外还设有第一至第十三分科研究部，到1943年8月编纂技工养成教材50多本，刊发总计30万余册。大阪铁工所的技术养成所所长高田昇1938年编辑出版了分成上下册的《车床操作的事实》，该书受到了大阪府立今官职业学校机械科左藤秀也校长的影响，有很多专家参与了编写工作。《机械工之友》杂志于1938年9月由日本政治经济研究所所员木内治创刊。木内于1932年12月从小学毕业后，到郊区工厂做工，1936年11月转至深川和莆田的中小机械工厂工作，后来以这一时期的经验为基础创办《机械工之友》。1943年，《机械工之友》杂志社编辑出版《车床步骤》，序言中称："车床操作步骤系以与工夹具材质、形状、精度、数量相对应的顺序去装置机械。因而一直以来传达给生产现场的人们'工作中步骤是第一重要的'这样的观点，以及步骤成为加工技术的中心这样的事实。"①职业技能教材的大量出版，说明了日本各界对于培养技术工人的重视，也是技能知识文本化并传播的途径。

不过，由于工业化起点低，日本制造业很难做到欧美式大规模生产，而在工匠传统的浸染下，日本企业制造了一些特色鲜明但不适合战争的产品。例如，日本船厂造出的令海军引以为傲的大和号战舰，最高航速为每小时27余海里②，很难和以每小时33海里的速度出航的航空母舰共同作战。大和号是设计上牺牲速度的高价战舰，然而美国制造的比大和号晚下水服役的4艘爱荷华型战舰，虽然体积比大和号小，却拥有与航空母舰一样的速度。大和号战舰是日本兵器开发的负责人沉醉于技师过去的荣光而欠缺大规模生产经验的产物，其设计者的思维和能

---

① 沢井実：《日本の技能形成》，第74-76页。
② 1海里约为1 852米。

力存在着根本性的缺陷。[①]因此，在航空母舰决胜的太平洋战争中，昂贵而不乏精湛工匠技艺的大和号战舰沦为了无用之物。

零式战斗机可以说是最能体现日本制造业工匠特色的产品了，具体表现在以依靠"名手"的技艺和轻视普遍性为倾向的设计思想上。[②]零式战斗机是由三菱重工制造的，其设计者为堀越二郎。堀越二郎毕业于东京大学，他具有学者的性格，也不乏工匠气质。他的大学同窗曾这样回忆："堀越做事是非常周密的啊。所以对于一个方针一定会贯彻到底的。因此，他认为零式战斗机是能设计出来的。也就是说，在设计飞机的时候，只要抓住一个点就会彻底去追求，于是理所应当能设计出非常有特色的飞机。毫不妥协的堀越君，设计出了如此优秀的飞机。实际上，他是一个并不会融通的人啊。"[③]1937年，日本军部提出开发新式战斗机的要求，对战机性能的要求之苛刻在当时的日本航空界是无法想象的，就连堀越二郎自己也心存疑虑，而军部的理由是想要工程师能够树立一个看起来不可能实现的目标，并通过不断发奋努力，制造更高性能的飞机。具体来说，军部同时要求实现续航能力和空战性能这两个相悖的目标。但是，堀越二郎还是勉为其难地接手了这项工作，并与他的部下全身心地投入研制。堀越二郎后来曾这样总结飞机设计工作："设计操作首先是在负责人的大脑中开始形成构想，以过去的数据为基础，使用计算尺，再从对重量的大致估价中假定与重量相吻合的飞机机翼的面积，并加上对性能的想法。在此基础上，画一个简单的三面图。之后，对各班班长说明自己的设计构想和大致的目标数字以及所画的三面图。"[④]1938年1月，研制工作正式展开，在堀越二郎的钢铁般纪律的管理下，1939年3月，试制机完成。他的部下回忆设计过程时称："为什么零式战斗机能在战后迅速变得有名，为什么会变成这样的呢。当然了，我也在努力地去制造能使用的东西。确实，进行了彻底的减轻质量的制造，使得空中战斗能力达到了相当的水准这是事实。但是，倒不如说是因为堀越君每日对部下说'不管怎样也要去减轻重量啊，尝试去达到能做到的极限啊'这样的就像口头禅一样的要贯彻下去的要求。所以，我想到自己在完成设计图纸时，带到堀越君那里受到他的肯定后，他会说：'我觉得做到这个程度就很好了，但是再考虑一下呢？'再修改之后，认为这次

①　木村英纪：《ものつくり敗戦》，日本经济新闻出版社2013年，第124-125页。
②　同上，第120页。
③　前间孝则：《技術者たちの敗戦》，株式会社草思社2013年，第53-56页。
④　同③，第57-58页。

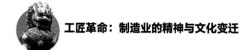

应该没什么问题了，带给堀越君看的时候，他还是会说：'嗯，我认为已经非常好了，不过再回去试着考虑一下吧。'因此，结果就是关于图纸的完善还会有第三次、第四次的讨论，这是非常正常的事情。"①零式战斗机就是在堀越二郎精益求精的要求下反复完善设计而达到军部提出的苛刻要求的。

　　实际上，根据周围人的描述，堀越二郎是一个不会说痛快话和华丽辞藻的人，有着洁癖般极度认真的态度，常常沉溺于自己的世界，是一个非常内向的工程师。围绕着零式战斗机的开发，为了实现军部提出的严苛要求，实现战斗机性能的突破，做到彻底的轻量化，堀越二郎极其认真，拼命努力实现这一要求。虽然是设计的主要负责人，他却不会将工作委托给班长，而是一项不落地认真检查部下完成的各项计算和图纸。②因此，不无巧合的是，工程师堀越二郎的性格使他的工作态度具有传统工匠的作风，这种工匠作风一方面使高难度的设计工作得以完成，另一方面也造成了零式战斗机在设计和制造上并不适应大规模生产的结果。当然，整个日本制造业薄弱的基础也决定了日本的战时生产无法摆脱工匠传统的束缚。不过，从另一个角度看，堀越二郎所体现出的工匠精神及其对制造活动的影响，恰恰也适应了日本制造业技术薄弱和资源短缺的实际状态，具有保障制造活动以较高水准进行的功能。

　　客观地说，零式战斗机达到了20世纪30年代末日本航空工业所能达到的最高水平，而且投入实战后一度取得惊人的战绩，为日军赢得了部分优势。但是，它的名气只维持了一年的时间，随着美国开发了新的战斗机并迅速投入战场，零式战斗机很快变得陈旧，战斗能力转眼间急剧下降。零式战斗机机体的形状所反映的技艺和设计是非常复杂的。即使只制造一架这样的战斗机，也要花费许多工时、用到许多熟练工的双手，而这在大规模战争中是根本性的缺陷。在战争末期，日军中流传着这样的话：到达了前线基地的零式战斗机，只有两到三成的战斗力。并且还有这样的轶闻：零式战斗机制造完成后需要花费时间进行调整，试验飞行的时间延长，当被配备到前线战场的时候，已经过了战斗机引擎的耐用期限。③日本国内对零式战斗机存在着这样的批判："不能批量生产，不管怎么说都是艺术品。"④工匠制造方式终究无法适应现代战争的要求。战争期间，美国

---

① 　前间孝则：《技術者たちの敗戦》，第26-30页。
② 　同上，第49-50页。
③ 　木村英纪：《ものつくり敗戦》，第120-121页。
④ 　同①，第49-50页。

的福特汽车公司建造了一条规模超过24公顷的装配线，在1小时内能将1架飞机所需的100多万个零件焊接在一起，而在美国工人组装4架飞机的时间里，日本工人平均只能制造1架飞机。[①]大规模生产战胜了工匠传统。表3-27为太平洋战争期间美日军工生产的对比。

表3-27　美日战时军工生产的对比

产品	美国		日本			日本：美国 (1944 年)
	1942 年	1943 年	1942 年	1943 年	1944 年	
飞机（架）	47 800	85 800	10 000	20 000	26 775	1：3.2
坦克（辆）	23 800	29 500	1 300	800	300	1：85
船（万吨）	800	1 930	66.1	106.7	173.5	1：11

资料来源：中原茂敏：《大东亚补给战》，中国人民解放军总后勤部译，解放军出版社1984年，第204页。

数据显示，在海、陆、空三方面的主要军需品生产上，日本的产量都远远不及美国，部分产品如坦克的生产甚至有望尘莫及之感。对于一场长期性的全面战争来说，胜负的天平早已倒向拥有大规模生产能力的一方。在制造业的历史上，大规模生产是对于工匠传统的否定，其最初的理念可以追溯至法国军工生产的探索，而以美国军工业的实践作为真正的开端。绝非偶然的是，检验了大规模生产必要性的还是战争。

小结

工匠革命对于工匠是一种否定。工匠革命改变了制造方式，使制造活动不再由工匠主导，也就瓦解了工匠作为职业群体安身立命的基础。因此，工匠自己发起的工匠革命，不仅否定了作为制造方式的工匠传统，也否定了作为制造者的传统工匠。这是工匠革命具有矛盾性的辩证法。工匠革命的矛盾性体现在多个方面。

首先，工匠革命的矛盾性是由制造活动的量与质的矛盾性决定的。制造活动并不发生于真空中，它存在于一定的历史与社会环境里，受各种因素的影响与制约。从根本上说，制造活动是为了满足人对物品的需求与欲望，而人对于各种物品，既存在着量的需求，又存在着质的需求。在文明史的绝大部分时间里，由于

---

① 道格拉斯·福特：《太平洋战争》，刘建波译，北京联合出版公司2014年，第190页。

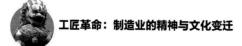

生产力的落后，绝大多数人对于物品的量的需求是无法得到满足的。工匠革命的意义就在于通过变革制造方式而提升了生产力，满足了大多数人对于量的需求。直到20世纪中叶前，这一制造方式变革在美国发展得最充分，使制造业实现了大规模生产。大规模生产在很多方面与传统工匠的制造方式是相对立的，也就通过否定工匠的制造方式而否定了工匠的身份与文化。

然而，人类的需求与欲望具有层次性和演化性，因此，作为制造活动目的的量与质的支配地位也会发生阶段性的交错变化。当大多数人对物品的量的需求满足后，就会逐渐产生对于物品的质的需求。一旦需求的性质变化了，制造方式就要随之变化，否则无法满足新的需求。但是，这种变化不是简单地否定变革与回归传统，而是在已经实现了的变革的基础上进一步变革。在享受了现代社会物品的量的充分供给后，没有什么人会愿意回到物资匮乏的传统社会。制造业面对的新的质的要求，是在大规模生产能够满足量的基本需求的前提下，新出现的提升性需求。这也就意味着，新的制造方式的变革，不是要否定大规模生产，而是要改进大规模生产，即使改进的方式从表面上看回归了工匠追求品质与个性化的特点。换言之，制造方式的变革最初要求去工匠化，但到了一定阶段或在一定情境下又会出现新的工匠化。对于制造活动来说，由目的、环境、时代、文化背景等因素构成的情境是十分重要的。

其次，工匠革命的矛盾性在具体的制造活动变革中，又体现为脑与手的矛盾性。当传统工匠作为制造活动的实施者时，脑与手在制造过程中是统一的，具体来说，就是统一于工匠本人。但是，工匠革命开启了大规模的制造科学化的进程后，脑与手在制造过程中出现了分离的可能性与必要性，这种分离体现为脑力劳动与体力劳动开始由不同的劳动者承担。于是，传统意义上的工匠在制造过程中只承担了运用手的体力的部分，脑力部分交给了新出现的"工程师"。脑与手的分离有利于专业化，可以提升各自的效率，但这种分离是以拆解传统工匠的职能为前提条件的，也就弱化了工匠在制造活动中的地位与作用，遂使得工匠革命又在这个层面上否定了工匠。然而，制造活动作为一个整体，终究要求脑与手的统一，才能创造出实体性的产品，故脑与手的分离及其矛盾性在一定情境下也会对制造活动产生负面影响。

总的来说，起源于18世纪英国的工匠革命，从一开始就包含着大规模生产和制造科学化等趋向，但这些新制造方式的充分实现要到19世纪晚期由后起的美国和德国来承担。全球化带来了市场竞争的同等压力，故能够适应新环境的制造方式会被模仿与学习，并由此扩散。直到20世纪中叶为止，全世界最具竞争力的制造方式就是以美国体系为表现形式的大规模生产，而不管在美国还是在其他地方，大规模生产的兴起都意味着革除或改变旧的工匠传统。制造方式与制造文化具有不可分割性，但工匠传统这一制造方式被替代后，工匠精神这一制造文化必然出现相应的变化。然而，工匠精神本身是复杂的价值观体系，它的与制造方式相匹配的具体的要素会随着制造方式的更迭而消失，但它作为调节制造活动的一般性心理机制具有更持久的功能与意义。这就决定了工匠精神的生命力不在于其与具体制造方式结合所呈现的特征，而在于其脱离特殊制造情境后能够继续发挥作用的机制。

第四章

新工匠革命：精益生产的兴起

人类的制造业具有演化性，其含义之一是指制造业的发展存在着前后相继的连续性，变革固然存在，但某种因素从兴起到成熟乃至消亡的历程，往往耗时甚长。于是，延续与断裂并存，结构与趋势成为历史的常态。工匠革命催生的大规模生产体系否定了传统工匠，然而，当大规模生产体系的代表福特制如日中天时，新革命的种子亦已发芽，质取代量，成为牵引制造业变革的新动力。不过，第二次世界大战重新突显了量对于制造业的重要性，大规模生产体系不仅在经济上而且在军事上击败了工匠传统，这场大战深刻地改变了世界历史的进程，也深深地影响了制造业的演化。制造的科学化因战争而进一步强化。人类用于制造的工具出现了从替代手发展到替代脑的巨大变革。而战胜国凭借其知识与技术的积累，在航空工业等若干产业里构筑起了极高的进入壁垒。然而，在种种因素的作用下，战败国的制造业在战后也成功逆袭，在汽车工业等若干产业里表现卓越，孕育出了精益生产（lean production）这一改良了大规模生产的新体系，堪称一场新的工匠革命。而在注重品质的精益生产时代，工匠精神也注入了新的活力。

一、控制制造：机器的新革命

在制造活动的变革中，作为制造手段之一的工具，往往是最活跃的因素。这是因为人类的制造活动，从起源上看，就是用工具来代替自己的肢体，以发挥出超越肉体限制的改变环境的力量。制造活动是脑与手的统一，但是，在相当长的时间里，人类发明的工具只是替代了手，这种替代以机械化为其成熟阶段。随着技术的发展，替代脑的工具也逐渐出现，信息化的帷幕就此揭开。而工具同时替代脑和手，也成为制造变革的大趋势。

（一）计算机：从替代手到替代脑

制造意味着人对环境的控制。这一点，培根早已揭示。事实上，制造文化本身就是一种关于控制的观念体系。人类去制造，本就基于控制环境为己所用的意图。在制造过程中，根据头脑中的目标将各种要素组合起来去改变材料的形态，也建立在控制各种要素的基础上。所谓控制，是为了消除不确定性。控制环境是为了降低自然界不确定性对于人类生存的威胁。控制制造活动各构成要素，是为了降低无法造出合乎目标的产品的不确定性。制造文化的历史发展，就是这种双重控制的不断演化：既控制环境，又控制制造活动本身。

工具是实现控制的物质手段。文艺复兴以后，机械成为最基本的工具，不断复制然后替代基于双手的工匠的技艺。然而，工具是否可以复制并替代工匠的头脑呢？瓦特时代的英国经济学家巴贝奇（Charles Babbage）对此有大胆构想。巴贝奇写过一本《论机器与制造业的经济》（*On the Economy of Machinery and Manufactures*），出版于1832年，对制造活动的机械化有不少理论思考。巴贝奇认为，用机器制造的优势体现在3个方面：给人力增添力量，使生产时间更经济，以及将无用之物转变为有价值的产品。[1]他指出，使用机器的首要目标就在于便宜地生产商品。[2]而机器能够便宜地生产商品，是建立在复制（copying）这一原则的基础上的。[3]可以说，巴贝奇具有深邃的哲学思考。并且，巴贝奇将其构想付诸实践。他对自动计算器情有独钟，利用数学上的差分法制造了1台计算器，称其为"差分机"。1822年，巴贝奇宣读的一篇论文提到："我曾用差分法作为我的机器制造的原理，在刚完成的机器中我把自己限于使用两阶差分。借助这台机器，我已重复地构造出平方表和三角数表，以及其中包含许多质数的奇异公式x^2+x+41的表。"此后，他写信给皇家学会主席戴维（Humphry Davy）爵士，建议采用他的机器以摆脱重复计算的"过度劳作和令人疲劳的单调"，从而

---

① Charles Babbage: *On the Economy of Machinery and Manufactures*,Cambridge:Cambridge University Press, 2009, p.6.

② 同上 , p.214.

③ 同上 , p.51.

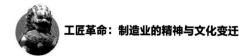

取代"人类脑力的最低下工作之一"[①]。可见，巴贝奇具有明确的制造工具来代替脑的目标并进行了尝试，这在工具变革史上具有划时代的意义。然而，更进一步的实践就极其艰难了。巴贝奇从事大型计算器的设计工作长达14年之久，花费英国政府的经费高达17 000英镑，却未能实现预期目标。[②]1871年巴贝奇去世后，自动计算几乎无人问津，直到1936年图灵（Alan Mathison Turing）发表了一篇论文，定义了通用计算机的广义概念，并应用这一定义阐述了可计算问题的准则，讨论了机器通过试错过程自学的可能性。次年，哈佛大学的艾肯（Howard Aiken）设想运用卡片穿孔机的工程原理以及自动电话中的继电器类似部件，制造一台巴贝奇构想过的那种类型的自动计算机。1944年，艾肯和一个工程师小组研制出了自动程控计算机（ASCC），赠送给了哈佛大学。[③]1937年，麻省理工学院电机工程系的研究生香农（Claude E. Shannon）发表了一篇论文，促进了作为计算机逻辑元件的继电器的应用。1939年，贝尔实验室的斯蒂比茨（George R. Stibitz）有感于通信系统的工程师在计算复杂数字乘积时花费了大量时间，便着手设计一台机器，使之能够用继电器自动执行这些计算中所涉及的逻辑过程。这一机器实现了远距离计算。[④]从巴贝奇的挫折到20世纪30年代中期相关研究与制造活动的重启，用工具替代脑的实践一度停滞多年，反映了制造变革受制于诸多因素，要取得突破往往并不容易。而科学家的深入参与，表明了用工具替代脑在制造活动层面属于制造科学化的一部分。

尽管计算机的发展一度停滞，与之相关的办公机械产业却欣欣向荣，从不同方面实现着巴贝奇所期望的用机器取代枯燥脑力劳动的目标。办公机械产业的发展适应了19世纪后期出现的企业管理复杂化的需求。工厂制度的兴起可谓企业管理复杂化的第一步，到了20世纪初，不只制造业，服务业的企业制度与企业管理也日趋复杂化。新职位的出现最直接地体现了这一点。1875—1918年，美国企业中主要因信息收集和信息处理而产生的新职位就包括：办公室经理、办公室工人、统计员、投递员、打字员、速记员、销售副主管和档案整理员。[⑤]与之相应的自然是文书、统计等工作的增多，以及对方便高效的信息处理工具的需求。与计算机相比，打字机、制表机、收银机、复印机等办公机械的原理较简单，制造

① 查尔斯·辛格主编：《技术史》第 7 卷，第 335 页。
② 同上，第 335 页。
③ 同上，第 341 页。
④ 同上，第 343 页。
⑤ 阿尔弗雷德·钱德勒、詹姆斯·科塔达编：《信息改变了美国：驱动国家转型的力量》，万岩等译，上海远东出版社 2008 年，第 114 页。

起来相对容易，也就率先得到发展。这其中，用来处理数据的制表机与计算机有密切的关系。19世纪末，机电穿孔卡制表技术在美国被发明出来。该技术由3个部分的设备构成，即卡片穿孔机、排序机和制表机。操作员用卡片穿孔机在标准卡片的特定位置上打孔以记录信息，然后把卡片放进排序机，排序机根据标记在卡片每列中的数字信息对卡片进行排序，最后，制表机对卡片进行计数或对卡片上某指定列上的数字编码进行累计。[1]制表机就是一种进行数据处理的机器，其包含的原理与对应的需求都与计算机相近。因此，生产与销售制表机的企业如美国国际商业机器公司（International Business Machines Corporation，IBM）具有进入计算机产业的潜力。IBM公司的创办者托马斯·沃森（Thomas Watson）是干推销员起家的，后来在一家1911年成立的造天平、磅秤、计时钟和制表机等产品的小厂当经理。沃森看准了制表机的商业前景。1924年，这家企业正式更名为IBM公司。在罗斯福新政时期，美国企业要向联邦政府提供大量统计材料，对打孔机产生了巨大的需求，IBM公司生意兴隆，规模扩大了两倍。[2]沃森的儿子小托马斯·沃森（Thomas Watson, Jr.）后来也进入公司工作。由于打孔机与计算机的亲缘关系，艾肯在研制ASCC计算机时就与IBM公司长期密切接触。第二次世界大战期间，依托巨大的战时需求，IBM公司赚得盆满钵满，尽管军需品利润控制在1%以内，销售额却增加了3倍，从1940年的4 600万美元猛增到1945年的1.4亿美元，使公司真正跨入了美国大企业的行列。[3]IBM公司的壮大，在既存产业里为此后计算机这一新兴产业的崛起提供了可资利用的母体。

除了与办公机械产业有亲缘关系，计算机还与通信业有渊源。1939年，在香农理论的启发下，贝尔实验室造出了继电器计算机。实际上，贝尔实验室在两个方面对计算机产业的形成具有重大影响，其一为香农的理论，其二为晶体管的发明。香农在麻省理工学院的导师是曾担任工程系主任的万尼瓦尔·布什（Vannevar Bush）。万尼瓦尔·布什是"大科学"研究模式的推手，在该模式下，科学家们使政府相信学术研究可以用于发展军事技术，政府应以其资源来支持大学的研究。[4]导师布什的影响使香农进入产业界，1940年加入了贝尔实验室。在贝尔实验室，香农按自己的兴趣做研究，他曾说："我很少对应用方面感兴趣，我更看重问题的本质。问题值得解决吗？有趣吗？"1948年，香农发表了

---

① 阿尔弗雷德·钱德勒、詹姆斯·科塔达编：《信息改变了美国：驱动国家转型的力量》，第 131 页。

② 小托马斯·沃森等：《父与子：IBM 发家史》，尹红译，新华出版社 1993 年，第 29 页。

③ 同②，第 107 页。

④ 亨利·埃兹科维茨：《麻省理工学院与创业科学的兴起》，第 64 页。

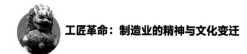

《通讯的数学理论》，其主旨之一为"信息可以被视为像质量和能量那样的物理量"，因此，"通信的基本问题就是在一个地方准确或大致复制出在另一个地点选择的信息"①。香农的信息理论不仅成为现代通信业的理论基础，还成为计算机的重要理论之一。实际上，香农入职贝尔实验室不久，就敏锐地发现贝尔公司构建的系统不仅仅是一个通信网络，在一次采访中，他称："电话交换机本身就是一种计算机。"后来，香农发明了一台象棋计算机，并发表了一篇关于编程的论文，文章指出，如果人能够制造会下棋的机器，或许就可以制造能进行逻辑推理的机器，这种机器最终会在某些自动化任务中代替人类。②香农已经预见到计算机的潜力。尽管身处工业实验室，但香农坚持认为："科学的历史证明，有价值的结论经常来源于简单的好奇心。"③香农的成就离不开贝尔实验室对顶尖理论人才进行自由探索的包容。在20世纪50年代初，贝尔实验室的职员总数大约有9 000人，其中20%从事基础研究和应用研究，20%从事军事领域的研究，其余大多数科学家和工程师则为贝尔公司的系统规划和开发而努力。④贝尔实验室工业研发的多层次性支持了香农的理论创新。

作为通信业企业，贝尔公司需要不断开发新材料来提升通信的质量并降低通信的成本。贝尔实验室早期的一名副总裁曾告诉新员工："从本质上说，我们的工作就是去研发一些设备，保证世界上任何地方的两个人都能够像面对面一样清晰地通话，而且要经济、高效地达到这个目的。"⑤20世纪初，可以放大电子信号的真空管即电子管被发明出来，应用于通信业。真空管极大地扩大了信号系统的容量，使其能够处理更大量的信息，进而能够在承载简单信号的同时也能够承载声音和图像信号。它同时还能转发和更新由电线或电缆传输的信号，使长途有线传输成为可能。⑥然而，真空管制造过程复杂，造价也很昂贵，又很容易破裂，贝尔实验室的科学家们一直在尝试发明能够替代真空管的设备。1945年6月，贝尔实验室开始集中力量进行固态研究，意图"获得新知识，以便开发和改良全新的部件"用于通信系统。但实验室领导也认识到该项研究"非常基础，而且可能意义深远"，因此贝尔公司必须提供资金支持，项目最初的投入是41.7万美元。⑦经

---

① 乔恩·格特纳：《贝尔实验室与美国革新大时代》，第103页。
② 同上，第112-113页。
③ 同上，第113页。
④ 同上，第141页。
⑤ 同上，第34页。
⑥ 阿尔弗雷德·钱德勒、詹姆斯·科塔达编：《信息改变了美国：驱动国家转型的力量》，第139-140页。
⑦ 同①，第63-64页。

过大量实验与试错性探索，1947年12月16日，贝尔实验室的威廉·肖克利（William Shockley）、约翰·巴丁（John Bardeen）和沃尔特·布拉顿（Walter Brattain）发明了固态晶体管，并于1956年被授予诺贝尔物理学奖。晶体管提供了与真空管同样的电功能，但具有固态的显著优点：尺寸小、无真空、可靠、重量轻、最小的发热及低功耗。[①]晶体管的发明拉开了现代半导体产业兴起的帷幕。1952年4月21日，来自世界各地30多家公司的代表在贝尔实验室参加了为期6天的晶体管研讨会，每家公司为它们的参会代表支付了25 000美元，并同贝尔实验室签约获得晶体管的制造权。[②]新技术就此扩散。

尽管晶体管后来成为计算机的核心，但贝尔公司没有朝这个方向演化，仍然将重心放在通信技术的革新上。而在晶体管发明前，真正意义上的电子计算机问世了。第二次世界大战期间，美国军队需要处理大量的数据，这催生了对计算机的需求。20世纪40年代初，毛希利（John Mauchly）认识到，使用电子计算线路的计算机器会获得速度优势，优于当时存在的继电器计算机等，于是，他和宾夕法尼亚大学的埃克特（J. Presper Eckert）一道，按美国政府的要求，为马里兰州的阿伯丁试验基地弹道研究实验室设计制造计算机，此即电子数字积分计算机（Electronic Numerical Integrator and Calculator），以简称ENIAC闻名于世。1946年，ENIAC研制完成。ENIAC是一台长100英尺、使用18000个电子管、消耗电力100多千瓦的巨型计算机。它存在着维修困难、编制程序麻烦等缺陷，许多方面不及ASCC，但依靠高速度的优势，它能完成此前因冗长费时而不能完成的计算任务。[③]值得一提的是，IBM公司的沃森父子拜访过宾夕法尼亚大学的ENIAC实验室，但起初不以为意。直到后来，小沃森在公司总部看到一名工程师"用电子管做乘法"，了解到使用电子管的机器计算时间只有打孔机打出一页纸所需时间的1/10，才嗅到电子计算机的商业价值，将IBM603电子乘法器推向市场。IBM603没有存储程序，只是将穿孔卡片输入的数字进行处理，从技术角度说并不是一台计算机，但IBM公司就此进入电子工业。[④]于是，大学和企业这两个不同的主体分别开始探索电子计算机的产业化之路。

计算机产业化的过程并不容易，对IBM公司这样的老企业来说，意味着转型。老沃森对IBM公司进入计算机领域并不积极，1949年小沃森当上执行副总裁

① 夸克、瑟达：《半导体制造技术》，韩郑生等译，电子工业出版社2015年，第3页。
② 阿尔弗雷德·钱德勒、詹姆斯·科塔达编：《信息改变了美国：驱动国家转型的力量》，第177页。
③ 查尔斯·辛格主编：《技术史》第7卷，第344-346页。
④ 小托马斯·沃森等：《父与子：IBM发家史》，第127-129页。

后批评了他父亲设立的研发机构："你在那里的人是一帮只会用螺丝扳子的工程师，你难道连这一点都认识不到吗？用金属敲制机器的时代已经一去不复返。现在你进入了这样一个领域：你得使用示波器，并且了解电子管中的电流和扫描光束理论。你得进行理论性的工作；你得同有才能的人们一起进行这种工作。这些人的背景不同于我们现有的人员。你得雇用工程学毕业生，大批的工程学毕业生。"[①]正如西门子公司在机械化转型过程中必须革除手工业的工匠传统一样，IBM公司进入电子时代后也必须变革制造方式，即依托更具理论知识的工程师去研发新型产品。由于内部意见不统一，IBM公司战略不明确，直到1953年，该公司才制造出第一台商用计算机701型机，而此时市场上已经有毛希利和埃克特开发出的UNIVAC作为竞争对手。[②]根据小沃森的回忆，IBM公司开始生产电子计算机是出于朝鲜战争中美国政府的迫切需求，小沃森决定生产"充满爱国情感"的"国防计算机"。研制工作开始后，IBM公司将一座制酸厂厂房修建成真空管和电路研究实验室，设法开发逻辑电路、存储电路、磁带处理装置、记录头、从穿孔卡向磁带转移资料的技术，并同其他厂商共同开发真空管和磁带。小沃森称："我们实质上是在学习一种全新的行业。"[③]这款国防计算机就是IBM701型。当时，其他企业制造的计算机都带有实验品性质，但IBM公司从一开始就把IBM701型放在工厂而不是实验室制造，将其视为真正的产品。在设计时，IBM公司就考虑到运输问题，将IBM701型设计成由分离的组件构成，每个组件大小适宜，可以装进普通的货运电梯，抵达用户所在地后，公司的技师可以在3天之内组装好机器并使之运行，其他的计算机至少需要一周的时间来安装。[④]依靠这种迎合用户的商业化原则从事制造，IBM公司在计算机产业里后来居上，事实上也推动了计算机的产业化。

电子计算机的发明确实使工具替代脑的进程向前迈出了一大步，但是，早期使用真空管的计算机缺点不少。真空管体积大，不可靠，耗电量也大，寿命亦有限，这些对计算机是拖累。贝尔实验室发明晶体管后，真空管出现了潜在的替代品。最早用来制造晶体管的材料是锗，但真正使晶体管商业化也就是使半导体产业化的材料是更易获取的硅。1952年贝尔实验室将晶体管技术扩散后，一些获得了许可证的小型专业公司开始生产晶体管，其中著名的企业包括德州仪器（Texas Instruments，TI）公司、摩托罗拉（Motorola）公司和仙童（Fairchild

① 小托马斯·沃森等：《父与子：IBM发家史》，第190-191页。
② 查尔斯·辛格主编：《技术史》第7卷，第352页。
③ 同①，第196-197页。
④ 同①，第221页。

Semiconductor）半导体公司。德州仪器公司在1952年与美国电话电报公司签订了共同生产晶体管收音机的合作合同，此后又带头研发基于硅的晶体管。1957年，仙童半导体公司制造出第一个商用平面晶体管，它有一层铝互连材料，这种材料被淀积在硅片的顶层以连接晶体管的不同部分，从硅上热氧化生长的一层自然氧化层被用于隔离铝导线。1959年，仙童半导体公司的罗伯特·诺伊思（Robert Noyce）和德州仪器公司的杰克·基尔比（Jack Kilby）分别独自发明了集成电路芯片（IC）。集成电路是将多个元件集成在一个硅衬底上，在一块集成电路的硅表面上可以制造许多不同的半导体器件，如晶体管、二极管、电阻和电容，它们被连成一个有确定芯片功能的电路。1958年，杰克·基尔比制造的第一块集成电路是用一片锗半导体材料作为衬底的，他于1959年获得了集成电路芯片的专利权。罗伯特·诺伊思则将自己发明的集成电路的概念扩展到在平面硅材料上互连不同的元件。他的思路是在硅表面使用铝金属导体互连不同的晶体管，同时使用在硅上生长的氧化层作为将硅器件与金属导体隔离开的绝缘体，这是作为单结构硅芯片集成电路的第一个实用结构。①集成电路的发明使电子计算机脱胎换骨，它使用来替代大脑的计算机有了自己的"脑"。

　　1956年，老沃森去世后，小沃森得以对IBM公司施行更强有力的掌控，面对美国无线电公司（RCA）、通用电气公司等竞争对手进入计算机产业的威胁，小沃森坚定地认为公司的计算机制造要从真空管转向晶体管。当时，晶体管的售价每只大约2.5美元，用来制造计算机成本太高。但是，尚无名气的德州仪器公司已经掌握了晶体管的大规模生产方法。德州仪器公司开始制造晶体管时，晶体管的售价每只高达16美元，其用途遂局限于制作助听器。该公司估计，如果价格降低到大约2.5美元，晶体管就可以用于便携式收音机这一庞大的市场。为实现这一目标，德州仪器公司在电路设计和生产工艺方面投入了200万美元，于1956年成功实现了晶体管收音机的制造。IBM公司从德州仪器公司的经验中获得启发，认为如果晶体管的售价进一步降低到每只1.5美元左右，就可以制造出价格对客户有吸引力的计算机，实现盈利。于是，IBM公司向德州仪器公司寻求合作，后者同意帮助修建一个有批量生产线的工厂，使晶体管的成本大大降低，作为交换，IBM公司答应使用新工厂生产的绝大部分晶体管。与德州仪器公司的合作激励IBM公司将所有的产品都实现晶体管化，但这一革新遭到了刚学会使用真空管的打卡机部门的抵制。小沃森不得不以一种乾纲独断的姿态发布强硬的命令：

---

①　夸克、瑟达：《半导体制造技术》，第3-4页。

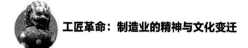

"从10月1日起，我们将不再设计使用电子管的机器。"[①]小沃森的战略决策使IBM公司保持了在计算机产业里的领先地位。关键在于，大规模生产的美国体系再一次发挥了作用。而在半导体工业此后的演化中，高投资的大规模生产一直是基本的制造方式。

与德州仪器公司相比，仙童半导体公司的特点是其内部能产生很多新颖的想法并促成一些新公司诞生，却无法回馈仙童半导体公司本身的成长。包括诺伊思在内的仙童半导体公司的几位高管遂选择离开，自己创立了英特尔公司。1967年和1969年，国家半导体公司（National Semiconductor）和AMD（Advanced Micro Devices）公司开始在仙童和英特尔附近营业，后来那一块地区就成为加利福尼亚州的硅谷。[②]硅谷逐渐成长为美国经济在20世纪后期新的发动机。

综观计算机产业兴起的历程，是一个科学理论引导、军事需求拉动、既存企业转型、新材料研发与应用等多重因素综合作用的结果。在这个复杂的故事里，还应该提到冯·诺依曼（John von Neumann）、软件产业的出现等，不过，能被抽象概括的要素是很清晰的。如果从制造活动构成要素的角度分析计算机产业的兴起，则科学理论与新材料是最为突出的要素。但是，与瓦特和福特的故事不同，计算机产业的兴起是多个产业与多个企业共同参与的演化，缺乏具有符号性的独一无二的英雄个体。究其原因，瓦特与福特还是可以被视为工匠，其推动的制造方式变革仍带有制造者与制造活动高度合一的工匠特色。但计算机产业的兴起更多地体现了制造科学化后，研究开发与生产制造的分离，而且该产业分化为硬件与软件两个部分，因此，很难以单独的某个发明家或企业来代表这个产业的演化。表4-1简单地分析了计算机产业兴起过程中的制造活动要素。

表4-1　计算机产业兴起过程中的制造活动要素

要　　素		起作用的事项	
设计		科学理论（图灵、香农、诺依曼等）	
材料		半导体的研发	科学家的自由探索
手段	工具	专用设备	
	方法	从实验室研发到大规模生产	商业化的创新（IBM公司的战略转型）
	组织	科学化的工厂（研发部门的壮大）	
产品		多要素组合的集成性新产品	

① 小托马斯·沃森等：《父与子：IBM发家史》，第290-292页。
② 阿尔弗雷德·钱德勒、詹姆斯·科塔达编：《信息改变了美国：驱动国家转型的力量》，第31页。

尽管计算机在20世纪50年代实现了产业化，但它还是一个非常小的产业。直到1964年，IBM公司推出S/360系列计算机，产业才出现转折。S/360计算机的意义在于，计算机制造商第一次能够提供一组不同规模的计算机，其运行的软件可以通用。兼容性加速了计算机的普及。此外，S/360系列促进了计算机、外围设备和软件技术的迅速标准化，这使得计算机公司推出新产品时，原来的客户可以从原供应商或设备兼容的供应商那里购置新系统并从原来系统升级到新系统。统一的标准使众多计算机供应商能够不断开发新产品并相互竞争，于是，到20世纪70年代，计算机产业成为一个规模庞大的产业。[1]从某种意义上说，以标准化为契机的计算机产业的壮大，仍然贯彻了美国体系的基本原则，只不过，制造活动在该产业里出现了去实体化的现象，这一点尤其体现于软件产业。微软公司在20世纪八九十年代的成功亦得益于标准化。回溯历史，IBM公司在开发S/360系列计算机时，也冒了巨大的风险。小沃森回忆称，公司仅在工程开发方面就花了7.5亿美元，又花了45亿美元建工厂，增添设备和机器。但他很清楚这一新型计算机如果研制成功会带来巨大的优势："尽管这些计算机在型号上有巨大的区别，但它们能使用相同的软件，也就是说所有的计算机配置了相同的磁盘驱动器、打印机和其他配件设备。我们提供的目录有各种各样的配件，主机装上后将具有多种混合功能。这对双方来说都很简单、方便和有利。它的用途多达360项，一旦客户使用上这种机器，他们将在长时间里摆脱不掉对我们的依赖。"[2]为了研制新一代计算机，IBM公司无法使用其供应商生产的上一代电子零件，只能自己制造集成电路。小沃森回忆了制造集成电路的特点与困难："我永远忘不掉，我们建造的第一个生产集成电路块的工厂是多么的昂贵。以前建造工厂极为低廉，每平方英尺的造价仅仅为40美元，但生产集成电路块的工厂要求极为严格，无尘的要求使它看起来根本不像工厂、车间，倒像医院的外科手术室，每平方英尺的造价高达150美元。当造价单报来的时候，我都难以置信，其他人也都十分吃惊。每次董事会都使我十分尴尬，关于造价问题，他们总是说：'你真认为需要花这么多钱吗？'也有人问：'这是不是狮子大开口，你搞招标了吗？这些工厂是否太豪华和奢侈了。'"[3]小沃森关于集成电路工厂像外科手术室的比喻，形象地揭示了半导体工业的制造方式相对于传统的机械工业已经发生了变革。制造科学化的深化使

---

① 阿尔弗雷德·钱德勒、詹姆斯·科塔达编：《信息改变了美国：驱动国家转型的力量》，第 194-195 页。

② 小托马斯·沃森等：《父与子：IBM 发家史》，第 342-344 页。

③ 同②，第 344-345 页。

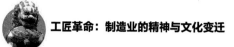

制造活动的场所从外观上看也变得像科学活动的场所了。此外，制造科学化的一个结果是，具有核心价值的高技术产品的制造成本越来越高。

虽然制造成本高昂，而且因为急于抢占市场而导致最初交货的S/360型计算机的质量存在缺陷，但这一新产品供不应求，涌向IBM公司的订单远远超出了其生产能力。[①]量的需求再一次主导了制造业的演化，IBM公司也从这一需求里得到了回报。1981年8月，IBM公司向市场推出了个人电脑（PC），1983年，美国的个人电脑销量达150万台。[②]这一创新改变了人类的办公方式，进而改变了整个人类的生活方式。工具对脑的替代，从生产延伸到生活。

制造活动是手脑并用的人类活动，从演化的逻辑上说，当人类不断用工具替代手之后，一定会设法用工具替代脑，计算机便因此而兴起。计算机和蒸汽机一样，既是制造业变革的产物，它的出现，本身又掀起了制造业的新革命。对工匠精神来说，计算机开辟了更精确控制制造过程的可能性，也就意味着物质性的技术手段将有可能替代传统的精神因素发挥保障性功能。

（二）芯片：核心制造中的精神与文化

计算机是一个复杂的系统，芯片在其中起到核心的作用。当计算机在制造活动中开始发挥核心作用后，制造芯片就成为人类制造业最核心的制造之一了。从某种意义上说，芯片产业的兴起与计算机产业的兴起是一个协同演化的过程，两者共享一些理论与技术资源，互相促进，相得益彰。但是，芯片产业的演化尤其是其早期发展有其独立性，值得专门剖析。表4-2为1947—1993年问世的各类计算机芯片综述。

表4-2　计算机芯片的早期发展（1947—1993年）

类 型	特 征	发明时间	发明者	投入使用时间	用　途	相关说明
锗晶体管	锗	1947年	贝尔实验室	1951年—20世纪60年代早期	助听器、收音机、计算机、火箭、电话路由器	1955年以前，一直在市场中占据统治地位，1955年，IBM公司推出第一台基于晶体管的计算机

---

① 小托马斯·沃森等：《父与子：IBM发家史》，第350-351页。
② 阿尔弗雷德·钱德勒、詹姆斯·科塔达编：《信息改变了美国：驱动国家转型的力量》，第196页。

续表

类 型	特 征	发明时间	发明者	投入使用时间	用 途	相关说明
硅晶体管	硅	1954 年	德州仪器公司	1954 年—20 世纪 60 年代早期	助听器、收音机、计算机、火箭、电话路由器	20 世纪 50 年代有 600 多种晶体管得到应用。1956 年，有 26 家公司从事晶体管贸易
各种各样的晶体管	硅 400~799 兆赫	1956—1962 年	40 多家公司	1950 年—20 世纪 60 年代中期	军事用途、计算机、电视机、太空用途、飞行器	到 1962 年，共生产出 6 000 种晶体管；之后种类减少
集成电路	一块多功能芯片	1959 年	德州仪器公司	1963 年至今	助听器、数字手表、军事用途、太空用途、电视机、汽车、家用电器	到 20 世纪 60 年代末，集成电路取代晶体管；60—70 年代，集成电路的体积大幅缩小，成本逐渐降低
单片计算机	半导体记忆计算机功能	20 世纪 60 年代	德州仪器、英特尔以及多家电子公司	20 世纪 70 年代至今	计算机各种设备	极大地扩展了计算机的性能、速度和可靠性，取代早期的集成电路和晶体管
英特尔 4004 微处理器	4 位字长	1971 年	英特尔公司	20 世纪 70 年代早期		被称为"芯片上的可编程微计算机"，第一款微处理器，所有未来计算机的核心
英特尔 8008	8 位字长	1972 年	英特尔公司	20 世纪 70 年代早期	各种便携式智能电子设备	被公认为是第一代标准的 8 位处理器，早期微处理器的代表，到 20 世纪 70 年代中期有 40 种微处理器问世
金属氧化物半导体（MOS）技术	更快、更小	1975 年	英特尔、摩托罗拉、德州仪器等公司	20 世纪 70 年代	计算机存储设备	20 世纪 70—80 年代早期，MOS 技术是计算机存储技术的代表

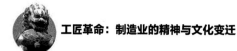

续表

类　型	特　征	发明时间	发明者	投入使用时间	用　途	相关说明
16 位处理器	16 位处理	1974 年	国家半导体公司	20 世纪 70 年代	个人计算机及其兼容设备	
英特尔 8086	16 位处理	1978 年	英特尔公司	20 世纪 70—80 年代		
64K 动态随机存取存储器（DRAM）		1979 年	富士通公司	20 世纪 80 年代		第一款主流的日本产微处理器
APX432	32 位处理器，3 块芯片中含有 20 万只晶体管	1982 年	英特尔公司	20 世纪 80 年代		一枚 APX432 芯片的处理能力等同于一台大型机
英特尔 80286	16 位	1982 年	英特尔公司	20 世纪 80 年代中早期		IBM 公司早期 PC 机的主力，也称 286
	256K		英特尔、日立、富士通等公司			芯片创新真正实现国际化
英特尔 80386	386K	1985 年	英特尔公司			比 80286 快 3 倍
英特尔 80486	486K	1989 年	英特尔公司			第一款拥有 120 万只晶体管的微处理芯片
奔腾	内含 300 万只晶体管，300MIPS，100 兆赫	1993 年	英特尔公司			广泛应用于个人电脑，自 1982 年以来，微处理器的速度提高了 100 多倍

资料来源：阿尔弗雷德·钱德勒、詹姆斯·科塔达编：《信息改变了美国：驱动国家转型的力量》，第181-183页。

　　从演化的脉络看，芯片产业最初由通信产业的贝尔实验室提供了基本技术，但其产业化依靠的是德州仪器公司、仙童半导体公司等专门化的企业。德州仪器公司在一段时间里是芯片制造业创新的主要驱动力量，但到了20世纪70年代后，从仙童半导体公司分化出来的英特尔公司成为产业的领跑者，其优势地位一直持续到20世纪90年代。因此，考察芯片产业的兴起及其制造变革，可集中分析德州仪器公司、仙童半导体公司和英特尔公司的早期演化。

德州仪器公司原为创办于20世纪30年的一家油气勘探企业——地球物理服务公司（Geophysical Service Inc.），创办人包括约翰·凯驰（John Clarence Karcher）和尤金·麦克德莫特（Eugene McDermott），最初主要为大型石油企业提供技术服务。麦克德莫特原本任教于哥伦比亚大学，是被凯驰说服参与创办企业的，用他自己的话说："我根本对地球物理一无所知，但我喜欢新鲜和刺激的事物。我对所有新事物感兴趣。"[①]因此，从创办之初，该企业就拥有创新的价值取向。尽管并非一家制造企业，但公司的业务需要用到一些机器设备。在一次购买铝铸件的过程中，凯驰和麦克德莫特结识了销售工程师埃里克·琼斯（Erik Jonsson），遂以年薪5 000美元将其聘到公司负责管理机器车间。琼斯对改进公司的地震仪器很有信心，告诉他的雇主："我能让它们变得更快、更便宜、更小、更轻，还更有用。"[②]这就是地球物理服务公司创业之初的技术力量与制造文化。诞生之初，地球物理服务公司就遇到大萧条，形势十分严峻，但第二次世界大战爆发后美国政府的军事需求给了公司转机。利用勘探技术的基础，公司为美国海军制造探测敌方潜艇用的MAD（Magnetic Anomaly Detection）系统。尽管战争期间的军需订单仅值100万美元，但它足够供地球物理服务公司偿还银行借款并度过艰难时局。[③]更重要的是，军需生产使地球物理服务公司真正开始转型为一家制造企业。

1945年，地球物理服务公司雇用了曾为海军采购装备的帕特·哈格蒂（Pat Haggerty），以便继续争取美国政府的军工订单。1946年年初，地球物理服务公司成立了仅85人的实验室与制造部，由哈格蒂负责。实际上，这对于当时的公司来说是一个既无产品又无市场的商业冒险。但是，琼斯说服一家公司借给地球物理服务公司15万美元来修建新的工厂，厂房由顶尖建筑师设计，共3.8万平方英尺，落成后共耗资35万美元。新厂房建成后，机器车间等陆续迁入。在大兴土木

① Caleb Pirtle III: *Engineering the World: Stories from the First 75 Years of Texas Instruments*, Dallas: Southern Methodist University Press, 2005, p.2.
② 同上，pp..4-5.
③ 同上，p.28.

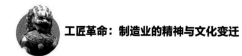

的同时，哈格蒂为公司制定了3个方向的战略：其一，公司应成为军事电子设备的长期供应商，并且要从次等供应商转变为主要供应商；其二，公司应坚持琼斯的信念，成为民用电子产品制造商；其三，公司有必要继续制造地质勘探设备。1948年，地球物理服务公司的总销售额接近500万美元，但制造业务的销售额还不到100万美元。①转型之路是艰难的。然而，朝鲜战争爆发后美国的军事需求又刺激了公司制造部门的发展，军需市场甚至比"二战"时还要大。地球物理服务公司主要为美军制造雷达系统。1950年升任公司总裁的琼斯说："1951年，历史重复了它自己。公司的制造与探索活动增长得如此之大，有必要将它们放入独立的公司结构中。"事实上，琼斯和哈格蒂决定改掉公司的名字。1951年，德州仪器公司正式成立，地球物理服务公司成为其分支。尽管转型艰难且抓住了战争需求的契机，但是，在不到6年的时间里，哈格蒂和他的团队还是重塑了公司，在公司内部创造了一种制造文化，作为公司持续扩张的根基。哈格蒂相信晶体管会成为德州仪器公司的主要制造业务，他向公司管理层指出："如果我们想要成为巨人并和巨人竞争，难道我们不应该最好从巨人也才刚刚起步的领域开始吗？"②凭借大胆创新的价值取向，德州仪器公司确立了事后看来极为正确的战略方向。

在20世纪40年代，晶体管才刚刚被贝尔实验室发明出来，真空管仍大行其道，因此，尚未改名的地球物理服务公司一度想进入真空管制造领域。不过，幸运的是，哈格蒂的注意力很快转向了晶体管。德州仪器公司希望向贝尔体系的西电（Western Electric）公司寻求晶体管制造方面的合作，一开始，西电公司完全没把这家位于达拉斯的没有名气的小企业放在眼里，直接回复琼斯说："这个生意不是为你们准备的。"直到1951年秋天，西电公司的态度才有所缓和，愿意将晶体管制造授权给任何能够支付2.5万美元的企业。德州仪器公司听闻消息后第二天就汇款支付了授权费。在1952年春天贝尔实验室召开的晶体管推介会上，德州仪器公司的参会人员做了大量细致的笔记并询问了很多问题，在参观晶体管制造厂房时尤其认真。与其他企业相比，德州仪器公司没有制造真空管的历史包袱，这成为其迅速进入晶体管领域的优势。当年3月，琼斯写了一封给德州仪器公司全体职员的公开信，称："最终，我们从西电公司购买了制造晶体管和相关半导体设备的许可权。晶体管是非常新的技术，主要是贝尔实验室发展的，并宣

① Caleb Pirtle III: *Engineering the World: Stories from the First 75 Years of Texas Instruments*, pp..31-33.

② 同上, pp..56-57.

称将掀起电子产业的革命。就如同通常的情况那样，它将代替真空管……毫无疑问的是，晶体管及其相关设备将在我们的未来扮演极为重要的角色。"由于市场上没有商业化的拉晶器械买，德州仪器公司不得不自己制造生产晶体管主要原料所必须用到的拉晶机。在机器车间里，公司员工查迪克（Tommy Chaddick）小心翼翼地加工大螺钉，该螺钉慢慢转动后，能将晶种从熔融的材料中拉出来。在拉晶机上进行生产，需要将温度控制在接近1 000摄氏度。经过一系列测试，小晶体能被切成片，放置于陶瓷块上，再被切成微小的正方形。到1952年8月，德州仪器公司已经能够生产它的第一批商业化晶体管，并迅速学会了用一个小晶体生产500个晶体管。年底，德州仪器公司接到了晶体管的第一批订单，共10个，总价值100美元。虽说只完成了一单生意，但公司管理层预见到晶体管市场前景广阔，遂于1953年在25万美元的预算中拿出7.5万美元用于添置设备，争分夺秒地试图取得晶体管市场的领先优势。[①]回溯德州仪器公司最初制造晶体管的历史，该公司从外部购买了新产品原型，但依靠自己的力量实现了新产品的制造。在制造过程中，德州仪器公司一开始利用骨干技术人员探索制造方法，等试验成功后，就通过投资设备来扩大产量。创新精神与自立精神在德州仪器公司进入晶体管制造领域的过程中发挥了重要作用，而作为一种极具精细性的制造，查迪克最初的探索过程也与传统工匠的作业方式颇为相似，都需要严谨认真与耐心细致的态度。

早在1951年，哈格蒂就了解到用硅来制造晶体管比用锗更具优势。当时，贝尔实验室的工程师提尔（Gordon Teal）在一次采访中告诉哈格蒂硅是制造晶体管的最佳材料，于是，哈格蒂邀请提尔到德州仪器公司工作。提尔起初拒绝了，1952年，哈格蒂再度发出邀请，并允诺让提尔来领导德州仪器公司的半导体研发，这令提尔动了心。提尔来到德州仪器公司后立即招募了优秀的大学毕业生作为研发的骨干力量，紧接着，提尔就与科尼利森（Boyd Cornelison）共事。此前，科尼利森在参观贝尔实验室时，只看了一眼提尔的拉晶机，回来就成功进行了仿造。提尔让科尼利森将炽热的锗拉晶机的温度提升到白热化的1 400摄氏度，使之转为硅拉晶机。1953年夏天，整个团队昼夜不休地工作，探索制造硅晶体管的方法。1954年4月，利用从杜邦（DuPont）公司购买的高纯度硅，提尔团队用负—正—负（NPN）结构造出了硅晶体管。值得一提的是，在试制过程中，德州仪器公司一开始使用的温度调节器无法满足要求，公司遂请制造商重新造一

---

① Caleb Pirtle III: *Engineering the World: Stories from the First 75 Years of Texas Instruments*, pp..58-61.

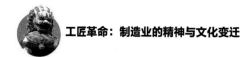

个合适的，但该制造商用"走开，别浪费我的时间"回绝了，于是德州仪器公司决定："好吧，我们会自己来造的。"最终，德州仪器公司自己的工程师解决了温度调节难题。[①]这种自己动手制造的自立精神后来推动德州仪器公司用自己造的硅替代了杜邦公司的产品，降低了硅晶体管制造的原料成本。[②]这也为硅晶体管的大规模商业化生产创造了条件。当然，量产方法也是哈格蒂对科尼利森提出的要求。于是，科尼利森等人探索出了一种大胆的新工艺，同时在一个炉子里制造一批晶体管，其形态被比喻为"一锅曲奇"，取代了过去一次只造一个的旧方法。[③]正是德州仪器公司发明的大规模生产的新工艺赢得了IBM公司的青睐，为硅晶体管在电脑中的应用打开了出路。德州仪器公司对硅晶体管的选择体现了正确的战略判断，其研制过程中起到核心作用的科尼利森具备瓦特、福特与丰田佐吉等人身上曾展现过的高强的动手实践能力。如果说自己动手解决问题是工匠从事制造活动时的重要特征，那么，制造业中的工匠精神也应该包含重视动手实践和自主解决问题的价值取向，且这种自立自强的价值取向是可以脱离具体制造情境而传承的。

1958年对德州仪器公司来说意义非凡，该公司的员工基尔比在当年发明了集成电路，也就是芯片。基尔比1947年毕业于伊利诺伊大学的电子工程系，毕业后进入全球联盟（Globe Union）的中央实验室工作。中央实验室同样从西电公司取得了晶体管生产的授权，基尔比负责学习该项技术。1958年5月，基尔比意识到中央实验室对他关于将晶体管微型化的想法不感兴趣，就跳槽到了德州仪器公司，得到了一个可以全身心投入晶体管微型化研究工作的职位。当年夏天，基尔比发明了集成电路。对于所取得的成就，基尔比认为自己更多的是一个工程师而不是科学家，他解释说："科学家的动机是知识。他主要是想解释一些事情。工程师则被解决问题和让一些东西起作用的想法所驱动。工程，或者说至少好的工程，是一个创造性的过程。"基尔比有进行记录的习惯，他重视所有的努力，包括那些不起作用的探索，因为只有通过发现不可行之事才能找到可行之事。基尔比认为，一个新的想法，通常是一种零碎的事物，他通过思考问题、做笔记和画草图来开始每一项研究，通常持续数月。他用彩色铅笔来描画不同的层次、序列或次序，以此来显示事物组合的规则。当他有灵感去创造某物时，他就知道自

---

① Caleb Pirtle III: *Engineering the World: Stories from the First 75 Years of Texas Instruments*, pp..65-67.

② 同上 , pp..68-69.

③ 同上 , p.71.

己离目标很接近了。^①基尔比的工作方式展示了一名工程师从事发明活动时的状态。尽管制造的科学化使制造业中的发明活动变得程序化与标准化，但关键性的突破在很大程度上还是依靠发明者个人的钻研与顿悟。从这个角度说，在现代制造业里具有关键地位的发明家仍然要像工匠一样专注与执着。

不过，在集成电路上真正起引领作用的是德州仪器公司的竞争对手仙童半导体公司。仙童半导体公司与贝尔实验室也有历史渊源。发明了晶体管的肖克利离开贝尔实验室后，创办了一家名为肖克利半导体实验室的小公司，1956年，戈登·摩尔（Gordon Moor）、杰·拉斯特（Jay Last）、简·霍尔尼（Jean Hoerni）、罗伯特·诺伊思、谢尔敦·罗伯茨（C. Sheldon Roberts）、维克特·格林尼奇（Victor Grinich）、尤尔根·克莱纳（Eugene Kleiner）和朱利斯·布朗克（Julius Blank）这8名工程师加入了肖克利半导体实验室。这八人中，拉斯特、诺伊思和罗伯茨毕业于麻省理工学院，摩尔毕业于加州理工学院，格林尼奇毕业于斯坦福大学，霍尔尼毕业于剑桥大学，克莱纳和布朗克曾担任西电公司的机械工程师，有丰富的制造经验。^②当时，德州仪器公司已经成为半导体产业里最强大的企业，肖克利希望通过雇用年轻的工程师与科学家奋起直追。但是，肖克利设计的PNPN结构二极管造起来很困难，年轻的工程师们认为其市场前景不如扩散型晶体管，加上肖克利本人不好相处，因此，前述8名工程师选择自主创业。他们找到了仙童摄影器材（Fairchild Camera and Instrument）公司，这家公司过去一直承接军事订单，朝鲜战争结束后业务大幅滑落，正考虑转型问题，于是同意与8名年轻人合作，出资进入半导体领域。1957年10月，仙童半导体公司正式开业。^③

仙童半导体公司成立后不久，IBM公司军事体系部门的计算机工程师就与之接洽。当时，IBM公司的工程师感觉德州仪器公司的硅晶体管无法用于他们先进计算机里的存储单元，而且不太可靠，故希望寻找新的供应商。IBM公司邀请仙童半导体公司的员工到纽约开了一次会，仙童半导体公司的工程师马上意识到IBM公司需要的核心存储器驱动器是"晶体管应用的一个空白领域"。于是，仙童半导体公司决定试制IBM公司需要的产品，并设计了NPN和PNP两种结构的技术路线。1958年3月，IBM公司向仙童半导体公司下了100个核心驱动器晶体管

① Caleb Pirtle III: *Engineering the World: Stories from the First 75 Years of Texas Instruments*, pp..81-83.
② Christophe Lécuyer and David C. Brock: *Makers of the Microchip: A Documentary History of Fairchild Semiconductor*, Cambridge: The MIT Press, 2010, p.9.
③ 同②，pp..12-14.

的订单，单片价格为150美元。仙童半导体公司以试错的方式开始了研制工作。实验证明，摩尔的NPN方案比霍尔尼的PNP方案更接近生产阶段，仙童半导体公司就选择了NPN晶体管作为首款产品，摩尔也成为工程负责人。1958年8月初，仙童半导体公司完成了第一批交货。①摩尔攻读的是化学专业，信赖精确测量与严谨分析。尽管他对技术方案有最终发言权，但他还是量化比较每一种平顶晶体管多批次的良率、失效率和电气特性，将得分最高的型号作为仙童半导体公司的第一款产品，整个过程做到了无派系、透明和公正。在决定了技术路线后，摩尔进而负责组织晶体管的实际制造。由研发到制造存在着一个飞跃过程，摩尔回忆称："你必须建立独立于研发实验室的制造业务部门。你必须设计并详细说明制造流程，这完全不同于在实验室里做成某种一次性工作。"②由于半导体产业刚刚兴起不久，和德州仪器公司一样，仙童半导体公司必须自己制造生产设备。摩尔在大学里学过玻璃吹制技巧，对自己动手的制造文化不陌生，他后来说："如果你想做个复杂的东西，比如把一组活塞之类的东西搞在一起，你可以自己教自己。我很喜欢这么做。我后来做了很多次玻璃吹制。"③摩尔利用玻璃吹制技巧制造了晶体管生产所需的气体处理系统。晶体管生产还要用到光刻技术，需要分步重复照相机，由于缺乏制造商，诺伊思和拉斯特决定自己做。在光阻蚀剂方面，也面临很大挑战，贝尔实验室的产品都无法满足要求，摩尔称："最后，我们和大型化学品供应商合作，制作出了电子级化学药剂。我们必须明确指定所有的酸和溶剂，而且要求重金属含量达到前所未有的低水平，以避免污染。"④依靠工程师的快速研发能力，仙童半导体公司形成了自己的批量生产工艺，在已经有德州仪器公司这种领先者存在的半导体产业里站稳了脚跟，到1960年年初，其员工人数由初创时的8人增长到超过1 200人。⑤在商业实践中，摩尔开始形成一种制造文化特有的职业信念："开发某种无法批量制造的东西是没有价值的。"⑥这种信念也是基尔比强调的工程师与科学家之间的区别。

值得一提的是，仙童半导体公司早期的制造活动主要依靠以手工操作为主的低工资女性，因为复杂的生产工序中有很多重复性工作，摩尔回忆道："那

---

① Christophe Lécuyer and David C. Brock: *Makers of the Microchip: A Documentary History of Fairchild Semiconductor*, pp..17-22.

② 阿诺德·萨克雷等：《摩尔神话：硅谷数字革命先驱的传奇人生》，黄亚昌译，中国人民大学出版社2017年，第174-175页。

③ 同②，第86页。

④ 同②，第164-165页。

⑤ 同①，p.25.

⑥ 同②，第181页。

时候，你雇用的一个妇女可能甚至不会讲英语，你教她在显微镜下把两个东西对齐，而她就整天做这件事。你一次培训12个人。这些人主要是因为手巧而被雇用。"[1]很显然，仙童半导体公司的制造活动具有制造科学化所体现的典型的脑与手分离的特点。这种分离的逻辑被仙童半导体公司发展到极致，从1963年开始，为了降低成本，公司干脆将处理过的晶圆从加州运到中国香港，在香港的工厂里切割，封装成晶体管，再运回美国。当时，香港工人每天的工资只有1美元。[2]这种离岸外包带来了制造成本的降低，但也进一步割裂了制造活动的完整性。

20世纪50年代末，美国有若干家企业在研发集成电路，产生了不同的方案与思路，在仙童半导体公司，诺伊思创造性地将一些技术与概念组合到解决整合电路难题的方案中。[3]诺伊思的工艺比德州仪器公司基尔比的工艺在生产上更具优势。实际上，基尔比制作的相移振荡器电路用的是锗而不是硅，虽然演示了集成原理，但离商业可行性还有较大距离。相比之下，诺伊思发明了利用硅平面工艺制作集成电路的方法，用蒸发的金属薄膜和光刻方法制作必要的互连，更为实际可行。1961年3月，仙童半导体公司制造出了基于该原理的第一个工作电路，德州仪器公司在10月才取得成功。[4]因此，仙童半导体公司凭借技术创新削弱了德州仪器公司在半导体产业中的领先地位。为了进一步解决生产上的难题，拉斯特打造了一个团队，用来发展仙童半导体公司的集成电路品牌微逻辑（Micrologic）。[5]总体上说，由工程师创立的仙童半导体公司具有一种注重技术研发的工程师文化，而这种文化也是其早期不断取得突破的重要原因。1959年11月，摩尔在为公司研发实验室制订1960年的计划时，强调了实验室要做关于硅的基础研究，以超越试错型研究。[6]摩尔的计划具有长期性与战略性。由于业务繁忙，摩尔等人不得不保持高强度的工作状态。1960年，摩尔6岁大的儿子见证了父亲勤奋的工作，他后来回忆称："对爸爸来说，事情永远是一样的：去办公室，开会，读文件。这给我留下的最重要的信息就是，爸爸每天去上班，无一例外……仙童是一家非常年轻、积极进取、极为重要的公司。晚饭后他会处理每天

① 阿诺德·萨克雷等：《摩尔神话：硅谷数字革命先驱的传奇人生》，第191、177-178页。
② 同上，第216页。
③ Christophe Lécuyer and David C. Brock: *Makers of the Microchip: A Documentary History of Fairchild Semiconductor*, p.38.
④ 约翰·奥顿：《半导体的故事》，姬扬译，中国科学技术大学出版社2015年，第88页。
⑤ 同③，p.40.
⑥ 同③，p.171.

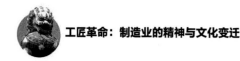

的邮件，然后又马上去工作几小时。他坐在我们家的大活动室里，那里有他的椅子和一堆文件。他总是说，自己在整个职业生涯中每天工作至少11小时，日复一日；这是真的。我父亲总是在工作。"①摩尔的工作态度是硅谷工程师的一个代表，在率性自由的表象之下，通行于制造业中的勤奋伦理构成了硅谷文化的一个侧面。

对芯片乃至整个电子产业的演化来说，极为重要的是，摩尔通过在仙童半导体公司的实践，构想出了"摩尔定律"。1962年，《科学技术年鉴》邀请摩尔撰写一篇1 000字的关于分子电子学的文章，这使摩尔第一次公开其理念。摩尔的核心论点就是更复杂的硅芯片会带来更低的成本，他强调"以现有的制造技术可以对一种给定的应用确定微电路的适用性，对这项技术所发挥的关键作用，再怎么强调都不为过"②。1965年2月，行业杂志《电子学》周刊向摩尔约稿，摩尔后来坦言："我发现无法拒绝对这个领域的未来进行预测的机会，所以我很乐意准备一份稿件。"他在1个月之内完成了手稿《集成电子的未来》，4月份正式发表时，刊物将文章标题改为《在集成电路上塞进更多元件》。③这篇文章宣告了摩尔定律的诞生。摩尔在开头第一段写道："集成电子的未来就是电子产业自身的未来。"摩尔认为，只要制造标准芯片，十年后，"可以预期，每个元件的制造成本比目前低至少一个数量级"。他预测："对应最小组件成本的复杂性以大约每年两倍的速度增加。"这句话被认为是摩尔定律的首次表述。至于技术上的良率等困难，摩尔乐观地表示："经济上有多合算，设备的良率就可以提高到多高。必要的事情就是确保工程方面做出所需的努力。"④摩尔定律的核心内涵就是，在成本基本相同的条件下，单位面积硅片的计算能力每年翻一番，换言之，每个集成电路上以低廉的成本能够承载的晶体管的数量，将持续呈指数增加。⑤令人叹服的是，半导体产业此后的发展应验了摩尔的数值预测。2003年的一篇文章指出："摩尔定律之所以重要，是因为它是迄今为止我们所拥有的唯一稳定的标尺。它是技术的晴雨表，明确地告诉人们：如果用今天的信息处理能力乘以2，将得到竞争对手18个月后的信息处理能力。你也必须达到那样的处理速

① 阿诺德·萨克雷等：《摩尔神话：硅谷数字革命先驱的传奇人生》，第194页。
② 同上，第212页。
③ 同上，第232页。
④ 同上，第233-237页。
⑤ 小理查德·埃尔克斯：《大国的命脉》，程海荣译，中国人民大学出版社2010年，第90页。

度。"[1]摩尔定律成为可以预测产业发展与指导产业竞争的法则。从20世纪60年代至今，半导体的电路集成如表4-3所示。

表4-3　半导体的电路集成

电路集成	半导体产业周期	每个芯片元件数
没有集成（分离元件）	1960 年之前	1
小规模集成电路（SSI）	20 世纪 60 年代前期	2~50
中规模集成电路（MSI）	20 世纪 60 年代到 70 年代前期	20~5 000
大规模集成电路（LSI）	20 世纪 70 年代	5 000~100 000
超大规模集成电路（VLSI）	20 世纪 70 年代后期到 80 年代后期	100 000~1 000 000
甚大规模集成电路（ULSI）	20 世纪 90 年代后期至今	大于 1 000 000

资料来源：夸克、瑟达：《半导体制造技术》，韩郑生等译，电子工业出版社 2015 年，第 4 页。

　　从制造文化的角度看，摩尔定律具有两重意义。其一，摩尔定律继承和延续了美国体系，即通过标准化来实现制造活动的规模经济。摩尔定律最引人注目的内容是预测电路复杂性的倍增，这是一种技术演化的趋势，然而，对企业家摩尔来说，技术演化趋势背后的成本与竞争更为重要。其二，摩尔定律最大限度地展现了制造科学化的可能性，即随着人类认知能力的不断提升，制造活动是有可能被准确预测的。当然，人们在这种预测的指导下去从事实践活动，会自觉或不自觉地沿着预测的路径方向前进，从而强化预测的效力，使预测成为某种"自我实现的预言"。事实上，到了第二次世界大战之后，人类已经越来越多地通过前瞻性的认知来干预制造业的演化路径，人为控制在制造业演化的自然选择进程中日益加深。

　　但是，摩尔的理论在他所供职的仙童半导体公司无法落实。仙童半导体公司是一个工程师创业团队与传统制造企业相结合的组织，其市场销售部门的管理人员是另外聘请的，这使得公司内部存在着理念不一致的文化冲突。例如，当拉斯特致力于微逻辑品牌的研发时，公司销售经理对他说，公司研发部门的精力应该放在服务与拓展晶体管和二极管的生意上，而不是去搞什么微逻辑。该销售经理要求取消对集成电路的研制。[2]销售部门专注于眼前市场的短视与研发部门致力于基础技术的远见显然属于两种不同的文化，其对立与冲突消耗了仙童半导体

① 　小理查德·埃尔克斯：《大国的命脉》，第 91 页。
② 　Christophe Lécuyer and David C. Brock: *Makers of the Microchip: A Documentary History of Fairchild Semiconductor*, p.43.

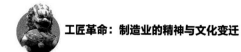

公司的力量，致使该公司在迅速抵达发明集成电路的巅峰时刻就埋下了滑落的伏笔。据1967年进入仙童半导体公司研发实验室工作的虞有澄回忆，实验室主管安迪·格鲁夫（Andy Grove）当时在金属氧化物半导体的基础研究方面取得了一些成果，却并不被生产部门所采纳，因此无法进一步突破，产生了挫折感。实验室另一名研究人员维达斯（Les Vadasz）在研究金属氧化物半导体架构中以硅代替金属栅的可能性，同样未获生产工厂的青睐，其研究仅止于实验室阶段。然而，该项研究与免用钠离子的工艺方法，日后对超大型集成电路的发展有重要贡献。不久，虞有澄与其同事偶然发展出一个实际有用的铝—硅肖特基元件，与工厂联系后，得到的反馈是他们对此毫无兴趣，反而希望实验室帮助解决其他工艺问题，这也令虞有澄很郁闷。①摩尔本人对于创新与专注这两种价值观之间的矛盾也深有体会。他认识到，一方面，创新需要自由与宽容，"如果在某个人还没有做过任何尝试之前，你就要他去证明他的想法，那么他通常会放弃这个想法"；另一方面，制造业企业需要专注以高效利用有限的资源，这意味着"筛选想法并投入足够的精力，以确保让想法发展成产品"②。研发的创新取向与生产的专注取向争夺着企业有限的资源，企业管理者必须对其进行协调与平衡，但仙童半导体公司在这一点上失败了，于是，公司团队分崩离析，重要骨干纷纷出走创业或另谋他就。1968年7月18日，摩尔也和诺伊思创立了名为英特尔的新公司，格鲁夫、虞有澄等人相继加入其中。

摩尔和诺伊思吸取仙童半导体公司的教训，为英特尔公司塑造了一种不同的企业文化。他们决定取消研发与制造之间的界限，以消除部门分歧。摩尔坦言，在仙童半导体公司，"制造部门的人较有能力，他们想重新设计一切，从头开始"，而在新创的英特尔公司，只有一条生产线和一套硅印刷技术。摩尔称："我相信，技术在早期是非常娇弱的。它仅仅适用于真正的信徒！你必须拥有那些相信它可行的人。我们决定不设单独的研发部门，我们承诺把生产作业的一小部分交给它，在制造中接受某种低效率，从而在技术转移时获得效率。我们不打算像以前那样，设立一个独立的中央实验室。"摩尔后来判断，这个决定让英特尔公司"在技术的进化演变中表现得非常高效"，比仙童半导体公司拥有"高得多的研发捕获率"③。换言之，英特尔公司的新文化弥合了制造活动中脑与手的对立性分离，协调了创新与专注之间的平衡，从而降低了内部资源的耗损，提

---

① 虞有澄：《我看英特尔——华裔副总裁的现身说法》，三联书店1995年，第29-30页。
② 阿诺德·萨克雷等：《摩尔神话：硅谷数字革命先驱的传奇人生》，第201页。
③ 同②，第251-252页。

高了整个制造活动中发现有用信息的效率。此外，英特尔公司形成了一种自由与纪律相结合的文化。一方面，英特尔公司通过股票期权、开放式办公室和避免等级制的停车系统营造了一种人人平等的氛围，也鼓励员工公开讨论问题；但另一方面，公司治理始终贯彻精英主义，具有严明的纪律，重视团队合作，并运用数据进行管理。虞有澄回忆道："英特尔从创立开始就非常强调'纪律'，处处都有清楚的规定……在仙童半导体公司的时候，每个人每天都可以来去自如，上下班时间完全'自由心证'……而在英特尔……即使你前一天晚上加班到半夜，隔天上班时间仍是上午8点。这和70年代嬉皮盛行、个人享乐主义凌驾一切的美国，有些背道而驰……"[1]为英特尔公司打造强硬纪律的是格鲁夫。一位员工后来称："要不是格鲁夫，英特尔永远不会成为我们今天看到的英特尔，也许会是一家没那么拼劲十足、没那么凶狠好斗、没那么一家独大的公司。至关重要的是，格鲁夫看到了我们其余的人没有看到的某些事情：我们处在一种世界竞争的局面下，为了生存下去，你不得不冷酷无情，所以你最好顺势而为。"[2]表4-2通过梳理芯片的发展史，直观地展现了英特尔公司在芯片产业中是如何"一家独大"的，而"拼劲十足"和"凶狠好斗"作为工作态度所体现的企业文化，是公司发展的内在推动力。英特尔公司的企业文化是典型的制造文化，当格鲁夫建立批评迟到员工的制度时，是这么说的："英特尔是制造业的组织，大家要8点钟开始上班的话就要所有人都8点钟上班。"[3]1985年，面对日本企业在市场上的强势进攻，英特尔公司发起过"125%奉献"计划，鼓励每名员工付出较平时多出25%的时间与心力，以加快新产品开发速度。[4]虽然英特尔公司制造的是高技术产品，但其制造活动的组织原则仍然遵循了阿克莱特创建工厂以取代手工业时的价值观。

　　尽管不乏挫折乃至被迫放弃存储器业务的战略性挫败，但英特尔公司成立后，确实一直在奔向"一家独大"的道路上疾驰。英特尔公司的成功在于恰当地处理了制造活动中的各种对立关系。除了前述创新与专注、自由与纪律的矛盾，还有量与质的矛盾。诚然，摩尔定律强调了量的重要性，但芯片快速更新换代的技术特点，决定了芯片的批量制造要采取适度原则，新技术的研发速度与新产品的投产速度对于市场竞争更具决定性，而在这一过程中，以良率为体现的品质关

①　虞有澄：《我看英特尔——华裔副总裁的现身说法》，第51页。
②　阿诺德·萨克雷等：《摩尔神话：硅谷数字革命先驱的传奇人生》，第306页。
③　同①，第53页。
④　同①，第121页。

系到企业成败。1975年年底，摩尔在公开发言中诠释了英特尔公司的竞争战略："只要我们的良率开始接近20%～30%，制造更复杂的设备就变得非常有吸引力，这是半导体产业已经发展起来的降成本机器的核心。我们把既定复杂度的产品投入量产；我们优化工艺，消除缺陷的成因，调适设计。当这个新产品的良率接近20%～30%的范围时，我们又设计更复杂的产品，并将其投入生产。"[①]从制造文化的角度说，英特尔公司在提升质的基础上去追求量，其重心始终聚焦于凝结了技术与工艺的产品品质。虞有澄用更直白的语言解释了品质对于半导体产业的重要性："以成品率来看，每家半导体公司其实都在做同样的事，就是将硅片加工变成值钱的芯片。因此谁的成品率高，就表示这家公司能以同样的硅片，造出更多值钱的芯片，如此一来，每颗芯片平均成本自然下降，生产力自然提高。反之，如果成品率很低，那成本可能就是天文数字，生产力自然就不高。"在20世纪90年代回首往事时，虞有澄指出："英特尔花费许多心力在成品率的衡量与改善上，每天我都要盯着几项重要产品的成品率数字在稳定的水准上，才能安心工作，成品率在英特尔所受到的重视程度，已几乎和营业额相差无几。我们衡量品质的方法，则是统计DPM[②]……十年前，我们的DPM值约为1 000，而现在已进步到200。"[③]如果说工匠精神的核心之一为对品质的追求，那么，半导体制造业极为需要这种宽泛化的工匠精神。对品质的追求便是对自己制造的产品负责，在这一点上，与英特尔公司具有不同文化的苹果公司的创始人乔布斯（Steve Jobs）倒与英特尔公司理念一致。乔布斯称："像IBM或微软这样的公司为什么会衰落，我有我自己的理论。这样的公司干得很好，它们进行创新，成为或接近成为某个领域的垄断者，然后产品的质量就变得不那么重要了。这些公司开始重视优秀的销售人员，因为他们是改写收入数字的人，而不是产品的工程师和设计师……当做销售的人经营公司时，做产品的人就不再那么重要，其中很多人就撤了。"而英特尔公司是乔布斯眼中的正面榜样："你要打造一家再过一两代人仍然屹立不倒的公司。那就是沃尔特·迪士尼，还有休利特和帕卡德，还有创建英特尔的人所做的。他们创造了传世的公司，而不仅仅是为了赚钱。这正是我对苹果的期望。"[④]乔布斯对英特尔公司的推崇，指向的是执着于品质和坚守本职工作的实业精神。

---

① 阿诺德·萨克雷等：《摩尔神话：硅谷数字革命先驱的传奇人生》，第366页。
② 全称为Defects Per Million，指每百万颗芯片中的不良品数目。
③ 虞有澄：《我看英特尔——华裔副总裁的现身说法》，第264-265页。
④ 沃尔特·艾萨克森：《史蒂夫·乔布斯传》，管延圻等译，中信出版社2011年，第519-520页。

德州仪器公司、仙童半导体公司和英特尔公司是半导体产业兴起过程中的3家领军企业，各自开辟过产业新的发展阶段，具有典型性与代表性。然而，这3家企业具有不同的文化，且诞生于产业演化的不同阶段，发展模式也不尽相同。例如，半导体产业诞生之初，缺乏专门的设备供应商，因此，自己动手造工具的自立精神对于德州仪器公司和仙童半导体公司的崛起非常重要，这两家公司的崛起也依赖了具有工匠风格的技术骨干。但是，到英特尔公司创业时，摩尔就不再自己造工具了，因为当时市场上已经出现了供应硅晶圆、化学药品和扩散炉的企业。[①]因此，与汽车工业、计算机产业等相似，半导体制造业也存在着一个由仰仗杰出个体到依靠工业组织的阶段性演化历程。这个历程就是产业化，而产业化通常意味着大规模生产取代工匠式个体制造，背后的动力则是市场竞争压力下的劳动分工与专业化。不过，由于芯片更新换代的速度太快，半导体产业的大规模生产必须具有弹性。事实上，从通用汽车公司击败福特汽车公司开始，弹性原则就成为大规模生产必须具备的新规则了，而这是由制造活动质与量的辩证关系决定的。对芯片制造业来说，良率的技术要求决定了产业必须具备更注重质的文化，这种文化反过来又对企业的生产技术与组织管理施加影响。

　　但是，仍然可以总结德州仪器公司、仙童半导体公司和英特尔公司在制造文化上的共性，这种共性对于整个半导体制造业来说具有普遍意义。首先，半导体制造业由创新的价值观引领。半导体制造业在其全部历史进程中都呈现出由技术创新驱动的特点，其创新强度明显高于一般产业，产品更新换代的速度过快，这就需要相关企业确立创新的价值观，将创新与研发化为企业活动的本能。不过，半导体制造企业需要协调自由探索与组织纪律之间的矛盾，平衡新品研发与批量生产的关系，使制造活动能高效地进行。其次，半导体制造业受高投入文化的支配。早在摩尔定律提出前，半导体制造业已经显现出需要大量投资的倾向，摩尔定律提出后，高密度投资更成为半导体制造业的常态，是相关企业赢得市场竞争的必要手段。但是，半导体制造业不仅需要资本的大量投入，还需要知识和劳动时间的密集投入。因此，不管半导体制造企业是否注重组织纪律，确保各类要素的高投入都成为必不可少的文化。事实上，高投入本身也诱发了相关企业必须执着于研发制造的实业精神，因为一旦松懈或旁骛，就可能迅速被对手赶超，走向失败。最后，半导体制造业具有注重产品品质的文化。半导体制造业产品的品质与成本具有密切关系，并由于高竞争强度而直接关系到企业存亡，这使该产业形成了注重品质的文化。在实际制造过程中，半导体企业不仅需要从业者具有品质

①　阿诺德·萨克雷等：《摩尔神话：硅谷数字革命先驱的传奇人生》，第252页。

意识，还必须通过工具层面的技术手段来控制品质。创新、高投入与注重品质，这3种价值观构成了半导体制造企业共通的文化，也构筑了行业内领先企业的先发优势，使后来者进行追赶要突破极厚的进入壁垒。随着时间的推移，只要摩尔定律继续起作用，半导体制造业的追赶就会越来越困难，解决之道，从文化上说，亦唯有在创新、高投入与提升品质上，持续性地强化努力。毕竟，在这一追赶过程中，只有精神文化层面的主观态度是最容易控制的变量。

在半导体尤其是芯片制造业兴起过程中，制造活动要素的变革如表4-4所示。

表4-4　芯片制造业兴起中的制造活动要素

要　　素		起作用的事项	
设计		具有预测性的理论（摩尔定律）	创新（基本价值观）
材料		硅	
手段	工具	从自造设备到专业厂商供给设备	拼劲（基本工作态度）
	方法	高强度研发	
	组织	逐渐走向本土研发与生产外包相结合（全球化制造）	注重品质（基本要求）
产品		更新换代速度快	

在20世纪70年代早期，芯片制造的工艺大部分还是按批加工的手工操作。随着更复杂芯片需求的增长，芯片制造设备也逐渐发展为可由单板固体控制器的按钮实行半自动操作。到了20世纪80年代，芯片制造工具的自动化涵盖了硅片加工的全部重要步骤，其目的是大幅度减少工艺中的操作者，因为人是净化间中影响良率的主要污染源。90年代以后，半导体设备实现了高度自动化，先进的材料传送系统在工作站之间移动硅片而无须人工干涉。专业软件系统控制了几乎所有设备功能，包括故障查询诊断。技师和工程师下载生产菜单到设备软件数据库，并翻译软件诊断命令，以采取正确的设备维护行动。[①]因此，就如工业革命以来一再发生的那样，芯片制造业也是通过工具变革来实现对产品品质的追求的。工具变革是贯彻人类制造活动演化史的主线。到了第二次世界大战后，自动化成为工具变革的基本方向。

---

① 夸克、瑟达：《半导体制造技术》，第13-14页。

（三）数控机床：自动化及其限制

在制造业的演化进程中，18世纪兴起的现代机床工具，成为在制造活动中替代手的最主要的工具，而20世纪兴起的计算机产业，则成为替代脑的最主要的工具。制造活动是手脑并用的活动，从逻辑上说，替代手的工具与替代脑的工具结合在一起，是具有演化上的可能性的。而在实际历史中，第二次世界大战后兴起的数控机床，实现了这一可能性。

制造是使用工具加工材料令其发生物理变化或化学变化的过程。机床一般来说是令金属材料发生物理变化的工具。金属材料具有坚硬耐用的优点，但其高硬度也导致了加工的高难度，尤其在加工形状复杂的工件时，精度往往难以控制。加工金属材料的过程需要以力量和灵巧性来满足精度和速度等要求，人类最初的工具主要起到增强力量的作用，灵巧性则依靠工匠的灵活操作来保障。随着时间的推移，金属加工工具在增强力量与灵巧性这两个方面不断演化，对加工过程中手的替代程度不断提高，直至出现了机床这种简单工具的组合。在英国工业革命时代，一些机床最初是工匠发明出来供自己使用的工具，此后随着专业化分工，出现了专门的机床供应商。机床与工匠具有密切的关系，是工匠的手的延伸，也是工匠用来控制制造过程的工具。在相当长的时间里，机床既由工匠制造，又由工匠使用，这就使工匠以及由工匠演化出的技术工人控制了车间的制造活动。因此，机床的演化必须朝着增强技术工人控制金属加工的精度与速度等方向发展。巴贝奇在机床工业兴起之初就指出了复制是机器生产的重要原则。从机床使用的角度说，加工精度的要求也意味着机床必须在批量生产过程中具有高度的复制能力。根据这一逻辑，机床的加工能力可以建立在计算的基础上，而当计算实现自动化后，机床的加工过程就有可能自动化。

起初，工匠发明机床来帮助自己，目的之一就是降低肉体的劳动强度，节省体力。如果说生产的自动化具有工具全面替代人类劳动的属性，那么，最初的机床的使用就是自动化的萌芽。然而，追求自动化的制造活动主体不仅仅是工匠及技术工人。当工匠中分化出企业家，以及纯粹的资本介入制造活动后，机床或其他机器的使用就存在着替代工匠及工人的手艺以降低成本的考量，而这也成为企业追求生产自动化的重要动机。换言之，机器的使用既可以帮助工人降低劳动强度，又可以让工厂降低人工成本。自动化是机器生产的高级阶段，其双重目的一以贯之。制造的科学化使制造活动出现了脑与手的分离，也造成了工程师及企业管理人员与动手制造的一线工人之间的对立。对工程师及企业管理人员来说，控制制造过程是其重要目标，但是，最直接的制造过程是由工人控制的，两者之间

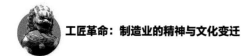

会存在矛盾。第二次世界大战期间，由于劳动力供应紧张，美国制造业的工人极大地挑战了企业管理人员的权威，一些企业的工人在制造过程中瓦解了泰勒制等管理手段对生产的控制。例如，1944年，社会学家罗伊（Donald Roy）在美国的卡特彼勒（Caterpillar）公司观察到，一名相当出色的钻床操作工迈克在3小时里仅仅生产了9个部件，他的副手佩服地说："迈克说要从容做事，他果然做到了这一点。"迈克则说："如果他们（管理人员）不喜欢（产出低），那他们来做好了。我可不想在这种事情上忙得屁颠屁颠的。"再如，在莱康明（Lycoming）公司，一名珩磨机操作工做出的76个产品中有64个不合格，当要求他对不合格部件返工时，他只花了45分钟就把每个部件都做成了合格的成品。事后不久，管理人员抱怨他的工作态度，警告他只发挥了62%的效率，结果第二天，该操作工干同样的工作，把产出降低了一半，效率仅有28.7%。[1]由于战时劳动力短缺，对于这类故意破坏工厂纪律的行为，企业无法轻易施加解雇等惩罚措施，而企业的强硬举措也会激化矛盾。1944年3月，在福特汽车公司的一家飞机发动机制造厂，两个在工作场所吸烟的熟练工人被解雇，引发了5 000名工人的大罢工。[2]这实际上瓦解了以泰勒制为代表的科学管理。机器生产在很大程度上替代了人手，但机器依然要靠人来操作，操作机器的人就取得了对制造的实际控制权，在特定条件下能够根据自己的意愿来从事生产活动而不管其行为是否达到工厂的要求。在英国工业革命时代，工厂使用机器的目的之一在于降低工匠的地位从而强化对制造活动的控制与管理，很显然，第二次世界大战期间及战后美国劳资关系紧张的形势，也催生了企业进一步变革工具以夺回制造控制权的动机。

企业要夺回对制造过程的控制权，就意味着要消除工人对机床等生产设备的控制，从逻辑上说，就需要机床等生产设备能够不依赖于工人操作而自动进行生产，也就需要给机床装上自动控制系统。计算机及其相关技术的发展为自动控制系统的出现创造了条件。第二次世界大战期间，针对飞机的炮火射击等问题的军事需求再一次发挥了驱动技术变革的作用。到战争结束时，美国不仅产生了可以广泛应用且易于操作的自动控制理论，还产生了成熟的自动控制技术，其中包括用于制动的精确控制系统，用于传送电子信息的脉冲装置，用于将距离、热量、速度等类似数据转换为电子信号的传感器，以及许多相关的启动、控制和传感设备。[3]实际上，对当时的制造业变革来说，具有重要意义的不仅仅是各种具体的

---

① 戴维·诺布尔：《生产力：工业自动化的社会史》，第39-41页。
② 同上，第28页。
③ 同上，第58-59页。

自动控制技术的出现，还包括一种追求自动化的观念得到了强化，形成促进相关技术发展的文化氛围。毕竟，从机床的自动化发展来说，在第二次世界大战结束后曾经存在着不同的技术路径，制造文化的重要性就在于，不同的技术路径都被崇尚自动化的价值观引向同一个目标，最终总能实现某种形式的机床自动化。

从原理上说，机床自动化需要可编程序自动化。程序即贮存在永久性介质中并用以控制机器的指令，当生产目标改变时，通过程序的改动，可以自动调整机器的使用方式，而不必依赖工人来重新装模或重新改装机器本身。在早期探索实践中取得成功的可编程序机床自动化的方法是数值控制（Numerical Control，NC）。在数值控制系统中，用来生产具体部件的机床刀具的运动用数学方式加以详细描述，对应该部件的设计规格，并记录为数值信息，加以编码后贮存在介质之中。制造该部件的全过程，包括机床操作工人的技术，都被简化为抽象的描述，加以编码，然后，通过控制系统完全转化为内插值替代的数据，以实施机器的控制。[1]可以说，数值控制方法就是将工人单次操作机床时刀具的运动过程抽象化为一般性的数值形式，而一般性意味着可以在遇到同样的制造情境时复制该运动过程，从而使该运动过程可以精确地反复发生，让工人的知识与经验能脱离工人的肉体，储存于机床里随时取用。自然，机床储存的知识与经验即刀具运动过程越多，其加工能力就越强大。而除储存能力外，要把抽象的数值信息还原为具体的刀具运动，还需要控制系统和机器之间具有良好的协调能力。加载了数值控制系统的机床简称为数控机床，它是一种具有复杂系统的制造工具。

在实际的产业演化进程中，数控机床的兴起与美国的军事需求有密切关系。第二次世界大战验证了飞机对于现代战争的重要意义，也催生了导弹，而飞机和导弹的制造需要使用性能优良的机床加工形状复杂的零部件。北美航空公司董事长金德尔伯格（J. H. Kindelberger）称："我们必须对生产手段的改变持进步态度，并继续研制新型机床和设备以满足大规模生产的需要。我们应该在庞大的产业范围内与各方合作。"空气喷射通用公司（Aerojet - General Corporation）总裁金博尔（Dan A. Kimball）则在1956年称："如果没有导弹的规格要求，那么我们就不会制造。我们发现，制造水平取决于军方的要求。它们的要求提高了我们的研制水平……"[2]为了满足军方的需求，美国制造企业想方设法地提升金属加工能力。位于密歇根州特拉维斯市的帕森斯公司正是这样一家企业，其总裁约翰·帕森斯（John T. Parsons）是一名具有工匠色彩的企业家。帕森斯的父亲原

① 戴维·诺布尔：《生产力：工业自动化的社会史》，第97、100页。
② 同上，第7页。

本是瑞典的马车制造商，后移居美国，投身于汽车金属车身制造业。成长于工厂中的帕森斯很早就涉足制造业，在工具车间修理过冲模，调试过各类冲压设备，并在机械工的指导下学到了各种制造工艺。帕森斯后来曾对记者说："我最大的癖好就是琢磨如何制造事物，恰好我也有这样的条件来满足我这一癖好。"第二次世界大战期间，帕森斯公司也从事军需生产，约翰·帕森斯本人研制了好几种专门用于制造军火的自动生产设备，可以减少生产时间、削减贮备量，以及降低劳工数量。当时，直升机制造商西科尔斯基（Sikorsky）公司严重缺乏熟练工人，不得不将部分业务转包出去，帕森斯公司遂得到了直升机旋翼叶片的生产合同。利用汽车工业里的经验，约翰·帕森斯将直升机旋翼叶片的制造由订制式手工生产转变为大规模生产，在革新工艺的过程中，他开始思考数值控制的问题。[①]从成长背景与早期职业经历看，约翰·帕森斯是一名既具有创新意识又熟悉生产一线的工匠，具有改进工具来方便自己的制造活动的直接动机与经验。

直升机旋翼叶片的设计极其困难，必须计算出各种空气动力数据，研制过程中涉及很多参数曲线、机翼数据表格等，工作繁复而枯燥。当帕森斯了解到IBM公司有相关产品后，就租下了该公司的602A型乘数器、制表机、分选机及键盘穿孔机，将繁重的分析工作用时缩减至几天之内，并研制出一种用于生产控制和盘存的打孔卡片记录系统。但帕森斯遇到的不仅是设计难题，还遇到了制造难题，其中最大的障碍就是制造出用于叶片生产的精确的模板以确保断面符合规格。模板是精确加工的标尺，每块叶片大约需要20块模板，根据叶片的长度而彼此在接触点上交叉，为了满足规格，叶片接触点的断面必须一丝不苟地符合相应模板的断面。传统上确定模板断面的方法是计算曲线上的一组点，即在2英尺的曲线上确定17个点，然后使用曲线板来描述连接这些点的曲线即模线。确定了模线之后，工人就钻孔，然后锯出断面，最后用人工锉成。帕森斯公司的一名设计人员指出手工锉磨难以确保精确度："这一工作存在着很大的主观成分……有时候你下手重了，有时候你下手轻了。"因此，战争期间，西科尔斯基公司经常抱怨帕森斯公司生产的旋翼叶片参差不齐，指责帕森斯公司未能准确地复制西科尔斯基公司提供的主模板。战后，帕森斯公司为别的直升机制造商生产叶片，必须克服这一难题。帕森斯产生了一种思路，即在曲线上计算出更多的点，比如200个而不是17个，每个点都根据直角坐标系来确定其具体的x值和y值，一旦确定了这些彼此紧挨着的点，就不再需要以手工来近似地锉出曲线，相反，只需要用精密钻头沿曲线钻出切线上的每一个点，留下一个个0.0005英寸高的扇面，然后将这些扇面着色，并将它们锉掉，就可完成断面。根据帕森斯的这一思路，机械工不再需要沿曲线操作，只要把直角坐标系上的点计算出来，并按图纸确定下来，机械工需要做的就只是根据数字操作，在钻每个孔之前根据两轴重新校准机器。①帕森斯的思路就是数值控制方法。帕森斯公司据此发明了一部精密坐标镗床，根据IBM公司机器的坐标进行生产，使精确度由原来17个点方法中的0.009英寸误差缩小到200个点方法中的0.001英寸误差。1948年，美国空军启动了重型压床计划，以生产对正处于设计中的高速飞机原型来说必不可少的大型锻件和冲模。该新型飞机包含复合硬质机翼这一彻底新型的结构，帕森斯研究了图纸后，认为使用传统制造方法无法完成该任务，必须加大对自动化控制的投入。而他的思路也不再局限于两轴控制钻床，还考虑断面铣削的三轴控制，即沿着断面纵向切削出深浅不同的口子，口子的大小和深度都事先计算好，所有的加工过程都依据数字来完成。②总而言之，工匠帕森斯从生产的实际需要出发，思考出了用数值控制来代替工人技能的新的加工方法，从而使机床具备精确复制的加工能力，大大推进了数控机床概念的现实化。

然而，在实际历史中，数控机床产业的演化还存在着另一条路径。1939年，美国海军在麻省理工学院电子工程系启动了培训炮火控制军官的计划，1940年，该校创建了自动控制实验室。该实验室进行了与计算机有关的研究，并在战后与空军建立了更紧密的联系，从而介入帕森斯公司的项目中。起初，双方一拍即合，进行了合作研究，随着时间的推移，矛盾逐渐产生。帕森斯公司只是希望寻求解决新型飞机设计中的实际金属切削问题的技术方案，故要求采用深度切削定位方案；而麻省理工学院关注的是提高计算机在电子控制系统中的设计与应用水平，故要求采用更具雄心的三轴连续通路控制方案。麻省理工学院的方案最后成为主导方案，其项目工程师麦克多诺（James McDonough）称："我们试图超越加工机翼这个直接的问题……我们希望解决从固体材料中切削形状这个更为一般的问题。"③而且，麻省理工学院的负责人宣称："麻省理工学院与政府的关系要比帕森斯公司更为重要。因此我们有必要从问题的整体层面上考虑，而不是局限于一份数额不大的合同。我们应当在总体国家利益的层面上维持麻省理工学院与政府的关系。"④换言之，基于美国国家利益和战略需要的考量，麻省理工

---

① 戴维·诺布尔：《生产力：工业自动化的社会史》，第114-115页。
② 同上，第116-117页。
③ 同上，第141、144页。
④ 同上，第148页。

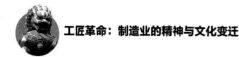

学院希望探索一种新的制造手段或制造方式，而非仅仅制造一台满足帕森斯公司加工叶片需求的机床。不顾帕森斯公司的反对，麻省理工学院通过了新的计划，在其新的工作报告中，以极其抽象的理论和试验术语来描述研究计划的进展，而不是像以前那样专注于金属切削中的机床控制和改进。学院的工程师将项目视为"数字信息第一次应用于伺服系统的自动控制，从而将建造出第一部通过数字计算器的输出来控制的自动化机床"，其意义是"控制工程学的巨大飞跃"。"数值控制"这一术语直到这时才第一次被使用。1950年下半年，麻省理工学院的工程师们根据新的方针编写了系统结构图，钻研线性插值问题，并建立了一个校正平台来检验和演示导螺杆运动的数字控制原理。当年6月，他们完成了机床控制单位的草图设计和性能规格的正式报告，并提交给帕森斯。[①] 出于自身商业利益的考虑，麻省理工学院在项目中将帕森斯公司边缘化，学院的试验室几乎变成一家金属切削工厂，甚至为私人企业生产各种部件并收取费用。1952年9月，麻省理工学院公开演示了其研制成果，安排了一场长达3天的大型演示，共有来自130家公司的215人观摩了学院发明的数控机床。[②] 这是一台由电子管组成数控装置并由液压伺服马达驱动的三轴数控铣床。[③] 一种能够同时替代手和脑进行制造的新工具诞生了。

数控机床的兴起是人类制造活动演化内在逻辑驱动的结果，是工具变革开始同时替代脑与手的产物，是制造者努力控制制造过程的成就。从制造活动的构成要素看，数控机床的出现主要是设计与工具层面的变革，其核心为通过机床上加装的计算器来落实数值控制理论。这一变革原本是一场典型的源于生产实践的工匠革命，但是，当麻省理工学院从工匠帕森斯手中夺过数控机床的研制权后，该变革就具有工程师主导的制造科学化的色彩了。但不管怎么说，数控机床的兴起都是制造文化的一次大发展。首先，数控机床作为同时替代脑与手的工具，是人类自开始制作与运用工具从事制造活动以来的核心诉求的实现。工具的价值与意义本身就在于帮助人类解除肉体施加的限制与负担，对自动化的梦想与追求是制造文化的恒久主题之一，数控机床大大实现了自动化的梦想与追求。其次，数控机床赋予了工匠精神以新的内涵，展现了工匠精神通过物质工具和技术手段来实现的可能性。从本质上说，工匠精神是一种控制制造过程以使产品符合特定品质

---

① 戴维·诺布尔：《生产力：工业自动化的社会史》，第 153 页。
② 同上，第 159 页。
③ 盛伯浩主编：《中国战略性新兴产业研究与发展·数控机床》，机械工业出版社 2013 年，第 2 页。

要求的手段。要使产品品质符合特定要求，就要让制造过程符合特定要求，而无论是制造者的工作态度、规范制造者工作态度的制度还是让制造者的技艺稳定发挥的工具，都是对制造过程实施控制的手段，其目标与功能是一致的。换言之，本质意义上的工匠精神作为一种控制产品品质的制造文化，是一个通过工作态度、规章制度与生产工具来控制制造过程的体系。然而，在工匠精神的体系中，工作态度与规章制度受到人的肉体的制约，在精确性、稳定性与持续性方面均存在天然极限与较大的衰退可能性，而生产工具不存在这种制约。于是，从逻辑上说，将工作态度与规章制度所具备的功能转化为信息编入生产工具，就能够打破肉体制约，由生产工具去更稳定、更持久地精确控制制造过程，实现工匠精神最本质的追求。正如工具变革是制造活动变革的主旋律，工匠精神作为影响制造活动的因素，也可以通过工具化的变革来更有效地发挥其功用。因此，从制造文化的角度说，数控机床就是工匠精神工具化的体现。

表4-5分析了工匠精神的本质意义及其体系。

表4-5　工匠精神的本质意义及其体系

目　标	实现途径	控制制造过程的手段		
		手　段	作用机制	承载者
控制产品品质	控制制造过程	工作态度	发挥制造活动主体的内在主动性	人
		规章制度	约束制造活动主体，防范其惰性	人
		生产工具	在制造过程中发挥制造活动主体的技艺	物

在制造业的历史上，作为制造活动主体的人通过使用生产工具这一物来完成制造活动，人的工作态度便成为最初也是最基本的影响制造过程进而影响产品品质的变量。然而，人的工作态度会受到主观认知与肉体限制的影响，相当不稳定。一旦制造者主观上放松对于品质的追求，或客观上因疲劳等生理因素而无法保持良好的工作状态，就会使制造过程失控，进而使产品品质失控。于是，制造活动的组织者设计了规章制度，意在排除主观态度的不稳定性，强令制造者去制造符合品质要求的产品。可以说，规章制度对制造过程的控制就比工作态度更为强化。物勒工名、工厂纪律等制度便是这样出现的。但是，规章制度的承载者仍然是人，仍然要受主观认知与肉体限制的影响，仍然存在不稳定性。历史上龙江船厂与威尼斯兵工厂的衰败已经证明了这一点。实际上，不管是用工作态度激发

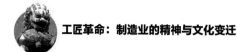

制造者的主观积极性，还是用规章制度强制约束制造者，其目的都是制造者精准而稳定地发挥其技艺，使制造过程精准而稳定地符合规范，进而使产品的品质精准而稳定地符合要求。如此一来，问题的核心与本质也就是要保证制造者技艺的发挥减少不稳定性。生产工具本来就是制造者发挥其技艺所不可或缺的手段，当生产工具自身能够复制并发挥制造者的技艺时，对制造过程的控制就会从人转移到物，降低人的不稳定性的影响。从这个角度说，工匠精神的工具化实际上是制造活动演化中工具对脑的替代的一部分，但这一替代也只有和工具对手的替代结合起来，才能充分实现对制造过程的完整的控制。进一步说，工匠精神的演化，实际上也经历了从单纯发挥人的主动性到以制度防范人的惰性直到干脆用工具来摆脱人的不稳定性的过程，其主旨则始终在于强化对制造过程的控制以确保对产品品质的控制。

但是，制造活动演化的复杂性就在于，物本身也包含不稳定性，于是，工匠精神的演化不存在工具替代人的线性进步。数控机床出现后，制造业的自动化有了极大的进展，但亦受到多种因素的限制。首先，制造活动不是纯粹由技术决定的，制造业受到市场的制约，早期昂贵而复杂的数控机床限制了其广泛利用。即使在催生数控机床的航空工业里，最初也仅洛克希德公司和格伦·马丁公司等少数企业乐于尝试新工具，只是在美国空军展示了资助这种新技术的前景后，飞机制造企业才普遍产生了兴趣。[1]其次，最初的数控机床实际上是知识割裂的产物，增加了其被机床工业接受的难度。麻省理工学院负责研制数控机床自动编程系统的科学家对金属加工一无所知，项目指导者数学家罗斯（Douglas Ross）称："我们根本不知部件编程为何物，而对金属切削也只有极其粗浅的了解。"另一方面，机床企业则对数控机床上的电子设备所知甚少，缺乏经验。[2]数控机床说到底还是要由机床企业制造，但由于早期数控机床不是由机床企业研制的，机床企业存在着知识储备不足的困难。最后，早期数控机床自身的技术不成熟，使这种新设备极不稳定，不仅没有降低对工人的使用，反而更依赖工人的操作技能。1967年，西屋公司的一名工人写下了他使用价值30万美元的数控镗床的经历："操作有一种压力，因为你希望那些制作这部程序带的人没有任何错误。即使他没有出任何差错，你还希望机器中的电子设备运转正常……有一天，我接到一部有80个工位的程序带。当操作运转到第39个工位的时候，它跳过了下一个工位，直接到达第41个工位……在那种情况下，按规定你应该去找程序员并说：

---

① 戴维·诺布尔：《生产力：工业自动化的社会史》，第240页。
② 同上，第168、240页。

'看，你在这里漏掉了一些东西——我希望你能将它补足。'这也许要等两小时来完成程序带，因为他们必须从头开始来制作。但我没有那样做，而是回到我必须重复去做的步骤，这样我自己就解决了问题。"另一家公司的数控机床操作工则说："你必须要比机器聪明，你必须在全部操作过程中全神贯注。你必须知道按钮什么时候失灵，或保险丝可能熔掉，但机器仍然在运转……你根本不知道机器将要做什么——如果你什么也不知道的话。"一个典型的案例就是通用电气公司，该公司本来指望通过引进数控机床来降低工人工资，但1965—1968年的生产实践使公司管理层慢慢认识到，机器根本不可能"自己运转"，而只按按钮的工人也不会生产出高品质的部件，在可编程的生产工艺中，为了造出精密的成品，仍然需要人工干预来对刀具磨损作出调整，并补偿粗糙铸件的问题。[①]于是，与企业期待将工匠精神由人转移到物的初衷相反，数控机床的使用反而强化了对操作工人技能的需求，以人为本的工匠精神仍然有其重要作用。

　　当然，就和计算机产业、芯片制造业一样，数控机床工业也存在着一个逐渐成熟的演化过程。1964年，通用电气公司推出了晶体管化的数控装置商品。当时，数值控制技术的内涵尚未统一，有两种类型的数控机床，一类是以计算机为支撑对运动全过程伺服控制的计算机数控机床，另一类是对工序设定的运动、停止位置进行控制的顺序控制机床。20世纪70年代，随着大规模集成电路和小型计算机的出现，尤其是微处理器的诞生，数控装置的体积大大缩小，可以与插补单元、可编程序控制器（PLC）等集成为计算机数控装置。计算机数控装置具有较完善的功能和较低的成本，遂成为数控机床演化的主流。到80年代，数控机床品种迅速扩展，适应多品种、小批量零件高效制造的柔性制造单元（FMC）和柔性制造系统（FMS）在生产中得到成功的应用和发展，数控机床工业在发达国家已成为其机床工业的主力军。进入20世纪90年代后，高速化技术发展形成的高效、精密数控机床，兼具柔性和高生产率的特点，由其为主体组成的柔性生产线（FML）成为汽车行业等大批量生产行业的主要制造设备。另外，针对多品种、小批量生产的需要，兴起了以信息集成为监控管理基础的各类数控机床集群，规模较大的集群可形成自动化工厂，这标志着数控机床的产业化进入成熟阶段。[②]因此，数控机床在演化进程中形成了以计算机数控系统（CNC）为主体的数控装置，而计算机数控机床也就成了人们提到数控机床时的实际所指。计算机数控系统具有高速数值运算和逻辑判断的功能，能根据加工表面形状按照一定的数学模

---

① 戴维·诺布尔：《生产力：工业自动化的社会史》，第299-300、336页。
② 盛伯浩主编：《中国战略性新兴产业研究与发展·数控机床》，第2-3页。

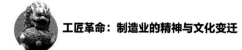

型对运动轨迹进行细分的插补运算功能，以实现程序所要求的运动轨迹的精度。由于基于跟踪原理的伺服驱动系统存在位置滞后误差和加减速引起的滞后误差，人们又应用自动控制理论中的自适应控制、PID控制等算法，使数控机床能够根据运动参数的变化状态对伺服控制系统作出适应性调整，以减少稳态误差和提高伺服系统的稳定性。总之，计算机数控系统在不断向着更高的性能演化。[①]很显然，数控机床的普及与推广得益于计算机数控系统的兴起，而从根本上说，这又是芯片制造业与计算机产业发展的结果。可以认为，第二次世界大战后以计算机为核心的相关产业的发展，都属于工具从替代手演化到替代脑的制造业新革命，而这场新革命的持续推进，将把人类的制造活动引向智能制造。

二、战胜国的领先与战败国的逆袭

第二次世界大战是一场制造方式之战，在工业领域里，战胜国的大规模制造打败了战败国的工匠传统。战争刺激了新技术的发明，加速了生产自动化的进程。战争结束后，美、英等战胜国在若干领域里继续保持着领先优势，但在另一些领域里，德、日等战败国成功实现了逆袭。两种格局的并存体现了制造业演化的复杂性。战胜国的领先得益于其持续的积累，而战败国的逆袭则依赖于工匠国家的嬗变。

（一）战胜国的领先：航空工业的进入壁垒

在第二次世界大战中，飞机发挥了重要的作用，战争结束后，由于德国和日本一度被禁止发展航空工业，因此，飞机及其发动机制造主要被英国、美国和苏联等战胜国掌握。然而，战胜国在航空工业内的领先，亦得益于其在知识与技术上的深厚积累，这种积累构筑了该产业的高进入壁垒，阻碍了其他国家的追赶。在很大程度上，航空工业与芯片制造业一样，成为具有高投入文化的少数玩家垄断的产业。

航空工业的发展，以喷气式发动机的出现为转折点，这种新发动机改变了飞机的设计与制造。而喷气式飞机与发动机在设计、材料与加工能力等方面都对制造者提出了更高的要求，由此牵引了整个航空工业的演化。整体来看，航空工业的演化还是一个长时期的积累过程，引领产业兴起与变革的企业主要为英国和美

---

① 盛伯浩主编：《中国战略性新兴产业研究与发展·数控机床》，第6页。

国的若干公司。在喷气式发动机演化的早期阶段，革命性的技术创新者与既存的企业通过各种形式的互动，共同推动了新技术的产业化。而等到产业进入成熟期后，高强度的竞争导致只有少数企业能继续留在该产业内。

正如芯片是计算机的核心，航空发动机也是飞机的核心。如同计算机产业的兴起利用了办公机械产业这一既存产业，航空工业的兴起也利用了既存的汽车工业。这种现象充分说明了技术与产业的发展具有演化性，突变依赖于渐变。英国的罗尔斯·罗伊斯公司（Rolls-Royce，简称罗罗公司）是早期航空发动机制造企业的典型。该公司由制造汽车起家，事实上，其汽车业务与航空发动机业务一直并存，而前者的品牌在中文里专门翻译为"劳斯莱斯"，后者则译为"罗尔斯·罗伊斯"。不管怎么说，罗罗公司在1904年造出了第一辆汽车。与同期诞生了福特制的美国汽车企业不同，这家英国公司长期采用近似于工匠传统的手工制造方式生产汽车。公司的一名学徒回忆了工匠在解决制造难题中所起的作用："美国人常常会针对设计和质量向我提问，而我最引以为荣的就是有关罗尔斯·罗伊斯公司工艺技巧的故事，那就是使用锥形螺栓来替代铆钉的这一方法……热铆钉不能够装入冷却的孔中。因为冷铆钉会极大地损伤金属。所以我们用锥形螺栓完好地装入手工铰成的孔中。"[1]公司创始人之一罗尔斯（C. Rolls）宣称："与低价、大批量生产的方针相反，我们将秉承生产数量相对少，但质量最佳，而且采用最精益的制造方法来生产汽车的方针……能够胜任一般性工程工作的人员并不适合我们，也不适用于我们的工作标准。只有拥有了技术精湛的工人，才能够生产出最为完美的轿车。"[2]当然，这种制造方式无法实现大规模生产。1923年，英国汽车的总产量为37 753辆，而生产汽车的厂家不少于90家。[3]整个英国的汽车产量还没有福特公司一家企业的产量多。在这种情形下，包括罗罗公司在内的英国企业也只能专注于品质来实施差异化竞争。在20世纪20年代，罗罗公司的工厂里随处悬挂着警示牌，告诫工人应该做到"精准"和"确信"，并且提醒每个员工："严格遵照生产标准工作是一项至高无上的荣誉。"[4]不过，与一般印象不同的是，在20世纪30年代，罗罗公司承认机械化的美国体系制造出的零件质量优于劳斯莱斯汽车的零件。这迫使罗罗公司决定引进在美国汽车工厂已经普遍应用的同步齿轮装置。罗罗公司的高管还注意到，美国汽车工厂

① 彼得·皮尤：《罗尔斯·罗伊斯的传奇：创业四十年》，闫尚勤等译，航空工业出版社2013年，第21页。
② 同上，第52页。
③ 同上，第132页。
④ 同上，第145页。

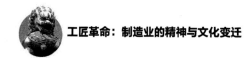

对汽车发动机的试验"远比我方航空发动机100小时的试验还要严格"。罗罗公司的工厂经理海夫斯（Ernest W. Hives）在美国参加了车展后，感到沮丧，称："当你看到具有定制车身的凯迪拉克、帕卡德、林肯等汽车时，在车型流线、外观和油漆方面都和我们的工艺不相上下。至于价格，就根本无法相提并论了。"美国汽车企业实现了与劳斯莱斯汽车同等的产品品质，但售价还不到劳斯莱斯汽车的一半。海夫斯注意到了英美企业的文化差异："当访问美国工厂时，值得关注的是人们如何谈论成本。如果与工程师讨论，则谈话一定会以询问零件成本价格而结束。如果你在工厂参观时对某个特殊零件感兴趣，则该工段的负责人将会告诉你这个零件的成本价格是多少。"海夫斯向公司另一位创始人罗伊斯（Henry Royce）提交了报告，罗伊斯在备忘录中用大写字母写道："对于大英帝国和我们自己而言，我的格言是'优质、高产'。如果不这样做的话，我们必定消亡；为了防微杜渐，让我们立即行动起来吧，因为当今的英国实在没有什么可以炫耀的了。"[①]美国体系对罗罗公司构成了极大的竞争压力，为了生存，罗罗公司不得不平衡质与量的关系，兼顾"优质"与"高产"。

罗罗公司是在第一次世界大战期间大举进入航空发动机制造领域的。军事需求起了决定性的作用。1914年10月24日，罗伊斯发给工厂一张便签："听说找到机床加工航空发动机的气缸有困难，我非常吃惊。恐怕，我们必须找到问题才行。我们一直关注空军和海军的需要。我们也一直关注发动机的设计，并持续不断地推进设计工作。发动机的开发不能有任何的延迟，我们要么迅速地开展工作，要么彻底放弃。我们可不能让它没有着落，否则就将是我们的耻辱。"[②]罗伊斯的话既表明了罗罗公司进入航空发动机领域的决心，也表明了制造航空发动机需要克服缺乏机床等实际的技术困难。战争期间，罗罗公司的航空发动机业务成长迅速。不过，与其他企业一样，罗罗公司生产的是活塞式发动机。战争结束后，英国空军的年轻后备役军官弗兰克·惠特尔（Frank Whittle）在20世纪20年代末构想出了喷气式发动机的原理，但他的方案遭到了当时航空发动机制造企业的拒绝，一家公司的总工程师给出的拒绝理由是："整个方案都依赖于能够找到一种可以在高温环境下安全工作的材料。我个人非常怀疑这样的材料是否可能存在，这个也是阻碍内燃涡轮发动机发展的问题所在。因此，我感觉本公司对你的

① 彼得·皮尤：《罗尔斯·罗伊斯的传奇：创业四十年》，第162-163页。
② 斯坦利·胡克：《我是怎么设计航空发动机的——斯坦利·胡克传》，王岭等译，上海交通大学出版社2018年，第64页。

提案不会有任何兴趣。"[1]与达·芬奇遇到过的难题一样，设计超前于制造能力了。而在喷气式发动机的案例中，材料从一开始就成为制造的关键问题。惠特尔并不气馁，1936年，他与人合伙成立了动力喷气有限公司（Power Jets Ltd.），自己试制喷气式发动机。出于战略考虑，英国航空部也参与投资了该公司。第二次世界大战爆发后，喷气式发动机的潜在价值得到了更广泛的认可。1941年3月，英国航空部让罗孚（Rover）公司掌握了惠特尔发动机的设计权，并根据动力喷气有限公司提供的图样进行制造。当年5月15日，装载喷气式发动机的飞机在英国成功首飞。[2]航空工业跨入了喷气时代。与此同时，罗罗公司同样对惠特尔的发明很感兴趣，1940年，海夫斯参观了动力喷气有限公司的工厂，对惠特尔说："你们生产的发动机数量并不多，是什么制约了你们的产能？"惠特尔解释说是由于某些零部件的制造存在问题，海夫斯回答说："把这些零部件的图样送到德比，我们可以帮你制造。"1941年，罗罗公司开始进入喷气式航空发动机研制领域。[3]1942年，罗罗公司用坦克发动机生产权与罗孚公司的航空燃气涡轮发动机生产权进行了交易。因此，英国航空发动机工业制造喷气式发动机的演化路径是，先由发明家从事技术创新，再由既存企业运用制造能力将创新性构想变为现实产品。

1943年1月，罗罗公司正式接管了罗孚公司的航空发动机制造业务。在制造喷气式发动机前，罗罗公司已经开始接触美国体系了。据该公司的工程师斯坦利·胡克（Stanley Hooker）回忆，"二战"初期，英国的福特汽车公司被邀请生产航空发动机，派工程师到罗罗公司审查工程图纸和制造方法，认为罗罗公司图纸上标注的公差太宽，说："我们制造汽车的精度要高得多。我们汽车发动机上的每个零件，和其他任何一台发动机上相同的零件都要具有可互换性，因此，所有的零件都必须以极高的精度制造，公差带比你们采用的小很多。这是我们能够实现量产的唯一办法。"于是，福特汽车公司根据自己的标准对航空发动机的工程图进行了重新设计。[4]在制造喷气式发动机时，涡轮叶片总是供不应求，而且在每次试验中，叶片都会失效。为了提高产量，斯坦利和罗罗公司的总冶金师同意将叶片制造标准化，叶片采用镍基合金80材料的粗锻件进行制造。标准化不

①　詹姆士·彼得：《美国飞机燃气涡轮发动机发展史》，张健等译，航空工业出版社2016年，第6页。
②　同上，第31-32页。
③　彼得·皮尤：《罗尔斯·罗伊斯的传奇：喷气式动力》，张正国等译，航空工业出版社2013年，第9-10页。
④　斯坦利·胡克：《我是怎么设计航空发动机的——斯坦利·胡克传》，第89-90页。

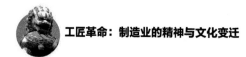

仅为罗罗公司提供了更多的叶片，还提供了品质更可靠的叶片。在减少了叶片型号后，罗罗公司的制造车间把机器排成一排，每台机器由一个女工操作，并且各自完成自己特定的工序，几个星期后，涡轮叶片短缺的情况再也没有发生过了。斯坦利称，这一制造方式的变革改变了发动机的制造和试验，使其远离了公司里的老工匠。①实际上，罗罗公司在喷气式发动机的制造中引入了美国体系来革除工匠传统。对罗罗公司来说，航空发动机制造是由工程师文化而非工匠文化支配的。斯坦利称，惠特尔在完成缜密的思考前，并没有任何实质性的活动，但他在没有任何实际发动机的情况下，对喷气式发动机的性能进行了预测，其建立的公式在40年后仍在原样使用，因此，"钢笔真的比扳手更有力"②。斯坦利这样描绘工程师："他们狂热地追求着权力和金钱之外的某些东西。他们的生活疲惫、严苛，成天就站在图板前，把自己脑海中想象出的三维发动机零件，用二维的工程图画出来。"③当然，如果没有实际的制造能力，工程师的设计是无法变为实际的产品的，但斯坦利的观点指出了设计在喷气式发动机制造的环节中具有高度重要性的事实。

为了对抗共同的敌人，英国向美国转让了喷气式航空发动机这一新技术。1941年10月，美国陆军航空兵和动力喷气有限公司的工程师团队一道，向通用电气公司交付了1台W.1.X发动机和W.2.B发动机的图样，1942年4月，通用电气公司制造的W.2.B发动机开始进行试验。④尽管在20世纪20年代美国已经开始研制喷气式发动机，但进展迟缓，落后于英国和德国，故而英国的技术转移至为关键。然而，美国企业的优势在于，通用电气等公司有财力不断对发动机进行试验，使发动机"试验到爆炸"，再制造替换的发动机用于进一步的试验，而惠特尔和他的研发团队没有那么多发动机用于试验。⑤大规模生产的能力为美国吸收新技术创造了良好的条件。然而，实际的制造过程充满曲折。例如，洛克希德公司就严重低估了制造喷气式发动机所需的资金、人力和设备。1943年，该公司签订了制造一台L-1000发动机原型机的合同，后来，该公司自愿放弃研制，因为喷气式发动机的研制工作早已过了洛克希德公司自认为的"只需要一个工厂和一个车床"的那个阶段了。⑥战争期间，洛克希德公司研制了F-80喷气式战斗机，研制过程中

---

① 斯坦利·胡克：《我是怎么设计航空发动机的——斯坦利·胡克传》，第125-126页。
② 同上，第105页。
③ 同上，第88页。
④ 詹姆士·彼得：《美国飞机燃气涡轮发动机发展史》，第51页。
⑤ 同④，第175页。
⑥ 同④，第146-147页。

遇到了飞机坠毁的事故。该公司的工程师凯利·约翰逊（Kelly Johnson）在战后指出，事故原因系美国企业缺乏合适的设备去加工喷气式发动机："我们收集了飞机和发动机的所有碎片后，发现喷气式发动机的涡轮盘断成3部分，将机身割破。故障的原因是……美国没有足够大的水压机来锻造大型飞机的金属零部件，所以必须将它们焊接在一起，这就容易产生故障点……在F-80飞机上，大涡轮盘凸出的主轴上有一条焊缝。在当时，即便美国最大的水压机，也不能将主轴和轮盘锻造在一起。因为这个原因，我们共损失了6架F-80飞机。"后来，通过修改轮轴设计，才避免了故障再度出现。①美国企业学习制造喷气式航空发动机经历了曲折的过程。

第二次世界大战结束后，作为技术原创国，英国在喷气式航空发动机制造领域保持着领先地位。罗罗公司继续制造喷气式航空发动机，并从军用领域向民用领域拓展。然而，喷气式发动机的复杂性和制造难度超出了公司的预期。1946年9月5日罗罗公司的董事会会议纪要称："尼恩发动机的生产成本是'灰背隼'发动机的两倍，而达特发动机的成本更为昂贵。造成生产成本过高的主要原因是我们目前太缺乏相关的知识，生产过程中的废品率高得惊人。惠特尔的理论一直认为涡轮发动机的生产成本不高，我们目前所面临的主要问题就是如何以合理的成本生产此类发动机。"②尼恩发动机与达特发动机均为当时领先的喷气式发动机型号。美国的普拉特·惠特尼公司（Pratt & Whitney，简称普惠公司）在战后就曾犹豫是否要从制造活塞式发动机转向制造喷气式发动机，公司的大部分工程师实际上都不想做像喷气式发动机那样有技术难度的事情。③普惠公司成立于1925年，通过使用单一操作的专用机床，该公司在战时得以雇用很多妇女大规模生产活塞式发动机。④直到1952年，公司领导仍指出喷气式发动机与活塞式发动机在制造上的难度不可同日而语。首先，喷气式发动机的设计工作量大得多，例如，R4360"主黄蜂"活塞式发动机前4年的工作量是73万设计工时，而J57喷气式发动机前4年的工作量是133.8万设计工时；其次，活塞式发动机大部分用铸件和锻件组装，喷气式发动机则需要大量的钣金件，焊接这些耐高温耐高压的钣金材料成为难题；再次，喷气式发动机的直径比较大而壁板非常薄的部件、压气机

① 克拉伦斯·凯利·约翰逊、玛吉·史密斯：《我是怎样设计飞机的：美国飞机设计师凯利·约翰逊自传》，杨松译，浙江教育出版社2019年，第118页。

② 彼得·皮尤：《罗尔斯·罗伊斯的传奇：喷气式动力》，第24页。

③ 詹姆士·彼得：《美国飞机燃气涡轮发动机发展史》，第239页。

④ 马克·沙利文：《可信赖的发动机：普惠公司史话》，乔俊山译，航空工业出版社2013年，第29页。

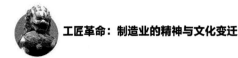

和涡轮的所有部件以及叶片"气动形状各异、尺寸大小别扭，导致设计师们不断抱怨，闹心事没完没了"；最后，活塞式发动机的锻件和铸件"重、实、刚"，便于机械加工，而喷气式发动机的金属板材和形状怪异的部件需要用到更多的工具。[①]制造喷气式发动机仅仅依靠设计是远远不够的，尽管其设计本身已经构成巨大的挑战。

不过，从1945年到1947年，普惠公司仍然作出了制造喷气式航空发动机的战略决策。1947年，普惠公司开始制造从罗罗公司引进的尼恩发动机，在接收了罗罗公司的图样之后，对该发动机进行了工程化设计以便大规模生产，而这款发动机当时尚未在英国量产。普惠公司收到的英国蓝图有超过1 100份必须按照美国标准重新绘制，公司要设计并采购总计5 300个特殊生产工具，必须写出9 000张操作卡片用作车间指导，而且必须将225 000平方英尺的厂区转用于安置专门的生产设备。普惠公司为尼恩发动机的美国化付出了巨大的努力，但是，该公司员工也肯定了英国转让技术的重要意义："我们确实学到了许多，这些后来在我们自己的设计中帮助很大：一个完整而全新的冶金学领域；如何制成金属片结构；质量控制程序比以前更为严格；以及为何不设计一个燃油系统。"[②]1947年，普惠公司建设了耗资1 500万美元的燃气涡轮实验室，配备有试车台，可以模拟10万英尺的高度。由于当时公司的总固定资产也就约1 000万美元，该实验室堪称"拿公司下注"。[③]由此也体现了普惠公司迎难而上制造喷气式航空发动机的战略决心与意志。

于是，在20世纪50年代的西方世界，围绕着喷气式航空发动机这一新技术，出现了激烈的市场竞争。罗罗公司作为先行者，在一定程度上保持着先发优势，普惠公司则是后来居上的典范。罗罗公司改进了达特发动机，将重量从1 100磅减至800磅，对减速齿轮进行了较大改进，然后又想办法解决了发动机功率的提升问题。通过设计上的努力，罗罗公司成功地为英国的"子爵"飞机提供了发动机，而"子爵"涡桨飞机是喷气式民用客机的一个突破。[④]在20世纪50年代初，普惠公司面对的就是罗罗公司、通用电气公司等先行者初步构筑起产业进入壁垒的格局。但通过为波音公司的B-52轰炸机研制发动机，普惠公司后来居上。普惠公司的竞争策略是通过改变发动机的核心设计来加大推力，从而使飞机不用空中

---

① 马克·沙利文：《可信赖的发动机：普惠公司史话》，第34-35页。
② 詹姆士·彼得：《美国飞机燃气涡轮发动机发展史》，第241-242页。
③ 同①，第35页。
④ 彼得·皮尤：《罗尔斯·罗伊斯的传奇：喷气式动力》，第57-58页。

加油就能飞得更远。当时，大部分喷气式发动机的推力为4 000~5 000磅力，普惠公司则决心研制10 000磅力的发动机。公司领导明确表示要依靠创新来提升竞争力："研制一种推力为6 000磅力左右的发动机，比我们那样把推力大幅度提高到10 000磅力要容易得多。研制一种直接的简单单转子喷气发动机比研制更复杂的双转子高压压气喷气发动机也要简单得多。但是我们的对手在"二战"期间就确立了喷气发动机的地位，因此我们最终决定，我们最好来个飞跃，超过我们的竞争对手，无论在功率方面，还是在节油方面都要超过对手，这就意味着增加压缩。"这一充满挑战的研发过程自然有大量技术困难需要克服，如新型轴承问题、封严问题和压气机匹配问题等，但解决困难的过程也意味着普惠公司的成长。公司的工程部门加班加点工作，每天24小时，每周7天，经过整整220个日日夜夜，将PT4涡桨发动机重新设计为JT3A涡喷发动机。JT3A发动机的军用型是J57，商用型JT3则配在波音707和DC-8飞机上，开创了喷气机旅行的新时代。后来，JT3又进行了改进，在发动机前面加装了风扇，明显增加了气流量，成为涡扇发动机。[①]凭借大胆的设计创新，普惠公司由喷气式航空发动机领域的后来者一跃成为领先企业，而公司具有战略性的投资和此前积累的制造能力，发挥了重要作用。1959年，普惠公司的佛罗里达研发中心建成，在启用典礼上，公司领导指出了航空发动机制造业当时已经显现出来的规律与特性："我们在4年前就开始规划这些设施了。我们知道，这些设施耗资巨大，动辄需要几百万美元。但是我们要在航空发动机行业生存，多年的经验教导我们，无论眼下多么美好，如果你想在这个行业生存，你最好提前规划两代或三代你的发动机。"[②]佛罗里达研发中心为美国军队研制了SR-71"黑鸟"飞机的发动机，该型发动机对耐高温材料的苛刻要求是一个巨大的挑战，项目经理回忆称："我不知道任何一个部分，小到发动机的肩销键，能否使用之前发动机的材料来制造。"普惠公司的工程师用新的合金制造涡轮叶片，并完善了发动机机匣使用的大型超级合金板材的轧制方法。这些工作积累的知识使普惠公司在超级合金、粉末冶金、涂层和先进锻造技术方面领先于世界。[③]锐意创新为普惠公司带来了研制大推力航空发动机的能力，也促使波音公司在研制747大型客机时选择普惠公司作为发动机供应商。而罗罗公司董事会由此认为，要想保住全球顶级航空发动机制造商之一的地位，

①　马克·沙利文：《可信赖的发动机：普惠公司史话》，第42-44页。
②　同上，第52页。
③　同上，第53-54页。

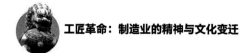

就必须生产出一种世界一流的大型发动机。①然而，由于缺乏与大型客机制造商的密切合作，加之英国政府缺乏美国政府从军事角度出发给予航空工业的巨额资助，罗罗公司虽然拿下了洛克希德公司RB211发动机的订单，但研制成本节节攀升而现金收入有限，最终，公司被该项目拖垮，1971年，罗罗公司破产，由英国政府接管。②尽管此后罗罗公司又东山再起，但战后航空工业竞争的残酷性由此可见一斑。

面对普惠公司的强势进攻，在喷气式发动机制造业演化早期阶段即遭遇挫折的企业还有美国的西屋电气公司与通用电气公司。西屋电气公司作为与通用电气公司相匹敌的大企业，比普惠公司更早接触喷气式航空发动机技术，在"二战"期间就开始了研制工作。战后，西屋电气公司继续为美国海军研制J40轴流喷气发动机，该项目起始于1947年，但到1952年陷入困境，次年，海军取消了合同。于是，J40发动机花费了美国政府1.37亿美元，生产了107台成品，却没有达到原定设计目标，这对于西屋电气公司是一个巨大的打击。而在J46发动机的研制中，西屋电气公司遇到了类似的问题。1955年，几架装了J40发动机的F3H飞机坠毁，美国国会对西屋电气公司展开调查，该公司承认其喷气式发动机研发设备不足。尽管海军此后还给予该公司一些合同，但对该公司的航空发动机制造无法起到太大帮助。1962年，由于缺乏投入竞争的意愿和资金，西屋电气公司决定放弃喷气式航空发动机的生产业务，并将海军的市场拱手让给了普惠公司。③另外，具有老资历的通用电气公司也在竞争中大尝苦头。为了与普惠公司的JT3发动机竞争，通用电气公司将1953年设计的军用J79发动机改造为商用的CJ805发动机，但通用电气公司很快就意识到CJ805发动机对民航来说不够坚固，保养的成本却很高。不过，由于军用发动机业务利润丰厚，CJ805发动机的失败是通用电气公司可以承受的。而通用电气公司当时的领导坚持要推进CJ805项目，是为了让公司的工程师在解决问题的过程中学习，积累制造经验。因此，尽管CJ805发动机在商业上失败了，却为通用电气公司制造民用喷气式航空发动机打下了基础。④到了20世纪60年代，与普惠公司采用过的策略一致的是，通用电气公司在新型航空发动机的设计上采取了激进的方案，使用了双转子结构。尽管这一做法比普惠公司J57发动机的原型机晚了14年，但此后成为通用电气公司航空发动机

① 彼得·皮尤：《罗尔斯·罗伊斯的传奇：喷气式动力》，第151页。
② 同上，第201页。
③ 詹姆士·彼得：《美国飞机燃气涡轮发动机发展史》，第196-209页。
④ Robert V. Garvin: *Starting Something Big: The Commercial Emergence of GE Aircraft Engines*, Reston: AIAA, 1998, pp..20-22.

设计的标准形式，并取得了实效。^①20世纪70年代，普惠公司长期独霸西方民用航空发动机市场的格局被打破了。不过，普惠公司也没有停止进步。70年代，当喷气式客机变得更大而西方世界出现石油危机时，普惠公司开始研制低油耗的PW2037发动机，该型号最大的变化之一就是使用了全权数字式发动机电子控制装置（FADEC），该装置就是一个文件包大小的数字计算机，能够以百万分之几秒的速度计算和调节，令飞行员调定油门后不用操纵，由发动机根据情况变化自动调节燃油的输送。此外，普惠公司还使用计算机辅助设计制造受控扩散叶片，使叶片更厚且更耐用，令发动机旋转速度比过去提高30%，与早期发动机相比，在推力相同的情况下，发动机级数和部件数可大大减少。^②计算机技术在航空工业里的应用可谓大势所趋，真正体现了20世纪后半期出现的制造业变革的信息化特色。普惠公司敏锐地赶上了变革的潮流。

　　在喷气式发动机出现后，飞机制造业与航空发动机制造业逐渐实现协同演化。以客机制造来说，会出现飞机机型与发动机机型一荣俱荣、一损俱损的局面。而以安全为重要考量的产品品质追求，成为"二战"后航空工业的文化之一，并影响到喷气式飞机与发动机的制造。战后初期，英国原本凭借其喷气式发动机的原始创新能力，保持着在喷气式客机制造领域里的优势地位。然而，1954年，英国制造的"彗星"客机从罗马起飞后坠入地中海，机上人员全部遇难。在没有停飞及检查的情况下，"彗星"客机继续投入使用，但几天之后再次发生空难。"彗星"客机及其发动机是由英国的德·哈维兰（de Havilland）飞机公司制造的，其研制历史可以追溯至1943年。公司创始人德·哈维兰后来回忆称："我们……都显得太麻木了，以至于不能全面认识当前面临的巨大困难……"经过试验找到的事故原因是客舱的结构强度明显不足。"彗星"客机停飞了4年，德·哈维兰疯狂地投入工作以纠正这个设计缺陷，但当"彗星"客机重返市场时，美国的波音公司已经将波音707客机投放市场，道格拉斯公司也研制了DC-8飞机，"彗星"客机的领先优势已荡然无存。^③"彗星"客机的失败对英国航空工业是一个巨大的打击，缺乏本国自主制造的客机机型制约了罗罗公司的发动机研制。实际上，在为波音727客机选择发动机时，作为客机用户的美国东方航空公司总经理就不认同罗罗公司研制的AR963发动机，并说："无论其价格如何，

①　Robert V. Garvin: *Starting Something Big: The Commercial Emergence of GE Aircraft Engines*, pp..34-35.
②　马克·沙利文：《可信赖的发动机：普惠公司史话》，第102-104页。
③　彼得·皮尤：《罗尔斯·罗伊斯的传奇：喷气式动力》，第74-75页。

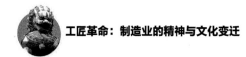

我绝不会接受英国佬的发动机。"由于波音727客机在很长一段时间里是最为成功的一款民用客机，因此，罗罗公司出局后，波音727客机1 832架的销售业绩成了为普惠公司创造利润的重要来源。[①]尽管美国的喷气式客机制造赶超英国凭借的主要还是其大规模生产能力基础上的工程化能力，但不得不说，"彗星"客机的安全事故明显改变了产业竞争格局与产业演化路径。因此，对安全的追求可以说是航空工业最重要的价值观之一，而安全取决于从设计到生产的全流程的产品品质。

在安全问题上，设计波音747客机的美国工程师乔·萨特（Joe Sutter）值得称道。萨特称："当我考虑飞机的所有要求时，安全性和适航性总是被放在第一位的。尽管飞机速度、运营的经济性、乘客的舒适性及飞机的维修性等也非常重要，但是与向客户交付一款最安全的远程飞机的目标相比，它们还是次要的。"[②]当时，波音公司耗费数十年时间探索出了一套"安全设计原则"，并将其应用于波音707客机的研制上。在波音公司的安全设计原则中，有一条为"无单一失效模式"，即在设计飞机时必须确保任何单一的系统失效或结构失效都不能引发飞机灾难性的后果。另一条原则为"无不可检查的有限寿命部件"，即如果飞机上存在一个运营商难以对其进行检查的零部件，该零部件必须被设计成可在飞机的全寿命周期内使用的零部件。[③]萨特本人尤其重视"余度"，即指通过使用备份系统或结构来加强飞机的安全性。在设计波音747客机时，萨特等人在飞机上设置了4个相互分离且相互独立的液压系统，而不是像当时一般的客机那样只装2个液压系统。此外，波音747飞机还设计了4个分离的主起落架支柱，而当时的喷气式飞机大多也只有2个。为了提高余度，萨特和他的团队还设计了内侧和外侧升降舵、内外两侧副翼、上下两层方向舵，在搭配上也采取了不同的组合，让不同的液压系统驱动不同的翼面，将部分液压系统遭受损伤、故障或失效时导致飞机完全失控的可能性降至最小。萨特项目组的设计在当时招来了非议，有人认为如此设计显得有些浪费，声称3个液压系统对飞机来说绰绰有余。但是，1971年7月30日，波音747飞机投入运营一年半之后，泛美航空公司的845航班在旧金山国际机场撞上进近灯，在3个液压系统不能工作且2个主起落架脱离机身的情况下，飞机仍然安全着陆了。[④]萨特的高余度原则通过了实践的检验。实

①　彼得·皮尤：《罗尔斯·罗伊斯的传奇：喷气式动力》，第85-86页。
②　乔·萨特、杰伊·斯宾塞：《未了的传奇——波音747的故事》，李果译，航空工业出版社2008年，第151页。
③　同②，第152页。
④　同②，第153-155页。

际上，在研制过程中，萨特指出普惠公司最初交付的JT9D发动机存在着可靠性和安全系数不够高的问题，并不惜撕破面子与普惠公司据理力争。当时，要解决发动机存在的问题需要投入大笔资金，普惠公司态度消极，但萨特团队通过实物演示发动机的问题，并故意让2台发动机喘振来惊吓普惠公司的代表，使普惠公司同意了进行改进。由于波音公司有优于普惠公司的结构分析能力，萨特团队依靠自身的力量完成了对JT9D发动机结构受力情况的分析，并告诉普惠公司应如何下手重新设计发动机机匣及连接系统。[①]工程师萨特将波音公司重视安全的企业文化落实于行动。尽管从安全角度出发的设计不可避免地加大了产品成本，但产品品质亦由此得到了保障。而"彗星"客机的灾难表明，以安全为核心的航空工业的产品品质，是航空工业企业生存与发展的根基。

值得一提的是，萨特团队是在时间有限的巨大压力下完成波音747客机设计的，在设计过程中进行了高强度的工作投入。当时，美国实现了登月的壮举，萨特称："747项目组……似乎也坚持着将美国人送上月球的那种'我能行'的态度。"[②]积极的工作态度转化为了拼命的工作，萨特回忆称："印象中，我无数次在雾、雨或阴郁的天气里驾车行驶在I-5州际公路或是穿越西西雅图的高速路上。疲惫不堪的我拼命保持着清醒的状态，我知道漫长的另一天即将在几小时之后开始，而之后将是数不尽的一天又一天。但这是让747飞机按时飞上蓝天的唯一方法。整个项目组都知道这个事实，我就这样日复一日地奔忙着。星期六也被工作占据了，很多星期天也是如此……"[③]制造文化中的勤奋伦理在"二战"后的航空工业中是发挥着重要作用的价值观。

尽管航空工业具有制造科学化的特点，但在波音747客机的研制过程中，最初的制造可以被认为是由工匠型管理人员主导的。萨特如此评价波音747客机研制过程中的生产组负责人，称其"独力完成了747飞机制造流程的改组，借此解决了制造瓶颈的问题，并让一切正常运转起来。他的能力不是在商业学校中学来的，因为他连高中文凭都没拿到。他之所以能完成这一切，完全是因为忘我的工作态度和他那一套老式却极为有效的思维"[④]。这表明，航空工业的制造活动仍然需要来自生产现场的长期经验积累。实际上，在这个高技术产业里，制造知识的积累可能来自平常的实践。例如，洛克希德公司的工程师凯利·约翰逊举过一

---

① 乔·萨特、杰伊·斯宾塞：《未了的传奇——波音747的故事》，第214、218-219页。
② 同上，第109页。
③ 同上，第126页。
④ 同上，第202页。

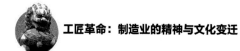

个在飞机试制过程中遇到的问题："我们发现，如果翼板是在夏天制造的，那么翼板上的点焊缝在测试初期就会裂开；但是如果翼板是在冬天制造的，那么点焊缝始终不会裂开。我们分析所有工艺后发现，伯班克的供水系统在夏季会加些氯来减少水藻繁殖。如果我们使用纯净水清洗焊接处，就不会出现点焊缝裂开的问题。"[1]因此，凯利·约翰逊具有一种将研发团队塑造成设计与生产紧密结合的模式："……组建一个试验部门。在这个部门，设计人员和车间工人可以一起紧密地工作来研制飞机，省去很多管理、采购和其他部门之间的协调时间，减少很多麻烦和不必要的耽搁及复杂环节。我想在设计工程师、机械师和生产工人之间建立直接联系。"[2]制造的科学化意味着脑与手的分离，但制造活动的特性决定了脑与手的适度结合是更有效率的。

总的来看，从制造文化的角度说，第二次世界大战后战胜国航空工业的发展具有高强度竞争的特点，为了制造高品质的产品，企业需要进行高投入来维持创新能力，而高投入之下的知识与技术积累随着时间推移会形成令强者愈强的产业格局，淘汰弱势企业，并阻碍新企业进入。创新、高投入与注重品质，这些价值观不仅是芯片制造业的基本文化，也支配着航空工业的制造活动。因此，可以认为，第二次世界大战后兴起的高端制造业具有一些共通的精神与文化，而这是由相似的高强度竞争压力与以高投入进行高积累的需求决定的。创新是工业发展必须依赖的最基本的价值观。为了实现创新，在第二次世界大战后兴起的高端制造业中，企业必须投入大量资源来积累知识和技术以寻求突破，并且需要研发人员与生产人员高强度地辛勤工作来从事积累。于是，高投入的偏好成为高端制造业的倾向性思想。创新与高投入最终是为了提升产品品质，而高品质正是高端制造业成为其高端的原因所在。当然，这并不是说一般制造业不需要或不具备创新高投入与注重品质的文化，只不过，对高端制造业来说，这种文化已成为其内在的构成部分，是高端制造业必然存在的精神要素。

（二）战败国的逆袭：工匠国家的嬗变

第二次世界大战结束后，由于冷战接踵而至，大国间结盟与敌对的阵营出现了转换，作为战败国的联邦德国与日本，与以美国为首的资本主义战胜国站在了同一条战线上。联邦德国与日本这两个具有浓厚工匠传统的国家，出现了制

---

① 克拉伦斯·凯利·约翰逊、玛吉·史密斯：《我是怎样设计飞机的：美国飞机设计师凯利·约翰逊自传》，第165页。
② 同上，第113页。

造方式的嬗变，但又保留了某些传统特色，因而在部分制造业领域里成功实现了逆袭。

大众汽车（Volkswagen）是联邦德国制造业逆袭的典型。大众汽车始于纳粹德国时期希特勒为了和美国进行面子竞争而启动的计划。由于不具备大规模生产能力，德国汽车工业制造的轿车长期被视为高价位的奢侈品，不能如福特汽车、通用汽车那样惠及广大国民。在希特勒的授意下，"甲壳虫"汽车被设计了出来，该车采用冷风式发动机，非常稳固耐用。"二战"爆发前，该车一直未投产。实际上，是占领德国的英国人在战后首次批量生产了甲壳虫汽车，供其驻军使用。此后，工厂被交还给德国人。[①]1949年，大众汽车的年产量为40 000辆，其出口商品大部分销往比利时、瑞士与荷兰。大众汽车公司的早期发展就是一个引进福特制的过程。尽管大众汽车公司在1954年之后才赶上美国汽车工厂的生产效率，但一旦福特制落地生根，其市场竞争优势便显露无遗。此外，大众汽车公司由于起步较晚，能够广泛吸取经验教训，避免了20世纪50年代初美国汽车工厂追求自动化带来的过于机械和呆板的弊端，对福特制进行了适应德国国情的调整。[②]由此可见，"二战"后大众汽车公司的兴起，是联邦德国汽车工业引入美国体系替代工匠传统的结果。这一过程自然堪称工匠国家的嬗变。

不过，大众汽车公司在追求大规模生产能力的同时，也保留了德国制造业传统上注重品质的风格。以经典的甲壳虫汽车为例，有评论称："甲壳虫汽车从来不是奢侈品，但它秉承了德国制造业持久信誉的一个方面，那就是它的品质。甚至当……这款汽车供不应求之时，该企业仍然全心专注于品质。甚至首席执行官在50年代中期都会亲自阅读技术检验报告，并曾给他的员工下发备忘通知，要求确保有人在某处发现的一个碰撞噪声不会再重现。而那条原则也很简单：我们的未来取决于这种极高的品质；我们无法接受任何缺陷。这种对于维持高品质的德式执着的成功还有某些心理上的因素。这在一定程度上涉及那两次军事挫败……这种执着实际上是对那些打击的一种补偿。"[③]定位在市场最低价格等级的甲壳虫汽车首先得到了受过良好教育、收入较高群体的热烈欢迎，获得了很高的口碑，然后吸引了中低收入的买主，形成爆炸式需求。鼎盛时期，甲壳虫汽车日产

①　尼尔·麦格雷戈：《德国：一个国家的记忆》，博望译，重庆大学出版社2019年，第346-348页。

②　维尔纳·阿贝尔斯豪塞：《德国战后经济史》，史世伟译，中国社会科学出版社2018年，第323-325页。

③　同①，第348页。

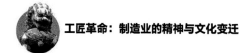

量达4 300辆。该车型还大量出口到战胜国美国。1960年，甲壳虫汽车出口到美国100 000辆，1964年增至288 000辆，1968年则升为439 000辆。[①]20世纪60年代初，每4辆甲壳虫汽车就有一辆销往美国，而1962年联邦德国汽车对美国的出口份额已经达到其国内总产量的31.2%。[②]战败国采用战胜国的基本制造方式与战胜国的优势产业展开竞争，并侵蚀了战胜国优势产业的本土市场，诚可谓逆袭。大众汽车公司的成功，得益于在大规模生产的基础上通过注重产品品质来满足消费者的需求。

制造活动是由人来实施的，制造业的发展建立在对人才培养的基础上。高品质的产品是由具有高水准技艺和优良工作伦理的人制造出来的，而这种人是必须通过教育养成的。在这一点上，"二战"后联邦德国的职业教育体系亦足称道。战败后，由于种种原因，联邦德国基本保留了过去的职业教育体系。手工业界保留了独立开展职业教育的权利，工业部门也尽可能地恢复了厂内培训。在战后重建时期，过去由德国技术学校委员会确立的职业教育目标，被各行业协会继续落实，这些目标包括：对同一职业的学徒进行相同的职业培训，在企业内或企业间实现培训和教育条件的统一化，实行统一的技能资格认证，以及使学徒制培训适应市场和技术的发展要求。[③]这里要指出的是，早在"二战"前，德国的"手工业"在生产方式上已不同于传统的手工业实践了。[④]德国的"手工业"（handwerk）作为一个延续至今的历史概念，在19世纪末就因难以界定而引发争议。现代意义上的德国"手工业"的特征主要在于其所提供的产品和服务的差异性、在提供产品和服务方面的个性，以及生产场所的分散化。一般而言，德国手工业是与工厂体系相对立的一个概念，不进行"用于仓储或大笔订单的典型大宗商品的生产"，而"主要按照明确规定的特性或按照提交的图纸或样件为单笔订单进行生产，它是为满足地方上的个别需求和品味服务的"[⑤]。因此，德国的手工业可以看作生产目的和服务对象较为特殊的制造业，通常来说规模不大。不管怎么说，德国存在着一种将企业培训与职校教学紧密联系在一起的校企合作职业教育模式，1948年，德国教育委员会首次使用"双元制"一词描述了这种模式，

---

① 卡尔·哈恩：《从学徒到总裁：卡尔·哈恩在大众汽车的40年》，朱刘华译，上海远东出版社2011年，第46-47页。
② 维尔纳·阿贝尔斯豪塞：《德国战后经济史》，第327页。
③ 凯瑟琳·西伦：《制度是如何演化的——德国、英国、美国和日本的技能政治经济学》，第214-218页。
④ 同②，第19页。
⑤ 郑春荣：《德国"手工业"漫谈》，《德国研究》2002年第1期。

对德国职业教育传统的延续予以了确认。[①]德国职业教育的双元制有助于培养具有实际动手能力的制造业人才。1953年，联邦德国颁布了《手工业条例》。由于一些手工业企业只是将年轻人作为廉价劳动力进行剥削，培训质量太低，1965年，联邦德国政府修订了《手工业条例》，要求在职业教育中纳入师傅考试所要求的内容，意在使身为高级技工的师傅在被获准招收学徒前，不但得是技术专家，还必须具备基本的教学技能。1969年，联邦德国政府出台了《联邦职业培训法》，进一步规范职业教育。[②]联邦德国政府对包括职业教育在内的教育的重视，促进了制造业的人力资本积累。表4-6为联邦德国教育和职业教育方面的公共支出。

表4-6　联邦德国教育和职业教育方面的公共支出

年　份	中学、高校及其他教育形式（10亿马克）	不包括高校的科学研究（10亿马克）	总计（10亿马克）	占国内生产总值比重（%）
1950	7.0	0.4	7.4	2.1
1955	8.2	0.4	8.6	2.5
1960	8.6	0.8	9.4	2.0
1970	12.6	1.4	14.0	4.1
1975	10.2	1.1	11.3	5.8
1980	9.8	1.3	11.1	5.6
1985	8.9	1.4	10.3	5.1
1990	8.5	1.1	9.6	4.5

资料来源：维尔纳·阿贝尔斯豪塞：《德国战后经济史》，第228页。

　　第二次世界大战中的另一个战败国日本，在战后也实现了复兴乃至崛起，其所依靠的也是制造业的逆袭。与联邦德国一样，日本制造业的逆袭亦集中体现于汽车工业。表4-7为1950—2000年日本汽车的产量及其在世界汽车工业中的比重。

① 苗晓丹：《创新背景下的德国职业教育体系及质量研究》，光明日报出版社2017年，第17页。
② 凯瑟琳·西伦：《制度是如何演化的——德国、英国、美国和日本的技能政治经济学》，第223-224页。

表4-7　日本汽车的产量及其在世界汽车工业中的比重（1950—2000年）

年　份	世界汽车产量（万辆）	日本车产量			
		国内产量（万辆）	海外产量（万辆）	合计（万辆）	比重（%）
1950	1058	3	—	3	0.3
1960	1649	48	—	48	2.9
1970	2940	529	—	529	18.0
1980	3851	1104	—	1104	28.7
1990	4828	1349	338	1687	34.9
2000	5830	1015	707	1722	29.5

资料来源：藤本隆宏：《能力构筑竞争：日本的汽车产业为何强盛》，第34页。

　　一直到20世纪70年代前，日本汽车工业在全球范围来看还毫无存在感可言，但到80年代已经成为令汽车工业老牌强国美国生畏的力量，这可以说是真正的逆袭了。而除了汽车工业，造船、纺织、机械、电子等产业在"二战"后都曾见证"日本制造"的崛起。曾经因工匠传统而战败的东方古国，俨然成为世界工业的教科书。

　　造船业是日本的主要产业之一，今治造船株式会社在"二战"后的演变颇能体现日本造船业的发展历程。"二战"刚结束时，整个日本造船业陷入萧条，据桧垣俊幸回忆，1946—1955年是最艰苦的时代。作为日本造船业二元结构中低端的一元，今治造船株式会社在战争结束时还只能制造小型船只。桧垣俊幸便是从在自家屋檐下制作大舢板白手起家的。1949年，日本造船业遭遇了空前的大萧条，桧垣俊幸回忆称，他的船厂陷于无船可造的亏损状态："支付了员工的工资，材料费便没有了。如果付了材料费，工资又不能支付。"[1]不过，朝鲜战争的爆发给了整个日本制造业以转机，造船业也不例外。今治造船株式会社靠开发机动帆船满足"朝鲜特需"得以喘息。但今治造船株式会社真正的转折点是为1949年7月成立的爱媛轮船公司制造今治—尾道航线的新客轮"有津丸"。年仅22岁的桧垣俊幸一改当时"盆船"型的木船设计主流思路，大胆采用笔直的船型，即V字细长型，而他的灵感来自过去看到的渔船。桧垣俊幸的长子回忆称："博览众船后的俊幸曾说过，'日本刀的流线最适用于船。西洋的刀剑是直的，所以只能借助骑马的力量来砍杀，而日本刀是连人带马一起用力，还没缓过神

---

[1]　今治造船厂：《一心造船：桧垣俊幸传》，第28页。

来，头就被齐刷刷地砍下来了！连骨带肉切的话，日本刀应该是最适合的……'而且他还经常说船也必须是那样的流线型。"①在某种程度上，桧垣俊幸仍然具有工匠的作风和思考方式。由于"有津丸"在与其他船厂制造的客轮的竞赛中总是遥遥领先，桧垣俊幸名气大振，开始接到更多订单。船厂员工高须修回忆了当时的工作场景："那个时候一般是日落西山时收工，夏天做到很晚，冬天便可以早一点结束，但吃过晚饭，还要到办公室的二楼，跟俊幸学习绘图。"②年轻工人一边干活，一边跟着老板当学徒，这是小型造船厂保留了工匠传统的实态。但是，经过股权重组后，今治造船株式会社开始向着制造钢船迈进。今治造船株式会社造的第一艘钢船，是为勇正轮船公司的黑川勇男特意打造的小型钢船"勇正丸"，总重293吨，于1955年9月竣工。在向制造钢船转型的过程中，波止浜造船给予了今治造船很大的支持，直接派遣了技术人员向今治造船的桧垣孝则传授技术。高须修回忆道："在原图制作和钢船制造上，波止浜造船比今治造船起步早。但是波止浜造船说了只能教这一艘，以后的我们一概不管，因此，孝则先生拼命地从讲师那吸取各种各样的知识。波止浜造船的技术人员每堂课后都将示范过的东西全部用水消去，不留一点蛛丝马迹。由于有关展开的制作方法一直没有被传授，所以在课后大家都聚集到孝则先生那进行研究讨论。"桧垣俊幸则称："钢船和木船的原理是一样的，只要设计了，外板展开等自己就能无师自通。"桧垣俊幸对线型图的执着鼓舞了高须修等技术人员，使今治造船在向钢船制造的转型中没有经受多大挫折。高须修称："一艘船的某些部分，比如说船内生活区就不需要展开手法，所以这并没有造成太大的阻力，在钢船建造转换期，除这一两处之外都是畅通无阻的。"③到了20世纪50年代末，今治造船所在的濑户内海地区的船主发起了将木船转换为钢船的改革，这给了今治造船的制造活动升级以支撑。

在学会了制造小型钢船后，今治造船没有满足于现状，而是将目光转向了近海船的建造。1962年，今治造船改造了修理用的总吨位3 500吨的第一号船坞，扩充码头的设备，进入了制造大型船的筹备阶段。1970年，今治造船又决定在丸龟建设新厂，全力进军外航船领域。④在制造活动不断升级的过程中，桧垣俊幸也改变着自己的观念。过去，他一直认为"像刀一样"的船型是最理想的，但

---

①　今治造船厂：《一心造船：桧垣俊幸传》，第32-36页。
②　同上，第36-37页。
③　同上，第49-50页。
④　同上，第88、100页。

是，当他接触到宽度大于长度因而被称作"宽幅船型"的大型油船后，改变了想法。宽幅船型的设计考虑的是增加装载量的经济性。桧垣俊幸适应了这一新产品的设计思路。实际上，他的口头禅是："不管你船造得怎么出色，但如果不懂经营的话，就会被淘汰。"①懂得经营就要求考虑经济性并满足用户的需求。今治造船曾将液力绞车的研发委托给石川岛播磨重工和三菱重工。三菱重工拒绝了，而石川岛播磨重工答应"尝试一下"，历经艰难终于成功。今治造船的一位负责人回忆说："石川岛播磨重工在此项工作中花费了很大的心血。此后三菱重工也来表明想合作的意愿，但我婉言谢绝了。苦尽甘来，石川岛播磨重工终于大功告成了。我觉得应该支持那些肯挑战困难的人，这也是我以后一段时间没从三菱重工订货的主要原因。"②这则事例反映了今治造船欣赏挑战困难的价值观，实际上这种价值观也是引导今治造船自身成长壮大的精神动力。不过，在日本交通部的政策要求下，三菱重工在1971年派出了技术人员到当时仍为中型船厂的今治造船指导大型船的制造，使今治造船的技术得到了很大的提高。③日本造船业在"二战"后的发展可谓企业艰苦奋斗与政府产业政策综合作用的结果，今治造船这一案例的意义则在于展示了工匠式作坊是如何升级为现代化企业的。以小窥大，日本制造业在"二战"后的崛起也意味着工匠国家的嬗变。

纺织业亦是日本重要的具有传统优势的制造业部门。尽管作为劳动密集型产业，日本纺织业在"二战"后受到了工业化起步更晚的发展中国家和地区的冲击，但在相当一段时期里，其纺织业保持着较大活力，甚至直到朝鲜战争后还有新企业诞生并迅速成长。④除了较为传统的棉纺织业，日本的化学纤维工业在"二战"后也有了长足的发展。1884年，法国人开始制造人造纤维，1892年英国人发明黏胶纤维工艺，1904年英国的科托兹公司（Courtaulds Ltd.）实现了人造纤维的大规模生产，人造纤维才开始产业化。日本从1905年开始进口人造丝，1909年前后，东京大学的久村诚太和羽田逸造开始尝试自己开发人造丝的技术，在其基础上，1918年成立了帝人公司（最初的名字为帝国人造绢丝公司）。久村诚太1917年去美国，从一家被拍卖的人造丝工厂的机器清单上了解到人造丝生产设备的信息，帮助他创办了帝人公司。但直到1923年从德国买下一架纺丝机后，帝人公司才开始平稳运转。与帝人公司的技术演化路径不同，1926年由三井物产

① 今治造船厂：《一心造船：桧垣俊幸传》，第103、97页。

② 同上，第99页。

③ 同上，第112-113页。

④ 小田切宏之、后藤晃：《日本的技术与产业发展：以学习、创新和公共政策提升能力》，周超等译，广东人民出版社2019年，第144-146页。

创立的东丽公司（最初的名字为东洋人造丝公司），从德国购买了设备后，雇用了20名外国工程师开始生产。20世纪30年代，美国的杜邦公司发明了尼龙并进行生产，东丽公司立即通过三井物产的纽约分部获得了一份样品并用硫酸溶解样品开始研究。为了绕开杜邦公司的专利保护，东丽公司不得不自己设法制造合成聚酰胺并制成纤维。1943年，东丽公司的工厂开始生产主要用来制造渔网的尼龙。1946年，杜邦公司要求占领日本的盟军总司令部调查东丽公司的专利侵权行为，但盟军总司令部并未发现任何侵权证据，由此可见东丽公司自主开发技术的实力。不过，1951年，东丽公司还是从杜邦公司购买了专利，因为杜邦公司在生产工艺、纺织工艺和染色工艺等方面的技术更先进，有利于东丽公司改进品质和降低成本。此外，假如没有杜邦公司的批准，美国的设备制造商不会把尼龙生产设备卖给东丽公司。[1]从自主开发到引进技术，东丽公司的战略意图显然是希望实现化纤产品的大规模生产。1957年，东丽公司又引进了聚酯纤维和涤纶，成为日本纤维工业的主导企业。1956—1966年间，东丽公司被评为日本的"超优良企业"。[2]图4-1为1946—1994年东丽公司纤维产品的销售额。

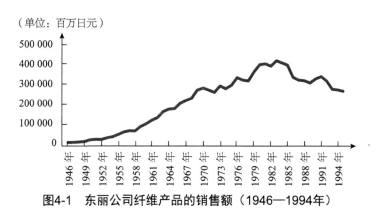

（单位：百万日元）

图4-1 东丽公司纤维产品的销售额（1946—1994年）

资料来源：整理自日本经营史研究所：《東レ70年史（資料·年表）》，東レ株式会社1997年，第62-64页。

受各种因素的影响，20世纪80年代中期的东丽公司一度发展困难，被认为是有技术而无经营的"败落的优良公司"。当时，整个日本的纺织业掀起了"脱离纤维"的风潮，东丽公司亦受其影响。然而，1987年上任的东丽公司新董事长前

① 小田切宏之、后藤晃：《日本的技术与产业发展：以学习、创新和公共政策提升能力》，第139-143页。
② 纲渊昭三：《直面现实——前田胜之助传》，孔健等译，世界知识出版社2008年，第79页。

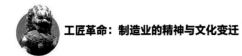

田胜之助否定了其前任制定的"脱离纤维"战略。前田胜之助抨击了东丽公司在本业之外的大型投资，如建设以东京商工会所为中心的时装城、建造东丽公司高尔夫球场、计划在美国西海岸建设宾馆等，并把这些项目停了下来，称："东丽公司的主业是制造业。没有涉足这些项目的闲钱。"他的观点是："纤维产业的成长之路还早着呢。虽然在日本被称作是成熟产业，但是如果站在全球化的立场上来看，这是一个每年保持着5%增长率的产业。所以说要'脱离纤维'这是大错特错的。"[①]由于前田胜之助对制造业本业的坚守，东丽公司避免了被泡沫经济拖入泥沼。前田胜之助入职东丽公司时，就拒绝被分配到研究室，要求去生产现场工作，称："我不是为了待在研究室里才到东丽公司的。我想做大事，建设成套设备、产业复兴、可以生产产品的地方，总之是有挑战的地方最好。"[②]这种现场主义是真正对制造业感兴趣才会产生的价值观。在管理工厂时，前田胜之助十分注意降低成本，考虑非常细微，实行了成本构造分析办法（CKB）。他对于制造业有着非常朴实的看法："所谓的实业就是经济合理性、成本、品质、交货期。"从1986年开始，东丽公司开始实施与前田胜之助实业观原则一致的APS计划（再挑战行动纲领），其主要内容包括：（1）根据品种和用途明确核算并缩小不核算的范围，设定恰当的事业规模；（2）削减过剩能力，通过生产体制的重新编制削减固定费用；（3）减少人员；（4）削减总费用。在前田胜之助就任董事长两年后，APS计划取得了成效。[③]前田胜之助还改革了东丽公司的研发体制。他就任董事长后，立即把原来设在研究开发本部的开发部门移到了技术中心，1991年又把原来的研究开发本部更名为研究本部。前田胜之助区分了研究和开发："研究工作是科学，搞研究的'大脑'是不会开发的。"而他的改革是出于对东丽公司旧研发体制低效的不满："因为研究成果迟迟不能成功，所以新事业的开发也就迟滞不前。"实际上，他对于公司的研究给予了极大的自由度，允许技术人员用20%~30%的时间和经费进行非正式的个人自由研究。前田称："研究可以涉及面很宽广，宽到太平洋那么宽我也认可。大家在那里可以自由游泳，只要努力就能游出好成绩来。"在这种自由政策下，东丽公司取得了液晶彩色薄膜、磁带用薄膜复合聚酯膜、土木工程用碳素纤维扁平布、超细纤维洗脸布等非正式研究成果。此外，前田也注重对研发力量的集中与整合，反对研发部门的分公司化，称："世界基础材料生产厂家的趋势是开始将研究人才从各部门集

① 纲渊昭三：《直面现实——前田胜之助传》，第82页。
② 同上，第45页。
③ 同上，第56、85页。

中起来，不是分什么工科、理科、农科的，是要把他们的头脑综合性地进行活用。现在的时代是研究成果相互交叉渗透的时代，也可以说是融合的。如果分公司把研究部门都分散了，那参与新领域的工作肯定会落到后面的。"由于推行了整合多学科的研发，东丽公司融合了生物工程和纳米技术，成功研发了癌症诊断用的DNA芯片、树脂造超敏感蛋白质解析芯片等产品。[1]表4-8为东丽公司在前田胜之助任董事长期间内的研发经费及其占销售额之比重，可以看得到该公司对技术研发进行了高强度的投入。

表4-8　东丽公司的研发经费（1988—1995年）

年　份	研发费（亿日元）	研发费占销售额比重（%）
1988	273.8	5.0
1989	285.3	5.2
1990	300.7	5.1
1991	319.2	5.3
1992	324.4	5.6
1993	316.8	6.0
1994	303.0	5.7
1995	338.0	6.2

资料来源：日本经营史研究所：《東レ70年史》，東レ株式会社1997年，第959页。

前田胜之助本人是技术员出身，1960年就参与研发碳素纤维，通过多次摸索进行碱烧成试验，闯出了产业化的路子。故前田亲身体验到研发的困难，认识到如果没有使命感支撑，如果没有执着感，很容易半途而废。他视研发为东丽公司经营的基础，明确表示："研究和开发，创造明天的东丽。"但他也知道："将基础材料培养到能出利润需要10年的功夫，这是常识。"[2]1995年，东丽公司开始向IT关联产业进军，利用积累的树脂加工技术，开发出彩色薄膜，1998年销售额达到130亿日元，这是前田胜之助董事长任内的最后一笔大型投资，投资额约为150亿日元。然而，由于市场竞争激烈，东丽公司在该领域长期不能赢利，前田也因此遭到很多批评。但是，东丽公司的彩色薄膜到2002年提高了面向手机使用的市场占有率，终于开始盈利，前田的骂名也就消融了。前田自己很清楚研发的长周期性："碳素纤维产生利益花费了约20年，一些划时代的材料开发需要

① 纲渊昭三：《直面现实——前田胜之助传》，第135-138页。
② 同上，第145页。

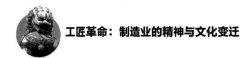
这么长的时间，这是很常见的。关键是要有能看清楚那种材料的前瞻性。"①
东丽公司由纺织企业发展成为基础材料制造企业，在研发上的高强度投入和
面对困境不动摇的执着至关重要。东丽公司成功升级的演化过程，可以辨识
出精神与文化因素的作用，而这在"二战"后的日本制造业具有普遍性。

与同为战败国的联邦德国一样，企业在日本制造业职业技能培养中发挥了
重要作用。在战争刚结束时，日本改革了教育制度，义务教育延长至9年，此前
的一些职业技能学习制度如青年学校等被取消，企业则忙着军民转换，没有时间
思考培养技术工人的问题，大企业对技术工人的培养是以朝鲜战争为契机重新开
始的。1946年，厚生省曾组织企业家和工人讨论学徒制度的必要性，认为学徒制
度没有必要的，企业家一方有65票，工人一方有58票，认为有必要的，企业家一
方有41票，工人一方有19票。此后，厚生省召集工会代表及企业家代表开展座谈
会，再次讨论学徒制度的是与非，最后达成的共识是："反对伴随着压榨和奴役
的学徒制度，不仅仅要补充因为战争而丧失的熟练劳动力……还要构建与以前不
同的合理而民主的培养技术工人的政策。"②小关智弘是一名操作车床的车工，
据他回忆，1951年，他进入一家只有3名职工的町工厂即街道工厂当见习工，由
于学徒制度已经瓦解，师傅对他说："你们生活在这民主主义时代真是好啊！边
拿工资边学习技术，上哪儿去找这么好的事？"不过，他干的主要还只是诸如
搬运重材料、给打铁车间生活、被工人支使去抡大锤等杂活，有时还会被派去干
点私活，如给师傅买烟。这表明学徒制度虽然瓦解，但在作坊式的小型工厂里，
学徒制度的风气仍然存在。几个月后，由于工作出了错，小关智弘的脑袋被工人
敲了一下，他怒而辞职，去了另一家町工厂。在旧学徒制度下，这种自由是难以
想象的。新的工厂有30名职工，能制造汽车、照相机等物品的零件，见习工也能
分到负责的车床，小关智弘除了被差遣干杂事，也用车床削出各种各样的东西。
他回忆："冲床职人（即工人）让我做金属模具，牛头刨床职人让我做工具，还
有钣金工、组装工也让我帮他们做东西。这些时候往往没有正式的图纸，只有画
在挂历纸背后的草图，职人们将之称为'漫画'。依据这些漫画，我做了各式各
样的东西。"③由此可见，"二战"后日本的学徒制度虽然瓦解，但在町工厂这
类小型甚或微型制造企业中，对年轻工人的培养方式依旧延续着学徒制度下边干
边学的特点，并没有专门的技能培训。据1956年年末的调查，从业者规模达到
1 000人以上的大企业只以"现场经验"进行技能培训的占被调查大企业总数的

---

① 纲渊昭三：《直面现实——前田胜之助传》，第 134-135 页。
② 沢井实：《日本の技能形成》，第 165-174 页。
③ 小关智弘：《造物的人》，连子心译，南海出版公司 2018 年，第 4-8 页。

60%，不满100人的工厂只进行干中学培训的比例则高达85%~89%。1957年，一位在只有10名职工的缝纫机零件厂工作的18岁见习工，回忆了自己数年前的生活经历和工厂的实际情形："那个时候，初中毕业就上岗，给的报酬是5 000~6 000日元。高中毕业是8 000日元左右。大学毕业因为不关心所以也不记得了。我每个月的零花钱是1 000日元，拉面一碗是25~50日元。在涩谷或新宿吃的50日元的拉面……特别的顺滑。石油暖炉普及以前，是烧炭取暖。完全没有印象工厂夏天有电扇转动。当时的机械几乎是传送带驱动的，直接连接马达的车床和铣床的数量很少，刀具几乎是手工制作的。"[1]从其描述来看，20世纪50年代的日本町工厂仍然保留着手工作坊的形态，其职业技能培训自然也就保留了工匠传统。

相比于小型企业和微型企业，大企业的职业技能培训要更加规范化和制度化。很多学生高中毕业后，由于经济原因不能进入大学深造，大企业所提供的养成制度对他们就非常具有吸引力了。例如，1955年岛津制作所招养成工，大概20人中只有1人能通过，在满分是100分的情况下，如果得不到98分就进不去。石川岛芝浦汽轮机工厂的教育负责人说："高等工业学校的毕业生虽然是拥有机械操作知识的人，但如果说他们对于这项技能并不能随时具备，也是不为过的。比起在15岁前后训练技能，超过18岁进行技能的训练是非常困难且没有效率的。"[2]这位负责人的话表达了在企业里从事技能培训的意义。日本钢管公司在开展职业技能教育的大企业中具有代表性。日本钢管公司在1939年以后每年会对30~40名养成工开展教育，为了补充战后的人员极端不足，公司在1947年和1948年两年录用了195名养成工，并进行为期一年的教育。1949年，又录用147名养成工，进行1年的速成教育。由于制定了技术工人的养成规则，公司从1950年起开始了为期3年的养成教育。养成工在之前只有一年时间的情况下，前6个月每天花6个小时上课，每日中午之前上的课包括数学、国文、物理、化学、机械工学、工作法、冶金、电气、制图等，午后进行实习。实习的主任指导员虽然是技师，实际上进行手把手教学的是生产现场的段长和班长。后6个月每周只有1天在教室上课，余下的5天在现场和老学员一起劳作。养成时间达到3年后，日本钢管公司的教学时数与高等工业学校相比，学校每年有35周，公司则有48周，差别很大。从授课时间上看，日本钢管公司超过高等工业学校的科目是理科、数学、工业相关的学科。进入日本钢管川崎制铁所的某个养成工回忆："我在埼玉县的片田村接受了9年的义务教育后，从家庭进入社会去工作，与升学相比有一种无法抹去的黑暗

① 　沢井実：《日本の技能形成》，第186-188页。
② 　同上，第178-179页。

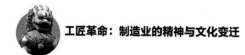

的心情，乡里的人们和中学的老师告诉我：'你要去的公司即使在日本也是屈指可数的制铁企业。'仅仅靠了这一点，我原本黑暗的心情中出现了一丝希望。"当时，在日本钢管川崎制铁厂中，高中毕业的操作人员占了大半，并且劳动时间短、经验少的人非常多，为了企业的扩大以及培养技术骨干，导入3年制的养成制度就有其必要了。[①]日本钢管公司的案例表明，大企业的职业技能培训具有理论和实践相结合的特点，比小企业更加正式也更加完备。

　　尽管日本小企业的技能培训不规范也不完备，甚至还保留着旧学徒制度的某些特征，但通过在生产现场干中学，一些教科书上没有却又十分有用的技巧仍然能够传递给学习者。小关智弘回忆，他在新的工厂实习几个月后，厂长岸本让他照着图纸造螺帽，一两天后，岸本见他很吃力，便进行指导："岸本……从裤兜里掏出一个本子……上面画着他深思熟虑后设计的螺丝加工漫画。丝锥是特制的，柄很长，能一次穿透10颗六角形螺帽。令我惊讶的是，传统做法是用夹头固定螺帽，再用丝锥旋车，而在岸本先生的漫画里，夹头固定的是丝锥。我问他：'这不是反了吗？'岸本先生笑着说：'法律没有规定不能反着用吧？'"按照岸本教的新方法，小关智弘的工作效率提高了9倍。[②]这就是很典型的技巧（know-how）的教学。在很大程度上，"二战"后日本制造业的兴盛是由大量中小企业在底层支撑着的，而中小企业也通过保留着工匠传统的职业技能培训方式，为日本制造业培养着最基本的人才。需要说明的是，重视手工制作的工匠传统在技能形成的过程中能起到作用，是因为制造业的自动化进程在技术上是渐进演化的，传统制造方式在相当一段时间里既没有被自动化替代的必要性，也不存在被替代的可能性。于是，制造者自身的经验积累构成了技能形成的主要来源，而源于生产现场的技能很难通过读书本和理论学习掌握，只能边实践边领悟。正是制造业技术的这种演化性而非突变性，给了工匠国家利用其传统优势的机会。当小关智弘后来进入日本特殊钢公司的转包工厂工作时，已经能够自己去总结制造技巧了。他在工作中每天坚持记录工作日志，思考什么种类的钢适合什么样的刀车削，有时遇到以前削过的零部件，就尝试用别的刀具削，或尝试改变刀具的研磨方法。这种钻研令他发现："只要稍微在工具上下点功夫，之前大汗淋漓的工作就会省力不少。"后来，他给日本特殊钢公司提出了改进车削效率的建议，而他凭借"手感"得出的数据被总公司转给研究室分析后，认为是正确的。小关智弘也由此认为："没有乏味的工作，只有把工作干得乏味的人。工作本身并不无

---

① 沢井实：《日本の技能形成》，第180-182页。
② 小关智弘：《造物的人》，第11-12页。

趣，只是无趣地工作感受不到快乐罢了。"①这便是一种典型的工匠精神，它驱使着日本制造业的一线工人在生产实践中不断改进。小关智弘作为一个个案，其成长经历使他形成了重视制造活动中人的作用的观念："说起工业制品，人们会想到是由机器制造的，因此认为无论由谁来操作都一样，实际上并非如此。我认为，日本优质工业制品就产生于工人们专注于工作的瞬间。"②他后来走访了大阪一家专门制造螺丝的町工厂森下黄铜图钉株式会社，该工厂使用滚压加工工艺进行批量生产，但机器批量生产出的螺丝并不都是合格品，需要工人用红外线检测装置辨别出次品，并在此后的电镀、淬火环节再进行检验，以保证发货时产品质量没有问题，因为"假如一百万成品中有一件次品，就会被批评"。该厂厂长酒德利一也是町工厂见习工出身，他告诉小关智弘："技术好的工人不仅要快速且正确地计划好操作顺序，还要尽早发现有瑕疵的制品。而那些合格的制品，有时会出现品相不好的情况，这时就能看出差距。'差不多就行了'的差不多先生和'交付这种螺丝真是丢人'的力求完美的工人做出的螺丝成品有很大不同。"③由此可见，在日本制造业中，即使引入了机器进行批量生产，也还是非常重视人的工作态度及其对产品品质的影响。这种制造文化与日本在"二战"后仍然大量保留了工匠传统不无关系。

三、精益生产：新的工匠革命

"二战"后，战败国日本的制造业在众多部门里实现了对美英等战胜国的赶超，并创造出了精益生产这一新的制造方式，掀起了制造业历史上的又一场革命，冲击和撼动了以福特制为代表的大规模生产体系。精益生产实际上是在大规模生产的基础上融合了工匠传统中的有用要素，使制造活动由单纯满足量的需求转向了追求质的提升。从这个意义上说，精益生产是一场货真价实的新工匠革命。

（一）丰田生产方式：大规模生产嫁接工匠传统

精益生产起源于丰田公司，如同福特制被作为大规模生产的代称一样，精益生产也以丰田生产方式（Toyota Production System）为代称。丰田生产方式是大

---

① 小关智弘：《造物的人》，第59-64页。
② 同上，第24页。
③ 同上，第54-56页。

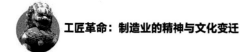

规模生产创造性嫁接工匠传统的产物。

丰田喜一郎协助丰田佐吉发明自动织布机后，将兴趣转向了制造汽车。1932年，丰田喜一郎正式决定研制汽车，在丰田自动织布机工厂院内一个角落的仓库里挤出了一块地方作为秘密工场。丰田喜一郎和他的团队买来了通用雪佛兰的发动机进行拆卸，把零件放在桌上整齐地排列起来，原尺寸绘制零件的侧面图，同时把每个零件的长短、重量记录下来，整理试验用的资料。丰田喜一郎说："我们要开始对过去从未接触过的汽车进行研究了，这是从入门开始的，对每个螺丝钉的作用都必须熟练掌握。"[①]丰田公司主要便是通过这种测绘仿制的逆向工程来制造汽车。1933年，丰田喜一郎聘请了机床方面的权威菅隆俊，次年，菅隆俊前往美国搜集汽车零部件的材料、质量、制造工序等情报，访问了福特汽车公司与通用汽车公司的工厂，他在自己事先设计的部件制造工序表中认真记录所见所闻，回国后即着手整理。1936年，该工序表整理完毕，成为丰田汽车公司的标准工序表。1934年，丰田公司开始制造发动机，菅隆俊把从福特汽车公司学到的油芯工艺在丰田的铸件上加以试用，一位老工人回忆称："那时喜一郎常务董事每天都按时赶到铸件现场。那里排列着用油砂做成的砂型，当往砂型的油芯里浇铸件油的时候，油芯在一个右一个地直往外喷铁水，甚至喷到了天花板上。油芯的问题不解决，当然就不能造出铸件。"经过努力，试制人员克服了困难，造出了第一台发动机，但试验的结果，每分钟为3 000转，只有45马力，而作为样品的雪佛兰发动机则有60马力。经分析，问题可能与汽缸冒口的形状有关，于是又制作了各种形状的冒口进行试验，终于找到了在冒口内用柴油发动机引起烟雾发生旋涡运动的办法，经测试，发动机达到62马力。丰田喜一郎毫不吝啬地把200多个用不上的试验冒口弄得粉碎。1935年8月，丰田公司造出了一辆以福特牌卡车为样板的G1牌卡车。尽管性能不佳，但丰田公司终于迈出了造车的重要一步。由于试制过程充满挫折，丰田喜一郎曾在日记中写道："若是万一以失败告终，那就勇敢地承认自己的能力不够，干脆来个剖腹自杀。不管如何，尽最大努力地干吧！"[②]丰田喜一郎继承了父亲丰田佐吉的事业心与创新精神。从精神文化层面看，丰田公司研制汽车是依靠自立精神自主学习国外先进技术的过程。

1936年，丰田喜一郎发表了一篇文章，提到试制汽车必须同时注重品质与大胆尝试，并且揭示了制造新产品存在着学习曲线："想制造汽车而又担心铸件的成品率，在这种可怜状态下，最好停下来，干脆不制造……取得成功的原因，是

① 山本直：《丰田四十年的历程》，周宝廉等译，天津人民出版社1981年，第32-33页。

② 同上，第37-40页。

从许多年来一直用铸形机和电炉铸造难度很高的织布机薄片铸件上获得的经验。即使这样，仍有五六百个汽缸报废了。同一样东西制造1 000个以后，一般工人就能达到熟练而不出废品。在最初的几百个铸件中，虽然也有铸得好的，但在彻底掌握技术之前要舍得把这些产品全部扔掉。这样，材料方面的问题大体上解决了。"[1]亲自制造是丰田佐吉工匠精神的内容之一，其重要性就在于唯有亲自制造才能积累经验和技巧，丰田喜一郎造汽车又印证了这一点。当最初的产品试制成功后，丰田喜一郎就开始追求汽车制造的产业化，其方法则为通过投资机器设备来实现大规模生产。丰田喜一郎写道："纺织机必须以相当大量的方法制造，汽车也是一样……采用相当先进的设备，就能够生产出决不亚于外国的物美价廉的产品……如果对购买这些机器犹豫不决，那么，最好是一开始就不要从事汽车事业。所以，要有花大量资金买机器的思想准备……我们盖起简陋的木板房……杜绝哪怕是微小的浪费来购买机床。"[2]由此可见，丰田公司制造汽车还是引进了大规模生产的美国体系。

不过，第二次世界大战的爆发打断了丰田喜一郎制造轿车的梦想，日本军国主义政府一方面对丰田公司等国内汽车企业施加保护，另一方面强制它们只能生产军用的卡车。直到第二次世界大战结束后，丰田公司才能够重新按照自己的意愿来造汽车。战后初期，与其他日本企业一样，丰田公司经历过一段艰难而混乱的时期，但朝鲜战争创造的朝鲜特需拯救了该公司。丰田公司接受的特需汽车和警察预备队汽车合同如表4-9所示。

表4-9 丰田公司的朝鲜特需订货合同

项目	批次	车型	数量（辆）	金额（日元）
特需汽车合同	第一次	军用卡车	1 000	528 714 000
	第二次	载货卡车等	2 329	1 568 832 785
	第三次	载货卡车等	1 350	1 508 898 988
	合计		4 679	3 606 445 773
警察预备队汽车合同	第一次	载货卡车等	230	230 820 000
	第二次	载货卡车等	720	790 754 400
	合计		950	1 021 574 400

资料来源：山本直：《丰田四十年的历程》，第14页。

---

① 大野耐一：《丰田生产方式》，第93-94页。
② 同上，第95页。

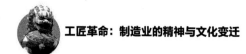

特需订货除了给企业带来订单，还使企业在金融上得到优待，因此，在战后混乱期濒死的丰田公司迅速复苏，把10亿日元的借款归还了大半。①于是，丰田公司有了继续发展的基础。1950年7月，丰田公司的丰田英二赴美对福特汽车公司作为期3个月的考察。福特汽车公司当时忙于制造飞机和其他军用品，对丰田英二及随后赴美的日方人员自由开放，并在工厂管理方面给予无保留的指点。丰田英二回国后，对福特汽车公司的美国体系进行了报告："设备、组织以及其他一切方面，其规模之大是令人惊讶的……担负着巨量材料和物资搬运任务的搬运管理最为引人注目。各式各样的原材料、部件等，统统由互相衔接的传送机进行搬运。在这过程中，各种部件逐渐地组合起来，准确无误地奔向最后的总装配线。这样的一套装置实在令人赞赏。"但是，丰田英二并不认为福特汽车公司无法学习，他向丰田喜一郎汇报："若就人家日产8 000辆的工厂同我们日产40辆的工厂来做比较，实在是没法比。然而从内容方面来看，除了规模上相差悬殊之外，两者并没有什么大的差别。当然，机械设备的性能是不可比的，但是就具体的作业方法和工序来说，跟我们的做法是大体相同的，而在某些需要深加注意的问题上，或许我们的做法倒是更为缜密细致的。他们也并没有什么神奇妙术。如果我们想干也是可以干得成的。"②在这种认识下，1951年2月，丰田公司确定了"生产设备五年计划"，决定着手扩大生产规模，即在不增加人员的基础上，通过增强设备的合理使用，使生产翻一番。在合理使用机器设备的同时，丰田公司还改进了生产作业，建立了立体化的作业线。③可以说，丰田公司在"二战"后践行了战前丰田喜一郎关于投资机器设备的理念，使汽车的制造活动现代化，而其实质就是学习和引进美国的大规模生产。

然而，丰田喜一郎出师未捷身先死，不幸于1952年3月去世，此时丰田公司才刚刚准备在汽车尤其是轿车制造上大展拳脚。和丰田佐吉一样，丰田喜一郎的精神也成为丰田公司企业文化的一部分，推动着企业向前发展。1947年5月10日，丰田公司造出了第十万辆汽车，丰田喜一郎写道："一般来说，日本的工程师都是理论家。尽管他们很可能从国外学到了相当的新知识，但到了要将这些知识运用于实践时，他们就丧失了信心而且因为害怕招致批评而不能大胆行动。"他给予日本工程师的建议是："一个真正的工程师是有实践经验的人。只有那些在工作时双手经常沾着机油和润滑油的工程师，才能够对日本工业的重建作出卓

① 　山本直：《丰田四十年的历程》，第14-15页。
② 　同上，第16-17页。
③ 　同上，第18页。

越的贡献。"①丰田喜一郎为丰田公司强化了大胆创新与动手实践相结合的制造文化，实际上是对工程师文化与工匠文化的融合，并直接指向了重视生产现场的现场主义。丰田公司的这种制造文化，构成了丰田生产方式的精神内核。

1953年1月，在设计工作早已进行多时后，丰田公司正式宣布要自主开发一部轿车。社长石田退三在新年致辞中说："日本的汽车产业如今已经分成了两大阵营：一个是那些为国外汽车集团军打开了日本本土大门的汽车制造商团体，另一个就是始终坚守自己本土阵营的汽车制造商们。我们公司选择用自己的技术来制造本土汽车的道路，这是符合公司创立时的原则的。"此后，公司另一领导人丰田英二解释了丰田公司选择自主开发的缘由："也许仍然会有那么一天，我们也不得不需要寻求外国公司的联盟。但是，即使我们真的落到了这种境地，如果我们不能挖掘出我们所有的能力并且拥有一些自己的技术的话，我们在合作时就无法获得有利于自己的条件。相反，如果不拥有我们自己的技术，丰田就可能被迫和他人联盟从而造成我们完全成为他人的附庸。我们的工程部门及其他部门的工程师们正在全力以赴，不让这种情况发生。"②自主开发轿车的行动是对丰田佐吉自立精神的继承，而独立自主的精神是丰田公司不断创新的动力。1953年8月，丰田公司完成了概念车1号，紧接着又推出了概念车2号和3号。丰田公司利用公共路面作为试车场地，由于日本当时到处都是简陋的土路，为承受恶劣路面而打造出来的汽车后来反而成了丰田公司的优势。③1954年7月，丰田皇冠轿车的生产制图完成，第一批产品于9月下线。1955年元旦，丰田公司正式发布了完全依赖本土技术制造的皇冠轿车，同时发布的还有拟用作出租车的丰田大师乘用车。而就在轿车研发工作如火如荼进行时，丰田公司的生产方式也在进行一场渐进的变革。

在实践中摸索出丰田生产方式的工程师是大野耐一。大野耐一毕业于名古屋大学，起初在丰田纺织公司工作，从1947年开始试验新的生产方式。④他自称："在1960年以前，我还没有勇气把自己倾注全部心血研究出来的技术称为'丰田方式'。我把它称为'大野方式'，悄悄地试行。从1960年到1970年前后，在丰田汽车工业公司内部，经过反复试行、修改后，才敢正式把它称作'丰田方

① Toyota Commemorative Museum of Industry and Technology: *Toyota Commemorative Museum of Industry and Technology Guide Book*, p.7.
② 佐藤正明：《丰田领导者》，第91页。
③ 同②，第92页。
④ 山本直：《丰田四十年的历程》，第130页。

式'。"①尽管丰田公司要学习美国经验引入大规模生产体系，但它所拥有的可以调度的资源根本无法与美国企业相提并论，所以，在实践中，丰田公司不得不对大规模生产体系进行调整，以切合日本的实际情形。创造了丰田生产方式的大野耐一称："'杜绝浪费'是丰田生产方式的基本思想，而贯穿其中的两大支柱就是：（1）准时化；（2）自动化。"②其中，"杜绝浪费"作为支配性理念提出来，显然是因为丰田公司在"二战"后还是一家规模和资源有限的小企业，在经营中难以承受资源的浪费。准时化（Just - in -Time，简称JIT）是做到杜绝浪费的具体手段，即在需要的时间供应需要数量的物品。从起源上看，丰田公司准时化的理念可以追溯至丰田喜一郎在1927年建立的织布机工厂里引入链式输送机在组装线上运输物料。此后，他将这一经验运用至1938年建成的汽车工厂中，试图通过工序间的有机交流来使所有的制造过程同步。也是在那一年发表的一篇文章中，丰田喜一郎提出了"准时化体系"的概念。③"二战"后，大野耐一认识到，生产流程就是物的流动，传统的流程是前一道工序向后一道工序供应工件，但他进行了逆向思考，认为如果由后一道工序在需要的时刻去向前一道工序领取需要的东西，那么前一道工序只要生产后一道工序所需数量的物品就行了，这就避免了因工件生产多于所需而产生的浪费。经过试验，大野耐一和他的团队确定的做法是：以生产工序的最后一道总装配线为起点给装配线提出生产计划；装配线上用的零部件的运送方法，从过去由前一道工序向后一道工序运送的方式，改为由后一道工序在需要的时刻到前一道工序去领取，而前一道工序只按后一道工序领取的数量生产。在这一流程中，工人利用"看板"来领取工件或传达生产指令。④看板最常用的形式是装在长方形塑胶套中的一枚纸卡。大野耐一称，看板是他从美国的自选超市得到的启示。⑤可以说，准时化体系实际上是一种对流水线的优化，在很多方面仍然是对美国体系的引进，但对该体系进行了别具匠心的改造。表4-10为看板的作用和使用规则，从中可以看到准时化体系的具体运作方式。

① 大野耐一：《丰田生产方式》，第 83 页。
② 同上，第 6 页。
③ Toyota Commemorative Museum of Industry and Technology: *Toyota Commemorative Museum of Industry and Technology Guide Book*, p.280.
④ 同①，第 7-8 页。
⑤ 同①，第 33-34 页。

表4-10 看板的作用和使用规则

作　　用	使用规则
取货指令或运货指令	后一道工序按照看板到前一道工序去领产品
生产指令	前一道工序根据看板的种类和数量生产
防止过量生产和过量运送	没有看板时不运送、不制造
说明必须作业的事项	看板一定挂在作业的相关实物上
防止生产次品	必须生产百分之百的合格品
指出问题、管理库存	逐步减少看板的数量

资料来源：大野耐一：《丰田生产方式》，第37页。

至于丰田生产方式的另一大支柱自动化，其真正的名称应该是"人字旁的自动化"，在日语里系在汉字"动（繁体字为動）"左侧加一个"亻"，写作"働"。实际上，丰田自动织布机也应该是"自働织布机"。"人字旁的自动化"并非纯粹机器的自动化，而是强调人的参与的自动化或具有人的智慧的自动化，是丰田公司独特的理念。"人字旁的自动化"起源于丰田佐吉发明的装有自动停机装置的自动织布机，该机器在织布时，一旦发现经纱或纬线破损就会立即自动停止。后来，丰田自动织布机自动停机装置的理念被扩展为一种制造理念：当制造过程中发生异常时，应该立即停下机器或生产线。[①]大野耐一解释了"人字旁的自动化"与机器的自动化的不同之处："一按电钮就自动运转的机器越来越多。而且，最近，机器的性能有了很大提高，或者说已经是高速化了。因此，倘若稍微发生什么异常情况，譬如不同规格的材料混进了机器……几十只、几百只不合格的残次品，眨眼间就会堆积如山。这样的自动机器，既不能防止不合格品的大量生产，也不具有自动监视机器故障的功能。"而丰田公司的"人字旁的自动化"其实质就是发现异常后的自动停止机制。[②]这一套机制，在丰田公司里，既包括各种机器设备上的自动停止装置，也包括"在手工作业的生产线上，如果发生异常，也要作业员自己按下停止开关，让生产线立即停止"[③]。可以说，"人字旁的自动化"是一种落实"不向后一道工序送次品"原则的手段。例如，加装了消除差错装置的机床作业时，一旦作业失误，加工件不接触机床的刀具，机床就不开始作业；如果加工件不合适，机床就不开始加工；如果有时

---

① Toyota Commemorative Museum of Industry and Technology: *Toyota Commemorative Museum of Industry and Technology Guide Book*, p.280.

② 大野耐一：《丰田生产方式》，第9页。

③ 同②，第10页。

忘了作业，下一道工序也不开始工作。[①]因此，丰田生产方式的"人字旁的自动化"与美国体系里形成的机器自动化体现了两种不同的思路。机器的自动化通过保证生产的连续性来实现量的扩大，"人字旁的自动化"则通过打断生产的连续性而将质量检测融入制造过程中，从而实现质的提升。机器自动化的"自动"是机器自己无意识的重复劳动，"人字旁的自动化"的"自动"是机器或人自觉反省劳动过程中的异常。进一步说，以福特制为代表的机器的自动化是刚性而不易调整的，丰田公司的"人字旁的自动化"则是柔性易调整的。

从某种意义上来说，丰田生产方式是在大规模生产上嫁接了日本的工匠传统，即在引入机器生产的同时，注重对人与机器进行协调。丰田公司对大规模生产的追求是毋庸置疑的，对投资机器设备的态度也是高度积极的。实际上，大野耐一自己就承认："丰田生产方式同福特体系一样，基本形式是流水作业。"[②]不过，福特制的原则是用机器代替工匠的技能，使流水线上只需要使用非技术工人或非熟练工人，而丰田生产方式依旧重视工人的技能。大野耐一比较了美日两国工人的不同："美国的制度是，车工始终是车工，焊工永远是焊工；日本的制度是，在生产现场，工人既要能操纵车床，也要开动铣床，又可以开钻床，而且还能焊接，能够学会和掌握多种技术。"[③]日本工人的多技能化是工匠传统的延续，其根源则在于日本企业早先缺乏对福特制机器设备进行大量投资的能力，只能一方面购买关键设备，另一方面充分挖掘工人的潜力。这种精打细算才是所谓精益生产的实态，也就是杜绝浪费原则的由来。但是，在演化过程中，丰田公司式夹杂着工匠传统的不纯的大规模生产体系，反而强化了注重实际效益的价值观。大野耐一用一则事例解释了丰田公司的价值观："在参观丰田总公司工厂时，有一个小企业的经营者认为，丰田是大企业，和自己没有多大关系，没有太多参考价值。但是，他到我们的生产现场仔细一看，发现他们企业中早就淘汰了的机床还在那里正常运转。对生产现场来说，最重要的是首先把作业顺序做各种各样的改变，设计一种易于使人们的劳动流水线化的车间布局。相反，如果只是突然一下采用最新式的高性能机器，就只能造成过量制造的无效劳动和浪费。"[④]精打细算的价值观使丰田生产方式能够适应小批量快速生产，更好地满

① 山本直：《丰田四十年的历程》，第141-142页。
② 大野耐一：《丰田生产方式》，第110页。
③ 同②，第17页。
④ 同②，第61页。

足消费者多样化的需求。用大野耐一的话说："福特方式的想法是集中生产同一工件，而丰田方式的做法则是'因为最后在市场上的每个顾客都要买一辆与别人不同的汽车，所以在生产方面也要一辆一辆地制造，在生产零部件的阶段也要一件一件地生产，也就是贯彻了一件一件地同步生产'的精神。"[①]这种精神自然更具有工匠气质，但又与真正意义上的手工工匠有别。在某种意义上，丰田公司与此前击败福特T型车的通用汽车公司一样，均重视为消费者提供性价比高的产品。不过，丰田公司比通用汽车公司更进一步的是，形成了自己独特的生产方式。

和福特制相比较，丰田生产方式在兴起过程中，制造活动要素的革新主要是改良性而非突破性的。丰田生产方式兴起过程中的制造活动要素如表4-11所示。

表4-11　丰田生产方式兴起过程中的制造活动要素

要　　素		起作用的事项	
设计		（1）准时化思想 （2）"人字旁的自动化"思想	大胆实践的创新精神 重视一线的现场主义
材料		—	
手段	工具	消除差错装置	
	方法	逆向思维使用流水线	
	组织	工厂制度	
产品		小批量快速生产满足市场多样化需求	

从制造活动要素看，丰田生产方式仍然是在工厂制度下使用流水线进行制造，既没有利用革命性的新材料，也没有使用突破性的新工具。所谓的消除差错装置，一开始只是安设在既有机床等设备上的小装置。尽管丰田生产方式以逆向思维改造了传统的流水线作业，但正如大野耐一所言，其使用的方法本质上仍然是流水线。也就是说，丰田生产方式最大的革新可以认为是提出了准时化与"人字旁的自动化"这两大新思想，而这种生产方式的实际内容不过是依据新思想对已经存在的福特制进行了改良。将工匠传统嫁接进大规模生产的丰田生产方式，可以被视为一场真正的工匠革命，但这场革命的改良性远多于颠覆性。

得益于丰田生产方式，丰田公司能够降低成本，提高经营品质。1961年，丰田公司开始研制花冠（即卡罗拉）轿车，1966年11月花冠轿车开始发售，成为当时日本同级的最畅销的大众化汽车。1968年12月，花冠轿车实现了原定每月销售

① 　大野耐一：《丰田生产方式》，第111-112页。

3万辆的目标，并形成了一个系列。[1]实际上，花冠轿车的崛起与丰田公司新建工厂进行大规模生产是同步的，这也使花冠轿车与美国的福特T型车和德国的甲壳虫轿车一样，在日本开启了汽车化时代。[2]1973年的石油危机冲击资本主义世界后，以丰田为代表的小排量的日本汽车开始受到欧美消费者的青睐，日本汽车工业赢来了机会。由于日本汽车在美国市场上的强劲表现，20世纪80年代美国和日本之间围绕汽车贸易发生了贸易摩擦。汽车工业可以说是战败国日本战后逆袭的最佳体现。

丰田生产方式的成功，在很大程度上取决于管理者充分发挥了人的作用，尤其是充分尊重一线工人的主体性与创造性。不过，丰田公司的一些做法也不完全具有原创性，而是学习了美国的成熟经验。例如，该公司于1951年6月开始实施的动脑筋创新建议制度就是丰田英二、斋藤尚一到美国福特公司参观后，对福特公司建议制度（Suggestion System）的引进。斋藤尚一作为总经理，很坦率地说："我们二人首先引进这种做法的理由，是因为当时'贫穷'的丰田也能够节省巨额费用。"引入该制度后，丰田公司在车间到处设置了建议箱，无论是谁都能去围绕机械仪器的发明与改进、作业程序的新方法、材料消耗的节减等提出建议，各车间还组建了动脑筋创新小组，对提建议的人有计划地给予协助。一名老工人称："开始实行动脑筋创新，我们就对车间眼前接触到的所有的事情、东西、工作以及机器，总是抱着追求'更好'的态度。不管见到什么，总是在探求有没有更好的方法、更上算的做法、节省时间和工时的方法、消除使用材料等方面的担心和使之更便宜的方法。"[3]动脑筋建议制度充分发挥了基层工人的主体性与创造性，并为丰田公司的经营带来了实实在在的改善。这项制度引进自美国，充分说明了制造业中优良制度与方法的普世性，而丰田公司引进该制度的精打细算的动机，也生动诠释了精益生产以降低成本为核心的本质。表4-12为1968—1976年丰田公司实施建议制度的情况。

表4-12　丰田公司实施建议制度的情况（1968—1976年）

年　度	建议件数（1 000件）	采用率（%）	奖金额（100万日元）
1968	29	59	28
1969	40	64	42

---

① 　山本直：《丰田四十年的历程》，第79页。
② 　佐藤正明：《丰田领导者》，第143-145页。
③ 　同①，第157-158页。

续表

年　度	建议件数（1 000 件）	采用率（%）	奖金额（100 万日元）
1970	49	70	49
1971	88	71	81
1972	168	74	158
1973	284	76	266
1974	398	79	259
1975	381	83	326
1976	463	83	415
总计	1 881		1 663

资料来源：山本直：《丰田四十年的历程》，第161页。

　　在强调人的主体性与创造性这一点上，丰田公司并非日本企业中的孤例，它的竞争对手本田公司同样如此。本田公司的创立也具有浓厚的工匠色彩。本田公司的创立者本田宗一郎是日本静冈县一个穷铁匠的儿子。本田宗一郎16岁时中断学业，到东京的一家小型汽车修配工厂当了6年学徒，回老家后利用雇主提供的资金开了家分店。喜欢摆弄发动机的本田宗一郎很快就不满足于修汽车。1937年，在亲戚朋友的资助下，本田宗一郎买了一些机器，创办了一家活塞环工厂。由于缺乏基本的铸造知识，本田宗一郎的事业不太顺利，于是，他去向滨松技术学校的一名教授请教。教授分析了本田的活塞环，指出活塞环缺乏足够的硅，而当时本田宗一郎根本不知道硅是什么。本田宗一郎遂一边工作一边听课，不过，课上讲的东西只要与活塞环没有直接联系，他都不去认真听。就这样，本田宗一郎学会了制造活塞环的正确方法，并成为丰田公司的供应商。然而，在"二战"期间，他的工厂被轰炸和地震摧毁了。战争结束后的1945年10月，本田宗一郎创立了本田技术研究所，修了两年发动机，1948年研究所进行了改组，更名为本田汽车有限公司。1949年，本田公司开发出了一款成功的摩托车发动机，工厂雇员增加到70人，日产量达到100台。[①]毫无疑问，本田宗一郎是一名典型的工匠，本田公司诞生之初只是一家作坊式微型企业。浸染于工匠传统的本田宗一郎非常看重人的价值，他说："首先，人应该是为自己工作——这一点很重要。人们不会为公司而牺牲自己。他们之所以来公司工作，因为这对他们是一种乐趣。这

①　罗伯特·舒克：《决胜美国——本田汽车公司在美国成功的传奇故事》，张银福等译，吉林大学出版社 1992 年，第4-7页。

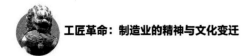

种情感就会导致创新。"本田宗一郎的座右铭便是："对我来说最重要的是我自己。"①这是一种自立的工匠精神，也构成本田公司企业文化的一部分。本田公司有一句格言反映了其演化特点："从小开始向大发展。"②随着时间推移，本田公司开始生产摩托车的其他零部件，并于1952年买下一家缝纫机厂，将其改造为摩托车制造厂。随着技术实力的提升，本田公司最终踏入了汽车制造领域。

用手工方式制造摩托车的经历使本田公司形成了独特的制造文化，并影响到汽车的制造。本田公司的高管岩井正树在访谈中强调了制造摩托车所体现的"用手制造的起点"，称："实际制造的人一边自己考虑，一边制造或者寻找适当的工具、一辆一辆彻头彻尾用自己的手去制造出来……依据这种摩托车思想，我们在汽车上也并不追求规模和效率，而是归根结底一边用自己的脑想办法，一边制造，这种亲手制造、以人为中心的体制……应该再一次加以重新认识。"③岩井正树的话是对于本田公司工匠传统的肯定。他认为本田公司的现场主义起源于其作为小型企业的时代："本田公司有'三现主义'，即重视现场、现物、现实。在本田公司，车间操作人员称为'同事'，并要仔细倾听同事的要求。这是因为我们重视吸收现场的意见。无论谁说什么，都作出诚实的回答……在乡镇工厂，社长到了现场会问：'喂！咋样？干得还行吗？''这样做的话会更好一点。''对！对！那就这么干！'大家都是这种感觉，于是一切工作就顺利地开展起来。本田公司的生产车间就有这种乡镇企业式的气氛。"④换言之，本田公司刻意在车间层面保留了工匠传统中人与人之间的亲和关系，形成了一种有利于调动员工积极性的氛围。就充分挖掘基层工人的潜能这一点来说，本田公司的"三现主义"与丰田生产方式异曲同工，都在大规模生产中植入了精耕细作般的制造方式。因此，精益生产诞生于东亚亦不足为奇。

（二）匠之利器：日本机床工业的演化

工匠为了方便自己的制造活动会自己制作工具，因此，在每一轮工匠革命中，机床工业的发展都居于核心，引领着工具变革。丰田生产方式的兴起作为一次改良色彩显著的工匠革命，尽管没有突破性的机床工具的变革，但也对传统机床进行了改造。而随着数控机床从美国向世界扩散，这种同时替代脑与手的新工

---

① 罗伯特·舒克：《决胜美国——本田汽车公司在美国成功的传奇故事》，第13页。
② 片山修：《本田兵法》，杨军译，华夏出版社1999年，第105页。
③ 同②，第108页。
④ 同②，第109-111页。

具将帮助企业实现精益生产的目标。事实上，由于美国的数控机床工业侧重于服务军工、航空等市场相对有限的高端制造部门，而日本的数控机床工业侧重于面向更广阔的商业市场，到了20世纪后期，日本的数控机床工业不仅后来居上，而且对整个日本制造业的发展起到了更有力的带动作用。日本机床工业的演化存在着工匠传统与制造科学化相调适的过程，同样是在引进大规模生产的基础上融入了日本特色。

由于机床是制造航空发动机等军工产品必须用到的工具，日本军国主义政府非常重视培育机床工业。但由于技术起点低等原因，一直到"二战"结束时，日本的机床工业虽然有了长足发展，仍无法与美国机床工业相匹敌。表4-13为1940—1945年两家日本主要航空企业发动机制造用机床的数量。

表4-13　日本主要航空企业发动机制造用机床的数量（1940—1945年）

年　　份	三菱重工业（台）	中岛飞行机（台）
1940	—	2 792
1941	—	2 974
1942	—	3 768
1943	—	4 839
1944	5 475	6 243
1945	10 500	7 526

资料来源：日本工作机械工业会：《日本の工作機械工業発達の過程》，機械工業振興協会1962年，第143页。

"二战"时期，日本受到美国封锁，机床进口的渠道被切断，只能立足于自己制造，因此，表4-13显示的两家航空企业发动机制造用机床数量的增长，主要系由日本本国的机床工业供给。从这一点来说，战争产生的军事需求使日本机床工业扩大了规模，为战后的进一步发展打下了基础。"二战"后，日本机床工业演化最大的特点是数控机床的兴起。图4-2为20世纪50年代中期日本开始接触数控机床前，其机床工业的产量变动情况。总的来看，到20世纪50年代末，日本机床工业持续扩大着生产规模。

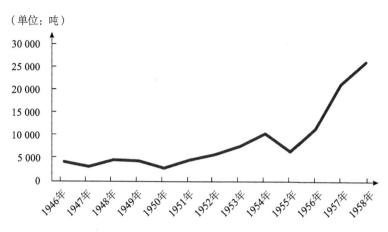

图4-2　日本机床工业的产量（1946—1958年）

资料来源：向坂正男编：《现代日本産業講座Ⅴ・各論Ⅳ・機械工業2》，岩波書店1960年，第342页。

"二战"后初期，日本的机床工业还是在传统轨道上演化，一方面，大量作坊式小型机床厂保留着较多工匠传统，另一方面，大型机床厂占据了产业高端。1977年，日本5家最大的机床企业为大隈铁工所、森精机有限公司、山崎铁工所、丰田工机和日立精机公司，它们的销售额达709亿日元，占据日本机床市场份额的22.7%。此外，东芝机械、牧野精机、三菱重工业、三井精机和大阪机工公司亦较具实力。到1980年，日本排名前5位的机床企业销售额达到2 042亿日元。[1]从1982年到2008年，日本一直保持着世界上最大的机床生产国的地位。

日本研究数控机床一方面是从东京大学起步的，另一方面，工业技术研究院机械试验所从1956年开始花了3年的时间研究数控系统。富士通公司旗下的发那科公司也于1956年开始研制数控系统。1961年，大隈铁工所与发那科公司合作研发数控机床。利用微型计算机技术的发展，1972年，大隈铁工所开发了最初的电子计算机数控装置OSP2000系列。同年，发那科公司也在使用计算机数控装置了。1973—1974年席卷日本的两次石油恐慌使能源价格上涨，日本的机床用户企业为了削减产品成本，加快采用数控机床。1974年，从富士通公司分离出来的发那科公司与美国的数家公司进行伺服电机方面的技术合作。1985年，发那科公司开始大规模采用自定义大规模集成电路计算机数控系统。与此同时，大隈铁工所开发的电子计算机数控系统也越来越先进。发那科公司的数控系统在日本市场的

① 矢野经济研究所：《日本现代机床工业》，张如潮等译，郑航图书馆内部资料，第5页。

份额高达70%。数控机床的计算机数控化提高了工作效能，为20世纪80年代日本汽车工业和电机工业带来了很强的竞争力。此外，分布式数控系统（DNC）较早在日本普及，1968年即获得了成功。分布式数控系统逐渐演化为进行小批量、多品种零件加工的柔性制造系统（FMS）和柔性制造单元（FMC），并使得夜间无人操作成为可能。1981年，山崎铁工所即山崎马扎克公司在自己的工厂导入柔性制造系统，成为日本首家采用柔性制造系统的机床制造商。[1]总之，日本机床工业的数控化进程相当迅速，由此也带来了行业的洗牌。80年代以后，山崎马扎克公司、森精机制作所和大隈铁工所占有日本机床最高销售额的结构固定了下来，而池贝铁工、新泻铁工所、日立精机等"二战"前便兴旺的大企业则于2000年以后走到了尽头。[2]诞生于美国的数控机床技术引入日本后，深刻地改变了日本机床工业的命运，并成为日本机床工业赶超美国的一个契机。1977年，日本超过联邦德国，成为美国最大的机床进口国，1985年，日本机床占美国机床进口额的52%。日本机床企业的策略是，从1975年起，专注于向美国的中小企业市场销售低价格的数控机床，而这一块市场是执着于高收益大型数控机床的美国机床企业不重视的领域。通过出口强化了价格和品质两方面竞争力的日本机床企业，进入20世纪80年代，就在美国的大型机床市场夯实了地位，强化了交货期、售后服务等一系列综合竞争力，迫使没有提高附加值意愿的美国知名机床企业从日本市场上逐渐后撤。[3]于是，与汽车工业一样，日本的机床工业也实现了对美国的逆袭。

为了普及数控机床，日本的机床企业必须要将操作方法教给中小用户，并且将数控机床的优点说给他们听。制造数控机床的各企业都会设置"数控教室""数控小组"之类的训练场所。森精机的成功就在于通过派遣技术指导人员去满足中小企业多样的需求。[4]车工小关智弘以自身经历和所见所闻记录了数控机床在日本推广的过程。小关智弘工作的街道工厂在20世纪70年代中期倒闭了，刚失业时，恰好东京晴海举办了国际机床展览会，40多岁的他在那里第一次看见了数控车床的实际操作方法，受到了心理上的冲击。他回忆："不知为什么，我心里升起一股强烈的愿望。我想去操作那种机器！"于是，他第二天就去职业介绍所看职业技术学校的宣传手册，发现数控车床也在训练课程范畴内，但是，等

---

① 长尾克子：《工作機械技術の変遷》，日刊工业新闻社 2003 年，第 316-335 页。
② 沢井实：《機械工業》，日本经营史研究所 2016 年，第 116-123 页。
③ 同②，第 116-123 页。
④ 同②，第 116-123 页。

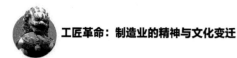
他去了区内的职业技术学校，老师却告诉他："东京18所学校里只有八王子校区有一台数控车床，说实话，连我都还没有摸过……"这是当时日本数控机床普及率的实态。好在小关智弘每个月都在一家机床杂志上连载散文，老牌车床制造商池贝铁工的管理人员颇为欣赏，印发给员工阅览，后来，池贝铁工的数控车床职业技术学校给了小关智弘学习的机会。小关智弘描写了他学习的过程："之后的日子十分辛苦。一周的课程从早到晚，十分密集。对完全不熟悉电脑操作的我来说，首先要用片假名标注，我买了很多电脑术语的参考书，白天上课，晚上在家里复习。有史以来家里第一次买了电脑，拿了儿子用过的数学课本算起三角函数来……课程的最后一天，为了车削一个简单的零件需要制作一个程序。设置好程序拿到工厂去，池贝铁工的车工把程序置入数控车床内。"[①]从小关智弘的经历看，数控机床的普及意味着传统的机床操作工人必须学习新的技能，而且，传统机床操作工人可以仅凭生产现场的经验积累来掌握制造技能，数控机床操作工人却必须同时学习更加理论化的计算机相关知识。换言之，数控机床在替代工匠的脑和手的同时，也催生了对于脑和手有着更高要求的新工匠。对传统机床操作工人来说，这一转型并不容易。例如，小关智弘学会操作数控车床后，找到一家街道工厂工作，与他一起再就业的还有一名铣床操作工，但那名铣床操作工拒不学习数控机床技术，并称："只要我的眼球还是黑的，通用机床就不会从这个町淘汰掉。"或者："电脑这种玩意儿我怎么可能学会呢？没办法啊没办法。"自然，这种人最终被时代抛弃了。[②]不过，小关智弘也记录了像他一样刻苦学习新技术的人。例如，在一家夫妻两人共同劳作的街道工厂里，此前根本不会使用机床的妻子努力学习了多工序数控机床的操作方法，因为学习过程中的紧张与不安，那位女工患上了脱发症与神经衰弱。小关智弘在多年后的文章里解释道："如今的年轻人肯定想象不到，那时候的新兴职业——机械程序员中的很多人因为圆形脱毛症和性欲减退而烦恼不已。这些症状都是神经极度疲劳导致的。"[③]中年技术工人掌握全新技能的辛苦由此可见一斑。然而，正是靠着一批刻苦学习新技能的传统机床操作工的努力，日本制造业顺利实现了数控机床的快速普及。而那些人到中年还刻苦学习新技能的技术工人，可谓体现了真正的工匠精神。

数控技术在诞生之初存在着不同的路径，但在发明了数控机床的美国，是

---

① 小关智弘：《造物的人》，第159-161页。
② 同上，第93-94页。
③ 同上，第72-73页。

具有计算机与电子技术背景的麻省理工学院而非传统机床厂商创造出了最初的数控机床。与之相似的是，日本的数控技术开发与电脑制造商富士通公司有密切关系。富士通公司的前身为富士电机制造公司，是日本的古河电气工业公司为生产和进口、销售电机而与德国西门子公司合作创立的。1935年，富士电机的电话机部门独立，成立了富士通信机制造会社，也就是后来的富士通公司。成立之初，富士通公司主要采用西门子公司的技术，从德国进口零件，组装后再出口。[1]后来担任了富士通公司社长的小林大祐对此不满。毕业于京都大学电气工学科的小林大祐在"二战"后期美军的空袭中，感觉到电子设备的时代即将来临。战争结束后，经他提议，富士通公司订购了麻省理工学院汇编的30卷本"二战"军用技术全集，公司在讨论后决定"应该开发电子计算机"。那套全集的采购费大约为30万日元，而当时公司新人的月工资才1 000日元左右。[2]1953年，富士通公司的0号电子计算机组装完成，这是为东京证券交易所制造的继电器计算机，但并未被采用。富士通公司研制计算机的技术骨干是池田敏雄。1954年，富士通公司又造出了命名为FACOM-100的继电器计算机。1959年，富士通公司成立了电子部，由小林大祐担任部长，并为了生产计算机而开始建造新工厂。当年富士通公司80%的销售额仍然来自通信设备。1962年，富士通公司社长冈田完二郎在年初致辞中表示将"在电子计算机上孤注一掷"[3]。冈田完二郎曾说："所谓的国产技术在开拓的千辛万苦中，自然会得到许多附带的收获。如果买来外国的技术，是得不到这种附带的收获的。应该开拓日本自己的技术。"而负责研制日本国产计算机的池田敏雄也说过类似的话："电子计算机乃是一种基础技术，它与各种产业都密切相关，而且将成为国家的永久性的设施。这样一种技术绝不应该依赖于外国。"[4]技术自立思想作为日本制造业普遍存在的一种观念，从战前延续到了战后。池田敏雄还有一句口头禅："一切都是从感动开始。感动了就该无条件地埋头苦干。"[5]靠着苦干精神，富士通公司的年轻职员对标IBM公司的360计算机，研制了具有2个中央处理器、全部采用集成电路的FACOM-230-60计算机，该机型每月租赁金高达1 200万~3 000万日元，很快就售出了超过100台。1970年，富士通公司以16.2%的占有份额在日本计算机市场排名第一。1971年，公司

---

① 田原总一郎：《电脑英才——富士通公司池田敏雄传》，韦平和等译，华夏出版社2000年，第31、35页。
② 同上，第91页。
③ 同上，第173-174页。
④ 同上，第200-201页。
⑤ 同上，第215页。

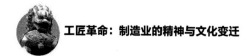

计算机部门以872.4亿日元的销售额超过了通信机等部门，并超过了总销售额的50%。[1]这就是发那科公司的母体富士通公司的演化历程。可以认为，发那科公司是在具有计算机技术开发的良好氛围下从事数控系统研制的。

不过，发那科公司的发展在富士通公司内部构成了另一条支线。后来担任发那科公司社长的稻叶清右卫门毕业于东京大学工学系精密工学科，1946年入职富士通公司，据他回忆，进入富士通公司纯系偶然："当时找工作很难，只要有活儿干哪儿都行……我偶尔有一位亲戚在富士通工作，他问我'来吗'，于是我就巴不得地进了富士通。"[2]这就不难解释稻叶清右卫门称："1953年被调到中原工厂，但当时的富士通，技术人员都是电机方面的，机械技术只能说是旁系，由于不愿妥协的性格，我无法与技术人员很好地合作，于是……将我调到了制造技术科，但是这里没有机械技术人员，所以很难发挥自己的才能。"[3]1956年，富士通公司的技术担当常务尾见半左右命令稻叶清右卫门开始研发数控系统，对他说："稻叶君，从今以后'3C'的时代必然会到来，你来进行数控的开发吧。"随后，尾见半左右设置了项目组，但稻叶清右卫门对"当时要开发什么还完全没有头绪"。当年年初，加尼福尼亚大学教授高桥安人在自动控制研究会作了关于麻省理工学院数控机床的最新技术报告，日本是在数控机床发明4年后才得知这一消息。稻叶清右卫门遂决定将数控技术的开发作为项目组主题。他在富士通中原工厂的一角设立了实验室，以高桥安人的报告为基础，集合数名技术人员开始进行数控系统的研发。[4]1956年，该团队就出品了第一台数控系统。后来，项目组发展成为电子技术部自动控制科，人数也增加了10倍。自动控制科范围逐渐扩大，发展为计算控制技术部，拥有独立的营销部门，但由于市场狭小，常年处于赤字状态。于是公司内部成立了赤字对策委员会，稻叶清右卫门也借用事务部门的人力全力调查赤字的原因。当时自动控制部门主要生产数值控制和流程控制两种产品。流程控制系以电脑技术为主体，主要针对计测器厂商进行定点生产，但该领域需要非常高的技术支持，故稻叶清右卫门认为数值控制很难与其共存，便决定从流程控制领域退出。另外，营业部门进行了各种调查后，发现开始时采取的是定制商品的路线，但定制商品一直处于赤字状态，于是终止了定制化生产，进行了彻底的方针转换。稻叶清右卫门回忆称："当时的我，不管怎么

---

① 田原总一郎：《电脑英才——富士通公司池田敏雄传》，第216-217页。

② 同上，第81-82页。

③ 稻叶清右卫门：《黄色いロボット》，大手町ブックス1991年，第32-33页。

④ 同③，第20-22页。

说，实际上是偏重技术……但是以应对赤字的经验为契机，我对事务管理部门的认识有极大的转变。这一经验对发那科的经营起到了不可忽视的作用。虽然数控部门盈利还需要两三年，但是应对赤字和销售的经验，改变了我的性格。"①到1965年，数控系统终于实现盈利，随着市场的扩大，产量也稳定下来，1972年，数控部门独立为富士通发那科，1982年又改组为发那科株式会社。②从稻叶清右卫门的经历看，发那科公司研制数控系统主要依据了关于麻省理工学院数控机床的报告，由技术人员通过自己的努力完成。

因此，发那科公司的发展相当依赖技术人员的创新。当发展壮大后，发那科公司的技术人员来自电气、机械、物理等领域，在其入职之初，稻叶清右卫门会告诉他们"要忘记自己大学学的专业，以发那科需要的专门技术人员重新开始"，以避免产生摩擦，实现较好的合作开发。③稻叶清右卫门称，他自己作为技术人员得到的教训是："技术拥有历史。但是技术人员没有过去，只有创造而已。"他同时认为："现代虽然是综合技术的时代，但是因为人本身的限制，技术人员特别是年轻的技术人员一定不能被多样的技术迷花了眼，一定要对一个小的领域进行深入的研究。"④稻叶清右卫门指出："对技术人员的要求，从某种意义上是顽固和能够开拓狭窄道路的创造力。"⑤由此可见，稻叶清右卫门认为技术人员需要同时兼具创新与专注的价值观。对于技术研发，稻叶清右卫门在发那科公司里区分了商品开发与基础研究，称："要想把一个事业推向企业化的程度需要大约十年的时间。不过这样的理论在最近已经被要用一年或半年左右的时间就必须推进商品化的立场所超越了。举个例子，以前必须花费三年而开发出来的产品，现如今必须在一年以内就完成。我一直认为，研究这样的事情是需要花费时间和金钱的，但是最近这样的想法可能改变了。这么说来，实际上是技术革新的速度变得愈发的快了，一直以来的想法对于企业的发展来说可能就会滞后。发那科商品研究开发所现在的状态就是要在一年或者半年这样非常短的时间内决出胜负。为了能让商品尽快进入市场，必须提高开发的效率。话虽如此，但是从另一方面来看，费时5年或10年的研究与开发也是有的，它与商品开发研究所不同，是基础技术研究所。在这个基础技术研究所中，研究人员必须是专注于基础

① 　稻叶清右卫门：《黄色いロボット》，第 23-26 页。
② 　同上，第 36 页。
③ 　同上，第 33 页。
④ 　同上，第 68 页。
⑤ 　同上，第 70 页。

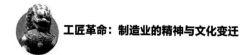

技术的研究与开发的，不分年龄、性别与国籍，总共分为4个研究室。"①在创新与专注的价值观的引领下，发那科公司保持着高强度的技术研发投入，巩固着在数控系统领域的市场地位。

发那科公司是专门制造数控系统的企业，其发展路径与一般的机床制造企业不同。在"二战"后崛起的日本机床企业中，森精机制作所具有代表性。森精机制作所创立于1948年，最初是制造与销售纺织机械的企业，1958年开始进入机床领域。当森精机制作所决定转型时，日本的纺织业还处于兴盛期，经营部的领导听说了这个决定都很惊讶。但是森精机制作所在机床领域很快崭露头角，并于1968年进入数控机床领域。②起初，日本一些机床厂商以普通机床搭载数控系统的方式来销售数控机床，森精机则决定从一开始就对机床进行重新审视，然后去设计数控机床。除发挥数控的优势、增加零件数量外，森精机的机床在增加了底座的重量及马达的马力后，还能比其他制造商产品的成本低，故被客户评价为"能赚钱的机械"。同时，森精机派遣员工到客户的生产现场提供服务的方法，也比其他制造商领先一步。在稳固了数控机床的市场地位后，森精机逐渐将目标转向了加工中心。森精机的理念是，满足客户对机床的期待，如"想要加工上的高精度""想要缩短加工的时间""想要进行高效的生产"，对于机床制造商来说，这是3个永恒的话题。③重视客户，将精益求精的工匠精神从产品制造延伸到售后服务，同时重视自己与客户的生产现场，是森精机的成功之道。

山崎马扎克是"二战"后日本兴起的另一家极具竞争力的代表性机床企业。原名为山崎铁工所的山崎马扎克创立于1919年，创始人山崎定吉出身于农民家庭，年轻时在日本制钢所等企业干过车工，是熟练的机床操作工人，后来决定自己创业，最初建立的工厂只有3台半成新的机床，也只雇了一名学徒工。不久，山崎马扎克扩大到5、6个人的规模，开始制造榻榻米制造机，随后制造木工机械，1927年开始制造机床。山崎定吉决定制造机床是因为缺乏宽裕资金去购买设备，而现代机床的原理与木工机械的构造原理基本相同。1928年，山崎马扎克造出了第一台外销的4呎④车床。"九一八"事变爆发后，日本侵略中国的军事需

① 稻叶清右卫门：《黄色いロボット》，第202-205页。
② 日刊工业新闻社编：《図解ひと目でわかる！DMG森精機》，日刊工业新闻社2014年，第12-34页。
③ 同②，第84-102页。
④ 呎，旧时指英尺，1英尺约为0.3米。

求对山崎马扎克的机床生产起到了拉动作用。[1]因此，山崎马扎克创建之初实际上是一家典型的日本二元结构下的低端制造业企业，存在着浓厚的工匠传统。该企业在总结自身历史时，也将创始人山崎定吉与工业革命时代的工匠进行比较，认为他们是具有同种类型工匠精神的人："他们的共同点就是不屈不挠的精神力量，在工业未成熟时代的环境条件下，摸索前进。如在一个螺钉、一个轴承都不能得到外部供应，机械工程学基础理论也不健全的情况下，他们就亲自动手制作，亲自体验以求得前进。在那种极差的条件下坚持创业，就要有坚韧不拔的开拓精神，工作起来不分昼夜的努力精神。"[2]只能自己给自己制造工具从而进入机床行业的山崎定吉，是依靠动手实践来积累技能经验的工匠，而坚毅执着的精神是他在创业阶段所能依恃的不多的资源。

对"二战"后山崎马扎克的发展有着决定性影响的是第二代社长山崎照幸，他于1947年从拓殖大学中途退学，到自家工厂工作，1962年父亲去世后就任社长。山崎照幸这样回忆父亲山崎定吉："父亲既是经营者也是技艺超群的工匠，他对机床技术的造诣深厚，鉴别真品与赝品的眼光也很敏锐。当时父亲回收、修理并销售被战火烧坏，破损不堪的旧机床。购买来的旧机床，都是欧美超一流厂商的产品。"[3]"二战"刚结束时，日本被禁止制造机床，山崎马扎克只能以修理旧机床为业。毫无疑问，山崎定吉是掌握着机床制造技艺的工匠，而最初规模不大的山崎马扎克也不可避免保留着工匠传统。修理活动的价值低于制造活动，但是，山崎照幸称，通过花费了10年的时间修理进口旧机床，他提升了技术，并对产品品质有了深刻认知。他称："打开被称为名机的欧美制机床的主要部件的瞬间，我被其魅力所迷住了……从这个时期的经验中，我亲身体验到只要对一流设备进行大修并充分保养就能恢复其原有性能，但二流设备则无法恢复原有性能。因此，我牢记从最初制造时就应精益求精。"[4]山崎照幸通过动手实践领悟了工匠精神所蕴含的精益求精原则。此外，有一次山崎照幸在修理齿轮制造商格里森公司的锥齿轮刨床时，安装在铣刀上的重要转动零件丢失了，手头又没有图纸，于是他试着按照机器的制造编号，写信给厂家订购，结果得到了"费用是多少、几点钟之前送到"的答复。山崎照幸对如此迅速的回应感到吃惊，同时觉得

①　山崎铁工所株式会社社史编纂委员会：《创业六十周年——日本山崎铁工所株式会社发展史》，济南第一机床厂译，1984年，第3-9页。
②　同上，第2页。
③　小林茂主编：《喜迎"米寿"的机械巨匠MAZAK的言行录》，ND企划事业株式会社2008年，第230、134页。
④　同③，第68-69页。

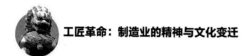

"一流制造厂商理应如此"。他由此又领悟到："制造厂商必须具备的基本条件是，不但拥有技术而且有着周到的售前推销和售后服务，并且要长期生存。"[1]因此，尽管战后初期的日本在制造方式与制造业形态上保留着更多的工匠传统，但现代工匠精神的内核却是普世性的工业文化，而日本现代工匠精神的生成是向欧美发达国家学习的结果。

山崎照幸从进口机床中领悟到了先进的理念，并称在发展过程中"与鼎盛一时的法国厂家进行的技术合作起到了很大作用"，因为通过向国外企业学习，山崎马扎克"逐渐能够生产'准一流'的国产通用机床"[2]。最初，山崎马扎克只是小型的街道工厂，当月产量达到50台时，工厂变得狭小而拥挤，遂在爱知县大口町买下了10 000坪[3]的土地建新厂房。实际上，山崎马扎克也引入了美国体系。山崎照幸的经营理念便是"制造销量最大的机床"[4]。据他回忆："在通用车床的批量生产时代，为了学习其生产技术，对欧美的机床厂商进行了考察。当时我们没有使用专用机床进行量产这一构思。因此，为了批量生产车床，设立了3条国内最早的组装用传送机生产线。"[5]山崎马扎克在制造通用车床时，努力追求大规模生产。当时，日本只有几家机床企业用纯国产技术批量生产经济型普通车床，这种车床性价比高，受到日本中小工厂的广泛欢迎，山崎马扎克由此构筑起了月产500台的量产体系。为了提高量产体系的效率，山崎马扎克设置了以多轴头为中心的专用加工线，并在组装工序上增加了传送带。[6]实际上，山崎马扎克从1963年就开始设想建立传送带装配作业流水线，但当时的经济形势还不允许。直到1968年，流水线的构想才得以落实。山崎马扎克建立的装配流水线，从床身与床腿放置在传送带平板上起，到装配工作完成，直至最后精度检验的全部过程，都是按照画出的工艺路线图进行作业的，总共有38个装配站。流水线的建成使山崎马扎克的普通车床生产能力从1969年3月开始达到月产300台。装配线的效率提高后，零件的机械加工能力就必须跟上，于是，山崎马扎克1969年拼命研制各种专用机械加工设备。负责其事的副社长山崎义彦回忆："生产的产量急需提高，这就是至高无上的命令，解决高产量必须采用专用机械设备……担任着这项工作的同事们，在车间的一个角落里进行工作，时间不够用，就昼夜不停地干，

---

① 小林茂主编：《喜迎"米寿"的机械巨匠 MAZAK 的言行录》，第 162-163 页。
② 同上，第 219 页。
③ 1 坪约合 3.3 平方米。
④ 同①，第 248 页。
⑤ 同①，第 230 页。
⑥ 同①，第 58 页。

他们连续搞了2个多月，经过顽强的努力，各种专用机械设备，终于安装到加工线的位置上，从此机械加工效率大幅度提高，加工精度也得到保证，由于加工精度的一致性，从而保证了零件的互换性。"①因此，山崎马扎克通过使用专用设备来保障零件制造的标准化与可互换性，从而使零件的加工效率能与流水线的装配效率相适应，最终实现大规模生产。山崎马扎克的这套做法还是典型的福特制。福特制意味着设备投资，从1968年到1971年的大规模生产体制建设期，山崎马扎克也的确进行了大幅度的设备投资，如图4-3所示。

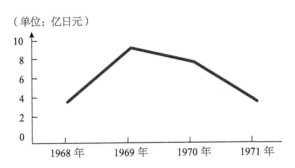

（单位：亿日元）

图4-3　山崎马扎克的设备投资（1968—1971年）

资料来源：整理自山崎铁工所株式会社社史编纂委员会：《创业六十周年——日本山崎铁工所株式会社发展史》，第60-61页。

　　山崎马扎克对于批量生产的追求，符合工业革命以来制造业演化的一般规律。但是，山崎马扎克对于量产的理解并不是单一产品的大规模生产。山崎照幸指出："提到量化生产，它有两个含义。一是大量制造相同的产品，二是使用相同的零部件，增加每一机种的变化。本公司则倾向于后者。例如车床，本公司拥有从4英尺到20英尺的产品种类。"②换言之，山崎马扎克的大规模生产建立在制造标准化零件的基础上，但公司的产品是系列化的，其生产具有一定的弹性。此外，山崎马扎克非常注意量与质的协调平衡。一方面，工匠出身的山崎马扎克企业领导人对作为工具的机床的特性有清醒的认识，即机床的竞争力在很大程度上取决于其技术含量。山崎定吉即反对单纯追求企业规模，曾嘱咐山崎照幸："企业保持适当规模，若扩充了，就可能有倒闭的危险，因此本社不要过分扩大，不

---

① 山崎铁工所株式会社社史编纂委员会：《创业六十周年——日本山崎铁工所株式会社发展史》，第60-62页。
② 小林茂主编：《喜迎"米寿"的机械巨匠 MAZAK 的言行录》，第231页。

能去借款。"①这可谓一种很鲜明的工匠意识了。1982年1月，山崎照幸则称："应牢记机床生产的基本出发点绝非只是追求经营效率。"具体而言，他说："对于机床来说，最重要的是精度，加强工厂的基础，完善空调等都是为此而采取的措施。不了解其意义的人不应该涉足机床产业。"②另一方面，山崎马扎克在追求批量生产的同时也采取了半定制的生产方法。采取半定制的生产方法是因为日本机床市场的形势在20世纪70年代以后出现了变化，山崎马扎克普通车床的产量1971年仅为1970年的一半，1972年又压缩到1/6，该企业意识到"普通车床大量需要的时期已经过去"，所以要转向"多品种生产、每个品种少量生产的方式"③。山崎马扎克称"100台库存生产中完全符合顾客需求的只有30台左右"，所以，该企业一边进行规模化的库存生产，一边向个性化的订单生产体制转化，其80%以上的产品都是根据顾客的订单制造的特殊规格机床。因此，山崎马扎克在掌握了"规格型批量生产系统"后，建立了更为个性化的柔性生产体制。山崎马扎克甚至将半定制理念引入其无人工厂中，山崎照幸称："一提到无人化，就会联想到使用标准机器进行批量生产的情形，这已经成为过去的概念了。对我们来说，在致力于无人化工厂的同时，也加进了'手工制作的味道'（即客户定制）。"④毫无疑问，山崎马扎克并非在制造方式上倒退回手工制造，而是在制造技术上追求自动化的同时，在经营上引入了类似于传统工匠为客户单独订制产品的理念。毕竟，客户决定着企业的兴衰。山崎马扎克很清楚："机床的发展一直以来都是与用户一起走过来的。有时，我们认为专业客户的一些苛刻的要求会有助于以后的开发。"进一步说："脱离用户需求的新产品开发和成本意识淡薄的技术开发，只能说是工程师的一种消遣而已。"⑤

在山崎马扎克的发展进程中，由制造普通机床向制造数控机床的演化具有决定性的意义，而且代表了日本机床工业在"二战"后崛起的一般情形。从1962年开始，山崎马扎克产品的国内需求达到了饱和状态，于是考虑开拓国外市场，1963年便开始出口手动通用机床。从1967年开始，山崎马扎克着手开发计算机数控车床和加工中心。⑥山崎照幸后来表示："日本的机床产业能够在四分之一世

---

① 山崎铁工所株式会社社史编纂委员会：《创业六十周年——日本山崎铁工所株式会社发展史》，第47页。
② 小林茂主编：《喜迎"米寿"的机械巨匠 MAZAK 的言行录》，第170-171页。
③ 同①，第84-85页。
④ 同②，第76-77页。
⑤ 同②，第107-108页。
⑥ 同②，第78页。

纪以来，在生产方面连续保持世界第一的水平，是因为尽早实现了向NC机床的转换。如果未开发NC机床，依然使用齿轮传动电机，是绝对不可能达到世界第一的。"与日本相比，美国机床工业的衰落是因为过于注重高端数控机床，忽视了经济性："在美国，为宇宙开发而研发的NC机床价格非常昂贵，一般的企业很难引进，相比之下，日本制造的优质机床性价比高，连中小企业都能引进。"而德国机床工业的一度落后则因为过于固守机械制造的传统，忽视了对机电一体化技术的发展："德国因为对电子技术的忽视，使得机电一体化的进程落后。虽然机械主体的结构很好，但在NC机床方面落后。"[1]实际上，山崎照幸曾反复提到："以德国为中心的欧洲阵营，他们认为'NC机床等只能让电器商赚钱'，从一开始就对NC技术持怀疑态度。""德国对电子化没有显示出任何兴趣。因为有很强的'始终研制纯机械'这一工匠气质。"[2]故而，传统机床企业对数控机床的发展必须克服工匠传统的保守性的阻力。值得注意的是，山崎马扎克此前掌握的大量生产普通车床的技术对于制造数控机床起到了重要作用，体现于"在不降低质量的前提下降低成本"。当然，最根本的原因在于客户对于数控机床和加工中心"不出高价购买"，所以山崎马扎克"只能进行低成本生产"[3]。此外，出口战略的确立也提升了山崎马扎克的机床制造技术。1962年，山崎马扎克与美国贸易商达成了一笔订购200台通用车床的生意，商定先期交付30台，但包括手柄方向和机床高度、齿轮箱位置等在内共36处被要求修改，其中还包括当时日本没有的床身滑动淬火、研磨精加工等技术。经过山崎马扎克的艰苦努力，最后总算得以出口，但不得不将内销价格120万日元的产品降到100万日元。不过，贸易商的苛刻要求也成为山崎马扎克提高技术水平的宝贵经验来源。[4]因此，快速转向制造数控机床以及坚持向美国市场出口，是山崎马扎克赖以成功的重要战略。

尽管山崎照幸肯定向国外先进学习的重要性，但他认为："仅仅满足于技术引进，将无法培养开发具有独创性产品的能力。"1970年，山崎马扎克试制加工中心，为了节省时间，并充实公司的数控机床产品，山崎马扎克与美国的ITW集团公司和BURGMASTER公司进行技术合作。但是，签订合同之后才发现，BURGMASTER公司虽然将双重中心的转塔型立式加工中心作为产品销售，却从

---

① 小林茂主编：《喜迎"米寿"的机械巨匠MAZAK的言行录》，第72-73页。
② 同①，第219-220页。
③ 同①，第227页。
④ 同①，第90-91页。

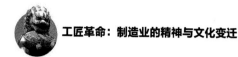

未自行生产，甚至连图纸都没有。当山崎马扎克向拥有图纸的德国公司咨询时，得到的答复是"从未将技术卖给马扎克"。历经千辛万苦，山崎马扎克终于实现了该机床的国产化，但不久就因为与自己开发的设备产生了竞争关系而停止了合同。山崎照幸总结道："技术合作只为我们提供了参考，通过之后转向开发更具独创性的自有技术，我们独立制造的设备开始销往全世界。只依靠对方的图纸无法孕育独创的技术。复合加工机床和智能化网络工厂等本公司的设备和系统中，包含了通过各种经验孕育出的自有技术。"①创业之初即自己动手造工具的自立精神成为山崎马扎克重要的企业文化，并给该企业带来了竞争优势。例如，1968—1970年，车床床身成为山崎马扎克批量生产的瓶颈，当时，技术部门要求购买英国的砂轮床身研磨机，被山崎照幸果断拒绝，理由是"购买已有设备进行装备，会很快被其他公司效仿"。于是，技术部门与日本国内的磨床厂家协商生产磨床，研制出的磨床的生产能力是进口磨床的3倍，为通用车床尤其是大尺寸车床的批量生产作出了突出贡献。这一经验在批量制造数控机床时也发挥了作用。1975—1980年，数控机床关键组成部件滚珠丝杠紧缺，山崎马扎克被迫决定自己制造生产设备，包括滚珠丝杠外径和内径磨床以及进行检测的激光检测机。公司的技术部门与生产部门通力合作，在公司内进行基本设计，研制出了独创的磨床，成功克服了缺少滚珠丝杠的困境。②实际上，山崎马扎克将自己制造设备供自己使用作为一项重要的战略，该战略在制造数控机床的早期阶段尤其发挥了重要作用。1977年，山崎马扎克使用的自制设备有12台加工中心和9台数控车床，到1979年秋，加工中心增加到23台，数控车床增加到27台。山崎马扎克使用的自制设备大部分是各机种开发时的第一台产品，其目的是在使用中考验产品，一方面严格检查产品实际的运转状况，另一方面获取不断进行技术改进的实际考查数据，同时也积累了程序控制各项操作的数据。经过一段时间的使用后，就可以再进行一次设计改进，使产品更加理想和完善。后来，山崎马扎克在生产现场把所有最新的数控机床都集中到一个车间内运转使用，使之成为产品的标本车间，供用户在现场参观产品的使用情况。③机床是用来制造工具的工具，机床企业使用自己制造的机床，意味着其具有不必依赖同行的制造能力，也意味着其制造的工具足以供别人使用。自己动手制造工具的自立精神推动着山崎

① 小林茂主编：《喜迎"米寿"的机械巨匠 MAZAK 的言行录》，第70-71 页。
② 同①，第86-87 页。
③ 山崎铁工所株式会社社史编纂委员会：《创业六十周年——日本山崎铁工所株式会社发展史》，第146-147 页。

马扎克的制造能力不断提升。

　　整体来看，山崎马扎克始终保留着一种坚持自主与专注执着的工匠气质。这一点除了表现于自己动手制造工具外，也体现于心无旁骛地坚持以机床制造为主业。山崎照幸称："除了机床制造以外，我们对其他行业没有兴趣。为此我所选择的'不是通过开拓兼营部门来实现企业的多样化经营，而是通过自己的努力，实现市场（需求）多样化'的方针。"[1]为了坚持自主性，山崎马扎克除了努力实现不负债经营外，还拒绝发行股票上市。山崎照幸认为，上市公司会过分关注短期的利益最大化，但机床企业发展需要长期性的技术积累。他写道："波动较大的机床产业不适合在证券交易所挂牌上市。换而言之，该行业不仅受经济状况的影响较大，而且产品开发周期长，很难维持股票价格的稳定。一旦注重股票价格的涨跌，就无法专心经营这一事业。"进一步说："非上市公司不必顾虑股东的想法，能够根据自己的职责尽情地施展经营战略。"作为反例，"美国很多知名厂家在上市之后很快便被公司收购风暴吞没"。[2]在现代经济中，资本是影响制造活动的重要因素，但是工匠文化与资本文化存在着较大差异，资本的逐利性具有侵蚀专注主业的实业精神的内在逻辑。山崎马扎克坚持不上市，从具体做法上看或许不乏保守性，但其理念真正体现了坚守实业的价值观，并使企业能专注于技术积累。

　　总而言之，机床工业的崛起是"二战"后日本制造业逆袭的助推器。工具变革在工匠革命中往往居于核心地位，日本机床工业的崛起得益于快速从普通机床转向经济型数控机床的制造，而经济型数控机床作为中小企业购置得起的新工具，给日本制造业带来了工具变革。日本机床工业的发展，既体现了制造的科学化，又在引入大规模生产的基础上，注入了工匠传统或类似工匠传统的柔性制造等要素。而从发那科和山崎马扎克等企业案例看，顽强拼搏与精益求精的价值观始终发挥着重要作用。

（三）匠心与武士道：日本制造业的二元进击

　　自明治时代即形成的日本制造业的二元结构，在"二战"后得到了保留。毫无疑问，在二元结构的低端部分，大量中小型企业乃至微型企业保留着程度不等的工匠传统。其中一些企业，如今治造船厂，随着时间的推移，演化为了占据二

---

① 小林茂主编：《喜迎"米寿"的机械巨匠 MAZAK 的言行录》，第 114 页。
② 同①，第 142-143 页。

元结构高端部分的大企业，但更多的企业还是存在于原有的结构中，即使其技术能力有了飞跃性的提升。事实上，即使那些脱胎于小型工厂的大企业，也可能仍然保留着传统的心态与思维方式。例如，跨国汽车企业铃木株式会社的社长铃木修即称："比起规模，重要的是实质。具体来说，假如一辆汽车的零部件有2万个，我们的生产利润其实是有限的……为一辆汽车安装轮胎的成本一共是20 400日元。这其中2万日元必须支付给轮胎工厂，留给铃木的只有400日元。这部分才是我们生产的实际价值。铃木的3万亿日元销售额其实只是'代收额'，实际属于铃木的部分除了玻璃窗、轮胎、电池等，仅为3 000亿~5 000亿日元。因此，铃木绝不是大型企业，还是中小企业……"[1]铃木修的话揭示了大企业将制造活动外包给中小企业的日本制造业二元结构的生态。在经济高速成长时代，日本制造业二元结构的两个部分都出现了大发展，并彼此配合，相得益彰。而这两个部分，既有不同的文化特点，又共享昭和时代日本的精神气质。

尽管日本制造业保留着较多传统要素，但不应夸大日本传统文化对于工业发展的影响。要之，日本传统文化是一个复杂的系统，而日本文化也在随着时间的推移而变化。诚然，日本制造业中保留了不少工匠传统，但这是因为在二元结构里，有大量日本制造企业保留了传统的组织，如被称为"町工厂"的街道工厂，在规模与形式上仍接近于手工作坊，故可以采取相对传统的制造方式。制造方式的延续性带来了思想观念与精神气质的延续性。然而，在德川时代这一日本传统文化的鼎盛时代，居住在城镇里的工商业者也就是所谓"町人"或"职人"，与占据支配地位的武士阶层拥有不同的文化与价值观。[2]与重视赚钱的町人不同，武士的意识形态武士道继承了中国儒家重义轻利的思想。被称为德川时代武士道教科书的《叶隐闻书》宣称："善于在金钱上算计的人，是胆小鬼。因为在金钱上算计，必然时时斟酌利害得失。死是损，生是得，当然不喜欢死，因此多做出胆小鬼的行为。"[3]这是一种与工商业发展背道而驰的价值观。然而，不可否认的是，武士道作为武士阶层的职业伦理，包含着若干积极的具有普遍意义的工作价值观。譬如，《叶隐闻书》教导："只做一件事，不仅要握其要害，还要日复一日都想着'就今天了'，将每一天都当作生命中的最后一天，每日入念的都是主君御前的事，就一定不会错。我们常说'勤于役，通本意'，意思就是把奉公

---

① 铃木修：《我是中小企业掌门人》，袁森译，中信出版社2010年，第147页。
② 刘金才：《町人伦理思想研究——日本近代化动因新论》，北京大学出版社2001年，第320页。
③ 山本常朝：《叶隐闻书》，李冬君译，广西师范大学出版社2007年，第43、85页。

当作自己本身的东西。"又谓："守住当下的不动心，振作精神，除奉公以外，什么都不影响我，过好人生的每一个瞬间。"①这实际上就是要求武士恪尽职守，并要求武士在工作中专注执着。自然，瞧不起胆小鬼的武士道也大肆宣扬勇武的精神，《叶隐闻书》曰："没有不可能的事。常说一念发起，贯通天地。人没志气，就不要起念头。"②这种勇武气概在和平时代也能转化为工作中的胆识与魄力。由武士主导建立的明治政府，在制定教育政策时，自然而然地注入了武士道的内容，并通过教育普及而向全体日本国民灌输忠君爱国和恪尽职守的价值观。明治维新元勋在总结日本成为东亚强国的原因时，指明了在教育上对武士道的利用："日本固有之思想，融合以西邦思想，采西邦科学之智识，以配于封建武士之精神，其效遂炼成国民之强力。"③换言之，明治政府一方面让国民学习西方的科学知识，另一方面又用武士道等传统思想教育国民。这种混合式教育助长了日本的军国主义，使日本踏上对外侵略的不归路并最终接受了战败的惩罚。但是，1945年前由日本政府给国民灌输的"封建武士之精神"也确实将尽职尽责与专注执着的价值观融入理想化的工作伦理，并以此教育了数代日本人。"二战"后至20世纪80年代，日本制造业的中坚力量仍然是战前形成了价值观的国民，这就形成了贯穿于整个昭和时代的独特的工业文化氛围。只是在这样的历史机缘下，传统职人的匠心和武士道的奉公伦理，才作为可资利用的思想资源，成为推动日本制造业在"二战"后发展的精神与文化动力。

日本中小企业的制造活动无疑更多地体现了匠心，这种匠心也就是一种重视品质的价值观。不过，这种价值观不是日本特有的，也不是天然存在的，其树立与扩散需要一个过程。1958年，学法学出身的铃木修作为上门女婿进入铃木株式会社，由企划室前往摩托车组装工厂的管理科工作。在工厂实习过3个月的铃木修知道工厂每天上报给企划室的产量数据都是假的，故主动请求去生产一线工作。实际上，铃木株式会社在当时是名副其实的小企业，生产组织混乱而落后："工厂里，没有油箱、没有挡泥板的摩托车到处都是，工人是把能组装的都先组装起来，然后等着油箱和挡泥板到货后完工。但是，上报给企划室的数字，根本没有标记这种半成品的情况。没有油箱的也当作完成品进行统计，企划室的人看到数字就当真了，然后便以为产量又上升了一个台阶，其实全是一些不着边际

---

① 山本常朝：《叶隐闻书》，第52、74页。
② 同上，第51页。
③ 大隈重信：《日本开国五十年史》上册，上海社会科学院出版社2007年，第43页。

的白日梦。"①这种状况很难说存在着什么匠心。此外，当时给铃木株式会社供应零部件的小企业，由于生产能力较弱，不仅不能在规定时间内供货，就算按时生产出来，也尽是残次品。在铃木修笔下，这些零部件企业还停留在作坊状态："那时的零部件工厂，大的有20多个人，小的干脆就是家族经营，全体加在一起也就5个人。一幢房子里，2楼住人，1楼就直接进行零部件生产，连吃饭都在一起……"铃木修那时已担任购买部部长，由于采购的零部件10个里面常有7个不合格，他便挨家挨户访问零部件工厂进行生产指导。铃木修指导工厂时常说："喷涂与做河豚料理是一样的，为了清除河豚体内的毒素，厨师必须用大量的水清洗。喷涂零部件也是如此，如果不把零部件表面处理干净，把那些污渍、灰尘等去除掉的话，就会影响最后的喷涂效果。用小股的水来洗，最后就容易做成残次品。河豚厨师在洗河豚的时候都是用大股的水流彻底清洗的，所以你们也要这样才能清洗干净。"②这些事例表明，保留着传统形态的日本小型制造企业，尽管以工匠传统为其制造方式，却并不必然具备重视品质的匠心式价值观。另外，将制造活动外包出去的较大的日本企业，会积极介入小型供应商的生产，促使其提升产品品质。

值得一提的是，铃木修尽管是文科生，但通过在生产第一线参与建设，逐渐掌握了越来越多的工科知识。与丰田公司和本田公司的管理者一样，铃木修笃信现场主义。他的一段名言是："机油的味道对于工人来说如同香水的味道。对经营管理者也是如此。闻到机油的味道，如果没有'好香啊，就像香水一样'的感觉，那就当不好制造业的经营者。"③虽然这段话不乏夸张之处，但铃木修作为文科生能管理好工业企业，其对制造活动的热爱是先决条件。狭义的工匠精神，也必然建立在对制造活动感兴趣的实业精神的基础上。现场主义，是对制造活动热爱的具体体现，也是铃木修初入铃木株式会社时看到谎报数据现象后的产物。制造活动中的弊病，只有在现场才能真切了解到。恰如铃木修用另一句话说的："制造业的第一线是工厂。要深入第一线用眼睛看、用手触摸，作出的决定才是具有可行性的。"④实际上，信奉现场主义是"二战"后日本优秀制造业企业经营者的共识。山崎马扎克的山崎照幸也说过："我总是在确认现场状况后进行判断。这可以说是我经营策略的真谛。通过观察现场自然而然地便有了主意。提及

① 铃木修：《我是中小企业掌门人》，第43页。
② 同上，第50-51页。
③ 同上，第171页。
④ 同上，第169页。

现场，既有机床的生产现场，也有购买机床并进行生产的用户现场。现场并非仅指生产部门，它分为开发部门、设计部门、销售部门、国内外的办事处等多个部门。我将上述所有部门包括在内，始终贯彻现场第一主义。"[1]日本的制造业企业大多数是由中小企业发展起来的，中小企业的规模使经营者容易接近生产现场，这是现场主义在日本制造业盛行的重要原因。

尽管铃木株式会社在几十年的发展过程中逐渐壮大，但铃木修一直保持着中小企业经营者精打细算的习惯，他相信一句行话："在制造业，能否节省下1日元决定着生死。"并举例："以铃木为例，2008年3月份公布的集团销售额是35 000亿日元、利润是800亿日元……好像是多了不起的商业成绩，实际上却是由每个零部件1日元50钱的利润积累出来的结果。如果每个零部件都节省1日元50钱的话，那么整体利润就增加了1倍，反过来如果每个零部件增加了1日元50钱的成本，那就没有利润可图了。"[2]这就是一种精益的思维。由资源匮乏导致的注重成本的价值观是日本中小企业的生存之道，并成为重要的企业文化，在企业成长壮大后仍然发挥着作用。

与企业经营管理者相比，中小企业生产第一线的技术工人就更接近日本传统的职人了。事实上，车工小关智弘也是这么看待自己的职业的。所谓的职人，就其本意来说，侧重于指称其作品具有个性的手工艺工匠。但是，恰如小关智弘所言，工业生产与手工艺不同："车工A和车工B削出来的东西必须完全一样，这就是工业制品的特点……工业制品不允许存在所谓的个性，而工艺品和艺术作品则必须要有个性。在制作和服或家具时，职人的个性是被尊重的。制作和服、洋服、家具等产品的职人想方设法地创新，就是为了做出有别于他人的制品。"[3]很显然，追求标准化的工业制品与追求个性化的工艺品在原则上是背道而驰的。然而，小关智弘写道："即使如此，我还是称在工厂工作的人为职人。我操作数控车床，就称自己为车床职人。"小关智弘之所以把技术工人也视为职人，是因为他认为，技术工人在制造活动中认真用心的态度与职人或传统工匠应该是一致的，而态度会影响到制造活动的实际产出。他称："工业制品自然是追求无差别的。但是要做出无差别的东西，需要用什么方法和工具，却是每个职人需要认真斟酌的问题。工作的过程是自由的。只要做出的产品是无差别的、符合要求的即可。在制作过程中，完全可以发挥每个人的个性。为了做出完美的、无差别的产

① 小林茂主编：《喜迎"米寿"的机械巨匠MAZAK的言行录》，第154页。
② 铃木修：《我是中小企业掌门人》，第57-58页。
③ 小关智弘：《造物的人》，第105页。

品，就必须充分发挥自己的个性，这样的劳动者才可以称为职人。"此外，技术工人就和工匠一样，要注意工具的改进："职人不仅要制作产品，还要在工具上下功夫。否则，用别人的方法和工具工作的人不过是单纯的劳动者罢了，对别人来说可有可无。"总而言之，小关智弘总结称："技艺能体现在产品上，产品制造者的个性会体现在生产的过程中。"[①]实际上，小关智弘的观点强调了技术工人与流水线上的非熟练工人的区别。诚然，技术工人要制造标准化产品，但其制造过程需要工人发挥技艺，而无法如流水线上的非熟练工人那样只要重复被事先分解好的简单劳动即可。表4-14分析了传统职人、技术工人与流水线工人的异同。

表4-14　传统职人、技术工人与流水线工人的异同

事　　项	传统职人（工匠）	技术工人	流水线工人
制造业形态	手工业	工业	工业
通常的制造环节	加工	加工	装配
对技能的要求	高	高	低
劳动复杂度	高	高	低
劳动分解度	低	低	高
熟练程度	高	高	低
对产品的要求	个性化	标准化	标准化
制造方式	手工劳作	机器生产与手工操作	机器生产
产量	低	高	高

实际上，日本的中小制造企业对于工人技艺的重视在很大程度上基于非常现实的需要。那些不进行批量生产的企业，必须运用工人的技艺来应对不同产品的制造，这就要求工人不能只掌握单一类型的加工技能，而要像传统工匠那样对制造技艺有较全面的认识和掌握。对于这一点，日本人有个词语叫"段取八分"，小关智弘解释称："与批量生产的工厂不同，每天都要制造不同零件的工厂会在段取八分上尤其下功夫——使用什么工具和怎样的操作顺序，有时也必须自己动手制作工具。这种事前准备被称为段取，是一道工序。这道工序顺利完成后，之后的工作才能顺利进行。处理这道工序的工人叫作'熟练工'。"他还举了一个反例，称有个20年经验的车工因为技术无法满足企业需求而未能实现再就业，究其原因："大概他是在大工厂或者小工厂反复做了20年同样的工作，稍微变化

---

① 小关智弘：《造物的人》，第105-106 页。

一点，就手足无措了。"[1]因此，日本制造业尤其是中小企业对于工匠传统的保留，与其小批量多品种的制造要求有直接关系。不过，不管小关智弘如何推崇工人的技艺，他也承认，数控机床的兴起改变了制造活动，例如，完美的五边形用普通机床是很难加工出来的，但是，"如今，数控放电加工机只要发出相应的指令，任谁都可以做出完美五边形"[2]。工具的变革对工匠传统形成了冲击。难能可贵的是，一批日本企业也在为适应工具变革而演化着。例如，日进精机是1957年由工匠们创立的企业，以制造金属模具为主，能够制作对技术要求相当高的反光片所需的金属模具。日进精机制造反光片的金属模具的技术被称为"祖传的技艺"，但随着时间的演进，该公司也自主研制出了能随意使管道弯曲的数控弯管机，将过去管道加工的二维加工升级为数控三维加工，不用金属模具就能使管道弯曲成任意形状，且弯曲的部分不会变形，接近正圆。[3]日进精机没有固守于"祖传的技艺"，而是积极面对数控机床带来的工具变革，并主动参与了变革。由此可见，日本制造业中小企业对于攸关企业存亡的技术变革采取着与时俱进的态度，并未固守工匠传统，而积极拥抱技术变革才是日本制造业竞争力的来源。当然，即使肯定数控机床的重要性，日本中小企业的经营者往往还是要强调人及其技艺相对于工具的主体性。小关智弘工作过的一家街道工厂的老板便告诉他："无论机器怎样发展和进步，终归人的手和大脑才是最高配置。你也会明白的，否则人还不如一只在树枝上织网的蜘蛛。"[4]对人及其技艺的重要性的强调，已经成为日本制造文化中根深蒂固的一种观念。

不过，比起平和的工匠形象，20世纪80年代日本制造业的逆袭与进击，带给欧美国家的更多的是一种凌厉的武士的形象。事实上，从明治时代开始，日本持续数十年的国民教育要将"西邦科学之智识"与"封建武士之精神"结合，就将武士道中的忠君爱国与恪守职责等伦理灌注给了国民，并由此影响到制造业从业者，形成日本独特的工业文化。曾担任丰田公司社长的石田退三便极为讨厌"打工者心态"或朝九晚五的态度，他喜欢对下属说："战后的日本缺乏足够的自力更生精神，当我说到'胆量'的时候，我其实更多的是指那些旧时代遗传下来的武士道。如果你们对此没有概念的话，那就去看看大阪的船场商家，他们身上具备的强烈的自主精神。"[5]很明显，石田退三便是在旧时代接受的教育，

① 　小关智弘：《造物的人》，第107-108页。
② 　同上，第28页。
③ 　同上，第31-33页。
④ 　同上，第165页。
⑤ 　佐藤正明：《丰田领导者》，第134页。

形成了推崇武士道的价值观。教育对于制造业从业者品格的塑造还可由山崎照幸的例子反映出来，他回忆道："中学时，我曾经在学校读过一篇题为'Stick to your bush!'（在自己的周围寻找）的文章。文章的大致内容是'出去采蘑菇时，听到有人说采到了，就急匆匆地跑了过去。当跑过去的时候，人家早已经把蘑菇采光了。当再次听到有人在别的地方采到了，就又跑了过去。如果认准一个地方耐心寻找，总会采到蘑菇。'总而言之，如果总是游移不定，就无法达到目的。"①"二战"前，日本的学校教育将智育与德育结合在一起，甚至通过英文阅读来给国民灌注坚定执着的工匠精神。当然，"二战"前日本教育中的"封建武士之精神"最终使日本走向了侵略扩张的军国主义，但战争结束后，爱国精神仍然在战前受教育的人心中保存着，并由全面挑战欧美国家转化为在经济上赶超欧美国家的心理，为日本制造业的逆袭提供了强大的精神动力。这是"二战"后日本工业文化中类似于武士道的一面。

尼康公司的吉田庄一郎就是一名"工业武士"。吉田庄一郎生于1932年，父亲是东洋钟表株式会社的经营者，但1949年，他家的企业破产了。1944年，日本政府认为战争是科学技术的较量，能够研发出精锐武器的一方才能获胜，所以从青少年中选拔科学天才，实施"特别科学教育"，让他们在大学教授等优秀指导者的帮助下发奋学习，努力试验研究，充分发挥创造力。吉田庄一郎被遴选进了该计划。据他回忆，特别科学班的课程设置由数学、物象（物理、化学）、英语组成，物象课中有三角函数的内容，数学课则要学习用"一般化思维处理"方式解答应用题，相当于小学六年级所学的课程已经达到了初中的程度。1945年2月，特别科学班的学生前往东京大学理学部接受特别教育。②特别科学教育不可能使日本免于战争的失败，1952年，吉田庄一郎考入东京大学。大学二年级时，担任精密工学科主任教授的大越谆的一段话给吉田庄一郎留下了深刻印象："对于资源匮乏的日本来说，精密工学是竞争力的源泉。不论是石油化学还是飞机产业，都离不开精密工学的技术支撑，没有精密工学就没有那些产业的发展。"由于过去家中从事的是钟表生意，"精密"这两个字早就刻在吉田庄一郎幼小的心里，但由于自家工厂的破产，他当时并没有一定要从事精密工学研究的想法。大越谆的讲话如同"点燃了一盏明灯"，为吉田庄一郎的个人发展指引了方向。③

---

① 小林茂主编：《喜迎"米寿"的机械巨匠 MAZAK 的言行录》，第 176 页。
② 吉田庄一郎：《站在制造业原点：吉田庄一郎自传》，袁淼译，中信出版社 2010 年，第 27-29 页。
③ 同②，第 41-42 页。

仔细分析大越谆的讲话，会发现其主旨还是基于服务国家民族的立场。确定方向后的吉田庄一郎，1955年毕业后进入日本光学工业。日本光学工业成立于1917年，是三菱财阀出资创建的，最初为海军生产潜水望远镜，"二战"后不得不军转民，开始制造双筒望远镜和照相机。后来，日本光学工业改名为尼康。

吉田庄一郎进入尼康后参与的第一个项目是为东京大学东京天文台开发36英寸反射型天体望远镜。当时日本还没有相关经验，但美国已经有了200英寸望远镜，于是，吉田庄一郎搜集了《天空与望远镜》等欧美的专业杂志，以及能找到的所有产品目录和说明书，从文献和图片里寻找灵感，开始了漫长的探索之旅，苦心钻研4年终于取得了成果，完成了一号机。[①]在开始设计二号机时，吉田庄一郎进行了反思，认为日本自明治维新以后引入了外国技术，造出来的产品看起来可以与外国产品比肩，但是："在机械技术的运用上，我们并没有体验到欧洲各国从手工业时代一步一步发展，最后建立起生产体系的这一过程，而是直接把对方的现代技术拿来加以运用。我们建立起来的技术体系仿佛是沙中楼阁，并没有打下坚实的基础，以至于不得不依赖外国的产品和技术。比如说，检查测定仪器的标准测量仪是德国制造的，制造加工时的辅助工具使用的机床来自瑞士。"[②]也就是说，吉田庄一郎认识到了工具在制造活动中具有中心地位，日本工具制造能力的落后，制约了日本制造业的整体水平。当时，令吉田庄一郎印象深刻的是，尼康公司有一台战时由德国运来的卡尔·蔡司公司制造的标准测量仪，被放置在装有空调的恒温室小心保管，夏天最热的时候，尼康的员工抱怨"我们的待遇还不如一台机器"。高端设备的重要性于此可见。吉田庄一郎回忆称："要是不能填补工作母机生产的技术空白，就会为日本产业的未来埋下祸根。马上就奔三的我，总是会想到这样的问题，心情十分憋闷。"[③]作为年轻的工程师，吉田庄一郎胸怀产业报国之情。他的想法并不是孤立的，那段时间，他与身为政府官员的两位老朋友组织了每月两次的读书会，朋友们对他说："日本的工业技术，必须向着能够产生高附加值的方向发展。经济的高速发展也得朝这个方向进行。""吉田君，日本光学光制造照相机是不行的啊。""不管如何奉承，欧美发达国家也只会卖给我们二流技术，然后叫我们支付高昂的费用。日本必须成为技术输出国。吉田君，你要加油啊！"[④]在朋友的鼓励下，吉田庄一郎强化了挑战

---

① 吉田庄一郎：《站在制造业原点：吉田庄一郎自传》，第 52 页。
② 同上，第 56 页。
③ 同上，第 56-57 页。
④ 同上，第 62-64 页。

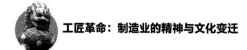

高端制造业的决心。1961年，尼康接到了东京教育大学光学研究所的超精密刻线机的订单，吉田庄一郎被指名为开发人员，踏上实现志向之旅。

刻线机实际上是一种机床，是一种制作能将光线极度细分的分光器折射光栅的设备。在早期发展阶段，刻线机已经是一种精密设备，在10寸见方的玻璃上注入铝合金，使用最精确的刻刀，在每毫米上平行刻入1 000条左右的沟槽，而且，刻线的间隔在1微米以内，每条线必须笔直刻入，线与线的间隔也必须相同。日本的理化研究所在战前就开始着手研发刻线机，但始终未能进入实用阶段。于是，被指定开发超精密刻线机的吉田庄一郎动力十足，确立了这样的想法："使用欧美产的机器，即使生产出的产品再精良，也不能说是一流的技术大国。"在技术自立理念的支配下，吉田庄一郎开始了没日没夜的研究。他从一开始就决定脚踏实地一步一步做好每项工作，从准备性能评价时使用的辅助工具，到制造笔直移动的机器、具有高成像性的辅助工具等，每一个阶段都扎扎实实做足工作。到了1964年，一号机研制完成，用在了光学研究所。1967年，尼康也决定研发公司自己使用的设备，换言之，即不再仅仅将刻线机用于研究领域，而是实实在在地用于产品制造。[1]自己动手造工具的工匠行为在尼康公司研发精密设备的起步阶段成为唯一现实的路径。不过，吉田庄一郎并不狭隘封闭。为了能在最短的时间内完成设备研发，他和同僚决定把刻线机的机身部分委托给美国的MST公司制造，他后来写道："我们非常了解这台世界上最先进机器的制造程序，为了提高效率，也十分明确哪些工作可以委托出去，哪些工作必须由自己掌握，等等。而我们也终于具备了自行制造工作母机的能力。"[2]

1970年前后，日本的半导体产业开始发展，尼康通过制造刻线机衍生出来的超精密技术，在结合了光电显微镜之后，使专门用来测量集成电路的仪器迈向了产业化。而开发精密测量仪和光掩膜板的自动检测机等，成为尼康进入半导体产业的契机。[3]1976年，日本通商产业省启动了超LSI技术研究所，着手大规模集成电路制造设备的开发，将国产半导体曝光设备步进机的研发任务交给了尼康。接到任务后，吉田庄一郎心里已经有了把握，认为："要完成这项艰巨使命，核心技术有3个方面：第一，相当于步进机心脏的高解像力投影镜头；第二，装载了基板，并可以高速高精度移动的'超精密高速移动台'；第三，能够支持自动

---

① 吉田庄一郎：《站在制造业原点：吉田庄一郎自传》，第59页。
② 同上，第61页。
③ 同上，第7-8页。

控制设备的光电传感器。"而这3项基本技术，当时的尼康全部具备。[1]1978年1月，尼康研制出了步进机试行机1号，超LSI研究所对其给予了很高的评价。在此之前，美国的精密仪器企业GCA公司已经将缩小投影型曝光设备进行批量生产，但尼康的步进机在很短的时间内便赶超了GCA公司的产品，席卷了整个世界。吉田庄一郎称："使用高科技含量产品采取正面进攻，是取得胜利的根本原因。"[2]吉田庄一郎所说的高科技含量产品，指的就是尼康步进机里的3项核心技术，而从他的自述可知，在研制步进机前，尼康已经掌握了那3项技术。因此，尼康成功地研制半导体设备，得益于从研制刻线机起开始的长期技术积累，而长期技术积累恰好符合高端制造业的高投入要求。可以说，尼康在两年多的时间里就研制出步进机，是厚积薄发的结果。在研制过程中，执着的精神是必不可少的要素，吉田庄一郎称："技术与石油很像，如果资源不足，人们就会拼命挖掘寻找。不定什么时候，新的石油就会喷出……就像站在相扑台上的相扑选手，技术人员们也在孜孜不倦的技术研究中获得源源不断的灵感与启发。"[3]尽管是从事设计工作的工程师，但吉田庄一郎相当重视一线的制造活动，称："我的经验告诉我，设计开发离不开第一线的制造工厂，只有相互刺激引发灵感，才能开发出新产品。高端科技也是如此。要想研发出领先世界的研究设备、实验设备等，首先要拥有一个设备领先的'机械化实验室'。"[4]这种认识，是对制造科学化之后研究开发与生产制造分离趋向的纠偏，也包含日本特有的现场主义。在谈及尼康成功逆袭美国企业时，吉田庄一郎指出："日本制造业之所以强大，还在于从经营者到生产第一线工人都是复合型人才。除了一部分例外，能够代表日本的大型企业当中，相当大比例的经营决策者都精通技术。"[5]拥有与强敌正面竞争的勇气，又刻苦钻研新技术，是"二战"后日本"工业武士"的品格，隐隐然也接续着明治政府将"西邦科学之智识"与"封建武士之精神"结合的传统。

　　类似吉田庄一郎这样的"工业武士"，还有索尼公司的盛田昭夫等人。在20世纪80年代日本制造业的黄金年代，这些"工业武士"在全球市场上攻城略地，对以美国为首的西方发达国家形成了巨大的冲击。毫无疑问，这些"工业武士"都是日本昭和时代教育的产物。然而，随着昭和时代的落幕，日本的宏观经济在20世纪90年代陷入低迷，日本制造业也失去了问鼎全球第一的风头，和平时

---

① 吉田庄一郎：《站在制造业原点：吉田庄一郎自传》，第10-11页。
② 同上，第13-15页。
③ 同上，第122页。
④ 同上，第113页。
⑤ 同上，第15-16页。

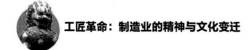

代成长起来的年轻人因为不再接受含有"封建武士之精神"的教育而丧失了老一辈"工业武士"的价值观，日本的工业文化发生了巨大的变化。但不管怎么说，"二战"后日本兴起的以精益生产为名的新工匠革命，成为今天依然具有生命力的全球通行的生产体系与制造方式。

小结

第二次世界大战深刻地改变了人类的历史，战争催生的计算机技术、自动化技术、航空航天技术等，也改变了制造业的演化路径，掀起了进一步否定工匠传统的新工业革命。此前的工业革命一直在使用机器替代工匠的手，而计算机出现后，开始替代工匠的脑，最终，人类发明了数控机床这种同时替代手和脑的新工具。新工具的出现强化了人类对制造活动的控制，使工匠精神的工具化成为可能。从本质上说，工匠精神的出现是为了控制制造过程，使其符合一定的标准，进而保障产品的品质符合要求。工作伦理层面的工匠精神是制造者的自我控制，但人具有肉体的极限与精神的惰性，因此，物勒工名等制度被发明出来，从外部对制造者施加强制性的控制。然而，制度由人来实施，也就会具有人自身的惰性，故而历史上的制度往往存在着衰退的趋向。于是，当制造者的制造活动能被机器复制后，对制造过程的控制就能够精确符合标准且不受人的肉体与惰性的限制，工匠精神的功能便借助工具而得到了更好的发挥。而工匠精神的工具化只有在工具本身发展到一定程度的条件下才能实现。不过，由于技术演化惯有的复杂性，新工具对制造活动中脑和手的替代是不充分的，人的作用不仅未完全丧失，在某些情境下还得到了增强，这就使伦理与制度层面的工匠精神仍然有其积极意义。但是，工匠精神工具化的历史进程一旦开启，就不会停止。

在第二次世界大战中，量的原则战胜了质的原则，但是，凭借战时的技术积累，战胜国如美国、英国等，在战后继续保持了在航空工业等高端制造业中的领先地位。事实上，"二战"后兴起的芯片制造业、喷气式航空发动机制造业等高端制造业，具有高投入的共同特征，而高投入就意味着长期不间断的知识与技术积累成为了重要的竞争优势。换言之，落后国家要在高端制造业领域追赶领先国家，需要更高强度的投入，且必须坚持不动摇。但是，长期维持高投入是非常困难的，这也就导致"二战"后的落后国家在高端制造业领域很难赶上领先国家。

但是，在不少工业部门里，战败国联邦德国和日本都对战胜国实现了逆袭，这也是"二战"后全球制造业发展的一个突出现象。必须强调的是，联邦德国与日本的制造业在战后的发展，从根本上说都引进了美国式大规模生产体系，弥补了其战前和战争时期的缺陷。量的原则在"二战"后仍然必须被充分尊重。但是，两个战败国尤其是日本，也发挥了工匠传统的某些优势，对大规模生产体系进行了适合本国国情的改造，使之更具弹性也更加适应满足个性需求的制造。换言之，"二战"后的制造业出现了一场新工匠革命。"二战"后的新工匠革命以精益生产为其核心，从起源上看，实际上缘于战后初期战败国企业缺乏全面引进美国体系的资源，只能精打细算做好成本控制。但这样一来，战败国企业反而将大规模生产柔性化了，能够更加灵活地满足市场多样与多变的需求。其实，战前美国通用汽车公司打败福特T型车已经遵循了若干柔性生产的原则，但日本的丰田公司真正创造出了一套完整的取代福特制的生产方式。与丰田公司相似的是，日本其他诸多企业也都在学习大规模生产的方法后，探索小批量、多品种的制造方式，并将这种制造方式工具化为经济型数控机床和FMS等。于是，在战前即存在的产业报国精神的驱使下，战后的日本制造业企业一方面勇于挑战战胜国的优势企业，另一方面又能借助工具和制度进行精益生产，管控成本与提升质量，并最大限度满足消费者需求，也就能够成功实现逆袭了。由日本企业探索出的精益生产，迄今仍是世界制造业通行的生产方式，而日本制造业也因此成为工匠精神的某种代表。不过，若从实际演化来看，日本的精益生产还是与其资源匮乏的制造业二元结构有密不可分的关系，工匠精神的形式与内容终归是由具体的制造方式与现实的制造业形态决定的。

第五章

不变的辩证法：工匠精神的明与暗

自以丰田生产方式为代表的精益生产兴起后，人类制造业尚未产生新的革命性的体系。进入21世纪后，包括增材制造技术、人工智能、工业大数据、工业互联网等技术在内的智能制造得到了较大发展，也出现了"工业4.0""第四次工业革命"等新概念。但是，一方面，诸多智能制造技术仍然是"二战"后各种新技术演化的产物；另一方面，以新技术为核心的制造活动要素的新组合，尚未发展出如福特制或丰田生产方式那样具有标志性的新生产体系。从某种意义上说，人类制造业仍处于一场颠覆性大变革的前夜，或者，工业革命的演化性使目前的制造业变革正处在探索性的渐变积累阶段，一如历史上的新生产体系从来不会瞬间迸发出来一样。在这种背景下，工匠精神的演化继续受到制造业量与质的辩证法的支配，从20世纪后期至今，既产生了某些虚实相间的神话，又经历了部分神话的破灭。当智能制造更为成熟后，工匠精神既会迎来一个历史性的终结，又会掀开新的历史篇章。

一、质的压力：向日本学习

20世纪80年代，日本制造业在全球市场所向披靡，颇令欧美发达国家掀起一股学习日本的热潮。在很大程度上，日本制造业当时更加注重品质，更能满足消费者的需求，于是，质量管理成为欧美企业向日本学习的重要内容。然而，就如同丰田、山崎马扎克等一大批日本的优秀企业实际上是向欧美企业学到了先进的生产方式与品质理念一样，质量管理也不是日本本土产物，而是"二战"后日本从美国引进的。

质量管理的开创性学者之一是美国的戴明（W. Edwards Deming）。"二战"结束后，作为一名抽样技术顾问，戴明于1947年和1950年去了日本，协助进行人口普查。1950年，日本科学家和工程师联合会（JUSE）的主要组织者小柳贤一邀请戴明在日本开展质量控制方法的讲座。戴明为此在日本开设了为期8天的初级培训。1950年夏天，参加培训的学员数量为：东京220名学员、大阪110名学员、福冈110名学员。1951年夏天，三地学员数量保持不变。戴明在培训中告诉日本学员，日本生产的任何产品，不管质量如何都能以垄断价格卖给亚洲其他地区的时代已经一去不复返了，日本人必须让自己的产品以质量和价格优势走向世界各地。他还强调，日本需要很长时间才能消除"二战"前日本产品的坏名声，一定要出口质量更好的产品，再也不要往国外运有缺陷的低级产品而损害日本制造商和工人的名誉。[①]从最初参加培训的学员数量看，戴明的思想在日本企业界能得到较大范围的传播。戴明后来称，从1950年7月起，每次在日本高管的会议上，他都会把一个连锁反应写在黑板上：

"提高质量→成本下降（因为返工少、错误少、延误少、阻碍少，机器时间和材料的利用率更好）→生产率提高→以更好的质量和更低的价格捕捉市场，维持营业→提供就业，更多就业机会。"[②]

在上述连锁反应中，质量被摆在首位，是一切良好结果的第一动因，可见戴明的管理思想就是以提高质量为核心。戴明认为："不要将质量依赖于检验。要从一开始就将质量渗透或融入产品，从而消除检验的必要。"他还指出："通过持续不断地改进生产系统和服务系统来实现质量、生产率的改善以及成本的降低。"[③]这些原则相当符合精益生产的理念。不过，这些原则是戴明在1981年写下的，而那时精益生产已经由日本企业在实践中摸索出来了。但是，戴明记录了一些他在日本开展培训的最早的成果："到1951年夏天，也就是第一期讲座的一年之后，已经可以看到实实在在的效果。例如，位于名古屋附近的东洋棉纺织公司的一个工厂过去的600个工作位中有450个空着，线不断从织布机上掉出来，在这个问题被纠正之前的那一年，那些空位置上都曾有女工们在那儿工作。现在，

①　威廉·戴明：《戴明管理思想精要》，裴咏铭译，金城出版社2019年，第238-239页。
②　同上，第39页。
③　同上，第99、114页。

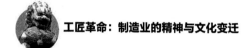

这450名女工又回到了自己的生产岗位，该工厂有9 000名工人。从纠正问题到专心生产这一改变意味着要在生产上多付出5%的努力。结果：不但产量增大，而且明显改善的产品质量使他们在价格和竞争中处于优势地位。富士钢铁公司报告说，他们生产一吨钢材比以前节约了20%的煤。田边制药公司报告说，对氨基水杨酸和其他产品的产量是原来的4倍。古河电工株式会社在横滨的工厂生产电线和电缆的产量已经大幅度提高，产品质量的一致性也大为提高。所有这些增产都没有增添任何新机器或新厂房。"[1]日本还专门设立了戴明奖对质量管理优异的企业进行表彰。丰田公司1961年开始在所有的工厂推行全面质量管理（TQC）体制，通过对全公司进行监查，把质量管理的工作划分为质量保证和成本管理，两者都是在产品完成前的预防工作。1965年，丰田公司获得了戴明奖。[2]总而言之，以戴明为一个符号，日本在"二战"后形成了重视质量管理的工业文化。

到了1987年，戴明已经开始劝告他的美国同胞向日本学习了："大概从1958年起，日本产品大量涌入。产品价廉物美，不像战前或战争刚结束时的产品那样粗制滥造……那时美国人在打瞌睡吗？现在我们还没醒吗？我们的问题是质量。难道我们做不出优质产品吗？"[3]戴明的发问体现了美国及其他发达国家向日本学习时代的氛围。

由于丰田生产方式诞生于汽车工业，因此，美国的汽车企业向日本学习顺理成章。1980年，福特汽车公司盈利锐减并失去大量市场份额，该公司决定到日本取经。恰好1979年福特汽车公司买下了日本马自达汽车公司24%的股票，而马自达公司的广岛工厂于1974年全面复制了丰田生产方式，因此，福特汽车公司能够通过前往马自达广岛工厂调研来了解精益生产。在数周的考察时间里，福特公司的决策层和工会领导发现，马自达公司生产323型轿车的费用只相当于福特公司生产同类车型护卫者轿车的60%，而且马自达在制造上发生的错误要少得多。此外，马自达能用比福特更快的速度和较少的气力开发新产品。回到美国后，福特公司开始运用精益生产的许多方面，不久就迎来了良好的市场结果。[4]福特汽车公司学习丰田生产方式，这一事件本身就充满象征意味。

在高端制造业领域，美国企业同样出现了向日本学习的风潮。德州仪器公司为了应对日本竞争，就采取了戴明推荐给日本企业的同一套全面质量管理体系。

① 威廉·戴明：《戴明管理思想精要》，第242页。
② 山本直：《丰田四十年的历程》，第140页。
③ 同①，第8-9页。
④ 詹姆斯·沃麦克等：《改变世界的机器》，沈希瑾等译，商务印书馆2003年，第273-274页。

公司的一名管理人员指出，在20世纪80年代前，他们并不了解全面质量管理的理念："我们过去总是信仰质量，但主要指向产品质量。于是我们将质量视为一种制造环节的责任。我们同样不知道全面质量管理的价值是与公司所有方面都有关联的。"1981年，德州仪器公司开始寻求质量改善，其质量管理负责人表示美日企业之间其实有诸多相似之处："我们注重战略规划，我们注重自动化，我们注重人的效率，我们广泛使用团队改进项目，这些例子都是我们的相似之处。"该公司组建了一个由每个部门的质量管理者组成的公司质量委员会，高层管理人员很快就接受了质量改善的培训，公司还利用《质量蓝皮书》来检验每个部门的质量表现。在引入全面质量管理后，德州仪器公司的营业有了很大改善。从1987年到1995年，德州仪器公司半导体产品的顾客退货率降低了超过70%，产品缺陷率降低了65%，制造周期缩短了超过60%，节省了数百万美元，不准时交货率则下降了83%。[1]诚然，德州仪器公司学习的理念与制度从本质上说是美国人自己创造的，但由于日本人将其发扬光大并借此获得了强大的市场竞争力，故德州仪器公司是在日本企业的压力下来提升质量的，其直接的学习对象反而是作为竞争对手的日本企业。

同样感受日本竞争压力的美国半导体企业还有英特尔公司。20世纪80年代初，日本的存储器厂商变得势不可当，而英特尔公司对质量问题的反应相对迟钝。格鲁夫回忆："惠普公司的经理声称，日本生产的存储器长期在质量上明显优于美国生产的同类产品。事实上，日本公司的质量水平在我们当时看来是不可能达到的。我们先是狡辩，矢口否认存在这种事。我们对这些不详的情报加以猛烈批判……直到我们确信了这些情况大致属实之后，才开始着手改进我们产品的质量，但我们已经明显地落后了。"[2]于是，英特尔公司奋力与日本企业竞争，但日本企业能使用户以惊人的低价购买到高质量的产品。最终，1985年，英特尔公司决定放弃存储器业务。毫无疑问，日本企业给英特尔公司上了刻骨铭心的一课。

甚至于在航空发动机制造业这一美国领先于日本的产业里，相关企业也学习日本的精益生产和质量管理。1992年，普惠公司面临2亿多美元的巨额亏损，一位高管回忆道："所有能出错的地方都出错了。我意识到，不仅仅只靠简单削减

---

① Caleb Pirtle Ⅲ: *Engineering the World: Stories from the First 75 Years of Texas Instruments*, pp..111-112.
② 安迪·格鲁夫：《只有偏执狂才能生存：特种经理人培训手册》，安然等译，中信出版社 2014 年，第 82 页。

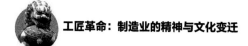

成本的办法来对付产量下降10%的问题，而是要重新思考全部工作。"而负责普惠公司改革的领导都非常熟悉日本的情况，还说服日本新技术咨询公司的制造顾问离开通用电气公司来普惠公司工作。一位领导称："我激动不已。我们迫切需要他们的知识，最后我们把他们从通用电气公司挖了过来。"这些日本顾问是被称为"一件流"制造方面的专家，其方法摒弃了大规模生产体制下大量昂贵库存和在生产产品，体现了精益生产的核心。普惠公司的领导相当赞同日本顾问的理念，一名领导称："我们一周的产量是3台大发动机和6台小发动机，我的办公室基本上就可以装得下。那么为什么我们需要上千万平方英尺的厂房和仓库呢？"随着日本顾问的到来，普惠公司开始将精益生产与质量综合在一起形成"获取竞争优势"（ACE）。不久，普惠公司的每个人都知道了6S，即整理、整顿、清洁、规范、素养和安全，知道了如何认证他们的程序或定义他们的标准作业，以及如何准确地比较和评价流程图。自实施ACE之后，普惠公司总体收入增长20%，销售额增长逾110亿美元。[①]实际上，美国的航空发动机制造业根本不用面对日本的竞争，但为了提高综合效益，相关企业还是向日本学习了精益生产。这说明精益生产作为一种生产方式，具有通用性与普世性。

总而言之，日本的泡沫经济破灭前，学习日本在全球蔚然成风。实际上，即使日本经济在20世纪90年代陷入萧条，由于丰田公司等日本制造业企业仍然表现强势，世界各地对精益生产等日本制造方式的学习也没有停止。究其原因，日本制造方式因为满足了质的要求而使日本企业获得了强大的竞争优势，日本企业的对手们在市场竞争的压力下，只能选择学习日本的成功之道。这种态势，就与此前世界各国制造业学习美国体系如出一辙。

二、工匠神话：一种文化建构

当日本制造业崛起后，由于日本以前就留给西方人工匠国家的印象，加上日本文化作为东方文化的异质性，日本的成功之道在欧美国家眼中不免具有某些神秘主义色彩。于是，在解释日本制造业崛起的原因时，与西方异质的文化因素很容易被想到，而一旦从文化角度去观察经济现象，又很容易被引向带有结构性的传统文化。这样一来，与瓦特、福特、克虏伯等人曾经被符号化一样，日本的企业家同样成为工业文化建构的素材。而由于日本企业存在更为根深蒂固的工匠传统，日本建构起了一种"工匠神话"。日本的"工匠神话"是一种工业文化的话

---

① 马克·沙利文：《可信赖的发动机：普惠公司史话》，第124-126页。

语体系，侧重于从传统与精神因素去解释日本制造业的成功之道，并增添了东方哲学的色彩，成为日本工业文化自我巩固的一种机制，对日本制造业的发展也起到了一定的协助作用。

在日本建构的工匠神话中，除了"二战"前就写入教科书的丰田佐吉外，被日本人誉为"经营之神"的松下幸之助也是标志性人物。松下幸之助9岁辍学，听从父亲的安排到大阪打杂。1917年，22岁的松下幸之助辞去大阪电灯公司检查员的职务，开始独立经营，梦想制造出自己一直致力改良的电灯插座。可以想见，松下幸之助创业时开办的也不过是简陋的作坊式街道工厂，就和日立制作所、山崎马扎克等日本企业初创时一样，具有浓厚的工匠传统。在这种物质资源匮乏的条件下，精神状态确实能起到支撑作用，而且几乎是企业唯一可用的资源。松下幸之助后来回忆称："那时候，我常抱此疑问，此一事业究竟能否办成功？每日炱炱，无论怎样强作振作，不安之念总在所难免。但是，我仍一心要改善这种事情，研究如何制造此类产品，全部精神集中于此，其他一切事务均弃之不顾；那样热衷的情况，决不是用一般常识所能判断和理解的。"[1]在松下幸之助的叙述中，能看到不因困难而退缩的执着精神和追求品质改善的认真态度，这两点恰是工匠精神话语的核心。而松下幸之助自称他当时的状态不能用"常识"理解，也暗示了精神动力超越一般的理性判断，这就非常接近于"神话"建构了。这里所说的"神话"，是一种将现实经验升华为一套被主动推广与广泛传播的理论，这套理论有自己独特的话语体系，并包含着信念的成分，其功能则在于普及构成理论内核的经验，进而自觉或不自觉实现某些现实的利益。松下幸之助早年的经验，是塑造日本工匠神话的极佳素材。

随着营业的改善，松下幸之助研发出了新型车灯，1924年每个月能销售过万，就建了一个专业工厂，正式进行批量生产。松下幸之助以"研制新产品"为宗旨，几乎每个月都能推出与电灯电线有关的各种新式电气器具。[2]1929年，松下幸之助建成了新厂，并把厂名由"松下电气器具制造厂"改为"松下电器制造厂"，松下电器至此可谓正式诞生。1933年7月，松下幸之助制定了松下电器全体人员必须遵守的"五精神"："一、产业报国精神；二、光明正大精神；三、友好一致精神；四、力争向上精神；五、竭尽礼节精神。"1937年，"五精神"又演变为"七精神"，增加了"顺应同化精神"和"感谢报恩精神"，还把"竭尽礼节精神"改为"礼节谦让精神"。在经营实践中，松下电器通过每天召

① 羽田夏子编著：《松下风云录》，四川大学出版社1996年，第35页。
② 同上，第63页。

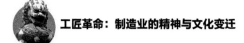

开工作之前的早会和工作之后的晚会，来贯彻其企业精神。[①]从制定与发布企业精神以及企业精神的实际内容看，松下电器的管理充满了东方色彩。一方面，在受中国儒家文化影响的东亚，传统上一直很强调精神的重要性；另一方面，诸如"光明正大""感谢报恩""礼节谦让"等精神，也具有东亚传统文化的特色。至于被列为第一条的"产业报国"，在丰田佐吉遗训里同样摆在首位，也是三菱财阀等日本企业的核心理念，则显然是明治维新以后日本政府扶持工业企业的首要诉求，也是"二战"前日本工业文化最重要的价值观。

第二次世界大战期间，松下电器与所有日本企业一样从事军需生产。但在1939年松下幸之助发布给全体职员的"经营的经验"里，只强调"要以公心进行买卖，不可夹杂半点私心""顾客为重，不忘报答"等日常商业伦理。而在"经济的经验"里，松下幸之助提到两点，其一是强调技术研发必须考虑经济性："我们实业人，经济观念的涵养，才是第一义……技术员、研究者有没有经营经济意识，这在所有方面，会左右公司的兴衰。"其二是强调控制成本："一切经费，以谋求收入限制支出的原则，经常检查费用的使用途径，不要浪费天下财宝。"[②]松下幸之助的经验，从根本上看还是源于创业初期资源匮乏时的精打细算，与日后由丰田公司构建的精益生产受同样的逻辑支配。所谓"日式经营"的精髓，实际上有着同一的根源，都是由日本工业化起步较晚并形成了中小企业长期大量存在的二元结构决定的。自然，精打细算也相当契合工匠神话所展示的工匠作风。1940年，松下电器发起了"制造优良产品总动员运动"，松下幸之助阐明了运动的宗旨："我们产业人要赢得真正的信用，不论制造部门和销售部门，都要在所有方面和用户所求的完全一致，除充分有用的优良产品外，不造一件、不卖一件低劣产品，要以此为原则。只有严守原则，别无其他。"[③]这一运动符合松下幸之助创业初期即具有的理念。而由此可见，尽管美国人戴明对日本制造业的质量管理有极大影响，但早在"二战"结束前，日本企业自身已经具有质量改善意识并能付诸行动。

在日本投降的第二天，松下幸之助就提早上班，召集全体干部开会，发表讲话："大家整理工厂，必须赶快增产家用电气器具，这是我们的责任！"几天后，松下幸之助宣布了重建公司的计划，提到："工业生产系国家复兴的基础。我不仅付给诸君一个复兴日本工业的开路先锋之荣誉，同时，由于转向民用物品

---

① 羽田夏子编著：《松下风云录》，第122-123页。
② 同上，第144-145页。
③ 同上，第146页。

之大量生产，更欢迎失业的或将要失业的人们到我这里来工作，大家携手合作，进一步发扬松下电器公司的传统精神，并深深期望对日本的重建和文化弘扬有所贡献才好！"①此处值得一提的不仅是松下电器在战后迅速调整的能力，也包括松下幸之助具有鲜明的文化意识，而文化自觉性是构建工匠神话必不可少的。

　　1952年开始，松下电器便致力于开拓海外市场。1960年，松下电器的出口额突破了130亿日元。也就是在这一年，松下幸之助决定效仿西方，打算在松下电器实施每周5日工作制。他称："从现在开始，国与国之间的竞争会变得更加激烈，并变成自由贸易……到了那时，也应该是松下电器的产品接连不断进入国际市场，处于和海外制造商竞争的状态。应该意识到，不是像现在和国内同行制造商那样简单，要使达到这个目的，要更进一步改善工厂的设备，该自动控制的要自控化，要下功夫提高效率，一定要在海外称霸，一定要在海外竞争中取胜。要是那样的话，我想怎么也需要每周休息两天……因为每天都非常忙……8小时的劳动就会相当疲劳。所以，我认为如果不是工作5天，休息两天，身体是恢复不了的。就是这种竞争，在美国已经是这样了……如果松下电器不能做到这一点，我认为松下电器就不是真正的成功。"②1965年，松下电器开始正式实施每周5日工作制。松下幸之助的这一做法是相当有远见的，既做到了与发达国家的人文关怀接轨，又实质性地促使员工提升工作日的效率。1962年，美国《时代》杂志称："松下电器送到海外的产品的质量的优良，起到了去掉日本便宜货生产国的形象的作用。"③这既是松下电器的商业成功，也意味着日本制造业的国际形象开始改观，而这种改观是日本工匠神话得以建构的前提和基础。1968年，日本举国上下纪念明治纪元百周年，已经73岁的松下幸之助对松下电器7 400名主要干部发表了题为《要成为昭和维新的志士》的演说："仅仅成为日本一家优秀的公司或技术比别家进步，我们还不能认为可以满足，当年明治维新的志士是使用武器，手握刀剑，而将日本造成为一个近代文明国家。可是，我们绝不许动用那种杀气腾腾的凶器。我们要把目前所持有的力量，做境界更高、效果更大的运用。明白一点来讲，以近代的经营和近代的技术，促进世界的开化与文明，天下平等互惠，万邦共存共荣，种和乐之果，开太平之花。日本国内不用说了，即使海外任何地方，都将看到吾等所经营的事业，大和民族的工艺艺术，在那里扎根、成

---

① 　羽田夏子编著：《松下风云录》，第161-162页。
② 　同上，第219-221页。
③ 　同上，第249页。

长，年年月月扩展其影响力。"①在这段话里，松下幸之助已经自觉而明确地表示要通过日本的工业扩张来带动文化输出，而在他的话语里，日本的工业本身就是日本的一种文化。这种思路，便是建构工匠神话的内在逻辑。一方面，松下幸之助主动为日本去建构工匠神话；另一方面，他本人也成为日本工匠神话的一部分。

日本工匠神话里另一个标志性人物是京瓷公司的稻盛和夫。与松下幸之助一样，稻盛和夫也非常积极主动地打造日本的工匠神话。稻盛和夫1932年出生于日本鹿儿岛，父亲经营着一家小印刷厂，他后来称："对我来讲，我的制造精神的原点，就是在这个小作坊里辛勤劳作着的父亲的身影……父亲是一个彻头彻尾的老实人，技术非常精湛，但没有什么欲求……他从早到晚不停地忙碌……即便是通宵达旦，也坚决遵守交付期限。"②稻盛和夫很明确地指出日本制造业二元结构里作坊小厂的工匠传统对自己有积极影响。不管这种影响的实质与程度如何，稻盛和夫的话语就是在建构工匠神话，而在任何神话里，起源都是至关重要的。稻盛和夫晚年在与人对谈时强调了工匠精神对于制造活动的重要性，并把自己的工匠精神归功于父亲的熏陶："制造业真的很有趣。我一直认为通过产品能够体会到生产者的心。粗心大意的人制造的产品也会比较粗糙，而细致的人制造的产品就会非常细致。这也是我从父亲工作时的身影里面学来的。记得在进行陶瓷研发的时候，我总是对部下说'请大家一定学会聆听产品的声音，它们在对我们说话'，也就是告诫大家在制造产品的时候一定要聚精会神，如果不这样，就不可能制造出好的产品。这种勤奋和细致，我想应该是父亲传给我的吧。"③

但很显然，光具备勤奋和细致的品格，不足以创立现代工业与从事技术创新。稻盛和夫的知识储备主要还是来源于在鹿儿岛大学工学部的学习，他称："大学的时候虽然我学的是有机化学，但因为对机械工学也很喜欢，所以还去学了机械工学方面的课程。也正是有了这些学习，我也能自己进行机械绘图，而这在京瓷创立初期的时候帮了大忙。"④稻盛和夫学习的是有机化学，但在求职时，因为大学里的老师可以推荐他去制造绝缘子的公司工作，而绝缘子、陶瓷属于无机化学，所以他急忙跟着无机化学的教授研究良质黏土，并花了半年的时间

---

① 羽田夏子编著：《松下风云录》，第267页。
② 稻盛和夫、山中伸弥：《匠人匠心：愚直的坚持》，窦少杰译，机械工业出版社2016年，第25-26页。
③ 同上，第29页。
④ 同上，第28页。

写成毕业论文，随之如愿进入京都的松风工业。[①]由此可见稻盛和夫是相当务实的，并不会坚持专业而不知变通。然而，当时的松风工业经营不佳，稻盛和夫一度心生退意，但因为家人不同意他辞职，他错过了进入日本自卫队的机会。进退两难的他某天终于想通："再怎么怨天尤人也是徒劳。于是，我来了个180度的大转变，决心全心投入研究之中……索性便把被褥、锅甚至炭炉都搬进了研究室。从早到晚埋头于实验研究之中。"[②]心态的转变成为稻盛和夫工作转折的契机，也成为他重要的人生经验，并顺理成章地契合了日本工匠神话对于精神因素的强调。稻盛和夫不仅在产品研发上取得了成果，还阻止了工会组织的罢工，而他劝说工人的理由是如果停产就会被老主顾抛弃，公司就会处于破产边缘，员工生活将更无保障。在自传里，稻盛和夫写道："也许平日里我不厌其烦地讲述的那些工作的意义，已经在大家的心里扎下了根，大伙儿都决定不参加罢工。"正因为有着这样的口才，三井物产的一名高管对稻盛和夫说："稻盛，你虽然年轻，却有着自己的一套哲学。"[③]这句评价既如实反映了稻盛和夫的个性，又令他反复咀嚼，强化了他建立自己的经营哲学的动力。

由于对不懂技术的新任领导不满，稻盛和夫于1958年从松风工业辞职，1959年创立了自己的企业京都陶瓷公司（简称京瓷）。创业之初，稻盛和夫自然吃尽苦头。1961年4月，11名年轻员工向他请愿，希望公司保证能定期加薪和发放奖金，否则就集体辞职。稻盛和夫知道那些员工非常敬业，在他安抚了员工后便自我反思，最终得出结论："经营公司最根本的目的就是，必须永远保障员工及其家人的生活，以公司员工的幸福为目标。"再后来，他又在经营理念中增加了"为人类社会的进步发展做出贡献"的内容。他认为："经营理念如果不能引起全体员工的共鸣，并让人从内心信服的普遍价值观，是没有意义的。"[④]1964年，京瓷公司由成立时的28人发展到150人，稻盛和夫采取了阿米巴经营法，将公司按照工序、产品类别细分为若干个小组，下放权力，让它们像一个个小公司一样经营。稻盛和夫的阿米巴经营法是把街道工厂里密切的人际关系移植到规模较大的企业中，希望用紧密的人际关系带来良好氛围，进而激发员工的干劲。他称："10个人或者20个人组成一个大家庭，就会产生强大的一体感。比如说，负责营销的人飞奔回来说：'接到了订单！'大家都会觉得是自己的事情一样高

---

① 　稻盛和夫：《稻盛和夫自传》，杨超译，东方出版社2015年，第32-33页。
② 　同上，第37页。
③ 　同上，第42-43页。
④ 　同上，第53-55页。

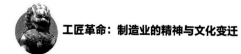

兴。深夜，有人买来了街边叫卖的乌冬面，一句'面来喽，大家歇一会儿快来吃吧。'整个工厂就沸腾起来。这就是小小的街道工厂特有的魅力。如果带着家人般的情怀来经营公司，员工和公司都会变得很幸福。"①从某种意义上说，稻盛和夫是将自己熟悉的作坊工厂的工匠传统的优点创造性地注入现代企业中了。而对人的精神与态度的重视，在小企业的工匠传统中是一种与组织形态相适应的特点，在被建构的工匠神话中则是有意宣扬的价值取向。在经营管理上，稻盛和夫注重产品品质，称："作为技术人员，我期盼产品完美无缺，作为经营者，烧出的废品损失让我焦虑不堪。"他还举出亲身经历，说自己有一次为了不让产品在烧制中变形，忍不住想把手伸进一千几百度超高温的炉内，而就在那一刹那，他得到灵感，悟到只要在产品上面用耐高温的重物压住，就能烧制出完全平整的合格品。不过，稻盛和夫的总结就带有很强的神秘主义色彩了："答案永远在现场。但是要从现场获得答案，首先从心情上说，必须对工作有不亚于任何人的热情，有解决问题的深切期待。同时，必须亲临现场，用真诚的目光仔细地观察现场，用眼睛去凝视，用耳朵去倾听，用心灵去贴近。这时，我们才可能听到产品发出的声音，找到解决的办法。"实际上，他自己也意识到这样"不科学的"总结"似乎不应出于技术人员之口"，但他还是强调："信念的执着和观察的敏锐，促使无生命的现场和产品竟也有了'生命'，给我们无声的启示——所谓'物应心愿'，一瞬间就帮助我们成功。"②这就是真的在建构神话了。

当然，京瓷公司能够发展壮大，还是得益于不断进行技术创新。不过，在发展的早期阶段，京瓷公司是在物质条件欠缺的情况下想办法克服各种困难才得以顺利经营的。例如，1966年，京瓷公司得到了期盼已久的IBM公司的2 500万个用于集成电路的氧化铝基板订单。IBM公司在产品的精确度方面提出了极高的要求，但京瓷公司那时连测量精确度的仪器都没有。然而，稻盛和夫称："这件事反而点燃了我的好胜心。"③在他的叙事里，起作用的依然是精神力量。和大部分由街道工厂起家的日本制造业企业一样，京瓷公司也不得不自己动手制造设备。稻盛和夫回忆："为了制造新的陶瓷产品就需要新的机器设备，而机器设备价格很贵，按照当时的日元也需要几十万，创业初期根本没有那么多钱，所以只能自己设计自己制造了。"这一点也被稻盛和夫归结为受工匠父亲的影响："我的父亲也是这样。以前的日本人基本上不论什么事情都是自己动手来想办法解

① 稻盛和夫：《稻盛和夫自传》，第66-67页。
② 稻盛和夫：《活法》，曹岫云译，东方出版社2012年，第56-57页。
③ 同①，第71页。

决的吧。小时候我一直非常崇拜什么都会干、什么都能干的大人。"①从制造方式的角度说，工匠传统下制造者的多方面技能其实源于分工的不发达与资源的匮乏，但对于低起点创业者来说，自己动手解决各种问题反而是克服资源匮乏困难的唯一途径。这一点不只是京瓷公司的经验，在日本制造业企业中具有普遍性，实际上，就连美国的芯片制造企业在发展初期也莫不如此。因此，制造业的精神与文化包含着具有普世性与规律性的内容。这一点，稻盛和夫也承认，他称自己在美国工厂里摸索出的人情味浓厚的管理模式"既非美国式也非日本式"，但"只要行得通就是硬道理"②。

随着京瓷公司的技术不断进步，该公司对日本制造业的整体发展也起到了推动作用。1971年，京瓷公司用陶瓷技术研发出了一种切割工具。此前，稻盛和夫在联邦德国的戴姆勒·奔驰公司参观时，发现用来制造柴油机的高速车床的刀片都是用陶瓷材料做成的，而当时日本的刀片使用的都是超硬合金，缺乏陶瓷的抗高温与耐磨损特性。于是，稻盛和夫派了5名技术人员到西德引进该技术，1973年即实现了批量生产，以"CERACHIP"（京瓷刀具）之名开始销售。但是，为了克服陶瓷工具的缺点，京瓷公司又抓紧研发适用于日本常用车床的刀具，最终开发出了兼具陶瓷耐热性和金属强韧性的合金陶瓷切削工具。③因此，京瓷公司对日本至关重要的机床工业的发展作出了自己的贡献。正是企业不断的进步，给了稻盛和夫建立自己哲学的底气。在稻盛和夫的哲学中，精神力量占据重要位置。他说："我经常被询问：'要在工作上取得好的成绩，应该怎样做呢？'对于回答这个问题，我有一个方程式。就是'人生·工作的结果=思维方式×热情×能力'。"④热情便属于精神因素。在《活法》一书里，稻盛和夫谆谆教诲道："要将不可能变为可能，首先需要达到'痴狂'程度的强烈愿望，坚信目标一定能实现并付出不懈的努力，朝着目标奋勇前进。不管是人生还是经营，这才是达到目的的唯一方法。"⑤而在同一本书里，他还宣扬："埋头于本职工作，不断钻研，反复努力，这意味着珍惜上苍赐予的生命中的每个今天、此刻中的每个瞬间。"⑥这段话就与日本武士道经典《叶隐闻书》中的部分语录非常接近了。可以说，稻盛和夫的哲学，也就是他所建构的工匠神话，以其个人从事制造

---

① 稻盛和夫、山中伸弥：《匠人匠心：愚直的坚持》，第28页。
② 稻盛和夫：《稻盛和夫自传》，第79页。
③ 同②，第103-105页。
④ 同①，第97页。
⑤ 稻盛和夫：《活法》，第31页。
⑥ 周⑤，第11页。

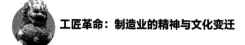

业的成功经验为内核，包裹了一层不乏神秘主义色彩的日本传统文化的外壳。

就像工业革命时代英国传记作家建构了英国工匠精神来教育民众一样，"二战"之后，伴随着日本制造业的逆袭与崛起，日本的制造业企业家们自己也开始建构一套工匠神话，既用来解释日本制造业的成功之道源于内在的精神与文化，又用来教育与鼓励本国的制造业从业者，将其成功经验传承下去。而在国际竞争的大背景下，广泛传播的工匠神话将日本制造与精益求精和优良品质联系在一起，形成所谓"匠心"的形象，也有利于日本制造业进一步开拓市场，可谓日本制造业的一种软实力（soft power）。

三、怀旧心理：手工崇拜的回潮

日本的工匠神话是被建构出来的，是指在解释日本制造业"二战"后崛起的原因时，工匠神话给出的答案并不全面，甚至可能存在偏差，因为从本质上说，工匠神话具有极强的主观目的性。例如，沿袭自明治时代的产业报国理念在"二战"后仍推动着日本制造业挑战欧美发达国家，而且，将日本制造业的成功归因于日本固有文化有利于为战败国日本找回民族自豪感，故工匠神话非常强调日本的特殊性。但是，日本制造业的成功实际上遵循了很多普遍规律，且日本企业也直言不讳从欧美先进国家学到了重要的技术与理念，因此，工匠神话过于强调日本文化对于日本制造业的重要性是存在偏差的。再如，工匠神话大肆渲染"匠心"的观念并塑造了具有传统工匠作风的日本制造业形象，但实际上，日本最成功的制造业企业，如丰田、山崎马扎克和东丽等，在制造方式上皆以否定手工工匠传统的大规模生产和制造科学化为基础，只是进行了柔性调整与改良，这就使得工匠神话的"匠心"观念只能视为一种有益的工作伦理，并不能被当成实际的制造方式。然而，此处的"神话"，在英文里为"myth"，又可以译为"迷思"，包含有因为信念或信仰而掩盖真实的含义。工匠神话成为一种集体信仰的观念后，便存在着这样的问题。

一个突出的问题是，工匠神话对"匠心"的渲染带来了对传统工匠作风的推崇，但这种推崇逐渐由工作伦理层面渗透至制造方式层面，由此导致了手工崇拜的回潮。

其实，手工崇拜的回潮并不是当代特有的现象，19世纪晚期凡勃仑指出的"炫耀性消费"就已经包含了当时美国富裕阶层的手工崇拜。手工崇拜产生的原因很复杂。在"炫耀性消费"里，手工崇拜实际上是一种细分市场，是富裕阶层在工业化大规模生产时代为了凸显自己与普罗大众拥有不同的品味与地位而追求的稀缺性，尽管这种稀缺性的产生从本质上说是因为手工生产被工业生产淘汰了才变得稀少。在另一些情况下，手工崇拜仅仅可能基于人类固有的怀旧心理。人类并不是完全由理性支配的，非理性的情感对人类行为的影响极其巨大，怀旧心理便是一种非理性的情感。现代工业社会带来了人与人之间关系的疏离。稻盛和夫指出的大企业里的人际关系与街道工厂里的人际关系的不同，正是工业社会与传统社会人际关系差异性的一个缩影。正因为人类不是完全由理性支配的，建立在理性基础上的现代社会的人与人之间的疏离感，无法满足很多人的情感需求，传统社会里那种更为亲密的人际关系便成为怀念的对象。而一旦怀念传统社会，传统社会里的手工制造方式便有可能被一并怀念，由此引发现代人的手工崇拜。

此外，在英国工业革命时期，工厂制度的组织性和纪律性对于传统工匠是一种束缚，而传统工匠所享有的自由与自主，在相似的情境里也会被人怀念。毋庸置疑，日本广泛存在的街道工厂等小型乃至微型企业，就非常接近传统手工作坊的组织形态，因而存在着一种与典型的现代化大工厂不同的文化氛围。对街道工厂充满感情的小关智弘描述了小工厂里职人即工匠的"游艺之心"："（职人）做一项复杂的工作时要付出多少精力，使用什么工具，都要慎重考虑。如果需要花些时间，就对厂长说：'能让我稍微玩一下吗？'厂长也知道职人不会偷懒，便由他们去了。职人就望着天花板，抽着烟，在金属堆置场转来转去，在闲置的机器上做一些没用的东西。大概这样过个一两天，他就会拿出令人眼前一亮的特制工具……争分夺秒追求效率的工厂里，每个人都屏气凝神，小心翼翼。在分辨不出消极怠工和积极游艺的区别的老板手下干活，真是太无趣了。"[1]小关智弘比较了街道工厂与大工厂氛围的不同，街道工厂赋予工匠的自由度是大工厂难以想象的。而小关智弘用来描述这种自由度的词语"游艺之心"，实际上源于传统手工业。就此而论，在制造业的工匠传统中本身即包含着手工崇拜的要素。

本来，"二战"后日本制造业里的工匠神话指向的是抽象的工作伦理而不是具体的制造方式，但带有传统色彩的"匠心"观念被大肆渲染后，对"匠心"的推崇也不可避免会导向制造方式和制造业形态上的手工崇拜。进一步说，包括日本在内的诸多国家，其制造业门类里，除了现代化的工业部门，还有诸如工艺美术行业等传统手工艺部门被保留了下来。笼统地说，制造芯片与制造和服的企业都隶属于制造业，尽管二者的实际内涵相去霄壤。但在关于"制造"的笼统的指称下，那些在现代社会已经不占主流的手工艺部门反而可能被人不加区别地与现

---

[1] 小关智弘：《造物的人》，第 122 页。

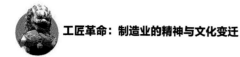

代制造业混为一谈。而由于手工艺部门与工匠传统的天然渊源，在工匠神话及关于工匠精神的叙事中，复古与怀旧的手工崇拜遂大行其道，遮蔽了现代制造文化。

一位名叫北康利的日本作者很典型地体现了当代日本手工崇拜的回潮。北康利与小关智弘一样推崇日本的职人，但与作为现代技术工人的车工小关智弘不同，北康利的关注点几乎完全集中于传统手工艺部门。北康利如此界定职人的精神："所谓'职人气质'，是一种无限磨炼技能、勤奋志高的姿态，有着专心一意成就事物的强韧精神力。试图墨守传统是一种固执，而在新工夫外再加上热情燃烧的上进心，则是对前人予以敬意和谦虚。"①作为一种工作伦理，北康利笔下的"职人气质"自然有其可取之处。不过，当北康利试图将"职人气质"作为解释日本制造业走向卓越的原因时，他却几乎举不出什么现代制造业的例子。在他笔下，能体现日本工匠精神的行业包括：传统日本酒酿造业、传统漆器业、和纸业、茅草屋顶修葺业、金箔业、和式蜡烛业、传统织造业、佛像修复业、人形玩偶业、日本刀业、焰火业和手工陶艺业。诚然，这些行业趣味盎然，并承载着日本的传统文化与技艺，但是，在"二战"后让欧美国家惊慌失措并决心向日本学习的，并不是这些活化石般的手工艺行业，而是其技术源头来自西方的汽车、机床、半导体、造船、电器等现代制造业。北康利本人的世界观是非常保守的，例如，在讨论和纸业时，为了宣扬日本传统手工造纸的价值，他说："近年，数据什么的都是用计算机来保存，即使不是系统问题、网络恐怖主义，诸多麻烦的可能性也依然存在。这样，用日本纸做记录的重要性，是绝不可轻视的。"②这可以说是一种非理性的技术观。而他本人很清楚，即使不提计算机对纸质媒介的替代，日本传统的手工造纸名品"名盐纸"从19世纪开始就不敌机械造纸："到了明治时代以后，用机械可以大量生产的洋纸进入市场，近百家的抄纸职人（即造纸工匠）人数锐减，失去了'名盐千轩'的称呼。至战后，剩下的约20家。屏风和袄衣等使用和纸的传统物品不再使用和纸了，致使和纸业逐渐萎缩，现在大约只剩下两家在维持生产，后继者严重不足。"③工业革命的历史进程有其内在逻辑，量的需求始终存在，工业化大规模生产能使更多的人用得起纸，由此导致的对传统制造方式及其产品的淘汰，从经济角度说实属必然，从普罗大众生活水

---

① 北康利：《工匠之国：日本制造如何走向卓越》，徐艺乙译，中信出版社 2018 年，
　　第 53 页。
② 同上，第 102 页。
③ 同上，第 105 页。

准提升的角度说，亦无须惋惜。只不过，矛盾的是，当普罗大众的生活水准提升到一定程度后，对制造品的需求也会从实用型必需品转向稀缺性奢侈品，这种心态演化为北康利式手工崇拜提供了市场。但显而易见的是，北康利所推崇的严格遵循古法的手工制造方式是无法满足数量庞大的普罗大众的需求的。

另外，无论北康利如何推崇"职人气质"对传统的恪守，他都不得不正视手工艺部门里也存在着制造方式机械化的事实。以他所举的日本金箔业这一案例来说，他非常清楚的是，始于18世纪早期的京都福田金属箔粉工业株式会社，在明治维新后开始用水车的动力生产黄铜粉，1936年开始运用电解法生产铜粉，到当代则使用了高速运转粉碎机、全自动打箔机等现代工业设备进行制造，实现了机械化生产。对于京都福田金属箔粉工业株式会社的演化，北康利称赞它"能够巧妙捕捉时代的变化，并发展成为现代最先进企业"，但这种与时俱进实际上否定了传统手工制造方式，于是，北康利也只能表示："虽然生产的方式发生了变化，但'造物精神'仍在绵绵悠长地存续着，让人觉得非常安心。"[1]这里提到的"造物精神"，在北康利笔下指的是一种制造者热爱其本职工作的敬业心态："所谓'造物'，与自身的'喜悦'相伴。面对自己呕心沥血完成的作品时没有成就感，那样的职人是不存在的……具有这样职人气质的企业的共同点：经理（如同过去的师傅）与从业人员共同拥有制作的喜悦，从业人员对自己的工作感到自豪，公司内部的士气较高且有活力。"[2]换言之，当面对在技术上能够不断演化以求生存的传统手工艺行业的企业时，北康利也只能将"职人气质"或"造物精神"等具有工匠神话色彩的概念解释为抽象的工作伦理，而切断了这些概念与具体的手工制造方式的联系。毕竟，近代以来世界制造业的技术演化，正是以否定手工制造方式为其基本内涵的。

在看待手工艺与现代制造业关系的问题时，小关智弘的反思值得重视。江户切子是起源于江户时代后期的日本传统手工艺，指的是在玻璃里切入花纹。此前，这种手工艺只能靠纯手工作业，明治时代以后开启了机械化进程，但也仅限于使用了磨床，而在玻璃器皿表面画出最基本的线条再用磨刀按照纹样切出形状的核心工序，还完全是手工作业。当代东京江东区的江户切子第一人叫作小林英夫，小关智弘曾与他会谈，聊天时说了一句："和小林先生高超的技术相比，商场里陈列的玻璃制品简直太差了。"然而小林英夫回答道："怎么说呢，技术是很难评价的。在这个行业，我认为哪怕只是切出最简单的篦笆纹或格子纹的玻璃

① 北康利：《工匠之国：日本制造如何走向卓越》，第121-127页。
② 同上，第60页。

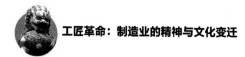

容器，工人的技术都是优秀的，不可复制的。"小关智弘形容这句话给了他"当头棒喝"，他由此反思："江户切子技术流传于民间，因此没有失传。为什么？因为有广大的群众基础。既然在民间流传，那么必然不能只有富豪商人、达官贵族才用得起的物品，还必须得有便宜的物品。相应地，也必须得有成本低廉的技术，正因如此，才有了江户切子这一产业。批量生产的产品成本低廉，但能因此就说它技术低下吗？"①小关智弘的反思很清楚地揭示了影响制造活动的量与质的关系问题，指出了量的需求始终是更为广泛与坚实的基础。现代制造业对传统手工艺的替代，在很大程度上正是由量的需求决定的，而传统手工艺行业能够生存下来，要么在制造方式上实现工业化，要么面向带有奢侈品性质的小众细分市场。而不同层次的市场，对于技术的层次也有着不同的要求。就此而论，一般意义上的手工崇拜是非理性的，也不符合工业文化的发展大势。

尽管手工崇拜对于现代社会里的工匠精神来说是一种误解，但对于部分日本人来说，其手工崇拜仍然是基于希望日本以制造业立国的心态，并确实具有对于已经逝去的日本制造业黄金时代的怀念。北康利即称："最近，感觉在日本人中间，对于职人的'憧憬'似乎变得淡薄了。繁荣'造物'的条件，是需要国民对职人怀有敬意，并对他们的工作给予正当评价，但这样的国民似乎已经不存在了吧。"②20世纪90年代，日本的泡沫经济破灭，日本制造业受到宏观经济的拖累，又被韩国、中国等国制造业的兴起挤占了众多行业里的全球市场份额，还落后于美国以信息技术为主体的"新经济"，20世纪80年代那种鲜花着锦般的黄金时代结束了。而随着越南、印度等国的发展，日本制造业企业大量向国外转移办厂，其本土出现了一定程度的制造业空心化的势头。在这种大环境下，不难理解北康利等人呼吁"职人气质"和"造物精神"回归的用心。用他的话说："日本是历史和传统都比较厚重的国家。扔掉是简单的，要培育却很难……'匠之国日本'的传统，在我们这一代坚决不能丢。"③只不过，重塑"匠心"的工作伦理确实有其价值，但若衍生为对传统制造方式的手工崇拜，则不可避免会与重振制造业竞争力的目标南辕北辙。

① 小关智弘：《造物的人》，第 131-133 页。
② 北康利：《工匠之国：日本制造如何走向卓越》，第 60 页。
③ 同②，第 228 页。

四、量的压力：工匠神话的破灭

尽管日本制造业在20世纪70年代以后凭借优良的品质赢得了市场与尊敬，引发了全世界向日本学习的热潮，并成功地建构了工匠神话来强化日本制造高品质的形象，但是，日本制造业全面进击的黄金时代在20世纪90年代便结束了。进入21世纪后，若干丑闻的曝光也宣告了工匠神话的破灭。然而，并不是只有日本的工匠神话破灭，德国、美国的老牌制造企业亦未能幸免。究其原因，量的压力所导致的残酷市场竞争，侵蚀了质的原则，而人的惰性与投机性，以及由此带来的制度的不稳定性，如历史上反复出现过的那样，再一次产生了不良的结果。

1962年创立的日本街道工厂小林研业，就非常深切地感受到了量的竞争带来的压力。该公司位于日本新泻县燕市，当地有90多年的汤勺、烹饪用具等器具的研磨加工历史，拥有一批技能高超的工匠。小林研业曾经为美国苹果公司的iPod音乐播放器研磨机器背板的镜面，可见该公司拥有不俗的技艺。实际上，在20世纪90年代前半期，小林研业的业务主要是研磨真空焖烧锅的内锅，并几乎垄断了该项业务，每个月能研磨40万个内锅，经营高峰期年销售额超过了1.1亿日元。然而，1997—1998年，中国制造的低价产品很快普及开来，日本的真空焖烧锅厂家不得不废除了不锈钢部门，小林研业也连带受到影响。该公司的创始人小林一夫为此专门跑到上海调研了中国的研磨厂，看到中国工厂的生产线两边坐着50名左右的工人，以分工化的方式麻利地工作，他得出的结论是："哎，这样的话，即使我们四五个人如何努力研磨也毫无胜算啊……"回国后小林一夫就放弃了厨具类业务，将投资了大约4 000万日元的设备全部处理掉了。①于是，小林研业开始为富士通的关联企业研磨笔记本电脑的主机外壳，后来又为苹果公司研磨iMac产品的支架零件。但该项工作持续了一年之后，就被转移到人工费低廉的马来西亚。不过，小林研业又接到了研磨iPod背板镜面的工作，而包括小林一夫在内，整个企业只有5名工匠。②可是，残酷的现实是，一旦中国企业掌握了"研磨的要领"与"品质管理"之后，苹果等厂商就会将所有的研磨加工工作都转移给中国的工厂。小林一夫便经常对他的工匠们说："今后不会再有获取纯利润的量产品的工作了。日本国内的工作仅仅限于中国无法完成的小批次高难度订单。"③虽然小林研业努力以技艺来进行竞争，但也只能被排挤到注重高品质的细分市场

① 根岸康雄：《工匠精神》，李斌瑛译，东方出版社2015年，第25-26页。
② 同上，第29-32页。
③ 同上，第33-34页。

里，无法从大批量产品的市场中获利。这就是进入21世纪后日本具有工匠传统的小型制造业企业的生存实态。而量的压力不仅令日本的小企业感到生存困难，也同样压迫着日本的大企业。然而，一批日本的大企业面对量的压力，采取了欺诈与投机行为，戳破了苦心经营数十年形成的工匠神话。

2017年10月8日，日本第三大钢铁企业神户制钢承认长期篡改部分铝、铜制品出厂数据，冒充达标产品流向市场，其波及的客户达近200家企业，而使用其非达标品作为原料的不乏丰田汽车、新干线、日本国产喷气式支线客机等日本知名产品。据报道，神户制钢的涉事工厂在产品出厂前就已经发现某些方面不达标，却在产品检查证明书中修改强度和尺寸等数据。[①]一时间，舆论哗然。最令人震惊的是，神户制钢副社长梅原尚人提到，部分产品从10年前开始就一直沿用篡改后的数据，篡改数据也并非个别人所为，而是获得管理层默许，是公司整体性问题。至于篡改数据的原因，系"迫于按期交货的压力"。[②]神户制钢创立于1905年，曾接受海军工厂的技术指导，自1915年后发展迅猛，1921年资本由最初的140万日元扩充到2 000万日元。[③]第二次世界大战结束后，经过调整，神户制钢的生产稳步扩张。图5-1为1955—1973年神户制钢的粗钢产量。

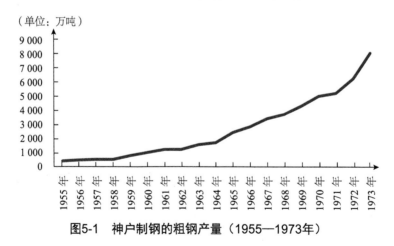

（单位：万吨）

图5-1　神户制钢的粗钢产量（1955—1973年）

资料来源：整理自株式会社神户制钢所：《神户制钢70年》，第106页。

毫无疑问，神户制钢也属于"二战"后崛起的日本制造业企业之一。神户

① 钱铮：《神户制钢所被曝产品数据造假》，新华网，http://www.xinhuanet.com/2017-10/09/c_1121776377.htm。
② 贺梨萍：《百年老店日本神户制钢为何造假？业内人士：按期交货不是借口》，澎湃新闻，https://www.thepaper.cn/newsDetail_forward_1820330。
③ 株式会社神户制钢所：《神户制钢70年》，1974年，第7-13页。

制钢的老员工光井二雄在20世纪70年代曾这样回忆："时光飞逝，转眼已经是第39年了。从我进公司开始就一直生产铜管（只干过这个）。我回忆起了，在1953年还没有建立工程管理制度之前，我一个人负担着整个工程管理的责任拼命工作的场景。战前我们还在使用手工的工具，和今天完全不能比。现在我们的设备好了，也能生产出好的产品了。"[①]这段回忆反映了神户制钢的铜管生产经历了机械化的制造方式变革过程，也反映了企业的管理制度是逐渐完善的，还折射出企业老员工昂扬奋进的精神状态。因此，神户制钢完全可以被视为日本工匠神话的一个代表性企业。然而，据2018年第三方机构的调查，早在20世纪70年代，神户制钢数据造假的问题就已经出现了。[②]而那时，神户制钢正处在上升期，整个日本制造业也因为有神户制钢这样的优质企业而能够去建构工匠神话。正因为如此，当神户制钢曝光了长期系统性质量造假的丑闻后，日本的工匠神话就破灭了。

更为严重的是，质量造假的日本制造业企业并不是只有神户制钢一家。就在神户制钢丑闻曝光前，日本已经曝出高田安全气囊问题、三菱燃油效率造假等丑闻。对日本制造业来说，祸不单行的是，2017年11月28日，东丽公司也承认其子公司存在篡改产品强度质检数据问题。该生产轮胎增强材料的东丽子公司自2008年4月至2016年7月，将不符合强度标准的产品作为合格产品提供给客户，造假时间长达8年，涉及产品149件，受害企业13家。[③]此情此景，令曾经煊赫一时的日本工匠神话仿佛只是一种被夸张了的想象。

然而，问题不止出在日本一国。另一个塑造了工匠精神形象的国家德国，2015年曝光了大众汽车尾气检测造假丑闻。这一丑闻与神户制钢和东丽公司的丑闻具有相同的性质，也令人质疑大众汽车是否真的具有追求卓越品质以及诚实守信的工匠精神。与此同时，曾经以安全为第一考虑追求品质的美国波音公司，在2018年10月与2019年3月，连续出现了两起波音737MAX客机坠机事故，共造成346人遇难，同样震惊了世界。2019年10月18日，美国联邦航空管理局（FAA）在官网挂出一则声明，称波音公司未及时向监管机构报告其两名员工在2016年的一段通信记录，该记录表明两人早已知道波音737MAX系列飞机的MCAS系统（机动特性增强系统）存在问题。MCAS用于防止客机失速，按照波音公司的设

①　株式会社神户制钢所：《神户制钢70年》，第68页。

②　马曹冉：《日本神户制钢所发布数据造假最终调查报告》，新华网，http://www.xin-huanet.com/world/2018-03/06/c_1122497249.htm。

③　姜俏梅：《东丽公司造假 日本制造频曝丑闻》，人民网，http://capital.people.com.cn/n1/2017/1129/c405954-29674343.html。

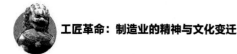

计，一旦飞机出现失速迹象，该系统可以无须飞行人员介入即接管操作并使机头朝下骤降，化解失速风险。然而，通信记录显示，2016年，737MAX首席技术飞行员告诉另一名飞行员："在飞行模拟器中，737MAX的自动系统MCAS让飞机难以飞行……虽然我不擅长飞行，但即使这样，这个系统也太过分了。"由于737MAX客机通过了测试，该飞行员还说："所以基本上我是向监管部门撒了谎吗（在不知情的情况下）？"然而，波音公司对美国联邦航空管理局隐瞒了该信息，2017年，波音737MAX客机获得了该局批准，正式上线出售。[①]10月29日，在美国国会召开的听证会上，波音公司CEO向美国国会承认："我们知道我们犯了错误，一些地方出了差错。"美国众议院交通和基础设施委员会主席在为听证会准备的声明中提到："我们现在至少知道了一个案例，波音的一位经理出于安全担忧，恳求时任波音737项目的副总裁和总经理关闭737MAX生产线，这比2018年10月狮航空难发生早了几个月。"该主席还提到，至少有一名举报人告诉委员会，波音公司为节省成本而牺牲了安全性，据称，该公司曾考虑针对两次坠机涉及的功能增加一个功能更强大的报警系统，但后来彻底搁置了该方案。[②]而2020年1月9日披露的波音内部通信记录显示，后来发生了事故的狮航公司曾要求波音公司为其飞行员提供昂贵的模拟器培训，但一名波音员工在2017年6月的文字信息中写道："现在该死的狮航可能要求一台模拟器训练驾驶MAX，可能是因为他们自己愚蠢。我正在想方设法甩掉！白痴。"另一名员工则回复道："（粗口）！！！！他们的姐妹航空公司（指马印航空）已经在飞了！"最终，狮航公司接受了波音公司的建议。针对最新发布的一系列波音公司的内部通信记录，美国众议院运输和基础设施委员会主席表示："越来越多的证据表明，波音公司竭力向MAX飞行员隐瞒MCAS，同时也淡化与联邦监管机构分享的MCAS信息。这真是太可恶了，与波音一再坚持的安全第一背道而驰。"[③]作为美国企业，波音公司从来不像日本企业或德国企业那样标榜工匠精神，但其发展过程中坚持安全第一的原则实际上就是一种注重品质的工匠精神。然而，波音737MAX丑闻展现的是波音公司工匠精神的丧失，取而代之的是一种为追求利益而不顾品质甚至不顾安全底线的短视的资本文化。

其实，如果不算神户制钢从20世纪70年代就开始的数据造假，近年来曝出

---

① 《波音最终还是瞒不住了》，商业周刊中文版，2019年10月21日。
② 《波音CEO再次道歉》，商业周刊中文版，2019年10月31日。
③ 《狮航在坠机事故之前曾希望更多培训 但遭到波音嘲笑》，商业周刊中文版，2019年1月15日。

丑闻的东丽公司、大众汽车、波音公司等一系列老牌制造业企业的问题，带有很大的共性。所有的丑闻都涉及相关企业为了降低成本而不惜牺牲品质，而所有相关企业弄虚作假的动机，都是为了应对以量为核心的市场竞争。例如，神户制钢给出的造假理由是"迫于按期交货的压力"，虽然这种理由非常牵强，但现实就是，在激烈的市场竞争中，如果不能满足客户的交货期要求，就会被别的供应商替代掉。而按期交货之所以成为压力，正是由于市场的需求量大导致了生产的规模与速度必须跟上。因此，如果说工匠神话的盛行一时是建立在质的竞争的基础上，那么，当量的压力大到企业必须降低成本但又不能兼顾品质时，已有的工匠神话就会破灭。要想解决这一难题，唯有在制造方式上寻求创新，使企业能够进行高品质的大规模生产，同时满足质与量的要求。但很显然，那些曝出丑闻的企业并没有在制造方式创新上付出艰苦的努力，而是采取了最简便的欺骗与投机行为。这些丑闻，就如同数百年前龙江船厂和威尼斯兵工厂的衰落所揭示的那样，再一次表明人存在着惰性，由人构成的制度也一样，故而，以人为基础的任何精神都存在着衰退的风险。制造业的精神与文化，永远是动态的。

小结

进入21世纪后，世界制造业的格局出现了极大的变化。随着中国改革开放的深化，2001年以后，中国逐渐取代日本，成为全球制造业新的发动机。全球制造业格局的新变化对制造业的精神与文化变迁有着深刻的影响。尽管目前尚未出现如福特制或精益生产那样具有标志性的新的制造方式，但各国对于智能制造的探索，显然已经是一场正在进行中的制造业变革了。在这种背景下，工匠精神也发生着新的变化。

在20世纪后期，全球制造业曾一度兴起向日本学习的热潮。当时，日本制造以高品质赢得竞争。不管是在日本占有优势的汽车工业，还是在日本急起直追的半导体工业，甚至在日本并无存在感的航空发动机制造业，以品质改善为核心的精益生产与全面质量管理体系，作为日本制造业制胜的法宝，被一批欧美企业引进与学习。在这种态势下，日本制造摆脱了过去留在人们脑海中的价廉质低的印象，塑造了性价比高的新形象。在这一过程中，一方面，部分日本企业系从作坊小厂成长起来的，在起步阶段确实借助了工匠传统的积极因素；另一方面，部分日本企业家也有意识地将自己的成功归因于日本的传统文化，由此建构出了日本的工匠神话。日本的工匠神话是一套话语体系，将包括"匠心"在内的具有东方文化色彩的精神因素视为日本制造业的成功之道。工匠神话的建构与传播，一方

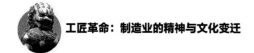

面试图在日本内部传承工匠精神，另一方面也在世界上强化了日本制造注重品质的形象。然而，随着时间的推移，工匠神话对"匠心"的渲染，也诱发了一种手工崇拜的心态，即不仅仅将传统工匠的某些作风视为有益的工作伦理，还连带推崇传统工匠的手工制造方式。但这种手工崇拜所产生的对日本制造业成功之道的解释，显然与"二战"后日本制造业崛起的真实原因南辕北辙。实际上，美国人戴明对日本质量管理的影响已经表明，某些后来被视为日本特色的制造文化，其实具有普世性和非日本的起源。

神话终究含有虚构与夸大的成分。近年来，以神户制钢、东丽公司等为代表的日本大企业曝出的质量造假丑闻，充分表明了日本工匠神话的人为建构的一面。然而，大众汽车和波音公司的质量丑闻又表明，工匠精神的衰退是一个全球性的问题。实际上，从数百年前的东西方案例已经可知，人具有惰性与投机性，由人构成的制度也因此存在着衰败的可能性。20世纪后期，以资本主义国家为主体的全球制造业的竞争一度以质的竞争为核心，这给了精打细算的日本企业以逆袭的机会。但是，冷战结束后，以中国为代表的一批后发展国家在新一轮全球化浪潮中开放了巨大的市场，并充分参与世界制造业竞争，就使得量的竞争重新变得重要起来。而量的压力导致部分日本及欧美企业原有的生产方式成本过高，可一旦尝试降低成本，这些企业就不能维持原有的高品质。在这种两难处境下，部分企业以技术创新来应对，部分企业依靠技艺去抢占小众的细分市场，还有部分企业则采取了最简便的欺诈与投机的方式去降低成本。那些欺诈与投机的企业自然就丧失了它们的工匠精神。因此，伦理层面的工匠精神就和人类的任何精神一样，是动态而不稳定的，其演化受制于制造业的外部环境与内部形态。

工匠精神：一个论纲

　　工匠精神是工业文化的重要组成部分，是制造业在历史演化中形成的用于保障产品品质的机制，既是与具体制造方式相结合的制造业价值观，又是超越了制造方式乃至制造业的普遍性工作伦理。在梳理了制造业的精神与文化变迁之后，不妨围绕工匠精神的形成背景、工匠精神的内涵与如何培育工匠精神这三大主题，进行一个论点纲要式总结，将核心论点集中展示。然而，对于工匠精神的研究与培育来说，此处的论纲，不过是一个开始。

一、制造的演化性

　　制造活动是人类维持物种繁衍和获取物种竞争优势的一种行为。人类利用自己制造的工具，弥补了躯体与体能的不足，获得了控制外部环境为己所用的能力，由此登上地球食物链的顶端。工具是制造出来的，制造界定了人本身。制作所蕴含的精神与文化，属于人的本质性的精神与文化。

　　人作为物种，是演化的产物。人类建立的社会，以及人类的社会行为，无时无刻不在演化。制造活动作为一种人类行为，也存在着演化。制造活动所蕴含的精神与文化，同样是动态演化的。

　　制造活动是制造者通过使材料发生变化从而得到头脑中构想的新物品的过程。因此，制造活动可以分解为设计、材料、手段和产品这四大构成要素，并存

在着头脑中的设计变为实体性的产品的过程。变化的过程就是用一定的手段改变材料的形态，而手段又包含了工具、方法和组织这三大次级要素。设计、材料与手段的变化，要么创造出新的产品，要么使既有产品用新的方式生产出来。制造活动的演化，取决于制造活动构成要素的变化。

人是社会性的存在，在文明社会里，人类的制造活动具有社会性与组织性，制造业就是被组织起来的群体性的制造活动。组织方式的不同决定了制造业形态的差异。制造活动的演化性决定了制造业具有演化性。

制造是为了满足人类的需求而存在的，制造的社会性使制造活动的实行者与需求者产生了分离。最初的人类个体必然存在着自己制造物品供自己使用的情况，但随着社会的演化，劳动分工使制造者制造的产品通常不再供自己使用。如此一来，制造活动不再单纯由制造者自己决定，而受到产品需求者的影响。产品需求者对产品既存在质的需求，又存在量的需求，质与量构成了对制造活动与制造业施加要求的两大力量，支配了制造业的演化。

人类的制造能力存在着从低级到高级的演化。当制造能力低下时，制造业无法满足整个社会对产品的量的需求，为满足一小部分社会统治阶层需求所进行的制造活动将有限的资源用于提升产品品质。18世纪中叶开始的工业革命使人类的制造能力在短期内飞速提升，制造业具有了自我扩展资源从而满足量的需求的可能性。传统农业社会的资源匮乏决定了现代工业社会必须首先满足人们对制造业产品的量的需求。为满足量的需求，制造方式必须变革。

人对制造业产品的需求取决于人的欲望，人的欲望同样具有演化性。当量的层面的一般性需求满足后，欲望就会升级，普通人也会产生对产品品质的更高需求。相应地，制造业满足了社会普遍性的量的需求后，社会又会对制造业提出更高层次的质的要求。为满足质的需求，制造方式又要变革。

社会不断发展，人类的欲望对制造业产品量与质的需求交错升级，制造业必须不断调整与变革，以满足不同阶段不同的主导性需求。量与质的需求，在一些情况下是紧密契合的，在大多数情况下是不平衡的，其不平衡性增加了制造业适应社会需求的难度，决定了现代制造业的变革性与不稳定性。

与工业革命同步扩展的市场经济，决定了现代制造业只能在竞争环境下演化。市场竞争是现代社会对制造业产品需求得到满足的基本实现方式。制造业必须满足量的需求或质的需求，是因为若无法满足就会被竞争淘汰。竞争使量与质的需求成为压力，削弱乃至剥夺了制造者对制造活动的自主决定权，支配与制约着制造业的演化。

演化具有不确定性，经济层面的需求的满足是中性的，其社会后果既可能是正面的，也可能是负面的。制造业的演化具有利益主体的多样性，由此决定了价值层面的多层次性。

制造业的精神与文化变迁不是孤立的，受社会需求量与质的辩证法的影响与制约。

二、何为工匠精神？

制造是由制造者直接实行的，人类社会出现专业分工后，工匠就成为专门从事制造活动的人。

在传统社会里，工匠不是唯一的制造者。传统的文明社会普遍实行等级制，以此来分配有限的资源，在等级制下，职业身份是获取相应资源的资格，因此，工匠既是一种职业，也是一种身份。为了垄断有限的资源，工匠创建了行会制度来限制从业资质，创立了学徒制度来限制技艺的扩散并为从业资质的获取设置门槛。传统工匠对资源垄断的关切决定了传统工匠更愿意寻求稳定，而求稳意味着保守的价值取向。传统行会制度与学徒制度对技艺传承的死板要求也体现了传统工匠偏好保守胜过创新。

在传统社会里，不具有工匠身份的制造者只能从宽泛的意义上被称为工匠，严格来说并不属于工匠。工匠的身份资质是由行会制度进行强制规定的，但本质上是由工匠掌握的技艺决定的。学徒制度作为行会制度的一部分，其重要性就在于通过限制学习技艺的资格来限制获取工匠身份的资格。一般来说，传统社会里的非工匠制造者不具备工匠所掌握的复杂技艺，只能从事简单的制造活动。

工匠的技艺决定了其产品的品质。工匠技艺水平发挥不稳定，会导致产品品质出现差异。文明社会早期阶段的统治阶层作为注重品质的制造业产品需求者，用道德伦理和强制制度促使工匠稳定发挥其技艺，以确保产品品质的稳定性，工匠精神就是由此形成的工匠的工作态度与作风。

工匠精神最初是工匠的职业伦理，其本质是确保产品品质的机制，具有影响制造活动的实际功能。

原始意义上的工匠精神是与传统工匠的手工制造方式紧密结合的，依靠工匠技艺的精进来提升产品品质，不具备大量生产的能力与目的。手工制造的不稳定性要求工匠在制造过程中必须集中精神与注意力，专注与严谨遂成为工匠精神的价值核心。手工制造无法满足量的需求，但由此带来的时间宽裕给了工匠强化产

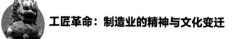

品品质的可能性，精益求精遂成为工匠精神的体现。工匠为打破手工制造在生产能力上的制约，必须加大劳动时间的投入，勤奋遂成为工匠精神的基本价值取向。

工匠精神的专注、严谨、勤奋与精益求精等内涵虽然是由手工制造的特性决定的，但作为工作态度具有超越制造业本身的普遍性。因此，广义的工匠精神是一种具有原始意义工匠精神内核的普遍性的工作伦理。工匠精神不必附着于工匠或制造业而存在。

在传统制造业中，工匠一般熟悉本行业的全部制造流程，掌握着全面的技艺，工匠亦由此而能掌控制造活动，具有一定的自主性，这就给工匠精神注入了自立精神。从业资质与技艺的稀缺性对传统工匠同时兼具实际价值与精神价值，工匠精神遂因此而包含以技艺为基础的职业自豪感。传统社会里严格的职业划分和职业流动性的缺乏，客观上使工匠必须从事其本职工作并依靠其技艺生存，久而久之也使工匠产生了对于制造本身的依赖感与热爱，并使工匠精神里包含了依靠制造安身立命的实业精神。工匠对本职工作的坚守与热爱，具有超出制造业的普遍性，使敬业构成广义工匠精神的价值核心。

在实际历史中，世界各地的传统工匠往往并不具有理想化的工匠精神，偷工减料、好逸恶劳、抵制创新的历史记录屡见不鲜，对手工业时代的制造业及其精神不能浪漫化。

工匠精神既是一种实际存在之物，也是一种理想化的模型。

由于劳动分工的落后，传统社会里的工匠经常需要自己制造工具，但由此也暗藏了制造业变革的契机。工具既是人类最初进行制造的产物，又是人类最初从事制造的依托，工具是制造活动构成要素中最活跃的变量。工匠对于工具的变革，引发了工业革命，因此，第一次工业革命是名副其实的工匠革命。

工业革命使传统手工制造业转型为现代工业，原始意义上的工匠精神失去了手工制造方式这一存在基础，广义工匠精神因其普遍性而具有持久的生命力。

三、工匠精神何为？

制造业具有演化性，附着于制造业的工匠精神同样具有演化性。工业革命使原始意义上的工匠精神丧失了存在基础，现代社会培育工匠精神主要是培育作为工作伦理的广义工匠精神。

第一次工业革命是由工匠发起的制造业革命，但革命否定了工匠本身。工业革命的核心是工具变革，工具变革的内容是机械化，而机械化意味着用机器替代工匠的技艺，技艺被替代后，依赖技艺而存在的工匠的身份资格就被消解了。工业革命还创造了工厂制度，工厂制度一方面强化了机器在生产中的地位，使大量不掌握技艺的工人得以进入制造业，将工匠边缘化；另一方面，工厂制度的组织性与纪律性使工匠失去了过去所拥有的自由与自主性，改变了工匠的生存方式。与工业革命相伴的市场经济的发展否定了具有特权的行会制度，对工匠的身份资格给予了致命的打击。工匠被否定必然导致工匠的精神与文化会发生变化。

传统工匠在工业革命中分化为企业家、工程师、技术工人、非技术工人、手工艺者和艺术家等不同职业群体，原始意义上的工匠精神在具体的职业规范层面随之分裂为不同的与新职业相适应的价值观体系。

工业革命的革命性的内涵就是创新，现代制造业以竞争状态下的求变和创新为其特征。如果将现代制造业的制造者不严谨地称为工匠，那么，现代工匠必然以创新而非保守为其基本精神气质和价值取向。

传统工匠的技艺提升主要依靠在动手制造过程中积累切身经验，但工业革命开启了制造的科学化进程，制造活动越来越需要系统的理论知识的指导。制造的科学化改变了制造业的精神与文化，使工程师独立于工匠与工人，而工程师偏好科学与理论的文化不同于依赖直接经验的传统工匠精神。

制造的科学化使工程师和技术工人的培养不同于传统工匠的培养，理论学习在现代制造业的人才培养中具有重要性，科学精神与科学素养必然构成现代工匠精神培育的内容之一。

大规模生产是现代制造方式的基础，自工业革命以来，社会需求对现代制造业产品量的要求在大部分时间里更具主导性，现代工匠精神必须具有与大规模生产相适应的内涵。

社会需求对现代制造业产品质的要求与传统工匠精神对品质的追求是一致的，这是现代制造业仍然可以创造性利用工匠精神这一传统文化资源的基础。

广义工匠精神所包含的敬业、专注、严谨、勤奋与精益求精等价值观，作为一般性的工作伦理，具有超越时空限制与职业限制的普遍适用性，是现代社会培育工匠精神的主要内容。

培育工匠精神主要依靠教育与宣传，重在营造有利于工业文化发展的社会氛围。

精神往往是资源极度欠缺的初创企业和小企业所能依恃的唯一力量，发挥得当可以弥补物质资源不足的缺陷。强调自己动手的工匠精神是一种充分整合有限

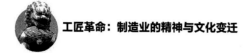

资源并加以高效利用的机制。

产业与技术的阶段性演化决定了工匠精神的阶段性演化。在新产业与新技术演化初期，注重自己动手的工匠精神往往意义重大，因为演化初期往往存在着资源欠缺与分工有限的情况，必须自己动手解决问题。但随着新产业与新技术演进至成熟期，量的需求使产品的制造方式必须工业化，而资源的增加与分工的扩大也足以支撑工业化，带有工匠色彩的制造方式会被取代，工匠精神的作用遂收缩为单纯精神层面的工作态度。

全球制造业竞争使制造方式的选择具有普世性与趋同性，以机器制造和大规模生产为基本内容的现代制造方式必然淘汰传统手工制造方式，现代制造方式可以凭借现代技术柔性化，但不会倒退回传统手工制造方式。工匠精神必须与现代制造方式相适应，现代制造方式的普世性决定了工匠精神不可能是个别国家特殊的文化。培育工匠精神要透过现象看本质，剥离具体历史而寻求一般性规律。

手工艺作为制造业的一种，在工业社会里仍然存在，但不可能成为代表制造业现实与未来发展方向的主流，故手工艺所承载的传统工匠精神也无助于先进制造业的发展。培育工匠精神须破除怀旧性与复古性的手工崇拜情结。

手工艺的个性化产品或许比均质化的工业品更具吸引力，但手工艺的保留与传承只能建立在工业化大规模生产满足了社会最广泛的日常需求的基础上。工匠精神不应是满足少数人需求的玩物，只有能满足社会最广泛的一般性需求的工匠精神才是社会最需要的制造业文化。

制造业的质量欺诈丑闻并非当代才有的现象，历史上世界各地的制造业曾广泛存在投机行为，这表明人会存在惰性，工匠精神既不是特定国家的国民性，也会随着时间而衰退。培育工匠精神是一个必须反复强化思想意识的没有终点的动态过程。

制造业的演化存在着工具替代人的手与脑的大趋势，因为人类制造工具的本意就在于借助工具突破身体在力量与意志两方面的天然限制。工匠精神同样存在着工具化的演化趋向。工匠精神的本意是通过控制制造者技艺的发挥来确保产品品质的稳定性，无论是伦理层面激励制造者发挥积极性还是制度层面强制制造者按规范标准操作，目的都在于使制造者的技艺稳定发挥。然而，人类身体的天然限制决定了精神激励的不稳定性，而人的惰性与投机性也决定了在长期历史中由人构成的制度经常具有衰退性，唯有借助工具复制制造者的技艺并还原于制造过程中，才能确保制造者技艺最稳定地发挥。换言之，工具的进步可以实现工匠精

神所追求的目标，工匠精神就与制造活动中的其他变量一样可以工具化。当代的智能制造已经展现了工匠精神工具化的可能性，工匠精神在未来的演化必然由智能制造的发展决定。

演化的复杂性与非线性决定了制造业的任何变革都不可能一步登天，人的因素在现代制造业中仍然至关重要，伦理层面与制度层面的工匠精神还将长期发挥其作用。

当人类的头脑具有了前瞻能力与规划能力时，才能够开始制造，前瞻性与规划性是制造文化亘古不变的精髓。培育工匠精神要有前瞻性与规划性，就要大力发展智能制造与先进制造业。从功能角度说，发展智能制造和先进制造业就是培育工匠精神的最佳方式。教育的发展要有新思路，要认识到先进制造业对于一线工人数量要求的降低和对于高学历工程技术人才数量与质量两方面要求的提升。传统思维的职业教育发展思路不能适应先进制造业发展带来的社会后果，一如原始意义的工匠精神已不能适应现代制造业。

只有面向未来的制造业才会赢得未来，这是历史留给现实的启示。

参考文献

一、中文文献

[1] 马克思，恩格斯.马克思恩格斯文集（第1卷）.中央编译局，译.北京：人民出版社，2009.

[2] 列宁.列宁专题文集·论社会主义.中央编译局，译.北京：人民出版社，2009.

[3] 闻人军（译注）.考工记.上海：上海古籍出版社，2008.

[4] 阿尔弗雷德·钱德勒，詹姆斯·科塔达.信息改变了美国：驱动国家转型的力量.万岩，等译.上海：上海远东出版社，2008.

[5] 阿诺德·萨克雷，等.摩尔神话：硅谷数字革命先驱的传奇人生.黄亚昌，译.北京：中国人民大学出版社，2017.

[6] 阿诺德·汤因比.第二次世界大战全史（第5卷）.周国卿，等译.上海：上海译文出版社，2015.

[7] 艾琳·鲍尔.中世纪人.韩阳，译.北京：北京时代华文书局，2018.

[8] 爱德华·戴克斯特豪斯.世界图景的机械化.张卜天，译.北京：商务印书馆，2018.

[9] 爱德华·露西-史密斯.世界工艺史.朱淳，译.北京：中国美术学院出版社，2006.

[10] 安德鲁·卡内基. 安德鲁·卡内基自传. 田素雷，译. 北京：人民文学出版社，2014.

[11] 安迪·格鲁夫. 只有偏执狂才能生存：特种经理人培训手册. 安然，等译. 北京：中信出版社，2014.

[12] 安东尼·吉登斯，菲利普·萨顿. 社会学. 赵旭东，等译. 北京：北京大学出版社，2015.

[13] 保罗·肯尼迪. "二战"解密：盟军如何扭转战局并赢得胜利. 何卫宁，译. 北京：新华出版社，2013.

[14] 北康利. 工匠之国：日本制造如何走向卓越. 徐艺乙，译. 北京：中信出版社，2018.

[15] 彼得·阿克罗伊德. 威尼斯：晨昏岛屿的集市. 朱天宁，译. 上海：上海文艺出版社，2018.

[16] 彼得·皮尤. 罗尔斯·罗伊斯的传奇：创业四十年. 闫尚勤，等译. 北京：航空工业出版社，2013.

[17] 彼得·皮尤. 罗尔斯·罗伊斯的传奇：喷气式动力. 张正国，等译. 北京：航空工业出版社，2013.

[18] 波斯坦等. 剑桥欧洲经济史（第3卷）. 周荣国，等译. 北京：经济科学出版社，2002.

[19] 查尔斯·辛格，等. 技术史. 高亮华，等译. 上海：上海科技教育出版社，2004.

[20] 陈振中. 先秦手工业史. 福州：福建人民出版社，2009.

[21] 达·芬奇. 哈默手稿. 李秦川，译. 北京：北京理工大学出版社，2013.

[22] 大隈重信. 日本开国五十年史（上）. 上海：上海社会科学院出版社，2007.

[23] 大卫·奈. 百年流水线：一部工业技术进步史. 史雷，译. 北京：机械工业出版社，2017.

[24] 大野耐一. 丰田生产方式. 谢克俭，等译. 北京：中国铁道出版社，2006.

[25] 戴维·诺布尔. 生产力：工业自动化的社会史. 李风华，译. 北京：中国人民大学出版社，2007.

[26] 道格拉斯·福特. 太平洋战争. 刘建波，译. 北京：北京联合出版公司，2014.

[27] 稻盛和夫，山中伸弥. 匠人匠心：愚直的坚持. 窦少杰，译. 北京：机械工业出版社，2016.

[28] 稻盛和夫. 稻盛和夫自传. 杨超，译. 北京：东方出版社，2015.

[29] 稻盛和夫. 活法. 曹岫云，译. 北京：东方出版社，2012.

[30] 德国经济研究所. 1939—1945年德国的战时工业. 蒋洪举，等译. 北京：三联书店，1959.

[31] 凡勃仑. 有闲阶级论. 蔡受百，译. 北京：商务印书馆，2007.

[32] 范金民. 衣被天下：明清江南丝绸史研究. 南京：江苏人民出版社，2016.

[33] 弗雷德里克·泰勒. 科学管理原理. 马风才，译. 北京：机械工业出版社，2016.

[34] 纲渊昭三. 直面现实——前田胜之助传. 孔健，等译. 北京：世界知识出版社，2008.

[35] 根岸康雄. 工匠精神. 李斌瑛，译. 北京：东方出版社，2015.

[36] 哈诺德·J. 克莱姆. 经济动员准备. 库桂生，等译. 北京：北京理工大学出版社，2007.

[37] 海因茨·古德里安. 古德里安将军战争回忆录. 戴耀先，译. 北京：解放军出版社，2013.

[38] 汉娜·阿伦特. 人的境况. 王寅丽，译. 上海：上海人民出版社，2017.

[39] 亨利·埃兹科维茨. 麻省理工学院与创业科学的兴起. 王孙禹，等译. 北京：清华大学出版社，2007.

[40] 亨利·福特. 我的生活与工作. 梓浪，等译. 北京：北京邮电大学出版社，2005.

[41] 吉田庄一郎. 站在制造业原点：吉田庄一郎自传. 袁淼，译. 北京：中信出版社，2010.

[42] 加藤胜美. 技术立国：日立的小平浪平传. 陆华生，等译. 北京：华夏出版社，2001.

[43] 贾根良. 演化经济学导论. 北京：中国人民大学出版社，2015.

[44] 蒋礼鸿. 商君书锥指. 北京：中华书局，1986.

[45] 今治造船厂. 一心造船：桧垣俊幸传. 日本 爱媛县：今治造船厂，2007.

[46] 卡尔·哈恩. 从学徒到总裁：卡尔·哈恩在大众汽车的40年. 朱刘华，译. 上海：上海远东出版社，2011.

[47] 凯瑟琳·西伦. 制度是如何演化的——德国、英国、美国和日本的技能政治经济学. 王星，译. 上海：上海人民出版社，2010.

[48] 克拉伦斯·凯利·约翰逊，玛吉·史密斯. 我是怎样设计飞机的：美国飞机设计师凯利·约翰逊自传. 杨松，译. 杭州：浙江教育出版社，2019.

[49] 克拉潘. 现代英国经济史（上卷第1分册）. 姚曾廙，译. 北京：商务印书馆，1997.

[50] 夸克，瑟达. 半导体制造技术. 韩郑生，等译. 北京：电子工业出版社，2015.

[51] 劳伦斯·古斯廷. 通用汽车的缔造者：比利·杜兰特. 徐雯菲，等译. 上海：上海远东出版社，2008.

[52] 雷蒙·威廉斯. 关键词：文化与社会的词汇. 刘建基，译. 北京：三联书店，2005.

[53] 李绍强，徐建青. 中国手工业经济通史·明清卷. 福州：福建人民出版社，2004.

[54] 李昭祥. 龙江船厂志. 南京：江苏古籍出版社，1999.

[55] 列奥纳多·达·芬奇. 达·芬奇笔记. 刘勇，译. 长沙：湖南科学技术出版社，2016.

[56] 铃木修. 我是中小企业掌门人. 袁淼，译. 北京：中信出版社，2010.

[57] 刘金才. 町人伦理思想研究——日本近代化动因新论. 北京：北京大学出版社，2001.

[58] 罗伯特·福西耶. 剑桥插图中世纪史. 李增洪，等译. 济南：山东画报出版社，2018.

[59] 罗伯特·舒克. 决胜美国——本田汽车公司在美国成功的传奇故事. 张银福，等译. 长春：吉林大学出版社，1992.

[60] 罗伊·波特. 剑桥科学史·18世纪科学. 方在庆，等译. 郑州：大象出版社，2010.

[61] 马克·沙利文. 可信赖的发动机：普惠公司史话. 乔俊山，译. 北京：航空工业出版社，2013.

[62] 马立克·科尔钦斯基，等. 工作社会学. 姚伟，等译. 北京：中国人民大学出版社，2012.

[63] 玛格丽特·雅各布. 科学文化与西方工业化. 李红林，等译. 上海：上海交通大学出版社，2017.

[64] 玛丽·乔·奈. 剑桥科学史·近代物理科学与数学科学. 刘兵，等译. 郑州：大象出版社，2014.

[65] 苗晓丹. 创新背景下的德国职业教育体系及质量研究. 北京：光明日报出版社，2017.

[66] 莫里斯-铃木. 日本的技术变革. 马春文，等译. 北京：中国经济出版社，2002.

[67] 尼尔·麦格雷戈. 德国：一个国家的记忆. 博望，译. 重庆：重庆大学出版社，2019.

[68] 培根. 新工具. 许宝骙，译. 北京：商务印书馆，1984.

[69] 彭泽益. 中国近代手工业史资料（1840—1949）（第1卷）. 北京：中华书局，1962.

[70] 片山修. 本田兵法. 杨军，译. 北京：华夏出版社，1999.

[71] 乔·萨特、杰伊·斯宾塞. 未了的传奇——波音747的故事. 李果，译. 北京：航空工业出版社，2008.

[72] 乔恩·格特纳. 贝尔实验室与美国革新大时代. 王勇，译. 北京：中信出版集团，2016.

[73] 乔尔·莫基尔. 雅典娜的礼物：知识经济的历史起源. 段异兵，等译. 北京：科学出版社，2011.

[74] 萨顿. 西方技术与苏联经济的发展（1930—1945）. 安冈，译. 北京：中国社会科学出版社，1980.

[75] 塞缪尔·亨廷顿，劳伦斯·哈里森. 文化的重要作用：价值观如何影响人类进步. 程克雄，译. 北京：新华出版社，2010.

[76] 塞缪尔·斯迈尔斯. 自己拯救自己. 高修娟，等译. 北京：北京理工大学出版社，2011.

[77] 色诺芬. 经济论·雅典的收入. 张伯健，等译. 北京：商务印书馆，1997.

[78] 山本常朝. 叶隐闻书. 李冬君，译. 桂林：广西师范大学出版社，2007.

[79] 山本直. 丰田四十年的历程. 周宝廉，等译. 天津：天津人民出版社，1981.

[80] 山崎铁工所株式会社社史编纂委员会. 创业六十周年——日本山崎铁工所株式会社发展史. 济南：济南第一机床厂，译. 1984.

[81] 沈括. 梦溪笔谈. 北京：团结出版社，1996.

[82] 盛伯浩. 中国战略性新兴产业研究与发展·数控机床. 北京：机械工业出版社，2013.

[83] 矢野经济研究所. 日本现代机床工业. 张如潮，等译. 郑州：郑航图书馆内部资料.

[84] 斯坦利·胡克. 我是怎么设计航空发动机的——斯坦利·胡克传. 王岭，等译. 上海：上海交通大学出版社，2018.

[85] 宋应星. 天工开物. 潘吉星，译注. 上海：上海古籍出版社，2008.

[86] 孙铭. 简牍秦律分类辑析. 西安：西北大学出版社，2014.

[87] 汤普森. 英国工人阶级的形成. 钱乘旦，等译. 南京：译林出版社，2013.

[88] 藤本隆宏. 能力构筑竞争：日本的汽车产业为何强盛. 许经明，等译. 北京：中信出版社，2007.

[89] 田原总一郎. 电脑英才——富士通公司池田敏雄传. 韦平和，等译. 北京：华夏出版社，2000.

[90] 托马斯·麦克劳，等. 现代资本主义：三次工业革命中的成功者. 赵文书，等译. 南京：江苏人民出版社，2006.

[91] 王新哲，孙星，罗民. 工业文化. 北京：电子工业出版社，2016.

[92] 威廉·戴明. 戴明管理思想精要. 裴咏铭，译. 北京：金城出版社，2019.

[93] 威廉·曼彻斯特. 克虏伯的军火：德国军工巨鳄的兴衰. 姜明新，等译. 北京：社会科学文献出版社，2012.

[94] 维尔纳·阿贝尔斯豪塞. 德国战后经济史. 史世伟，译. 北京：中国社会科学出版社，2018.

[95] 维尔纳·冯·西门子. 西门子自传. 博达，译. 北京：民主与建设出版社，2003.

[96] 沃尔特·艾萨克森. 史蒂夫·乔布斯传. 管延圻，等译. 北京：中信出版社，2011.

[97] 吴雅凌. 劳作与时日笺释. 北京：华夏出版社，2015.

[98] 小艾尔弗雷德·斯隆. 我在通用汽车的岁月. 刘昕，译. 北京：华夏出版社，2005.

[99] 小关智弘. 造物的人. 连子心，译. 海口：南海出版公司，2018.

[100] 小理查德·埃尔克斯. 大国的命脉. 程海荣，译. 北京：中国人民大学出版社，2010.

[101] 小林茂. 喜迎"米寿"的机械巨匠MAZAK的言行录. ND企划事业株式会社，2008.

[102] 小塞缪尔·埃杰顿. 乔托的几何学遗产：科学革命前夕的美术与科学. 杨贤宗，等译. 北京：商务印书馆，2018.

[103] 小田切宏之，后藤晃.日本的技术与产业发展：以学习、创新和公共政策提升能力.周超，等译.广州：广东人民出版社，2019.

[104] 小托马斯·沃森，等.父与子：IBM发家史.尹红，译.北京：新华出版社，1993.

[105] 许维通.吕氏春秋集释.北京：中华书局，2016.

[106] 许之衡.饮流斋说瓷（外一种）.杭州：浙江人民美术出版社，2016.

[107] 亚伯拉罕·马斯洛.动机与人格.许金声，等译.北京：中国人民大学出版社，2013.

[108] 亚瑟·科恩.美国高等教育通史.李子江，译.北京：北京大学出版社，2010.

[109] 虞有澄.我看英特尔——华裔副总裁的现身说法.北京：三联书店，1995.

[110] 羽田夏子.松下风云录.成都：四川大学出版社，1996.

[111] 约翰·奥顿.半导体的故事.姬扬，译.北京：中国科学技术大学出版社，2015.

[112] 詹姆士·彼得.美国飞机燃气涡轮发动机发展史.张健，等译.北京：航空工业出版社，2016.

[113] 詹姆斯·汤普逊.中世纪晚期欧洲经济社会史.徐家玲，等译.北京：商务印书馆，1996.

[114] 詹姆斯·沃麦克，等.改变世界的机器.沈希瑾，等译.北京：商务印书馆，2003.

[115] 中村隆英.日本经济史·"计划化"和"民主化".胡企林，等译.北京：三联书店，1997.

[116] 中国硅酸盐学会.中国陶瓷史.北京：文物出版社，1982.

[117] 中国社会科学院工业经济研究所.中国工业发展报告（2016）.北京：经济管理出版社，2016.

[118] 中山秀太郎.技术史入门.姜振寰.济南：山东教育出版社，2015.

[119] 中原茂敏.大东亚补给战.中国人民解放军总后勤部，译.北京：解放军出版社，1984.

[120] 佐藤正明.丰田领导者.王苗，等译.北京：清华大学出版社，2010.

二、英文文献

[121] Alan S. Milwar. *War, Economy and Society, 1939-1945*.Berkeley and Los

Angeles: University of California Press, 1979.

[122] Andrew Carnegie. *James Watt*. New York: Doubleday, Page & Company, 1905.

[123] Barrie Trinder. *Britain's Industrial Revolution: The making of a manufacturing people, 1700 - 1870*. Lancaster: Carnegie Publishing Ltd, 2013.

[124] Brooke Hindle，Steven Lubar. *Engines of Change: The American Industrial Revolution, 1790 - 1860*. Washington: Smithsonian Books, 1986.

[125] Caleb Pirtle III. *Engineering the World: Stories from the First 75 Years of Texas Instruments*. Dallas: Southern Methodist University Press, 2005.

[126] Charles Babbage. *On the Economy of Machinery and Manufactures*. Cambridge: Cambridge University Press, 2009.

[127] Christine MacLeod. *Heroes of Invention: Technology, Liberalism and British Identity, 1750 - 1914*. Cambridge: Cambridge University Press, 2007.

[128] Christoph Roser. *"Faster, Better, Cheaper" in the History of Manufacturing: From the Stone Age to Lean Manufacturing and Beyond*. London and New York: CPC Press, 2017.

[129] Christophe Lécuyer and David C. Brock. *Makers of the Microchip: A Documentary History of Fairchild Semiconductor*. Cambridge: The MIT Press, 2010.

[130] D. C. Coleman. *Myth, History and The Industrial Revolution*. London: The Hambledon Press, 1992.

[131] Daniel Uziel. *Arming the Luftwaffe: The German Aviation Industry in World War II*. Jefferson: McFarland & Company, Inc., 2012.

[132] David A. Hounshell. *From the American System to Mass Production, 1800 - 1932*. Baltimore and London: The Johns Hopkins University Press, 1984.

[133] E. D. Kennedy. *The Automobile Industry: The Coming of Age of Capitalism's Favorite Child*. Clifton: Augustus M. Kelley Publishers, 1972.

[134] E. Royston Pike. *Human Documents of the Industrial Revolution in Britain*. London and New York: Routledge, 2006.

[135] H. W. Dickinson. *James Watt: Craftsman and Engineer*. Cambridge: Cambridge University Press, 2010.

[136] Harold James. *Krupp: A History of the Legendary German Firm*. Princeton and Oxford: Princeton University Press, 2012.

[137] James J. Farley. *Making Arms in the Machine Age: Philadelphia's Frankford Arsenal, 1816-1870*. Pennsylvania: The Pennsylvania State University Press, 1994.

[138] Jeffrey R. Fear. *Organizing Control: August Thyssen and the Construction of German Corporate Management*. Cambridge: Harvard University Press, 2005.

[139] Johann Peter Murmann. *Knowledge and Competitive Advantage: The Coevolution of Firms, Technology, and National Institutions*. Cambridge: Cambridge University Press, 2003.

[140] Jonathan Sawday. *Engines of the Imagination: Renaissance culture and the rise of the machine*. London and New York: Routledge, 2007.

[141] Jürgen Kocka. *Industrial Culture and Bourgeois Society: Business, Labor, and Bureaucracy in Modern Germany*. New York and Oxford: Berghahn Books, 1999.

[142] Lawrence A. Peskin. *Manufacturing Revolution: The Intellectual Origins of Early American Industry*. Baltimore and London: The Johns Hopkins University Press, 2007.

[143] Leonard S. Reich. *The Making of American Industrial Research: Science and Business at GE and Bell, 1876-1926*. Cambridge: Cambridge University Press, 1985.

[144] Mark Harrison edit. *The Economics of World War II : Six great powers in international comparison*. Cambridge: Cambridge University Press, 2000.

[145] Mark Harrison. *Accounting for War: Soviet production, employment, and the defence burden, 1940-1945*. Cambridge: Cambridge University Press, 2002.

[146] Neil Gregor. *Daimler-Benz in the Third Reich*. New Haven and London: Yale University Press, 1998.

[147] Pat Hudson. *The Industrial Revolution*, London: Hodder Arnold, 2005.

[148] Robert C. Davis. *Shipbuilders of the Venetian Arsenal: Workers and Workplace in the Preindustrial City*. Baltimore and London: The Johns Hopkins University Press, 2007.

[149] Robert V. Garvin. *Starting Something Big: The Commercial Emergence of GE Aircraft Engines*. Reston: AIAA, 1998.

[150] Sheilagh C. Ogilvie. *State Corporatism and Proto-Industry: The Württemberg Black Forest, 1580-1797*. Cambridge: Cambridge University Press, 1997.

[151] Tim Travers. *Samuel Smiles and the Victorian Work Ethic*. New York and London: Garland Publishing, Inc., 1987.

[152] Toni Pierenkemper，Richard Tilly. *The German Economy during the Nineteenth Century*. New York and Oxford: Berghahn Books, 2004.

[153] Toyota Commemorative Museum of Industry and Technology. *Toyota Commemorative Museum of Industry and Technology Guide Book*, 2014.

[154] Werner Abelhauser, Wolgang von Hippel, Jeffery Allen Johnson，Raymond G. Stokes. *German Industry and Global Enterprise BASF: The History of a Company*. Cambridge: Cambridge University Press, 2004.

[155] Wilfried Feldenkirchen. *Siemens, 1918-1945*. Columbus: Ohio State University Press, 1995.

[156] William Otto Henderson. *Manufactories in Germany*. New York: Verlag Peter Lang, 1985.

[157] Yukiko Fukasaku. *Technology and Industrial Development in Pre - War Japan: Mitsubishi Nagasaki Shipyard 1884-1934*. London and New York: Routledge, 1992.

三、日文文献

[158] 向坂正男. 現代日本産業講座Ⅴ・各論Ⅳ・機械工業2. 岩波書店，1960.

[159] 日本工作机械工业会. 日本の工作機械工業発達の過程. 機械工業振興協会，1962.

[160] 有沢広巳. 日本産業百年史. 日本经济新闻社，1966.

[161] 株式会社神户制钢所. 神户制钢70年，1974.

[162] 三島康雄. 三菱財閥. 日本经济新闻社，1981.

[163] 稲叶清右卫门. 黄色いロボット. 大手町ブックス，1991.

[164] 日本经营史研究所. 東レ70年史（資料·年表）. 東レ株式会社，1997.

[165] 日本经营史研究所. 東レ70年史. 東レ株式会社，1997.

[166] 铃木淳. 明治の机械工业——その生成と展开. ミネルヴア书房，1998.

[167] 长尾克子. 工作機械技術の变迁. 日刊工业新闻社，2003.

[168] 沢井实. 近代日本の研究開発体制. 名古屋大学出版会，2012.

[169] 阿部武司，平野恭平. 繊維産業. 日本経営史研究所，2013.

[170] 木村英纪. ものつくり敗戦. 日本経济新闻出版社，2013.

[171] 前闻孝则. 技術者たちの敗戦. 株式会社草思社，2013.

[172] 日刊工业新闻社编. 図解ひと目でわかる！DMG森精機. 日刊工业新闻社，2014.

[173] 村上和夫编訳. 完訳からくり図彙. 並木書房，2014.

[174] 小路行彦. 技手の時代. 株式会社日本评论社，2014.

[175] 沢井実. 機械工業. 日本经营史研究所，2016.

[176] 沢井実. 日本の技能形成. 名古屋大学出版会，2016.